# Armas Secretas de Hitler

A história extraordinária da revolução tecnológica
nazista que poderia ter mudado o curso
da Segunda Guerra Mundial

# José Miguel Romaña

# Armas Secretas de Hitler

*Tradução:*
Afonso Teixeira Filho

A história extraordinária da revolução tecnológica
nazista que poderia ter mudado o curso
da Segunda Guerra Mundial

Publicado originalmente em espanhol sob o título
*Armas Secretas de Hitler* por Ediciones Nowtilus, S.L.
© 2009, Ediciones Nowtilus, S.L, José Miguel Romaña.
Direitos de edição e tradução para o Brasil.
Tradução autorizada do espanhol.
© 2013, Madras Editora Ltda.

*Editor:*
Wagner Veneziani Costa

*Produção e Capa:*
Equipe Técnica Madras

*Tradução:*
Afonso Teixeira Filho

*Revisão da Tradução:*
Mariana Marcoantonio

*Revisão:*
Silvia Massimini Felix
Sérgio Scuotto
Tânia Damasceno

**Dados Internacionais de Catalogação na Publicação (CIP)**
**(Câmara Brasileira do Livro, SP, Brasil)**

Romaña, José Miguel
Armas secretas de Hitler/José Miguel Romaña; tradução Afonso Teixeira Filho. – São Paulo: Madras, 2013.
Título original: Armas secretas de Hitler.
Bibliografia

ISBN 978-85-370-0631-3

1. Alemanha – Forças armadas – Sistemas de armas – História 2. Guerra Mundial, 1939-1945 – Alemanha 3. Guerra Mundial, 1939-1945 – Equipamento e acessórios 4. Pesquisas militares – Alemanha – História I. Título.

10-10941 CDD-623.1094309044

Índices para catálogo sistemático:
1. Armamentos: Alemanha: História: Engenharia militar: Tecnologia 623.1094309044

É proibida a reprodução total ou parcial desta obra, de qualquer forma ou por qualquer meio eletrônico, mecânico, inclusive por meio de processos xerográficos, incluindo ainda o uso da internet, sem a permissão expressa da Madras Editora, na pessoa de seu editor (Lei nº 9.610, de 19.2.98).

Todos os direitos desta edição, em língua portuguesa, reservados pela

**MADRAS EDITORA LTDA.**
Rua Paulo Gonçalves, 88 – Santana
CEP: 02403-020 – São Paulo/SP
Caixa Postal: 12183 — CEP: 02013-970
Tel.: (11) 2281-5555– Fax: (11) 2959-3090
**www.madras.com.br**

*Se os alemães tivessem conseguido aperfeiçoar e empregar suas novas armas antes, a invasão da Europa teria sido muito difícil, senão impossível.*

*General Dwight D. Eisenhower,
comandante-chefe das forças aliadas.*

# Índice

Prólogo ...................................................................................9
Apresentação .......................................................................11
***Primeira parte:*** **Os aviões mais avançados**
Capítulo 1. Em segredo absoluto .......................................33
Capítulo 2. Um progresso irrefreável.................................42
Capítulo 3. A caminho da decolagem vertical ..................50
Capítulo 4. Os projetos mais radicais ................................57
Capítulo 5. O primeiro birreator do mundo .....................63
Capítulo 6. Um espantoso recorde de desenvolvimento ...70
Capítulo 7. Um foguete tripulado .....................................83
Capítulo 8. Mergulho vertiginoso ......................................92
Capítulo 9. O Komet da Luftwaffe.....................................97
Capítulo 10. Asas de flecha invertida ...............................115
Capítulo 11. O melhor avião de combate ........................121
Capítulo 12. Um elegante monoplano de asa alta............178
Capítulo 13. Com asas de geometria variável..................189
Capítulo 14. Um espetacular projeto para o futuro.........196
Capítulo 15. Sempre adiante de seu tempo......................209
***Segunda parte:*** **Minas, mísseis e bombas guiadas**
Capítulo 16. Minas magnéticas e acústicas......................225
Capítulo 17. Um míssil terra-terra autoguiado ...............250
Capítulo 18. As bombas tripuladas V-1 ...........................276
Capítulo 19. O Peenemünde A-4 (V-2) ...........................282

Capítulo 20. Bombas guiadas antinavio ..................................... 312
Capítulo 21. Mísseis antiaéreos e ar-ar ..................................... 333

*Terceira parte:* **Submarinos revolucionários, naves discoidais e "armas mágicas"**

Capítulo 22. Os submarinos do Tipo XXI ................................. 351
Capítulo 23. Chegaram tarde demais ........................................ 376
Capítulo 24. A bomba "desagregadora" .................................... 389
Capítulo 25. "Bolas de fogo" sobre a Alemanha ...................... 396
Capítulo 26. As primeiras naves discoidais .............................. 405
Capítulo 27. A energia implosiva e os óvnis ............................ 417
Capítulo 28. A um passo da ficção científica ........................... 429
Arquivos e coleções ................................................................. 437

Bibliografia ............................................................................... 438
Jornais e revistas ...................................................................... 442
Bibliografia eletrônica ............................................................. 444

# Prólogo

A primeira coisa que gostaria de dizer a você – amigo leitor que se dispõe a entrar no estreito labirinto de informação, pesquisa, estudo e análise acerca das últimas apostas armamentistas do Nazismo que tem em suas mãos em forma de livro – é que este trabalho do jornalista, escritor, agente literário e historiador José Miguel Romaña impressionou-me profundamente. E isso apesar de conhecê-lo pessoalmente (e admirá-lo) já há muitos anos e de haver devorado com gosto profissional seus estudos anteriores sobre a Segunda Guerra Mundial* e as guerras "muito especiais" dos Seis Dias e do Vietnã.

Isso porque, mesmo sendo consciente dos vastos conhecimentos do autor no terreno da aeronáutica militar e, concretamente, no das possibilidades técnicas, táticas e estratégicas das "plataformas aéreas" mais avançadas do mundo, extraídas da pesquisa minuciosa dos últimos conflitos bélicos, nessa ocasião, senti-me completamente tomado diante da quantidade de dados, informes, revelações e análises sobre o conjunto de armas secretas que o III Reich* escondia na manga com muito zelo em meados da década de 1940, para jogar com estrépito sobre o miserável cenário de um conflito global, o qual teria, irremediavelmente, um fim imediato.

Revelações e informações até pouco tempo ocultas nas sombrias prateleiras da inteligência militar e dos segredos de Estado das nações que lutaram na facção Aliada – referentes aos trabalhos contra o relógio dos cientistas alemães nos terrenos da aviação à reação, dos foguetes (tripulados ou não), das asas invertidas ou de geometria variável, das minas magnéticas e acústicas, dos mísseis autoguiados, dos submarinos, das bombas desagregadoras, das naves discoidais e, sobretudo, da tecnologia atômica – se transformaram em livro, com uma naturalidade

---

* N.E.: Sugerimos a leitura de *Breve História da Segunda Guerra Mundial*, de Jesús Hernández, e *O Terceiro Reich*, de Martin Kitchen, ambos da Madras Editora.

escandalosa e com uma metodologia muito precisa, que seriam mais próprias de um minucioso especialista do Estado-Maior do que de um estudioso civil, graças a muito preparo intelectual, dedicação pessoal e rigoroso trabalho que acompanharam seu apaixonante labor. E quem diz isso, amigo leitor, é um profissional das Forças Armadas com mais de 40 anos de serviço nas costas.

Este novo livro de meu estimado José Miguel Romaña é, certamente, denso, maciço, impressionante, apaixonante de ser lido e, volto a dizer, muito surpreendente, mesmo para um militar de carreira. Quem o afirma é um antigo professor de Estratégia e História Militar da Escola de Estado-Maior do Exército espanhol, que, por necessidade de seu trabalho docente, teve de estudar durante anos o armamento de última geração – produzido pela terrível estratégia MAD (Destruição Mútua Assegurada) e colocado em andamento pelos grandes blocos da chamada guerra fria no último terço do século passado – e, de forma muito especial, o da supersecreta IDS (Iniciativa de Defesa Estratégica) ou "guerra nas estrelas" do presidente Reagan. Por isso, não custa nada reconhecer que aprendi muita coisa com a leitura deste livro. O acúmulo de dados, fontes, informações técnicas e análises muito pessoais feitas pelo autor – tudo isso bem demarcado em cenários históricos perfeitamente claros e delimitados no tempo e no espaço – é impressionante e, sem dúvida, exigirá tempo e máxima disposição do leitor médio, o qual, em recompensa por seu esforço intelectual, receberá um valioso tesouro de informação sobre um tema que, embora seja antigo no epicentro da investigação histórica, até agora bem poucos profissionais se atreveram a agarrar.

Mas a leitura deste livro, tenho certeza, será bastante proveitosa não apenas para o leitor interessado em um tema ainda tão apaixonante hoje em dia, como a Segunda Guerra Mundial, sobretudo no que diz respeito aos obscuros truques de cientistas, espiões, generais e dirigentes políticos das nações envolvidas, que se desenvolveram fora das frentes de batalha, quando os exércitos nazistas já batiam em retirada, no decorrer do biênio de 1944-1945. Também o será para os profissionais da milícia em geral e para os técnicos do Estado-Maior em particular, que não deveriam, conhecendo o árduo trabalho de pesquisa de José Miguel Romaña, deixar de ter essa obra em suas bibliotecas particulares. E em um lugar de destaque.

*Amadeo Martínez Inglés*
Coronel do Exército espanhol
Diplomata do Estado-Maior
Escritor e historiador

# Apresentação

Com a Alemanha caminhando para o desastre total, em sua queda wagneriana e dentro de um conflito bélico genocida de caráter até então desconhecido pelos seres humanos, surgiu a esperança das armas secretas, bem alimentada pelo Ministério da Propaganda do dr. Goebbels e pelos discursos dos principais hierarcas do regime nazista. Mas nem tudo foi uma manobra para aumentar o moral da resistência daqueles que ainda acreditavam em Hitler* e em seu utópico "Reich de Mil Anos", o líder que em si foi o instrumento direto de uma poderosa oligarquia financeira e industrial para extrair até o último suspiro do povo germânico.

Foi durante os últimos meses de guerra na Europa que os militares Aliados descobriram que havia algo mais, muito mais, por trás da própria propaganda que dizia que uma mente "quadrada" seria simplesmente incapaz de desenvolver uma única ideia original no terreno do armamento mais avançado. A realidade mostrou aos vencedores da grande contenda que as armas do III Reich estavam ficando cada vez mais sofisticadas e estranhas. Os cientistas alemães foram pioneiros em tudo o que se referia a mísseis balísticos e tecnologia de foguetes, criando de fato os primeiros mísseis teleguiados do planeta para que fossem a arma decisiva.

Aqui trataremos devidamente do Fieseler Fi 103 (V-1), antecessor dos atuais mísseis de cruzeiro, o primeiro artefato aéreo autoguiado usado no mundo. E o que dizer do revolucionário Peenemünde A4 (V-2) da equipe de Von Braun – que deu início à série de projéteis da atual era espacial –, contra o qual os Aliados não encontraram defesa possível, por causa da sua assombrosa velocidade e altura de voo. Leiamos o que diz a respeito seu autor Brian J. Ford, renomado cientista e escritor, em *Germany's Secret Weapons*:

---

* N.E.: Sugerimos a leitura de *Hitler – Comandante Militar,* de Rupert Matthews, Madras Editora.

*Apesar de Adolf Hitler ter conseguido contar, durante a Segunda Guerra Mundial, com o desenvolvimento de uma tecnologia bélica assombrosa, perdeu o rumo e a perspectiva dela, procurando resultados mais efetivos e imediatos.*

Foi o foguete que proporcionou à Alemanha a esperança capital de construir – como de fato o fez – as armas mais devastadoras da época. Ainda hoje, na base da moderna balança do poder, encontra-se o foguete balístico, e toda a riqueza do sistema vigente é uma derivação direta dos inventos realizados na Alemanha durante a guerra.

Mas é mais do que isso: o trabalho alemão nesse terreno praticamente assentou as bases dessa matéria em sua totalidade; o primeiro foguete da história com combustível líquido voou apenas 13 anos antes do início das hostilidades em 1939 e, dessa forma, foi precisamente nesse período que o foguete deixou de ser um brinquedo perigoso para se tornar uma arma de guerra das mais contundentes. Assim, pois, a história da indústria de foguetes alemã é, essencialmente, a história completa dos foguetes já desde os próprios começos da experimentação.

Mas a Alemanha tinha perdido um tempo precioso entre 1939 e 1942, sempre de acordo com os triunfos mais espetaculares, quando todas as prioridades armamentistas se orientavam para as necessidades mais imediatas, sendo que o próprio *Führer* preferia desenvolver apenas as armas capazes de ser utilizadas diretamente na batalha. Entretanto, a base do assombroso desenvolvimento armamentista alemão havia se formado muito tempo antes, no começo do século XX, quando a capacidade de inovação e pesquisa de seus cientistas não tinha comparação no mundo, além de eles serem muito bem-vistos socialmente. O Nazismo fez o resto na década de 1930, graças à sua formidável máquina de propaganda.

Em uma importante conferência realizada em Buenos Aires, no início de 1952, o então exilado cidadão alemão Adolf Galland – personagem de comprovado valor e com grande experiência em combate – colocou as coisas às claras na parte sobre a qual lhe cabia falar como máxima autoridade no assunto. Em 1948, o antigo ás, major-general da Luftwaffe e inspetor da Aviação de Caça, havia atendido ao chamado do antigo chefe de engenheiros da empresa Focke-Wulf, o professor Kurt Tank, com a proposta de que ele colaborasse na construção de um novo avião de combate no cone sul americano. Era a época em que o general Perón, presidente da República Argentina, claramente simpático às potências do Eixo durante a Segunda Guerra Mundial, iniciou a contratação na Europa de cérebros alemães que quisessem trabalhar para o país em diversas áreas, tanto científicas como militares.

Com o título *Qué pasó en Alemania con los aviones a reacción?*, Galland – assessor da Força Aérea Argentina em tudo o que dizia respeito a doutrinas e táticas em matéria de interceptação – desenvolveu uma vastíssima dissertação, que depois foi acolhida integralmente pela *Revista Nacional de Aeronáutica* na capital argentina. Da matéria intitulada "O primeiro avião-foguete de interceptação no mundo", transcrevemos o fundamental:

Certo dia, no outono de 1940, quando já estava no fim a batalha sobre a Inglaterra, Udet me mostrou, no quartel-general de Goering, os planos de projeto do construtor professor doutor Alexander Lippisch, para o desenvolvimento de um caça de interceptação por foguete.

Udet, como diretor-geral de Material, era o responsável por todo o equipamento aéreo alemão. Não era segredo para ninguém que ele tinha especial apreço por aquela arma, pela qual era apaixonado e que o tornara famoso quando ainda era um jovem piloto durante a Primeira Guerra Mundial. Extravagante, arrojado e desportista, não havia mudado nada desde então, apesar do alto e responsável posto que ocupava.

Nessa ocasião, Udet falou-me da necessidade de contar com uma defesa aérea alemã. Duas eram as razões que, segundo ele, atrasavam o desenvolvimento de novos aviões revolucionários e, em geral, o progresso da aviação de caça:

a. A ordem fundamental do *Führer* e comandante supremo das Forças Armadas de que, em virtude da perspectiva de uma guerra que previam que duraria pouco, deviam ser deixadas de lado todas as tarefas de pesquisa e desenvolvimento que não pudessem estar terminadas no período de um ano, dando-se preferência aos projetos que estavam próximos de ser terminados.

b. A prioridade absoluta de que gozava a ideia ofensiva, sem limites na condução da guerra aérea alemã.

Udet sustentava a firme opinião de que o caça, e não o bombardeiro, decidiria a guerra aérea. No outono de 1941, ele tomou até mesmo a liberdade de exteriorizar a seguinte opinião: "Se as coisas continuarem como estão, vamos perder esta guerra da mesma forma que perdemos a última. Nenhum caça! Nenhum caça! Apenas bombardeiros e bombardeiros! É uma loucura! Se a cada dia decolassem mil caças, nenhum avião inimigo voltaria a voar sobre o Reich. Se não ampliarmos a Aviação de Caça de forma sensível, para nos colocarmos na ofensiva, até o ano de 1942, perderemos a guerra".

Ademais, costuma-se dizer que foi um golpe de sorte para os Aliados que os engenheiros e cientistas alemães não trabalhassem em paralelo com a mesma intensidade junto à indústria, dando lugar a um caos organizacional que acabou levando à inevitável desagregação dos esforços bélicos; pois, desse modo, numerosos projetos que, ao menos na aparência, apontavam para um objetivo comum, acabavam se desenrolando sempre de forma paralela e sem estabelecer nenhuma colaboração mútua. De fato, nesse desperdício proibitivamente custoso dos recursos disponíveis, a economia alemã continuaria mantendo um regime misto, no qual os interesses do próprio Estado e das empresas privadas se viram intimamente envolvidos, sempre com uma submissão absoluta às ordens de Adolf Hitler, dirigente de talento incontestável como demagogo e propagandista, alguém que – na opinião do conceituado historiador Götz Aly, em seu livro polêmico *La utopía nazi: Cómo Hitler compró a los alemanes* – liderou um populismo redistributivo. Ainda assim, foi realmente incrível a aceleração da tecnologia militar alemã nos últimos meses de conflito bélico e dando o primeiro passo em direção à Astronáutica, sendo a pioneira em mísseis teleguiados – construindo o primeiro silo do mundo –, além de colocar em andamento a tecnologia de mísseis balísticos e foguetes.

O próprio *Führer* percebeu tarde demais o tremendo erro que cometera ao dar as costas a algumas pesquisas militares em que a ciência e a ficção de fato se entrelaçavam, dando o primeiro e espetacular passo em direção ao espaço sideral. Por isso, as famosas armas secretas alemãs constituíram, de uma só vez, uma realidade e uma quimera. A primeira deveu-se ao fato de os projetos de aviões à reação, mísseis de qualquer espécie, entre outras armas convencionais, sem nos esquecermos das pesquisas em torno da desintegração nuclear, serem o pão de cada dia para os infatigáveis e superdotados cientistas e engenheiros de projeto do III Reich. Usamos o termo quimera, pois a negligência dos dirigentes nazistas para com as tecnologias bélicas revolucionárias que estavam sendo desenvolvidas não permitiu que estas vingassem a tempo; e tudo aconteceu, além do mais, numa época em que a pressão dos exércitos inimigos se tornava cada vez mais penosa, como no caso do bombardeio diário de cidades e indústrias pelos aviões britânicos e americanos.

"Tiveram muita sorte de a guerra não durar alguns meses mais...", advertiu o marechal de campo Goering, um chefe da Luftwaffe muito desacreditado, aos oficiais americanos da 36ª Divisão de Infantaria que o capturaram. Nesse caso, não era nenhuma bravata do corpulento ex-piloto de caça da Primeira Guerra Mundial – de quem Michael Coffey afirma, em seus *Days of Infamy*, que sempre mantivera relações complexas com Hitler –, pois referia-se às "armas maravilhosas" que poderiam dar uma reviravolta completa no desenvolvimento daquele conflito bélico. Tanto os soldados de infantaria que lutavam em distintas frentes contra os nazistas como os tripulantes dos bombardeiros que arrasavam indústrias e cidades alemãs surpreenderam-se com o novo e variado armamento inimigo, dado que este era cada vez mais estranho e sofisticado. Joseph Goebbels, o "microfone" do III Reich, anunciou, em outubro de 1944, as novas armas em um de seus acalorados discursos como ministro de Propaganda, chegando a fazer esta referência explícita:

> Dos submergíveis especiais, dotados de Schnorkel e de motores de turbina; das novas bombas V teleguiadas, das quais a última será uma surpresa sem precedentes; dos aviões ultravelozes; dos foguetes A4 e A9 teleguiados, dotados de uma autonomia de vários milhares de quilômetros e acionados por um engenho propulsor alimentado por uma mistura de álcool e oxigênio líquido; de tudo quanto nossa técnica vem criando por meio de enormes sacrifícios e anos de estudo, esperamos o milagre. Por alguns meses ainda, devemos apertar os dentes, encarar e reagir nos limites do possível. Precisamos de tempo. Vinte e quatro horas perdidas poderiam ser determinantes.
>
> Estamos dando a esta infantaria e a estes canhões um armamento que o inimigo nem imagina. Temos canhões de novo tipo, foguetes e instrumentos que nos permitem mirar e atirar no escuro com toda a precisão. Essa espécie de lâmpada invisível é um objeto que não é maior do que o da mão. Com isso, os veículos podem mover-se como se estivessem em pleno dia, os artilheiros podem apontar sem se preocupar com a falta de luz, e os carros, atacar. Temos dezenas de foguetes teleguiados, cuja potência é surpreendente e cuja precisão é desconcertante. Quando o inimigo vir-se sob uma chuva de A4 e A9, um com 10 e o outro com 15 toneladas de cargas atômicas, não sei se julgará prudente continuar lutando.

Dessas "armas maravilhosas", como o próprio ministro nazista as denominou, como autêntico *leitmotiv* de sua propaganda de guerra – tomadas com desconfiança, esperança, indiferença ou medo, em razão pura e simples da posição geográfica ou da ideologia que cada cidadão dos países em conflito ocupava –, chama muito a atenção a referência ao emprego do armamento nuclear tático; mas houve mais, mais ainda: um conjunto de criações simplesmente alucinante, tal como raios sônicos para derrubar edifícios e fuzis capazes de lançar balas que dobravam esquinas. Dessa forma, sabemos que, graças às prodigiosas armas secretas alemãs que surgiram ou foram projetadas no decorrer da Segunda Guerra Mundial, formou-se a gênese de muitos dos sistemas bélicos que marcaram durante várias décadas a tática militar a ser seguida. Mas a avalanche de projetos surgidos nos últimos anos da guerra afetou-lhe o desdobramento final em bem curtos espaços de tempo: culpa do desmedido afã alemão de direcionar a pesquisa a campos tão diversos.

Para compreender melhor o incrível avanço tecnológico alemão, devemos lembrar-nos de um artigo assinado por Roy Fedden – presidente da comissão britânica que estudou os motores à reação fabricados no III Reich – no *The Daily Telegraph*, publicado poucos meses antes do final da guerra:

> Um engenheiro que visse os magníficos esforços realizados pela indústria britânica com os limitados meios disponíveis durante a última guerra e o pequeno número de especialistas e pesquisadores treinados com que podia contar ficaria espantado com o esbanjamento dos centros de pesquisa de que a Alemanha dispunha e com o enorme acúmulo dos mais modernos equipamentos de ensaios e experimentação.
>
> Seus laboratórios científicos, túneis aerodinâmicos com velocidades de vento supersônicas e bancadas de teste para motores de grande altitude são os mais adiantados de tudo o que possa existir nos dias de hoje no mundo. Assistimos a provas de um motor à reação numa instalação para ensaios em grande altitude, com velocidades de vento acima dos 900 quilômetros por hora e nas condições meteorológicas que se encontram a 11 quilômetros de altitude. O equipamento da instalação de provas era perfeito e era controlado a distância, a partir de uma cabine à prova de som.
>
> A potência necessária para administrar ar refrigerado, em enormes quantidades e a grandes velocidades, e para fazer funcionar todos os serviços subsidiários era superior a 10 mil quilowatts. O custo de apenas esta bancada de testes de motores era de 6 milhões de marcos. Outras ampliações em projeto fariam esse valor subir para 9 milhões, e, em outros quatro lugares da Alemanha, estavam sendo construídas instalações similares.

Talvez o pior para a Alemanha tenha sido a desorganização interna para coordenar e escolher bem os novos projetos de armamento. Diferentemente do que acontecia no Reino Unido e nos Estados Unidos – nações em que uma autoridade central vigiava de forma coerente qualquer desenvolvimento de armas com o propósito de coordenar todos os esforços –, a estrutura múltipla do Estado alemão sob a cruz gamada dava total autonomia às administrações nacionais e do partido nazista. Sabe-se que as diversas redes de inteligência das Forças Armadas, a SS e a própria formação política dominante, bem poucas vezes, eram capazes de compartilhar informações. Por não existir um corpo organizado central para pesquisar novas armas, cada um desses serviços dispunha de centros próprios de pesquisa e projetos, mantidos em segredo para que nada fosse revelado aos seus rivais. A esse labirinto organizacional, a essa, para dizer o mínimo, duplicidade de ideias, juntavam-se os planejamentos dos próprios fabricantes, que se pisavam uns aos outros, buscando sempre arregimentar partidários do alto escalão nazista para ampliar suas fábricas e obter matérias-primas estratégicas, invariavelmente sem se preocupar com o que teriam de dar em troca. Ninguém deve estranhar, portanto, que, no sistema alemão de pesquisa e desenvolvimento, chegou-se a duplicar ou mesmo a triplicar os equipamentos previstos para realizar um mesmo projeto bélico.

Com o título de "Desenvolvimento da aviação alemã durante a guerra", quase um ano depois que ela terminou, em 1946, a revista britânica *Military Review* publicou uma longa reportagem que dizia, nos primeiros cinco parágrafos:

> Os peritos dos Ministérios da Aviação e da Produção Aérea prepararam um informe muito interessante sobre o desenvolvimento na Alemanha, durante a guerra, de aviões, motores de aeroplanos, armamento aéreo, propulsão a jato e motores de propulsão por foguete. Esse informe não apenas mostra que a Alemanha foi a primeira nação a utilizar um avião a jato, como também que os alemães estavam à frente de todas as outras nações nessa nova forma revolucionária de força motriz.
>
> Nos diversos modelos de aviões, os alemães mostraram grande imaginação, depois de ler um informe detalhado de seus experimentos, chega-se à conclusão que, se não fora pelo efeito devastador da ofensiva aérea Aliada, pela escassez de alguns metais e pela falta de operários, a Luftwaffe continuaria a ser um adversário formidável até o final da guerra. Mesmo os modelos ortodoxos de seus caças alcançavam quase 800 quilômetros por hora. Quanto ao armamento, os alemães desenvolveram metralhadoras de 50 milímetros (a de maior calibre usada até então em um avião inglês era de 40 milímetros). Também introduziram um mecanismo para disparar a distância e miras periscópicas.
>
> A alta quantidade de experimentos e o grande desenvolvimento na Alemanha das bombas e foguetes voadores, em aviões de propulsão foguete, não impediram que houvesse grandes progressos nos modelos ortodoxos. O maior motor de êmbolo, mencionado na lista oficial, produzia 4 mil cavalos de força efetiva (mais potente que qualquer motor inglês anunciado até então). Um desses poderosos motores foi projetado para mover uma hélice de quatro pás; a outro

se ajustou um supercompressor de duas fases e quatro velocidades; e a um terceiro sobrepôs-se um supercompressor de três velocidades.

A velocidade de alguns modelos podia ser ampliada pelo engenhoso método de aumentar a força motriz injetando neles uma mistura de metanol e água ou outra mistura similar. No caça Messerschmitt 109, o sistema foi utilizado para a obtenção de maior potência a altitudes mais baixas do que aquelas para as quais o avião fora projetado. A mistura era injetada no supercompressor, atuava como um antidetonante e possibilitava maior potência.

Outro sistema para aumentar a potência foi o uso de óxido nitroso injetado no supercompressor para dar maior potência ao avião a maiores altitudes. O óxido nitroso fornecia oxigênio adicional ao motor e atuava como um antidetonante. Outro sistema injetava gasolina durante a decolagem, aumentando temporariamente a potência do motor em uns 140 cavalos de força.

Albert Speer, que acreditava que o programa de foguetes V-2 era uma estupidez, nos mostra em suas *Memórias* a realidade de um Hitler que, desde meados de 1943, não lhe comentava nada a respeito do programa por já conhecer a posição contrária de Speer. Além disso, tampouco chegavam informações do programa de aviões secretos à reação ao ministro de Armamentos e da Produção Bélica, porque estava sob controle absoluto da Luftwaffe, com cujo chefe, Hermann Goering, Speer mantinha uma relação tensa. Isso fez com que esse tecnocrata fosse mantido à margem dos projetos para a construção de bombardeiros intercontinentais à reação.

Ademais, há o que se passou no verão de 1942, ano em que a maior parte da Europa se encontrava sob controle das tropas do Eixo Berlim-Roma-Tóquio: o Alto Comando da Wehrmacht – tendo Hitler e seus conselheiros como líderes – adotou a decisão fatal de que o desenvolvimento e a pesquisa de qualquer armamento defensivo seriam inúteis, em razão do bom curso da guerra. Era impensável ter uma "mentalidade derrotista", segundo foi dito, e, por isso, muitos programas revolucionários de armas, sobretudo os que diziam respeito à defesa aérea da Alemanha, foram desmontados, e o atraso relacionado aos aviões à reação e aos mísseis antiaéreos se tornou irrecuperável quando o céu foi coberto pelos bombardeiros inimigos em 1943. Foi uma decisão tomada pela arrogância do poder absoluto e pela mesma altivez de uma teórica superioridade inata do povo alemão.

Insistindo no excessivo número de projetos armamentistas alemães, o coronel Jacobo de Armijo assinalava em maio de 1946, na linha dos informes emitidos por Roy Fedden e dentro de seu extenso trabalho para a *Revista de Aeronáutica*, com o chamativo título de "A verdade sobre as 'armas secretas' alemãs":

> Insiste-se, nos informes mencionados, no excessivo número de projetos de novas armas e engenhos bélicos que os alemães desenvolviam na época em que sua indústria entrava em colapso, principalmente no setor aeronáutico, ao qual, pelo visto, dedicou maior atenção por ser o que particularmente interessava.
>
> Estava em marcha a construção de uma série de armas do tipo "foguete", de mira automática – "robots rockets" –, alguns dos quais já em fase de produção. Eram simples e econômicos e com cargas internas de explosivos atômicos; uns poucos desses artefatos podiam ter feito da guerra aérea um cenário novo de pesadelo e aniquilamento a distância nunca imaginado.

Foram sobretudo seus inimigos os que primeiro compreenderam que, pelo menos com grande probabilidade, o resultado final da guerra dependia da capacidade produtiva da Alemanha. De fato, se em 1941 a guerra estava bastante equilibrada, em 1944, os Aliados já superavam o conjunto formado pelo Eixo totalitário em três vezes. Para darmos exemplos bastante reveladores, sabemos que apenas os americanos – apesar de eles terem entrado na guerra seis meses depois da União Soviética – chegaram a fabricar 300 mil aviões e 87 mil carros de combate, enquanto a Alemanha produziu um terço dos aviões e a metade dos veículos blindados mais pesados.

Em 1975, foi publicada a versão em espanhol do livro *Germany's Secret Weapons*, de Brian J. Ford, renomado cientista e escritor, sob o título *Armas secretas alemanas. Prólogo a la astronáutica*. O prólogo foi escrito por um conhecido e prestigiado jornalista de assuntos militares, enviado especial a dezenas de guerras, Vicente Talón, que, nos quatro primeiros parágrafos, assinalou, com sua precisão habitual:

> Quando o III Reich começa a decair tragicamente, surge uma esperança avassaladora para alimentar até o último minuto a resistência daqueles que ainda acreditavam em Hitler e em sua causa: as armas secretas.
>
> Ninguém sabe de que armas pode se tratar, mas todos veem nelas um carisma ao qual não desejam renunciar. A máquina de propaganda, os discursos dos políticos, tudo faz crer que, em pouco tempo, a Alemanha vai dispor de fabulosos elementos de destruição, de engenhos verdadeiramente terríveis, de alavancas tão demolidoras como inimagináveis, capazes de mudar, por si sós, o curso da guerra. Trata-se de uma crença que se manterá, em muitos espíritos, até o dia da queda de Berlim.

# Apresentação

As armas secretas foram, ao mesmo tempo, uma quimera e uma realidade. Quimera porque não podiam ser desenvolvidas nos curtos espaços de tempo de que o III Reich ainda dispunha sob o assédio de poderosos exércitos inimigos e os golpes constantes dos bombardeios. Realidade porque, com efeito, os primeiros e rudimentares avanços da desintegração nuclear, dos aviões a jato, dos foguetes intercontinentais, etc. encontravam-se já em mãos dos cientistas alemães.

Talvez, se a Alemanha tivesse antecipado em um único ano suas pequisas militares de caráter não convencional, a sorte da contenda poderia ter variado ou, no mínimo, a derrota teria sido menos amarga do que a rendição incondicional. Mas Hitler, iludido pelos triunfos dos primeiros anos de guerra, não voltou a atenção, até ser tarde demais, para um campo em que ciência e ficção se relacionavam.

Ao final da Segunda Guerra Mundial, foram se revelando, ano após ano, os formidáveis projetos feitos para uma cada vez mais debilitada e ultrapassada Luftwaffe, outrora dona dos céus da Europa, durante a famosa Blitzkrieg. Esses projetos foram e continuam sendo uma fonte inesgotável de surpresas, tanto para profissionais como para interessados nessa ciência e técnica que tanto apaixona: a Aeronáutica. Entre essas surpresas, ressalta-se o fato de que a Alemanha dispunha do melhor avião de pistão da época, o caça de alta capacidade Do 335 Pfeil – cujo desenvolvimento atrasou o aparecimento dos aviões à reação –, pois alcançava uma velocidade máxima de 770 km/h com dois motores de 12 cilindros. Contudo, o mais revolucionário dessa máquina, que, com poucas unidades, alcançou um estado semioperacional e estava dotada de assento ejetável para um único tripulante, era a incomum disposição em tandem de seus motores, com uma hélice na ponta e outra na cauda.

Além disso, havia alguns projetos tão deslumbrantes que nos basta mencionar o planador especial de bombardeio Raumgleiter – um projeto fabuloso, interrompido pelo fim da guerra, previsto para voar a um mínimo de 120 quilômetros de altura. Mas havia mais tecnologia alemã ultrassecreta, muito mais. Durante décadas, nada despertou tanto a imaginação popular quanto os incríveis projetos alemães de naves voadoras de todo tipo, como as discoidais, para maior confusão no sempre controvertido e manipulado ramo dos óvnis.

Que o III Reich também tenha se destacado sobre seus inimigos no campo dos motores-foguete ficou mais ou menos exposto na já citada reportagem do coronel Armijo para a publicação mensal do Ministério do Ar espanhol:

Seu motor-foguete pesava 160 quilos, e gastava-se cerca de 60 horas em sua fabricação, a um custo de 500 marcos. Por um breve período de tempo, mostrava maior força de impulso que o mais poderoso motor de explosão ou propulsor de reação conhecido até hoje e, segundo se diz, podia alcançar alturas de 9 mil metros. Em uma só fábrica, eram produzidos mil por mês.

Isso não quer dizer que os Aliados não conhecessem nem fizessem uso da propulsão "foguete". Dispositivos "foguete" foram utilizados pela aviação de porta-aviões para acelerar a decolagem, e os aviões Tiphoons costumavam atacar com projéteis os tanques e colunas de abastecimento inimigos. Todavia, esses "foguetes" eram da classe de "consumo rápido", de tipo puramente "pirotécnico", e algo completamente distinto dos alemães. Os novos motores-foguete alemães são uma cópia perfeita e bem-sucedida do grande motor-foguete do "V-2". Usam, como este, uma mistura de ácido nítrico e um hidrocarboneto como combustível. Seu consumo é muito elevado, e sua duração, relativamente curta; mas dão uma potência enorme a um custo insignificante. Estavam sendo investigadas todas as suas possíveis aplicações.

Durante a guerra, ambos os lados beligerantes se preocuparam muito em encontrar, embora com pouco sucesso, a maneira de aumentar, em um dado momento e durante um curtíssimo intervalo de tempo, a potência dos motores. Pode-se imaginar a enorme vantagem que um piloto de avião teria se pudesse dobrar, em caso de necessidade, a potência de seus motores por um breve intervalo de tempo. Os alemães acabavam de alcançar esse resultado por meio da adaptação de motores-foguete de dimensões reduzidas aos aviões correntes, equipados com grupos motores de êmbolo e hélice, ou mesmo com os mais modernos propulsores de reação.

A história da Alemanha de Hitler no campo da turborreação e do motor-foguete teve um precedente que não se leva em conta, no verão de 1939, quando um verdadeiro gênio, Wernher von Braun, expôs sua ideia básica da decolagem vertical. Alguns anos mais tarde, com a guerra já perdida e no desespero de projetar aeronaves "milagrosas", os técnicos mais destacados de diversas construtoras aeronáuticas anteciparam o futuro com seus projetos revolucionários. Como prova disso, se lembrará, entre outras, da história dos aviões com asa em flecha negativa, do conceito de decolagem vertical, dos aparelhos com asa de geometria variável, dos que eram *só asa* e sem cauda, etc.

Mais uma vez, temos de nos reportar à *Military Review* para conhecer, do ponto de vista dos vencedores, a realidade acachapante de uma Alemanha nazista que estava muito adiante de seu tempo no sempre decisivo campo da aeronáutica:

> No total, quando terminou a guerra, haviam sido fabricados ou estavam em pleno desenvolvimento 19 modelos de aviões de propulsão a jato, bem como seis modelos de aparelhos impulsionados por foguetes. Em mais de um modelo, os motores de propulsão a jato estavam reforçados por motores de propulsão foguete, com o propósito de alcançar maior velocidade durante a decolagem e ganhar altura mais rapidamente.

Desde o início de 1944 e enquanto suas tropas recuavam em todas as frentes abertas na Europa, a Alemanha procurava desesperadamente uma maneira de deter a grande avalancha de bombardeiros pesados que tanto a Grã-Bretanha quanto os Estados Unidos lançavam contra o espaço aéreo vital alemão, bombardeando cidades, instalações militares e fábricas diversas. Diante disso, a Luftwaffe concluía o lançamento de seus caças He 162 e Me 262, bem como o do Me 163 – com motor-foguete – e de outros aviões sobressalentes como o Ar 234, o primeiro jato de reconhecimento e bombardeio a ser usado em futuras ofensivas. Era uma legítima demonstração de que os engenheiros alemães se encontravam trabalhando com iniciativas que ainda hoje em dia nos assombram, como, por exemplo, o projeto bastante incomum do caça besouro de Focke-Wulf – algo pouco ortodoxo até mesmo para os modelos alemães mais vanguardistas –, de asas rotatórias e de decolagem vertical, a arma aérea definitiva que prometia mudar o curso da guerra.

Foi uma época em que os projetistas aeronáuticos do III Reich – que já haviam projetado com êxito o primeiro assento ejetável do mundo para salvar a vida dos pilotos – criaram formas cada vez mais futuristas, quase todas apoiados nos novos motores de retropropulsão; ainda que ao final tudo isso se traduzisse em uma corrida desesperada contra o relógio, perdida de antemão diante da aguda escassez de material e dos implacáveis limites impostos pelo calendário. Entre o que de fato aconteceu e o que poderia ter acontecido, a Alemanha esteve à cabeça do planeta, adiantando-se muito a todos os países nesse tipo de tecnologia. Certamente, nunca descobriremos com exatidão tudo o que alcançaram os cientistas, engenheiros e técnicos alemães a serviço de Adolf Hitler, sobretudo se levarmos em conta que suas experiências secretas haviam sido iniciadas nos anos de 1930, com aeronaves, armas e motores, e que, na década seguinte, muitos protótipos já eram uma realidade surpreendente. A isso temos de acrescentar que houve centenas de projetos que dificilmente passariam de ilusão ou sairiam da prancheta;

no entanto, alguns destes eram tão extraordinários que ainda hoje muitos especialistas resistem até mesmo a acreditar em sua existência. Podemos mencionar, a título de exemplo, o avião orbital Sänger Amerika Bomber, projetado para atacar Nova York; não nos esqueçamos também dos projetos discoidais, dos aviões triangulares e das surpreendentes "minas aéreas".

Em sua obra *Proyectos secretos alemanes*, Nico Sgarlato trata de projetos de naves aeroespaciais bastante anteriores à eclosão da Segunda Grande Guerra, projetos esses comandados pelo professor Eugen Sänger – o verdadeiro pioneiro do voo espacial –, apesar de nunca terem passado da fase de maquetes para efetuar provas no correspondente túnel de vento.

O "Pássaro de prata" (Silbervogel), como era chamado por sua equipe de projetistas, era um programa bastante avançado para a época. Tratava-se de um "aeroespaçoplano" hipersônico, com apenas uma etapa orbital, que deveria ser impulsionado por motores-foguete alimentados por uma mistura de pertróleo e oxigênio, capaz de voar a Mach 10* (apesar de haver quem diga que chegasse a Mach 20,8), a altitudes variáveis entre 59 e 300 quilômetros. Era uma concepção futurista para o ano de 1933 que se antecipou em mais de 30 anos ao conceito de lançamento "Shuttle".

Aqui encontraremos projetos tão revolucionários como o Ba 349 Natter – um interceptador tripulado que era impulsionado verticalmente por meio de foguetes, obra de Erich Bachem, a qual nada tinha que ver com seus homólogos clássicos –, o primeiro bombardeio em mergulho e de assalto à reação, de Oskar R. Henschel, e as incríveis asas em flecha invertida do bombardeiro pesado de alta velocidade Ju 287. E mais ainda, pois a Luftwaffe pensava em contar com o audacioso projeto do Go 229, uma asa voadora sem cauda – criação original dos irmãos Horten, cujos modelos tinham uma fuselagem que formava uma asa grande, na qual se omitiam tanto a cauda como os planos verticais – e também com as excepcionais asas de geometria variável do caça Me P.1001 – de Willy Messerschmitt –, previsto para destruir todos os bombardeiros Aliados com mísseis ar-ar. Os modelos eram tão radicais que acabariam por servir de base para as superpotências nucleares da chamada guerra fria, Estados Unidos e União Soviética, desenvolverem seus aviões ao longo de quase duas décadas. Deve-se acrescentar a isso o tratamento antirradar, que, sob o código secreto de Schornsteinfeger, foi preparado pela SS em sua fábrica húngara de Manfred-Weiss. Lá, foi fabricada uma pintura betuminosa que continha elevada concentração de

---

* N.T.: Velocidade relativa, cociente entre a velocidade de um objeto e a do som no meio em que o objeto se move. Para aviões, Mach 1 equivale à velocidade do som.

carbono, e a espessura que essa pintura teria em cada avião dependia sempre da potência do radar contrário.

O espantoso avanço tecnológico alemão nos últimos anos da guerra resultou em coisas como a fabricação da "manteiga" a partir do carvão, de seu próprio petróleo, da gasolina sintética a partir de minerais e também de óleos sintéticos elaborados com minerais, plantas e vegetais, e o tão badalado bioetanol. Sobre esse último combustível, José María Lopez de Uribe faz um comentário contundente, em *Comandos de guerra* – a primeira revista digital lançada na Espanha exclusivamente para o estudo da Segunda Grande Guerra –, em sua reportagem "Hitler e suas armas secretas":

> Um dos componentes do carburante sintético era obtido por meio da destilação das batatas colhidas em 1944. Essa loucura fez com que os alemães pagassem um preço elevado a partir de 1945, provocando uma fome nunca antes vista no centro da Europa.
>
> Os delírios de grandeza das armas secretas dos nazistas levaram à destruição da Alemanha e à morte de muitas pessoas diante do horror da guerra.

Não se pode esquecer tampouco do processo de congelamento a seco e das técnicas de armazenamento perpétuo de farinha e de pão. Havia inventos que estavam 30 anos à frente de seu tempo, com patentes e aparelhos que ainda não haviam sido reproduzidos ou construídos. Entre os inventores, destaca-se Konrad Zuse, hoje esquecido pela história oficial, mas cujos fantásticos resultados podem ser vistos no Museu de Munique. Ele, ao final de 1941, preparou, com a ajuda de Schreyer, o primeiro computador digital programável. Houve também outros desenvolvimentos eletrônicos muito avançados verificados apenas nas instalações secretas do III Reich. Afirma-se que os vencedores confiscaram ou roubaram mais de 3 milhões de patentes industriais, médicas e tecnológicas, entre as quais estavam as células fotoelétricas por infravermelhos e o escâner para diapositivos e filmes do barão Von Ardenne, quem depois, com a paz, passou a ser considerado, na hoje extinta RDA (República Democrática Alemã ou Alemanha Oriental), um inventor do porte de Thomas Edison. Tudo foi aproveitado como um extraordinário espólio de guerra: avanços tecnológicos incríveis foram subtraídos sem nenhuma possibilidade de reclamação legal.

Sobre esse ponto, chama muito a atenção a contribuição de Felipe Botaya em seu envolvente romance *Operación Hagen*, que, com o subtítulo de *El misterio del proyecto nuclear nazi que pudo cambiar la II Guerra Mundial* [O mistério do projeto nuclear nazista que poderia ter mudado o rumo da Segunda Guerra Mundial], coloca o leitor entre a realidade histórica e a ficção verossímil. Leiamos, então, as palavras ditas pelo protagonista de sua história, o major-general Dörner, dirigindo-se a um suposto militar dos Estados Unidos:

> Mais de meio século de desenvolvimento humano tem sido construído sobre esses inventos alemães – prosseguia Stefan, bastante tranquilo em sua demolidora exposição. Quanto dinheiro vale tudo isso e quanto dinheiro esse espólio produziu para os cofres dos vencedores? Quantos Prêmios Nobel ganharam por algo que não fizeram? A lista de perguntas sem resposta não tem fim, tenente. Essa é a história que escondem de nós. De acordo com a história oficial, o regime de Hitler não podia ter criado nada de valor. Era impossível. Esse regime foi demonizado até a raiva e o ridículo.

Quanto ao armamento, que parece coisa de ficção científica, além dos insólitos "discos voadores" e das "bolas de fogo" – que transtornavam os motores dos bombardeiros americanos ou britânicos –, encontramos "armas limpas" como os canhões antiaéreos sem projéteis, de vento, sônicos, com gases, de *laser* e também os elétricos. Além disso, nunca saberemos a que ponto chegaram os cientistas do III Reich no desenvolvimento das armas climatológicas, como a bomba endotérmica, capaz de congelar o inimigo a partir do ar. Seis décadas depois da derrota nazista, os governantes dos Estados Unidos guardam cuidadosamente em seus arquivos mais de 300 milhões de documentos ainda não tornados públicos sobre a Alemanha de Hitler. São documentos econômicos, esotéricos, militares e políticos, entre fotografias, papéis e filmes. Portanto, será completamente impossível saber até que limites chegaram exatamente os técnicos do III Reich com suas pesquisas mais secretas, sobretudo no que diz respeito ao nuclear e ao aeronáutico. A este, tem-se dedicado mais a imaginação popular, cogitando naves voadoras, as quais, desde o fim da guerra, já eram conhecidas como óvnis.

Diante disso, surgem diversas perguntas, ainda sem resposta oficial: encontram-se nesses arquivos secretos os dados das naves e dos motores revolucionários por magnetismo ou eletricidade de implosão autônoma que desapareceram misteriosamente? O que nos escondem sobre a construção feita pelos alemães na Antártida, iniciada em 1940, de edifícios preparados para suportar temperaturas tão extremas como de 60 graus centígrados abaixo de zero? O que existia de fato no Instituto Goering de Armas Aéreas, tão bem camuflado no subsolo da Floresta Negra? O que realmente aconteceu com o projeto espacial Sänger, do qual fazia parte um bombardeiro espacial intercontinental com colaboração japonesa, ao realizarem-se as provas de rigor numa ilha remota do Pacífico que nunca foi identificada?

Prosseguindo: até onde a Alemanha conseguiu chegar com sua terrível bomba de desagregação, vulgarmente chamada de bomba atômica, e os fusíveis infravermelhos que a detonavam, obra de Von Ardenne? Falamos mais uma vez do cientista cuja fama antecedia a Segunda Grande Guerra, graças a suas descobertas e desenvolvimentos posteriores na emissão televisada. É ele o mesmo que, entre 1939 e 1945, inventou os visores noturnos infravermelhos e também o microscópio eletrônico.

Ninguém, até hoje, conseguiu reconstituir o que se passou nos territórios dominados pelo III Reich, visto que os pesquisadores mais "ousados" sempre encontram obstáculos para realizar seu trabalho. Uma carta de 16 de fevereiro de 1999, tornada pública pelo Pentágono, explicou que, entre outras coisas, a divulgação dessa formidável massa de documentos "provocaria um sério dano à segurança nacional e ao prestígio do país". Fica então bastante claro que estão escondendo de nós, definitivamente, provas conclusivas do assombroso poderio militar atingido pela Alemanha de Hitler. Passa-se, dessa forma, por cima da Lei de Liberdade de Informação, a qual determina que um documento, uma vez indexado como altamente secreto, deva ser posto em domínio público 30 anos depois.

E o que sabemos nós com segurança acerca do centro de pesquisa de alta tecnologia montado pela SS nas proximidades de Pilsen? Ali, na Boêmia e na Morávia, sempre em colaboração com a empresa Skoda e sob rigoroso controle de Hitler e Himmler, desenvolveu-se uma segunda geração de armas secretas. Entre essas armas, havia desde turbinas atômicas para o avião Me 264V-1 até foguetes também baseados na energia nuclear, projetos que ainda hoje nos parecem incríveis. Não se pode esquecer também dos outros programas de motores a reação, nem tampouco do desenvolvimento do *laser* e da óptica avançada. O mesmo se pode dizer da Jonastal IIIC, que era a fábrica subterrânea ultrassecreta localizada na região montanhosa da Turíngia – a muitos metros de profundidade, para que permanecesse a salvo de qualquer bomba lançada do ar –, onde eram preparados aviões, mísseis e até mesmo uma parte do projeto atômico alemão.

Quanto à energia nuclear para uso bélico, novamente nos valemos do romance histórico de Felipe Botaya, que, em *Operación Hagen*, menciona uma extraordinária ação de represália planejada pela Luftwaffe:

> Pensem que, durante os últimos dias de março de 1945, nossos aviões lançaram sobre a zona do Baixo Reno panfletos alertando

a população para que deixasse a zona, já que era objetivo de um ataque iminente com uma arma devastadora. Isso significava a urgente evacuação de uma zona de 50 quilômetros quadrados. Do ponto de vista militar, era a única forma de estabilizar a frente ocidental. Perto de Münster, nossos caças Messerschmitt Bf 109 foram preparados com bombas atômicas de pequeno porte, 250 quilos. Mas se pode imaginar o que teria sido naquele momento, com as estradas repletas de refugiados e tropas em debandada, lançar essas bombas. Hitler deteve o plano por não poder garantir-lhe os resultados nem sobretudo as sequelas que acometeriam nossa gente. Hitler sempre receou a possibilidade de uma retaliação com agentes químicos ou bacteriológicos contra a Alemanha por parte dos Aliados. Estávamos preparados para uma resposta contundente, mas era uma forma de guerra em que o *Führer* não queria entrar de forma alguma.

Para sorte do mundo, os Aliados foram favorecidos por diversos fatores de ordem estratégica e política, os quais chegariam a entorpecer numerosos programas de pesquisa alemães no decisivo campo militar, obrigando, inclusive, a suspensão de certos estudos autenticamente revolucionários. Mas isso não serviu de obstáculo para que os cientistas e engenheiros do III Reich atingissem resultados criativos que hoje em dia nos parecem milagrosos, vencendo, em algumas ocasiões, a escassez de matérias-primas consideradas estratégicas e também a terrível falta de tempo. Muitos especialistas sobre a Segunda Guerra Mundial mostram-se de acordo a respeito do extraordinário desenvolvimento armamentista alemão e suas consequências imediatas, sobretudo no sentido de que, se as pesquisas estivessem mais adiantadas em apenas um ano, o resultado da grande contenda poderia ter sido outro.

Em abril de 1944, nos dias 22 e 23, celebrou-se uma importante reunião de cúpula no castelo de Klessheim, em Salzburgo, com Hitler e Mussolini no comando, acompanhados do marechal Rodolfo Graziani, ministro da Defesa da República Social Italiana; de Joachim von Ribbentrop, ministro alemão do Exterior; do marechal de campo Wilhelm Keitel, comandante-chefe das Forças Armadas alemãs; de Eugen Dollman, ajudante do marechal de campo Kesselring e adido cultural nos ambientes italianos; e de Rudolf von Rahn, embaixador do III Reich no que restava da Itália fascista. Pois bem, para dar tranquilidade a seu aliado transalpino sobre o curso da guerra, o *Führer* – atesta-o os diversos testemunhos em declarações posteriores – disse ao Duce, sobre o novo armamento alemão que estava para chegar:

> [...] temos aviões de defesa, submarinos interceptáveis, artilharia e carros colossais, sistemas de visão noturna, foguetes de potência excepcional e uma bomba cujo efeito assombrará o mundo. Tudo isso vem se acumulando em nossas oficinas subterrâneas com incrível rapidez. O inimigo sabe disso, nos ataca, nos destrói, mas, à sua destruição, responderemos com o furacão e sem precisarmos recorrer à guerra bacteriológica, para a qual nos encontramos igualmente preparados.

Depois, já ao final do grande conflito bélico, surgiu o insistente rumor de que a Alemanha possuía uma arma mortífera, com tamanha capacidade de destruição que, sozinha, poderia mudar o rumo dos acontecimentos nas frentes de batalha. Portanto, Hitler não havia exagerado nem um pouco. Dessa forma, superando a escassez de informações provocada pelos vencedores e sua desinformação muito intensa, a cada ano, cresce o número de estudiosos da Segunda Guerra Mundial que apostam que essa arma terrível era de fato a bomba atômica...

No entanto, com a arrogância que sua onipotência lhe dava e a vaidade proporcionada pela suposta superioridade da sonhada raça ariana, o autocrata nazista olhou fixamente para Mussolini e Graziani – que, na realidade, haviam chegado à Áustria para tratar dos deportados italianos em solo do III Reich, da condição da República Social Italiana e também do grave problema dos militantes antifascistas – e, em seguida, assinalou textualmente: "Não há uma sequer de minhas palavras que não tenha a chancela da verdade. Vereis...!".

Um historiador militar de prestígio, o major Rudolf Lusar, nos introduz ao fascinante universo da tecnologia secreta desenvolvida na Alemanha hitlerista e o faz por meio de sua magnífica obra *German secret weapons of World War II*. Da mesma forma, outro autor, responsável por um livro com grande riqueza técnica, *Intercelli sensa sparare*, explica a autenticidade dos desenvolvimentos aeronáuticos alemães mais inéditos. Renato Vesgo insiste que, nos momentos decisivos do maior conflito bélico de todos os tempos, estavam em andamento projetos incríveis da Luftwaffe nas instalações ultrassecretas de Wiener Neustadt. Félix Llaugé Dausá, em seu livro *Armas secretas de la Segunda Guerra Mundial*, faz um resumo acerca dos inventos alemães dessa categoria:

> [...] toda documentação e exemplares foram sequestrados pelos Aliados e levados para seus respectivos países, onde deram continuidade aos experimentos e consolidaram a base da nova era da aeronáutica. Em verdade, o mundo tecnológico de hoje é uma herança do III Reich.

Para terminar, convém refrescar nossa memória histórica com o que foi reconhecido pelos próprios americanos 15 anos depois do fim da Segunda Guerra Mundial. De acordo com o que foi exposto em Washington, D.C. por Ralph Williams, um acúmulo de erros de cálculo – e não um único erro – impediu os alemães de vencer a guerra e mudar o rumo da História com seus novíssimos caças de turbina. Trata-se de um informe secreto elaborado por esse oficial da Casa Branca para o antigo generalíssimo Aliado Dwight D. Eisenhower, que foi presidente do país por dois mandatos. Leremos três parágrafos desse informe sobre o tempo, em que os caças à reação da Luftwaffe atuaram nas mãos de seus melhores pilotos:

    Nessa época, os alemães literalmente faziam o que queriam com nossos caças e bombardeiros, com total impunidade.

    Um total de 14 grupos de caças que escoltavam os 1.250 B-17 lançados sobre Berlim no dia 18 de março de 1945, quase na proporção de um para um, foram seguidos por apenas um esquadrão de Me 262, o qual abateu 25 bombardeiros e cinco caças, cuja superioridade numérica era de vários contra um. Os alemães não perderam um único avião sequer.

    O general Carl Spaatz, comandante da Oitava Força Aérea dos Estados Unidos durante o conflito, confessou que nenhum dos nossos caças podia equiparar-se aos reatores alemães e acrescentou que, se os alemães tivessem chegado a usá-los com toda a sua potência diante da costa francesa, teriam anulado nossa superioridade aérea e frustrado o desembarque na Normadia, forçando uma mais que provável entrada na Europa através da Itália.

# Primeira parte:
# Os aviões mais avançados

# Capítulo 1

# Em segredo absoluto

Antes de tratarmos da turbina de gases, cabe tratar das origens da pesquisa sobre propulsores sólidos, pois os conceitos de voo do foguete mecanizado não se desenvolveram apenas nos tempos bélicos. Como nações inovadoras na pesquisa, aparecem a Alemanha e a União Soviética, pois ambas dariam continuidade a seus experimentos durante os primeiros meses de guerra no Velho Continente. A diferença entre alemães e soviéticos consiste que, enquanto muitos dos projetos de foguetes militares destes últimos apareceram em princípios dos anos de 1940, os primeiros já estavam muito mais ativos desde finais dos anos de 1920.

Como maior defensor na Alemanha – época da República de Weimar –, dentro da indústria pesada, aparece primeiro um magnata do automóvel, Fritz von Opel; claro que seu interesse pelo voo com foguete mecanizado não foi, na realidade, tanto pelo desenvolvimento do conceito em si e da pesquisa posterior, mas sim para dar mais publicidade à sua companhia de automóveis.

Acontece que Opel contratou Max Valier – membro destacado da Verein für Raumschiffahrt ou Sociedade para a Navegação Espacial – com o propósito de supervisionar e dirigir convenientemente a campanha prevista. Convém refrescar nossa memória histórica com o fato de que, em 1927, a pesquisa de propulsores sólidos era bastante normal, isso apesar de os propulsores líquidos estarem ainda na fase teórica. A maior parte desses trabalhos de pesquisa serviu para demonstrar que os combustíveis líquidos eram totalmente inadequados.

Sendo assim, Valier chegou à firme conclusão que a única saída possível para obter fundos – se quisesse continuar estudando com suficiente base econômica a nova tecnologia do foguete – era por meio do *show*, em suma, do espetáculo. Opel se detivera nele com o propósito de fornecer energia ou mecanizar aviões, automóveis e outros veículos com baterias de foguetes pulverizados. Max Valier contou com a colaboração de Alexander Sander para o imprescindível fornecimento de foguetes. Além disso, um engenheiro chamado Hatry entrou em sua equipe para elaborar o projeto de um planador. Desse modo, nasceu a Opel-Sander-Rak. Foi nessa época que se solicitou a ajuda de Alexander M. Lippisch para o desenvolvimento de tal aeroplano; no entanto, esse grande pesquisador já tinha outros planos que – como veremos em outro capítulo – o levaram diretamente à empresa Messerschmitt AG.

Sabemos que o Rak.1 voou em várias ocasiões. O Rak.2 seria apenas um automóvel de foguete mecanizado, capaz de alcançar, sem problemas, uma velocidade máxima de 235 quilômetros por hora. Depois veio o Rak.3, que era o projeto de "rebocador" com foguete mais avançado, construído por "Espe" Espenlaub, ainda que de fato não tenha alcançado muito sucesso em sua primeira exibição. Sem dúvida, com a atenção voltada para veículos de foguete à propulsão, obter-se-iam mais fundos para cobrir todas as necessidades dos pesquisadores. Mas tudo não passava de um simples artifício técnico.

Os problemas suscitados com os foguetes de combustível sólido acabaram sendo muito estimulantes. Na medida em que os percalços se sucediam, com quase todos os engenheiros errando em seus cálculos iniciais, esses pesquisadores inquietos acabariam entrando em um acordo com os poucos colegas que estavam apostando nos combustíveis líquidos. Pôde-se finalmente comprovar que os foguetes de propulsão alimentados com sólidos não tinham futuro na aviação.

No transcorrer dos anos de 1930, aumentou-se o interesse pelo tema dos foguetes. Os fundos obtidos durante o auge registrado em finais da década anterior, em espetáculos de feiras e circos, além de eventos puramente desportivos, haviam dado aos sofridos cientistas de combustíveis líquidos uma apreciável margem de manobra econômica para continuar seus trabalhos sem apreensão. Não obstante, até mesmo esse dinheiro começou a escassear, interrompendo diversos projetos na indústria civil. Nessa época, o Exército alemão começou a prestar atenção no estudo da construção de foguetes, em geral para aplicações logicamente militares; mas eis que essas aplicações se concentraram exclusivamente em motores-foguetes para mísseis, e não na propulsão de um avião qualquer.

## Propulsão com foguetes

Se os veículos movidos à reação se tornam independentes do meio de deslocamento, era já de senso comum que o foguete seria mais eficiente no vácuo. Sendo assim, não era de surpreender nem um pouco que o primeiro aeroplano propulsado por foguetes voasse em um prazo de tempo relativamente curto, exatamente em 11 de junho de 1928. Foi Friedrich Stamer quem pilotou o veleiro *Ente* sobre o Monte Wasserkuppe (Alemanha), percorrendo 1.200 metros graças a um par de motores Sander de propergol sólido.

Sempre com os alemães a encabeçar as pesquisas aéreas e já em plena época do Nacional-Socialismo, Wernher von Braun chamou a atenção da empresa Ernst Heinkel Flugzeugwerke GmbH por seus notáveis experimentos com foguetes. De fato, esse jovem cientista havia iniciado seus primeiros testes com o lançamento de foguetes para a atmosfera em 1932, com apenas 20 anos de idade. Seu "atrevimento" lhe valeu a nomeação de chefe da estação experimental de Kummersdorf. Logo em 1933, um de seus foguetes conseguiu cobrir uma distância de 2 mil metros. Adolf Hitler deteve sua atenção nele durante 1936, designando-o imediatamente para o cargo de diretor do centro experimental de Peenemünde, vilarejo localizado na Ilha de Usedom, na costa báltica.

Acontece que Von Braun realizou depois alguns voos de teste com o monoplano de caça He 112. Esse avião – previsto, na realidade, para substituir os caças biplanos He 51 e Ar 68 –, avaliado operacionalmente na Espanha pela famosa Legião Condor, foi equipado com um motor-foguete adicional – a propergol líquido – para auxiliar na potência de sua clássica planta motriz Rolls-Royce Kestrel V de 695 cavalos-vapor, sendo colocado no extremo posterior da fuselagem. Esses ensaios demonstraram as verdadeiras possibilidades que a ideia encerrava. Bekker trata disso em seu livro extraordinário sobre a Luftwaffe:

> O negócio começou com a instalação na fuselagem do avião do motor-foguete de Von Braun, ao qual colocou em funcionamento em um barracão, com um estrondo infernal. No princípio, o pessoal ficava atrás de uma proteção de concreto, pois, em várias ocasiões, a câmara de combustão do foguete explodiu. Por duas vezes, Heinkel enviou uma nova fuselagem de avião para substituir a anterior. Logo em seguida, deixou o He 112 pronto para voar com seu motor normal. Warsitz devia ligar o motor-foguete instalado no avião quando

o aparelho estivesse no ar. Mas, ao fazê-lo funcionar em terra para testá-lo, o avião explodiu, e o piloto foi parar a alguns metros de distância em uma trajetória espetacular.

Porém, não desanimou. Ele mesmo implorou a Heinkel que lhe mandasse um novo He 112, e, com esse aparelho, no verão de

*O He 176 foi idealizado pelos irmãos Günther. Apresentava dimensões muito pequenas. Suas asas elípticas tinham 4 metros de envergadura e apenas 5,4 metros quadrados de superfície.*

1937, conseguiu-se a primeira decolagem de um avião com propulsão foguete. O He 112 ganhou altura de forma impressionante, deu uma volta no aeródromo e aterrissou sem sofrer danos.

Ao final desse mesmo ano, a Ernst Heinkel Flugzeugwerke GmbH iniciaria em Marienche a pesquisa e o posterior projeto de um monoplano de asa baixa cantiléver totalmente metálico. Oficialmente batizado de He 176, passou à História por tratar-se do primeiro avião do mundo propulsado unicamente por um motor-foguete de propelente líquido, que usava tanto o combustível como o comburente. Deve-se precisar que o He 112 já dispunha de outra planta motriz distinta e agregou-se apenas a nova tecnologia de empuxo, com um enorme consumo de combustível, mas proporcionando um empuxo realmente excepcional.

Esse novo He 176 era dotado de uma cabine original, capaz de funcionar por ar comprimido; assim, permitia-se seu disparo com o piloto dentro, separando-a do aeroplano que se destruía. Graças a um paraquedas especial, essa cabine caía a uns 300 quilômetros por hora; o tripulante, então, abria a capota para lançar-se ao vazio o quanto antes com seu próprio paraquedas.

O He 176, projetado pelos irmãos Günther, apresentava dimensões externas muito reduzidas. Suas asas elípticas tinham 4 metros de envergadura e apenas 5,4 metros quadrados de superfície. Toda a fuselagem se adaptava ao piloto que devia enfrentar os testes de voo, pois o ponto mais largo dela media apenas 70 centímetros.

Em relação ao trem de aterrissagem, o He 176 levava sob as asas uns deslizadores de altura suficiente para poder mantê-las bem niveladas se, por alguma circunstância adversa, a manobra de aterrissagem não ocorresse bem. Com 5,4 metros de comprimento e 1,44 metro de altura, esse novo avião – ao qual se deram as dimensões mais reduzidas possíveis – tinha a particularidade de obrigar seu único tripulante a permanecer quase tombado, com os pés para a frente, como se estivesse sentado em uma espécie de rede, já que, em seu ponto mais largo, a fuselagem media apenas 70 centímetros. Félix Llaugé Dausá, em seu livro *Armas secretas de la Segunda Guerra Mundial*, nos explica:

> Toda a carlinga estava construída de plexiglas, de modo que se desfrutava completa visão por todos os lados. Em caso de emergência, a carlinga se desprendia do conjunto com o piloto em seu interior. A carlinga contava com um paraquedas próprio de freio que se abria tão rápido que a velocidade de queda se reduzia pela resistência do ar. Pouco depois, o piloto saltava com seu paraquedas pessoal. Esse sistema de escape foi adotado porque a intenção era ultrapassar os mil quilômetros por hora com esse avião. A tal velocidade, em caso de avaria, não havia a possibilidade de o piloto lançar-se de paraquedas. Não existia nenhuma outra maneira de sair do aparelho, nem sequer de tirar um membro da carlinga sem que este fosse arrancado do corpo.

## Uma força poderosa

Os primeiros voos de teste do He 176, sempre mantidos em rigoroso segredo, continuaram a ocorrer a partir de março de 1938 na costa da Ilha de Usedom, reduzindo-se a simples tentativas de rodagem e de decolagem ou "saltos". O exame oficial definitivo teve lugar em meados do ano seguinte, com um voo de 50 segundos, protagonizado sem problemas pelo capitão Erich Warsitz. Cajus Bekker, sobre essa data histórica, relata o seguinte:

> O perigo é agora menor em relação ao que afetava o foguete, porém, maior no que dizia respeito ao comprimento de pista; pois, ao frear-se o aparelho no final da pista, eram frequentes os cavalos de pau e as pontas das asas tocavam o solo mais de uma vez.

Warsitz teve de realizar por fim a decolagem. Foi escolhido o dia 20 de junho de 1939, um dia ensolarado e claro, com o ar tranquilo. O pequeno aparelho respondia admiravelmente quando o piloto corria com ele pela pista. Depois de meio dia, após uma precisa tentativa de decolagem, o piloto se dirigiu até os técnicos e disse:

– Preparem-no para o primeiro voo!

A decisão de Warsitz – na véspera, havia escrito seu testamento! – superou as expectativas dos engenheiros da fábrica. Uma vez mais, revisou-se todo o aparelho. Encheram-se os depósitos de combustível e comburente. Dois mecânicos correram até a granja mais próxima e trouxeram um leitãozinho recém-nascido; e, para que o piloto tivesse "boa sorte", fizeram com que o segurasse nos braços.

Em seguida, o He 176 se lançou ao longo da pista. Saltou sobre uma irregularidade do terreno e se inclinou perigosamente a um declive.

Warsitz manteve, apesar de tudo, o domínio do aparelho. Depois, logo o manteve um pouco inclinado para aumentar a velocidade e passou sobre um bosque de pinheiros enquanto ganhava altura. Nos testes de rotação, tivera de diminuir imediatamente o impulso do motor, pois a aceleração era muito grande. Agora, uma poderosa força o comprimia materialmente contra o assento. Em poucos segundos, estava voando sobre o Báltico. Era o momento de dar uma volta e dirigir-se de novo até o aeródromo, pois o motor-foguete funcionava apenas durante um minuto.

Uma volta para a esquerda, aproximação da pista e, de repente, o motor para. O aparelho ainda tem excesso de velocidade, porém, as rodas amortizam bem o impacto contra o solo. O avião foguete roda pela pista. O alvoroço dos companheiros tira Warsitz da tranquilidade que o rodeava segundos antes. Imediatamente telefona a Heinkel e lhe diz:

– Tenho a satisfação de comunicar-lhe que o primeiro voo que se concretizou no mundo exclusivamente com motor-foguete foi conseguido pelo seu He 176. O senhor concluirá que ouvir minha voz é sinal de que estou vivo...

O motor-foguete RI.203 foi construído por um químico de Kiel chamado Hellmuth Walter e estava preparado para funcionar por peróxido de hidrogênio e metanol. Fora testado anteriormente no aeródromo de Neuhardenberg, adquirindo um empuxo que oscilou entre 45 e 500 quilogramas de força e com tempo máximo de trabalho de um minuto. Como esses números não eram ainda os adequados, no transcurso de 1938 e 1939, foi projetado um segundo protótipo; agora com um motor-foguete que proporcionava muito mais potência e com o que se calculava atingir os mil quilômetros por hora de velocidade máxima. No entanto, a eclosão da guerra na Europa impediu o término do projeto.

## Interesse escasso

Depois do êxito do histórico 20 de junho de 1939, Ernst Heinkel havia comunicado a Berlim a notícia do voo sensacional, o que causou uma profunda sensação diante do total desconhecimento do tema. No dia seguinte, Udet – celebridade da Sétima Arte na década de 1920 –, Milch e outros especialistas do Departamento Técnico do Reichsluftfahrtministerium – RLM: Ministério de Aviação do Estado – apresentaram-se em Peenemünde para comprovar *in situ* as autênticas qualidades do novo avião com o diferente sistema de propulsão. O capitão Warsitz voltou a tomar o comando daquele He 176, que, em linguagem coloquial, "cuspia" fogo, exibindo-se em um voo perfeito, já sem nenhum tipo de sobressalto. Repetiu-o outra vez por um intervalo de 60 segundos, no limite justo da autonomia prevista e com um absoluto controle dos comandos.

No entanto, o audacioso piloto recebeu apenas cumprimentos e provas de declarada admiração pessoal. Porém, diante da presença física do recente aeroplano, os burocratas do RLM mostraram-se cheios de receio e também quase de desaprovação. Nessa tensa e inesperada situação com os convidados oficiais, Ernst Heinkel não saía de seu assombro. De fato, até foi recriminado por ter atuado por sua conta e risco, sem ter colocado o tema para conhecimento prévio da autoridade aeronáutica competente. Ficou claro que não se podia agir "livremente" na Alemanha nazista a respeito de nenhum conceito técnico inovador.

Além disso, o general Udet – antigo ás de caça da Primeira Guerra Mundial, ainda que desastroso como planejador técnico por causa de seu temperamento – afirmou em voz alta, para que todos os presentes pudessem escutar sua falta de entusiasmo, que o He 176 não era nenhum avião. Ernst Udet – na condição de inspetor de caça e de bombardeiro em mergulho – proibiu seguidamente, e até mesmo de forma taxativa, a realização de novos testes com o inovador aeroplano manejado com evidente maestria por Warsitz. Além do mais, afirmou que pilotar o He 176 equivalia a "carregar um vulcão nas costas".

Apesar de tudo, Ernst Heinkel era muito tenaz e de modo algum se deu por vencido. Graças aos seus contatos com as autoridades do regime ditatorial, conseguiu que, em 3 de julho de 1939, Hitler e Goering

– este último como maior responsável da Luftwaffe –, acompanhados por Jodl, Keitel, Milch, Jeschonnek e Udet, entre outros, fossem então testemunhas de um novo teste oficial do He 176, realizado sobre o campo de Roggentheim, a uns três quilômetros em linha reta de Rechlin. A esse respeito, comenta Bekker em sua grande obra:

> Porém, de novo, o interesse se concentrou na proeza do piloto e não no aparelho voador que marcava uma era na história da aviação. Não se efetuou nenhum encargo de ulterior aperfeiçoamento. Quando chegou a guerra, tiveram de suspender os testes.

Tudo se complicou diante da nefasta visão de futuro do vaidoso chefe da Luftwaffe. Segundo explica Llaugé em sua obra, Goering chamou de lado o capitão Warsitz e perguntou-lhe diretamente:

– E então, Warsitz, qual é sua opinião sobre essa loucura?
– Senhor marechal do Reich – respondeu-lhe Warsitz –, estou plenamente persuadido de que, daqui a uns anos, haverá bem poucos aviões militares com propulsor normal.
– O senhor é muito otimista – disse Goering depreciativamente.

A vitória fácil obtida sobre a fraca Polônia, com a colaboração direta de 1.107 aviões de combate da Luftwaffe, fez diminuir a necessidade do projeto comentado e também de outros. De tal forma, o vago interesse inicial alcançado com os testes do He 176 acabaria desvanecendo-se rapidamente até o cancelamento total da ideia, dado que os altos comandos aéreos se sentiam literalmente ébrios de superioridade. Enquanto isso – como expõe Martin Broszat em seu livro –, o Nazismo se encontrava em seu espaço dentro da nova guerra europeia, dado que o conjunto da Wehrmacht acabava de iniciar as hostilidades sem contar com planos bem delimitados para suportar um conflito de longa duração. De acordo com Andreas Hillgruber, um historiador mais recente, a Luftwaffe era o ramo mais bem equipado das Forças Armadas alemãs, mas seu programa de armamentos, longe de estar completo em 1939, teve de receber ajuda três anos depois.

## Um único protótipo

As autoridades do RLM continuavam avaliando o revolucionário aeroplano como um divertimento qualquer da técnica alemã ou, se preferimos, uma simples curiosidade técnica. Por um tempo, acreditou-se que o único protótipo desse He 176, de histórico tão fugaz, não poderia superar nunca os 700 quilômetros por hora. As *Memórias*, de Ernst

Heinkel, ressaltaram depois que, nos voos de teste, se chegou a alcançar velocidades compreendidas entre 800 e 850 quilômetros por hora. Seja exagerado ou não mencionar esses números, o caso é que a empresa Heinkel já estava trabalhando com afinco em seu revolucionário He 178, este propulsado à turborreação; um avião do qual trataremos com mais atenção no próximo capítulo.

O desafortunado He 176 passou então ao mais completo esquecimento. Menos mal que alguém do Ministério de Aviação do Estado tivesse a feliz ideia de exibi-lo em público de modo permanente. Desse aeroplano singular – projetado como um monoplano –, foi tirado o pó que nele se acumulara em um depósito, depois de vários meses de esquecimento, para acabar seus dias no interior do recinto que abarcava o Museu Aeronáutico de Berlim. No entanto, esse inovador e realmente pequeno aparelho acabou completamente destruído em 1943, em consequência de um devastador bombardeio aéreo Aliado.

# Capítulo 2

# Um progresso irrefreável

Um engenheiro alemão, Hans-Joachim Pabst von Ohain, no início da década de 1930, havia começado a trabalhar na mesma direção que o britânico Frank Whittle. Esses dois técnicos "futuristas" acalentavam a ideia de que um jato de gases quentes, procedentes do escape de uma turbina, poderia ser empregado para impulsionar um avião para maior velocidade. Se as vantagens eram evidentes, não menos seriam os intrínsecos problemas derivados de semelhante pesquisa.

Von Ohain – muito interessado pela nova tecnologia da turbopropulsão – estava preocupado, há muito tempo, com o fato de que, na mesma medida em que um aeroplano começava a superar altitudes da ordem de 10 mil metros, a inevitável redução de densidade do ar significaria, de fato, que a hélice tradicional, movida por um motor de êmbolo, de modo algum se mostrava capaz de deslocar o mesmo peso que aquele com idêntica força motriz e, por isso, seu rendimento decaía sem remédio.

Muito mais ainda, pois, voando a velocidades superiores a 600 quilômetros por hora, podia-se comprovar que a hélice girava com tanta rapidez que suas pás não dispunham de tempo material para "apanhar" o ar, tal como era de se esperar, e, assim, começava a perder empuxo. Do ponto de vista de um voo em grande velocidade, mais fundamental ainda era que a hélice devia enfrentar o efeito de um aumento repentino na resistência ao voo, formando ondas de choque nas pontas de suas pás. Isso acontecia quando um avião entrava em velocidade supersônica e as pás se moviam com maior rapidez.

Os céticos em relação à turbina de gases argumentaram que um dispositivo como esse presumiria um peso excessivo a ser transportado pelo respectivo avião. Somava-se a isso a crua realidade de estar ainda diante de uma tecnologia não totalmente segura. Além do mais, alguém argumentou que as asas poderiam sofrer graves rachaduras até chegar a romper-se em certo momento, por causa do intenso calor gerado pelos reatores. Felizmente, havia ainda mentes inquietas que pensavam ao contrário. Nesse ínterim, em pequenas oficinas da Itália, do Reino Unido e da Alemanha, começaram-se a montar motores em caráter experimental para comprovar *in situ* para que servia essa nova tecnologia aeronáutica, ainda muito "emperrada" no ponto fundamental do movimento.

## O entusiasmo de Ernst Heinkel

Desde 1933, Von Ohain estava trabalhando com afinco na teoria da turbopropulsão, nas instalações da Universidade de Göttingen. Estava então com apenas 22 anos de idade, foi quando teve, pela primeira vez, a ideia de um ciclo contínuo de motor de combustão. Referimo-nos a um brilhantíssimo estudante de engenharia que conseguiu obter seu doutorado em tempo recorde, em quatro anos em vez de sete, que era o normal. Com parcos recursos, Von Ohain construiu um protótipo de motor e contou com a colaboração de um bom mecânico em uma oficina muito simples. Embora o precário artefato resultante não tenha funcionado muito bem, isso lhe deu ânimo bastante para prosseguir sem parar nas suas pesquisas revolucionárias.

Formando uma equipe definitava com um engenheiro de automação chamado Max Hahn, Von Ohain – com o apoio desinteressado e entusiasmado do seu professor de engenharia – animou-se a entrar em contato com Ernst Heinkel, que era um dos mais inovadores fabricantes de aeronaves, com o propósito de mostrar-lhe seu projeto de fabricação de um motor à reação experimental. Tratava-se de um aparelho que, pelo menos em teoria, era capaz de desenvolver 80 quilogramas de empuxo. Assim, Von Ohain e sua reduzida equipe receberam uma oferta concreta para projetar, fabricar e montar um motor em tamanho natural, uma autêntica e valiosa planta motriz nessa ocasião, capaz de ser instalada em um aeroplano e com um compressor axial.

A ambição pessoal de Heinkel o estimulava a alcançar, o mais cedo possível, um sucesso estrondoso com um novo motor para seus aviões. No ano de 1935, Von Ohain e seu tenaz ajudante receberam por fim a chancela dos engenheiros superiores da empresa Ernst Heinkel Flugzeugwerke GmbH e do próprio fundador, que havia dado a ela seu nome e primeiro sobrenome. Em abril do ano seguinte, Von Ohain e Hahn já estavam trabalhando em uma oficina afastada que essa construtora aeronáutica tinha ao norte da capital alemã, em Warnemünde.

Em apenas 12 meses, os dois engenheiros conseguiram construir um pequeno motor de teste viável, utilizando para essa incumbência um compressor centrífugo como no Reino Unido. Em setembro de 1937, passou a funcionar na Alemanha, pela primeira vez no mundo e sobre uma bancada, um turborreator denominado HeS 1. Empregou-se como combustível hidrogênio gasoso – sistema pouco viável –, que funcionou apenas o necessário para impressionar Ernst Heinkel por seu enorme potencial. Ressaltemos que ele já era conhecido por ser um patrão de conceitos radicais e também um projetista clarividente como poucos, sentindo-se especialmente atraído por todas as pesquisas que se centravam em alcançar velocidades mais altas; além disso – "detalhe" importante –, pagava tudo do próprio bolso.

Depois desse sucesso inicial, Von Ohain e seu ajudante prosseguiram seus trabalhos com maior moral ainda. Ambos decidiram em seguida arriscar-se e dar o passo decisivo em direção à nova e apaixonante tecnologia da turbina aérea de gases. Já em 1938, o Ministério de Aviação do Estado pediu a alguns dos mais renomados fabricantes alemães de motores, Bayerische Motor Werke – ou BMW – e Junkers, que iniciassem o quanto antes o desenvolvimento de turborreatores. Paralelamente a esse planejamento, o Reichsluftfahrtministerium solicitou de forma imediata a vinda de dois dos mais consagrados construtores aeronáuticos da Alemanha, capitaneados por seus fundadores, e, ao mesmo tempo, os maiores responsáveis pelos novos projetos, Ernst Heinkel e Willy Messerschmitt, para pesquisar modelos aéreos cada vez mais revolucionários. O primeiro deles já estava preparando, naquela época, um novo avião, a fim de comprovar o quanto antes as maravilhas da turbina apresentada em equipe por Von Ohain e seu assistente Hahn.

O caso é que, sob todos os aspectos, a apaixonante batalha técnica travada entre as empresas Heinkel e Messerschmitt se estenderia por um período de cinco anos, a qual foi agravada tanto pelos diversos períodos de falta de atenção oficial quanto pelas diversas épocas de interferência; sem esquecer os complicados problemas técnicos que iam surgindo sem trégua dia a dia. No entanto, tudo terminou bem, se considerarmos a grandiosa corrida para comprovar quem fabricaria primeiro um jato operacional e o produziria em série, para a Luftwaffe.

## O primeiro avião à reação

O HeS 1, na realidade, não servia para a propulsão de aviões por queimar hidrogênio gasoso, como já sabemos. Dessa forma – e sempre pelas mãos da equipe de Von Ohain –, surgiria o novo motor HeS 3, que foi convenientemente avaliado em bancada em janeiro de 1938, e este sim mostrou-se capaz de desenvolver sem problemas um empuxo de 500 quilogramas. Além disso, que essa planta motriz utilizasse gasolina para "alimentar-se" era um notável avanço. Não esqueçamos que esses intensos trabalhos de pesquisa se realizavam ainda em caráter totalmente particular, sem nenhum tipo de apoio oficial por parte do organismo que teoricamente deveria estar mais interessado: o RLM. Porém, o que Ernst Heinkel quis evitar foram os clássicos atrasos da burocracia estatal. No entanto, era inconcebível que o Departamento Técnico desse Ministério da Aviação do Estado nem sequer soubesse dos testes realizados em Warnemünde.

Ernst Heinkel, como todo homem prático, não perdia tempo precisamente diante da imobilidade da burocracia oficial, visto que, em setembro de 1937, já havia encarregado Karl Schwarzler e os irmãos Günther do projeto imediato de um avião experimental que recebesse o novo sistema de propulsão por turbina a gás. Desse modo, estabeleceu-se um trabalho coordenado em célula e motor. Esse mesmo mês marcou, de fato, o nascimento de um pequeno aeroplano que deveria ser o primeiro à reação em todo o mundo e para o qual estava prevista uma velocidade máxima de 580 quilômetros por hora ao nível do mar; podendo reduzir a marcha a apenas 165 quilômetros por hora no momento, sempre crítico, de iniciar o pouso.

Calculado meticulosamente em sua aerodinâmica, o He 178 apresentava uma tubeira central para a correspondente entrada de ar. Finalmente, e como planta motriz, foi instalada uma nova turbina radial aperfeiçoada, a denominada HeS 3b, que proporcionava exatamente 495 quilogramas de empuxo estático. Esse turborreator de fluxo centrífugo, que queimava gasolina – um combustível muito mais factível que o hidrogênio gasoso – e estava equipado com um compressor centrífugo, foi testado em um avião; para isso, deixou-se de lado um protótipo do Heinkel He 118 e procurou-se acelerar o desenvolvimento e a construção de um modelo de aeroplano ao qual essa planta motriz estava de fato destinada, o He 178.

Tratava-se, em suma, de um monoposto de pesquisa com uma envergadura de 7,1 metros, comprimento total de 7,51 metros, altura de 2,1 metros e uma superfície de asas de 7,9 metros quadrados. Totalmente desprovido de armamento, esse pequeno monomotor apresentava – entre as características mais relevantes a ser levadas em conta – um peso sem carga de 1.950 quilogramas e um máximo, na decolagem, de 1.910

quilogramas. Os planos de construção principal eram de madeira, mas contava com uma fuselagem metálica semimonocasco. Além disso, esse avião singular exibia um trem de pouso clássico. Sua fuselagem estava coberta na região da proa para proporcionar ar a um turborreator encaixado dentro dela que, desse modo, podia dispersar os gases por meio de uma tubeira situada na cauda, abaixo da deriva. Estamos, pois, diante da mesma disposição que seria adotada posteriormente pelos americanos, no F-86 Sabre, e pelos soviéticos, no MiG-15, os quais travariam os primeiros duelos da história entre jatos de caça nos céus da Coreia.

## Diante do Heinkel He 178

Existindo duas possibilidades para um sistema de propulsão a jato – a turbina à reação e o motor-foguete, muito mais radical – e já estando pronto o protótipo de um avião destinado a fazer história, fixou-se a data de 27 de agosto de 1939 para a primeira demonstração das qualidades que um turborreator podia proporcionar a um aeroplano estritamente experimental. Reunidos o novo motor e o modelo de testes, o He 178 rodou pela pista do aeródromo que a empresa Heinkel tinha à disposição em Rostock-Marienehe. Como piloto, figurava o capitão de voo Erich Warsitz, que conseguiu decolar sem nenhuma dificuldade. Em seguida, efetuou uma volta completa sobre a zona escolhida para o teste e voltou a aterrissar, ainda que o fizesse com um trem de pouso que não pôde ser recolhido. Félix Llaugé Dausá destaca em seu livro o que ocorreu naquele dia histórico:

> Era o primeiro voo do mundo em um avião de propulsão a jato. O reator já era uma realidade! Os montadores e mecânicos, entusiasmados, ergueram Warsitz e Heinkel nos ombros e andaram com eles aos gritos de vivo entusiasmo.

O próprio construtor, Ernst Heinkel, destaca em suas *Memórias* a importância da novidade:

> Não duvidamos um instante do que isso representava, não apenas para a Alemanha, mas para o mundo inteiro; o primeiro aparelho de propulsão a jato que decolava em um voo normal. Muito mais que em Rechlin, tivemos a sensação de ter inaugurado uma revolução da técnica aeronáutica, em cujo centro estávamos nós. Quem podia nos reprovar? Senti-me incapaz de proferir grandes palavras. Convidei todos os meus colaboradores à cantina do campo para festejar nosso triunfo.

A propulsão aeronáutica à reação era já uma magnífica realidade, sempre dentro de suas primeiras e lógicas limitações. No entanto, o Heinkel He 178 ficou danificado nesse voo inaugural histórico, que em si marcava o início de uma nova era para a aviação. A planta motriz engoliu um pássaro, o que provocou uma paralisação quase imediata. Era algo muito significativo para o futuro próximo, por causa do novo perigo representado pelas aves nas proximidades da pista. Afora esse incidente no tubo de admissão, o sucesso do novo motor à retropropulsão – caracterizado por um compressor centrífugo, uma turbina radial de apenas um nível, câmaras de combustão em contracorrente e um difusor axial – foi contundente.

Com o ataque geral à Polônia já iniciado, no primeiro dia de setembro, absolutamente ninguém em Berlim encontrou tempo disponível para prestar a mínima atenção ao primeiro avião com turborreator do planeta. Ernst Heinkel não pôde apresentar oficialmente seu novíssimo jato até que essa campanha relâmpago estivesse bem concluída. Conseguiu-o quase um mês depois, em fins de outubro de 1939, contando por fim com a presença de três destacados representantes do RLM: os generais Lucht, Milch e Udet. Depois de uma primeira decolagem fracassada no aeródromo de Rostock-Marienehe, o He 178 – agora equipado com um motor HeS 6, de 590 quilogramas de empuxo – passou com estrondo

*O He 178, primeiro avião experimental à reação do mundo, apresentava um projeto bastante limpo para a sua época. Era equipado, entre outras coisas, com um trem de pouso escamoteável e carenado.*

sobre as cabeças dos convidados ao teste e do restante dos presentes. Em seguida, quase imediatamente, todos deixaram de ouvi-lo e enxergá-lo.

Haveria no Ministério da Aviação do Estado alguém capaz de compreender em toda a sua extraordinária magnitude a revolucionária transcendência daquele projeto, convertido já em uma pujante realidade? Tratava-se de um avião que havia feito seu primeiro voo antes do britânico Gloster E.28/39 em precisamente 20,5 meses. Depois da vitória alcançada sobre a frágil Polônia, as autoridades da Luftwaffe ficaram, literalmente falando, muito deslumbradas com o sucesso obtido. A isso se unia um inegável complexo de superioridade e uma total falta de previsão para o futuro, tanto a médio como a longo prazo. Porém, contrariamente ao divulgado pela insistente propaganda oficial do regime nazista, a luta no ar não fora exatamente um "passeio militar", e sim um duríssimo confronto bélico por causa da heroica resistência polonesa. Os números eram contundentes a respeito, sobretudo levando-se em conta as baixas alemãs entre o pessoal de sua orgulhosa Força Aérea: 734 entre mortos, feridos e desaparecidos. A isso se somava algo não menos importante, como a perda imediata de 285 aviões de todo tipo, aos quais se acrescentaram 279 aeroplanos, que tiveram mais de 10% de seus componentes avariados e foram obrigados a dar baixa definitivamente.

Os três generais enviados por Goering ao aeródromo de Rostock-Marienehe não se impressionaram diante da nova tecnologia de propulsão mostrada pela empresa Ernst Heinkel Flugzeugwerke GmbH. E, além do mais, um deles argumentou com empáfia: "Antes que isso se torne realidade, a guerra estará mais do que ganha".

Por causa disso, não se ergueu no Reichsluftfahrtministerium nenhuma voz solicitando a aquisição do novo aeroplano, que, no melhor dos seus voos, havia atingido uma velocidade máxima de 695 quilômetros por hora. Contudo, a limitação mais clara do aparelho talvez fosse o rendimento, pois o motor era um prodigioso "bebedor" de combustível, e por isso não era possível manter o He 178 mais do que dez minutos no ar.

Por outro lado, no alto escalão da aeronáutica de Berlim, havia um total ceticismo quanto às verdadeiras possibilidades proporcionadas pelo turborreator de Von Ohain e Hahn, pois ninguém pareceu especialmente impressionado diante de tão nova técnica de propulsão aérea. Além do mais, o He 178 se viu diretamente afetado – em fevereiro de 1940 – por uma ordem expressa, firmada pelo próprio Hitler, na qual se marcavam os limites da futura produção de aviões de combate, no sentido de que deveriam ser suspensos os trabalhos de qualquer tipo de projeto que, no prazo de um ano, não pudesse estar operando com garantias plenas na frente de batalha.

Apesar de tão lamentável miopia oficial, a casa Heinkel não se daria por vencida enquanto a Luftwaffe estava concentrando todo o seu empenho na produção de aviões movidos à hélice, o sistema convencional de propulsão que já se encontrava no máximo rendimento. A pesquisa continuou seu curso contra o vento e a maré, resultando no jato de ataque He 280, um bimotor ao qual se dedicará nosso quinto capítulo. Sendo assim, Von Ohain e sua equipe seguiram resolutos em suas pesquisas para o desenvolvimento da nova instalação de energia, graças ao total apoio oferecido por Ernst Heinkel. Ressaltemos que esse singular engenheiro e construtor foi quem ajudou a introduzir o compressor de corrente ou movimento axial, um modelo ou classe que finalmente acabaria sendo usado em quase todos os motores à reação modernos.

Na Alemanha, a utilização do denominado "sistema de propulsão à reação para aviões" parecia muito promissora já no início da década de 1930. Era, sem dúvida, o motor mais eficiente de propulsão. Bem que se deram conta disso nos últimos meses de vida do III Reich aqueles que eram contrários a inovações que fossem além dos aeroplanos equipados com motor de êmbolo; mas já era tarde para corrigir seu engano, com o irremediável avanço por terra das tropas Aliadas. De nada serviu, então, o intenso trabalho dos engenheiros projetistas para consertar as coisas e transformar os novos modelos movidos à turbina e a motor-foguete em armas aéreas letais.

Pressionadas pelos acontecimentos, muitas autoridades do RLM deram-se conta então das enormes possibilidades que essa nova técnica de propulsão realmente representava. Alemães como Paul Schmidt – estudando pulsorreatores, dos quais nos ocuparemos brevemente no capítulo 17 –, Fritz von Opel e F. W. Sander – estes com destacados trabalhos em motores-foguete de propergol sólido –, além de, certamente, Von Ohain e Max Hahn – com turbinas a gás –, estavam adiantados, em relação ao seu tempo, em quase 15 anos.

Segundo explicava, em meados de 1946, uma extensa reportagem da publicação *Military Rewiew*, com o título de "Desenvolvimento da aviação alemã durante a guerra":

> Para o começo da guerra, os alemães haviam feito tantos progressos com vários tipos de aviões de propulsão por ejetores que se necessitou de uma explicação detalhada para distinguir entre foguetes, turbinas, unidades de autopropulsão, os chamados Athodyd ou "termopropulsor", propulsores intermitentes, usados nas bombas voadoras, e um foguete combinado com Athodyd.

# Capítulo 3

# A caminho da decolagem vertical

Uma vez acabado o maior conflito bélico de todos os tempos, publicava-se a opinião de Joe Smith, um dos engenheiros aeronáuticos mais conhecidos do Reino Unido. Estamos falando do chefe de projeto da Supermarine Division of Vickers-Armstrong Ltd. – cargo que assumiu depois da morte de Reginald J. Mitchell, em 1938. Foi Smith quem preparou, sobretudo, variantes cada vez mais rápidas e bem armadas do caça supremo do Reino Unido na Segunda Grande Guerra: o Spitfire.

Esse notável técnico aeronáutico do Reino Unido pôde examinar com muita atenção alguns dos projetos secretos alemães no campo da turborreação aplicados a aeroplanos, para acabar jogando-os no lixo. Para ele, a questão estava clara demais: "Não podemos levar isso a sério e, de qualquer maneira, fomos nós que ganhamos a guerra".

Desesperados para projetar aeronaves que fossem simplesmente "milagrosas", os alemães haviam preparado modelos com motores de retropropulsão que estavam, assombrosamente, muito adiantados para a época. Vários deles adiantavam-se no tempo até com suas formas revolucionárias; mesmo assim, os orgulhosos vencedores da guerra demorariam em admiti-lo.

A essa altura, não se podia cogitar que o responsável máximo pelos projetos dos melhores Supermarines Spitfires houvesse se equivocado em sua apreciação técnica. Quando apareceu na Coreia, cinco anos depois, o potente caça soviético à reação Mikoyán-Gurevich MiG-15 e, um pouco mais tarde, o modelo americano North American F-86 Sabre, a Grã-Bretanha passaria bruscamente para uma posição secundária no escalão mundial da aeronáutica – a qual não deixou desde então. Isso se deu, em parte, pela falta de orçamento destinado à pesquisa nesse custoso campo, em uma época na qual os combates entre jatos já estavam generalizados na dividida península asiática.

Smith tinha razão apenas quanto ao fato de que nenhum dos surpreendentes projetos do III Reich conseguiu evitar a derrota militar. Apesar das más condições técnicas e da grave escassez de materiais estratégicos, parecia que os engenheiros projetistas alemães competiam entre si para criar formas cada vez mais futuristas, quase todos se apoiando sem reservas no novo campo da turborreação. Tratando de materializá-las em um tempo recorde, firmas tão importantes como a Heinkel – a destacar agora seu projeto nunca concluído do bombardeiro He 343 –, Junkers, Focke-Wulf e Messerschmitt – impossível esquecer seu revolucionário caça Me P.1011, com asas de geometria variável – puseram em marcha vários jatos de extraordinária utilidade.

Além da justa fama alcançada pela Messerschmitt AG com seu formidável avião à retropropulsão Me 262, torna-se obrigatório mencionar outras empresas aeronáuticas – entre elas, a tcheca Skoda-Kauba, que, obviamente, estava sob estrito controle do Ministério de Aviação do Estado – porque todas elas apostaram, afinal, no projeto de novíssimos aeroplanos com planta motriz de turbina a gás, a saber: Gothaer, Daimler Benz, BMW, Lippisch, Blohm und Voss, Dornier, Arado e Henschel.

## "Sair de soluções tradicionais"

Wernher von Braun, o gênio da conquista do espaço sideral – "reaproveitado" pela NASA nos anos de 1950 –, conseguiu dar à aeronáutica uma surpreendente solução com a decolagem vertical. Realizou-o com um interceptor que levou seu sobrenome, porém, o aparelho acabaria se espatifando de encontro à burocracia do Reichsluftfahrtministerium. A aposta de Von Braun em uma nova lançadeira tampouco demoveu vontades em Berlim. Contudo, sua ideia excepcional passaria a assentar as bases da decolagem vertical no mundo.

O prestígio de Von Braun aumentou rapidamente em 1938, ao conseguir com que voasse, pela primeira vez, em completo segredo, o protótipo de míssil A-4 (V-2), cujo desenvolvimento foi concluído em 1944. Não satisfeito com essa conquista espetacular, ainda teve tempo de lançar aos responsáveis máximos do Ministério de Aviação do Estado o desafio que supunha representar um salto muito importante em direção ao futuro.

Com efeito, esse homem, natural de Wirsitz – antigo ajudante de Hermann Oberth, considerado um dos precursores da aeronáutica –, apresentou um memorando entitulado *Plano para um avião de ataque com foguete dirigido*, datado de 6 de julho de 1939. É claro que, na época, praticamente ninguém na Alemanha hitleriana considerava a necessidade de um avião tão especial como aquele para interceptar os bombardeiros inimigos. De fato, faltavam ainda quatro anos para se comprovar, *in situ*, até que ponto as grandes esquadrilhas de quadrimotores da USAAF – convém esclarecer que, até 18 de setembro de 1948, ainda era usada a denominação US Army Air Forces, que passou a ser a atual USAF ao desligar-se por completo do exército de terra como força independente – e da RAF representavam um perigo muito sério. Von Braun queria mesmo adiantar-se ao futuro, e, para comprová-lo, leiamos a parte mais significativa de seu detalhado relatório ao RLM:

*Wernher Magnus Maximilian Freiherr von Braun (Wirsitz, então Alemanha, hoje Polônia, 23 de março de 1912 – Alexandria, Virgínia, Estados Unidos, 16 de junho de 1977) foi um engenheiro aeroespacial alemão, naturalizado americano nos anos de 1950. Na NASA, foi o criador do foguete Saturno V, que levou o homem à Lua.*

O grupo mais importante de problemas que não podiam ser resolvidos de forma tradicional era o da decolagem e ascensão. O arranque dos aviões por meio de rodas era necessário apenas porque os sistemas de propulsão usados até então não proporcionavam força ou energia suficiente para uma imediata decolagem vertical [...]. Os projetistas do avião desejaram ou aspiraram a uma decolagem desimpedida durante anos. Uma série de projetos especiais (autogiro, helicóptero, Fieseler Storch, etc.) mostrava quanto esforço já fora feito nessa direção. Mas uma decolagem vertical sem percurso de aceleração, utilizando puramente sistemas aerodinâmicos, sempre resultará um problema muito difícil.

A situação muda quando a propulsão é capaz de empurrar o avião imediatamente no ar. Essa possibilidade é proporcionada pelo foguete dirigido [...]. As tentativas para vencer todas as desvantagens decorrentes de uma decolagem com percurso de aceleração para aviões com foguete podem ser descritas unicamente como ideias ultrapassadas, já que não há absolutamente necessidade disso. A tecnologia atual mostrará que é possível atingir-se, sem dificuldade, uma decolagem vertical imediata em aviões com foguete dirigido, e não seriam necessárias as instalações em terra.

## Um foguete interceptador

Von Braun apostou, como pioneiro, na própria ideia da decolagem vertical, algo conseguido apenas anos depois pelos Estados Unidos e pela França. Para isso, contava com a ajuda de um motor-foguete principal em um avião que não devia pesar mais de 5,5 toneladas e com carga plena. Em seu detalhado relatório, ele assinalou:

> A decolagem, com um empuxo de 11.200 quilogramas, ocorre, além do mais, sem um arranque ou ignição dinâmica. Para esse propósito, a máquina se deslocará com suas duas asas embicadas sobre dois suportes de aproximadamente 5,5 metros de altura que podiam, por exemplo, ser montados em camionetas.

O que Wernher von Braun estava propondo, na realidade, era um foguete dirigido; desse modo, calculou que, em 53 segundos, esse dispositivo ou mecanismo devia subir até se situar na altura avaliada como operacional: 9.650 metros. Apenas a partir daí esse interceptador tão singular estaria dentro da margem de voo considerado aerodinâmico. Em seu memorando, Von Braun apontava também a vantagem tática que uma rápida entrada na proteção das nuvens devia supor.

Nesse voo veloz em direção às massas de nuvens, a subida tinha de ser dirigida a todo momento por um sistema triaxial, para que o único tripulante da aeronave não se sentisse obrigado a efetuar manobras. De qualquer modo, o empuxo desenvolvido pelo foguete principal de decolagem tinha de estar sempre regulado – moderando de fato a marcha a cada instante –, pois, de outra forma, ele prontamente atingiria velocidades supersônicas e em uma área ainda não explorada pela modesta aeronáutica da época.

De acordo com o cálculo de Wernher von Braun, quando essa altura operacional segura fosse alcançada, seu surpreendente aeroplano – ao qual batizou de "foguete interceptador" – devia manter uma direção horizontal com velocidade bem mais reduzida, já sob controle do piloto ou automaticamente. Nesse momento, era preciso apagar o motor-foguete principal e ligar logo o menor, previsto para um voo de cruzeiro. Aquele contaria com um empuxo máximo de 850 quilogramas para manter uma velocidade permanente de 795 quilômetros por hora.

## Diante da burocracia do RLM

A ideia exposta por Von Braun durante o verão de 1939 previa a recuperação de seu "foguete interceptador" tripulado. Esse aparelho devia planar para pousar sobre um deslizador. Sua ideia também contemplava a fabricação de um engenhoso dispositivo ou mecanismo que só pôde ser desenvolvido muito mais tarde. Tratava-se, em síntese, de uma espécie de mapa em movimento – situado na cabine do piloto – para que a posição dessa aeronave sempre fosse detectada durante a noite com o propósito de facilitar-lhe o regresso ao aeródromo escolhido. Sem dúvida que era a solução adequada para poder atuar com plenas garantias como caça noturno.

O ponto de partida proposto foi realmente inovador por ser incomum. O memorando de Von Braun continha esboços de uma nave industrial um tanto especial. Seus insólitos aviões com motor-foguete tinham de ser literalmente depositados em grandes "cabides" ou ganchos metálicos, em cima de pares de barras ou trilhos situados a seis metros do solo. Com semelhante disposição, o primeiro aeroplano na fila de decolagem tinha de estar apoiado a aproximadamente dois terços do percurso antes da borda de saída de uma estrutura de aço com 30 metros a mais que a nave industrial.

Essa proposta inovadora de Wernher von Braun recebeu o parecer do Ministério de Aviação do Estado certamente a um ritmo incomum por causa da rapidez com que se produziu a réplica oficial; ainda mais se levarmos em conta que o RLM consultou antes outros especialistas, entre eles o engenheiro Motzfeld, que dirigia o desenvolvimento dos novos aviões da firma Ernst Heinkel Flugzeugwerke GmbH como diretor de projetos. Tal técnico destacou textualmente no seu relatório:

> A proposta do doutor Von Braun contém várias sugestões úteis e que merecem consideração. Porém, o projeto só terá sentido prático quando for possível aumentar a altura ou elevação a ser atingida pelo grande foguete em vários quilômetros e prolongar significativamente a duração à noite com o foguete dirigido menor.

Em outro dossiê posterior, Motzfeld procura esclarecer que: "... a decolagem vertical, que justifica o uso da unidade de propulsão de Von Braun, não parece proporcionar uma vantagem muito tática".

## Uma nova lançadeira

Se alguém pensa que Wernher von Braun era um especialista apenas em foguetes, cabe ressaltar agora que não estamos precisamente diante de um aficionado por aviões sem mais nem menos. Assim, é pouco conhecido em seu perfil biográfico o fato de que, desde 20 de setembro de 1933, possuía licença de piloto, com permissão A-2. Os arquivos de Peenemünde consultados ressaltam que esse documento tinha o número 663. Tal permissão de voo foi ampliada, em 12 de fevereiro de 1937, à categoria superior B-1. Sabemos também que, até 17 de janeiro de 1942, o pai dos foguetes alemães havia acumulado em sua história 472 horas de voo solitário no comando de diversos aeroplanos.

Além do mais, o surpreendente interceptador de Von Braun levava em seu motor-foguete principal uma mescla de ácido nítrico/*Visol*. Quanto às medidas exteriores, a envergadura prevista alcançava 9,14 metros; o comprimento, 8,53 metros; a altura, 3,15 metros. Como armas de ataque diante dos bombardeiros inimigos, pensou-se em quatro metralhadoras que, sem espaço para dúvidas, dariam lugar a canhões de pelo menos 20 mm, caso chegasse a converter-se em uma magnífica realidade para a Luftwaffe.

Sempre inabalável, Wernher von Braun tornaria a insistir com os burocratas do Reichsluftfahrtministerium a respeito de um novo avião de ataque, ora alterado com certas mudanças. O mais chamativo era

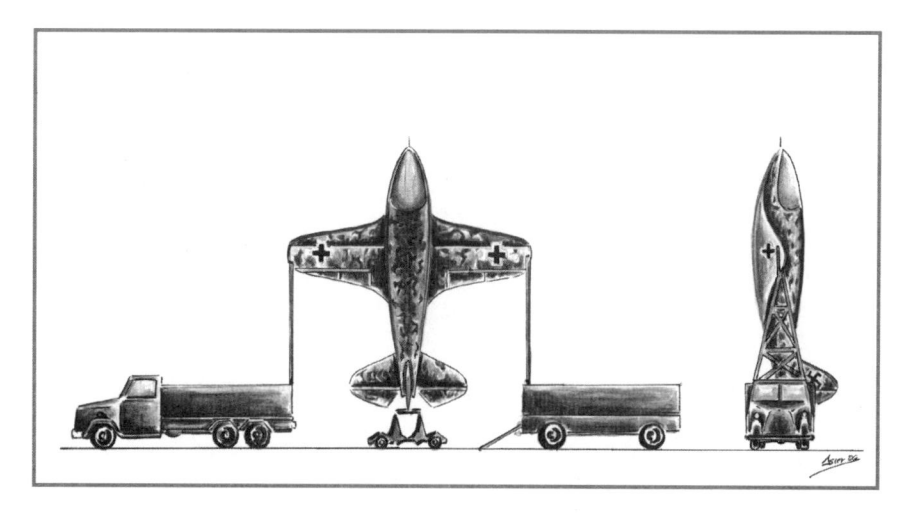

*Projeção vertical e perfil do novo sistema projetado por Von Braun para a decolagem móvel de seu foguete interceptador.*

um sistema móvel de lançadeira. Para que ela não ficasse permanentemente fixa em uma nave industrial, tornando-se um alvo muito fácil de ser localizado – além de muito concentrado – pelos bombardeiros da Royal Air Force, o genial engenheiro idealizou, no transcorrer de 1941, um sistema de decolagem independente para atuar em qualquer ponto geográfico diante de uma incursão inimiga; era algo, de fato, de uma simplicidade extrema.

Em um dos desenhos que mostramos, pode-se contemplar a projeção vertical e o perfil de um caminhão e de seu correspondente reboque. Quando os dois elementos estavam separados o suficiente para apoiar em seus longos suportes verticais as asas do avião interceptador de Von Braun, precisava-se apenas de um carrinho para fixar a popa dessa singular aeronave antes de ligar o motor-foguete de decolagem. Uma vez mais, porém, o RLM fechou os olhos para o futuro quando ainda existia uma ampla margem de tempo. Seus técnicos não quiseram saber de uma arma barata e pronta para atuar em lugares diferentes em cada lançamento. No entanto, desse projeto inovador, surgiu a ideia para outro, que veremos no próximo capítulo.

# Capítulo 4

# Os projetos mais radicais

Em 1941, depois de o "foguete interceptador" de Wernher von Braun ser definitivamente rechaçado pela equipe de especialistas do Ministério de Aviação do Estado, esse projeto acabaria chamando muito a atenção de um engenheiro e aviador chamado Erich Bachem. Tratava-se de alguém que havia fundado vários clubes de voo sem motor em Württemberg, sua região natal, tratando sempre de inculcar nos jovens aspirantes a conveniência de preparar suas próprias oficinas para a construção de planadores. Ele mesmo daria exemplo disso em 1931, ao desenvolver por completo o planador Thermikus.

Depois de uma etapa profissional em Berlim, na sede central da Federação Alemã de Esporte Aéreo, Bachem passou a fazer parte de uma nova empresa aeronáutica de seu país, a Fieseler Flugzeugbau GmbH – cujo centro nevrálgico ficava em Waldsee/Württemberg –, fundada em 1932 por Gerhard Fieseler. Com o cargo de diretor técnico e junto a esse antigo piloto de caça da Primeira Grande Guerra, o engenheiro, natural de Mülheim/Ruhr, construiu peças de reposição para aviões em uma pequena fábrica que teve como destaque um biplano de reconhecimento e de apoio ao solo, o Fi 156 Storch. Tratava-se de um aparelho ligeiro, ideal para decolagem e aterrissagem curtas, que ficou muito famoso depois do espetacular resgate de Mussolini no verão de 1943, no Gran Sasso, pelas mãos do batalhão de paraquedistas comandado por Harald Mors.

## A fórmula "cavalo e cavaleiro"

O caso é que Erich Bachem havia abandonado a companhia Fieseler no mesmo ano em que se interessou vivamente pelo interceptador de Von Braun. Tomou essa decisão para proceder à imediata fundação de sua própria sociedade de material aeronáutico, a Bachem Werke GmbH, também com sede em Waldsee/Würtemberg. Além disso, continuou como responsável máximo de projeto da Fieseler Flugzeugbau GmbH, período em que esse engenheiro audaz estudou a fundo toda a documentação e planos – em duas fases e em quase três anos – daquele cientista que, em 1944, colocaria a Alemanha no topo mundial dos foguetes.

Baseando-se nas ideias inovadoras expostas por Wernher von Braun, Bachem iniciou seus cálculos sobre os projetos de aviões que deveriam utilizar a energia de um foguete para conseguir a ansiada decolagem vertical. O primeiro deles seria chamado Fieseler Honenjäger I Fi 166. Em síntese, esse conjunto era baseado em um foguete bastante similar ao A-5 de Von Braun. Ficava unido à barriga de um avião de ataque que, por sua vez, dispunha de um par de turborreatores embaixo das asas.

Erich Bachem chamou essa primeira variante – usando uma linguagem coloquial – de "cavalo e cavaleiro", inspirado no caça Bf 109TL, um projeto abandonado pela Messerschmitt AG em 1943, quando passou a usar dois motores à reação Junkers Jumo 109-004B quase padrões. Com uma velocidade máxima de 830 quilômetros por hora, apresentava um peso na decolagem de dez toneladas e de 4.220 quilogramas sem carga. Depois de ter alcançado a altitude prevista de voo, esse avião podia permanecer 45 minutos no ar graças à força de um par de motores à retropropulsão.

O segundo projeto apresentado por Erich Bachem às autoridades responsáveis do Ministério de Aviação do Estado foi o Fieseler Honenjäger II Fi 166. Devia ser um aeroplano de maior tamanho, equipado com dois assentos e bastante similar ao interceptador original de Von Braun. Com uma central de energia composta por um motor-foguete, voaria à mesma velocidade que o Honenjäger I, em tempo idêntico. Além das dimensões externas, variavam nesse caso o peso na decolagem, que era de 13.500 quilos, e, ao aterrissar, de 5.930 quilos.

Mas o RLM tampouco deu a aprovação definitiva a essa dupla proposta, dado que, no verão de 1941, ainda era muito pouco relevante o perigo representado pelos bombardeios britânicos – levando-se em conta que os Estados Unidos ainda não haviam entrado na guerra contra o Eixo Berlim-Roma-Tóquio. Três anos mais tarde, com o céu encoberto por quadrimotores Aliados, o RLM, com o tempo escasseando, viu-se diante da urgência de demandar aos fabricantes alemães propostas para um avião propulsado por foguetes e, desse modo, surgiu o primeiro interceptador de decolagem vertical do mundo.

## Uma arma eficaz e barata

Na primavera de 1944, diante da intensidade alcançada pelos bombardeios da RAF e da USAAF, o Ministério de Aviação do Estado viu-se obrigado a pedir às empresas aeronáuticas alemãs o desenvolvimento de uma arma eficaz para combater com muito mais eficiência os cada vez mais numerosos quadrimotores inimigos. Em uma tentativa desesperada de frear essa intensa campanha de bombardeios – que destruía indústrias, cidades e infraestruturas de uma Alemanha que, apenas três anos antes, parecia invencível –, convocou-se em Berlim um concurso de ideias sobre um novo interceptador pequeno e barato.

Empresas como a Ernst Heinkel AG, Messerschmitt AG, Bachem Werke GmbH e Junkers Flugzeug und Motorenwerke AG aceitaram entrar no desafio que supunha apresentar algo que, no final das contas, não podia ser mais do que um míssil tripulado para cumprir o exigido pelo Departamento Técnico do RLM. A casa construtora classificada em último lugar colocou sobre a mesa um projeto bastante similar ao do Fieseler Fi 103 Reichenberg IV, porém de maior envergadura e comprimento. Tratava-se do Ju EF 126 Lilli, com asas de madeira, fuselagem de metal e um reator Argus 044. O armamento projetado era de dois canhões automáticos MG 151 de 20 mm. Uma característica distinta do anterior V-1, em versão tripulada, era que a cabine de voo – dotada de muito mais visibilidade – encontrava-se colocada muito na dianteira.

A esse projeto, seguiu-se outro mais ambicioso e similar ao anterior para a decolagem vertical. Falamos do Ju EF 127, conhecido no princípio com o nome de segurança de Dolly. Ambos apresentavam idêntica envergadura: 6,65 metros; porém, este último tinha o comprimento menor: 7,6 metros contra os 8,46 do Ju EF 126. O referido Dolly – logo denominado também Walli – tinha uma fuselagem de seção semicircular. William Green explica em seu livro *Rocket Fighter*:

> Para a decolagem, contava com o auxílio de quatro foguetes Schmidding 563, acoplados debaixo da raiz das asas. Cada um deles proporcionaria um empuxo de 500 quilos durante seis segundos, mas estimou-se também que o Dolly podia decolar sem a ajuda deles em um percurso de 360 metros com um peso normal de decolagem de 2.800 quilos; diferentemente do Julia, manobraria do modo clássico desde a decolagem até o pouso definitivo, que era realizado sobre um deslizador retrátil de grande comprimento montado no plano longitudinal, debaixo da fuselagem. Suas características previstas eram: velocidade ascensional ao nível do mar, 8 mil metros por minuto; velocidade máxima ao nível do mar, mil quilômetros por hora e, a 11

mil metros, 900 quilômetros por hora; a câmara auxiliar de cruzeiro funcionaria a 700 quilômetros por hora durante 107 quilômetros nos 5 mil metros de altitude e durante 98 quilômetros nos 10 mil metros.

## As duas versões do Julia

No Reichsluftfahrtministerium, a proposta formulada pela Ernst Heinkel AG chamou muito a atenção. Ela se concentrou primeiro em seu P.1077 Julia I – um projeto radical que parecia seguir a linha demarcada por Von Braun cinco anos antes –, que dispunha de foguetes de elevação para alcançar os 900 quilômetros por hora, usando o motor Walter HWK 109-509C de combustível sólido. Seu peso na decolagem, quando livre desses foguetes, era de apenas 1.600 quilogramas. A ideia exposta pelos engenheiros Benz e Gerloff era de que esse avião foguete singular decolasse quase verticalmente – em torno de 75 graus de inclinação – e sempre a partir de uma estrutura leve metálica de 9,3 metros de comprimento que se apoiava em uma espécie de carreta como os canhões clássicos, além de um ponto de suporte básico com três pés estendidos em terra. Uma vez que a missão encomendada era concluída, o P.1077 deveria aterrissar sobre deslizadores.

Esse Julia I era um monoplano extremamente simples, dirigido por um único tripulante que ficava em pronação – sobre o ventre – para enfrentar melhor as forças gravitacionais. De asa alta, apresentava uma envergadura de 4,6 metros e um comprimento de 6,8 metros, sendo sua superfície alar de 7,2 metros quadrados. Na data de 8 de setembro de 1944, o RLM aprovou a construção de 20 protótipos. Catorze dias depois, deram-se ordens em Berlim para que se provisionasse a fabricação de 300 exemplares de série por mês, enquanto se estudava detalhadamente outro avião de ataque para emergências, o He 162 Salamander, de desenvolvimento rápido e que acabaria ganhando o concurso aberto como "Caça do Povo".

Em 26 de outubro desse mesmo ano, Ernst Heinkel e seus assessores técnicos apostaram finalmente na variante Julia II para o He P.1077, abandonando para sempre a pronação. Para isso, a fuselagem recebeu uma variação, mas se conservou a forma retangular das asas para possibilitar a construção em linhas de montagem, tomando por base um modelo de voo feito na escala 1/20. O peso desse novo aeroplano, depois de abandonados os foguetes de aceleração, aumentava para 1.640 quilos. A esse respeito, lemos na obra de William Green:

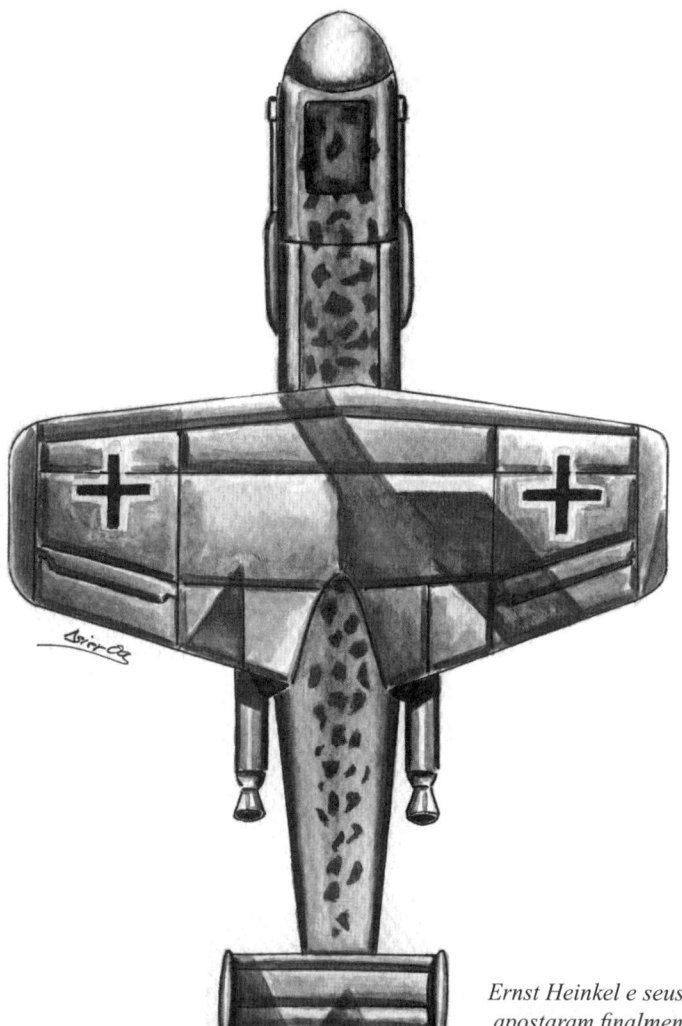

Os projetos mais radicais

*Ernst Heinkel e seus assessores técnicos apostaram finalmente na variante Julia II, no He P.1077. A fuselagem sofreu modificações, mas conservou-se a forma retangular das asas, para possibilitar a construção em linhas de montagem, tomando por base um modelo de voo feito na escala 1/20. O peso desse novo aeroplano, depois de lançados os foguetes de aceleração, aumentava para 1.640 quilogramas.*

Desse total, 200 quilos eram de C-stoff e 670 de T-stoff, de modo que, uma vez consumido o combustível e as munições, voltava-se à base planando e com um peso de uns 650 quillos, sendo sua carga alar de mais de dez gramas por centímetro. A aterrissagem era feita sobre dois deslizadores montados em tandem, e a parte frontal do nicho que ficava sob a cabine foi alongada para absorver o impacto inicial. Os dois deslizadores, por sua vez, tinham amortecedores a óleo.

Um ataque aéreo contra a oficina vienense, onde se realizavam esses trabalhos de madeira, destruiu depois a primeira maquete feita em tamanho real, assim como componentes completos e muitos planos. Tanto os instrumentos como a equipe eram autenticamente espartanos. O armamento previsto seria formado de um par de canhões MK 108 de 30 mm, a ser montados na parte externa e nos dois lados da fuselagem. Para mais informações, voltamos a transcrever um pouco mais de Green:

> Os cálculos previam uma velocidade de cruzador de 980 quilômetros por hora a 5 mil metros e uma velocidade ascensional inicial de 12 mil metros por minuto; os 5 mil metros de altitude seriam alcançados em 31 segundos, e os 15 mil metros, em 72 segundos. A câmara de cruzador funcionaria durante uns 60 quilômetros a 800 quilômetros por hora.

De todo modo, o modelo escolhido ia ser outro, e dele nos ocuparemos com maior atenção, por sua relevância, no capítulo 7. Cabe, antes, explicar que esse Bachem Ba 349 fez com que os projetos do Dolly e do Julia parecessem nada mais que aeroplanos absolutamente normais.

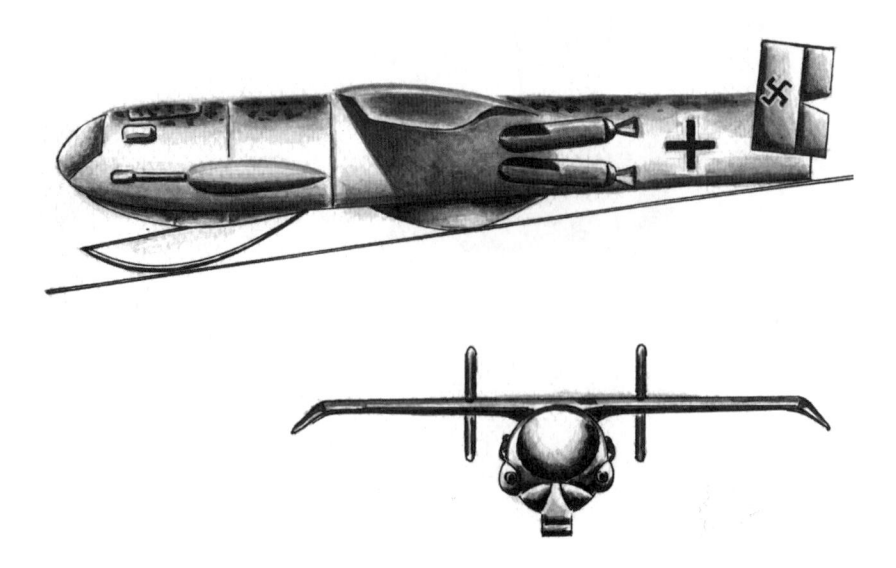

# Capítulo 5

# O primeiro birreator do mundo

Diante do desinteresse demonstrado pelo Ministério de Aviação do Estado pelo primeiro avião à reação da História, Ernst Heinkel sentiu-se profundamente decepcionado. Seus modelos He 176 e He 178 pareciam um duplo esforço inútil. Porém, na realidade, esses dois modelos formaram bases sólidas que possibilitaram continuar de forma ininterrupta as pesquisas que levariam esse incansável construtor aeronáutico e sua formidável equipe técnica ao projeto de um novo aeroplano muito mais avançado – bimotor, nesse caso – e, além disso, propulsado pelos novos turborreatores HeS 8 ou HeS 30, tal como fora esboçado no princípio.

No RLM, houve uma mudança de postura – pelo menos para a planta motriz –, quando se avaliaram os bem-sucedidos trabalhos da Junkers e da BMW com turborreatores desde a primavera de 1939. Diante dessa nova predisposição oficial, duas empresas como a Ernst Heinkel Flugzeugwerke GmbH e a Messerschmitt AG receberiam, por fim, um encargo para desenvolver aviões monopostos de caça à reação. No momento, tratava-se apenas de construir protótipos, nada mais.

Heinkel venceria o tão atraente desafio ao ver seu inovador He 280 voar primeiro. Essa empresa adiantou-se à concorrência porque levava uma clara vantagem com a experiência adquirida no desenvolvimento do injuriado He 178. Com efeito, pois a Messerschmitt AG encontrava-se literalmente com os pés e mãos amarrados à espera dos tão solicitados motores à reação da BMW e da Junkers, e, assim, seu magnífico caça Me 262 – ao qual dedicaremos toda a atenção que merece no Capítulo 11 – perdeu um tempo precioso. Nesse ínterim, Heinkel solucionou o problema instalando sua própria planta motriz à turborreação, a qual representava um avanço notável em relação ao modelo de demonstração criado por Von Ohain e sua equipe. Essa foi a opção que a Messerschmitt AG não teve.

Esse He 280 foi, certamente, o primeiro jato totalmente concebido desde o princípio como caça potencial, adiantando-se em 19 meses ao britânico Gloster Meteor. Na realidade, o projeto do He 280 fora iniciado em dezembro de 1939: contemplava asas retas de implantação baixa com os dois turborreatores suspensos por baixo, cada um em uma asa, preso aos montantes, a um terço da envergadura. Além disso, o plano de cauda, em posição alta, levava duas aletas gêmeas.

No entanto, acontece que, quando se completou a célula do primeiro protótipo do He 280, nenhum dos motores requeridos no princípio – o HeS 8 ou o HeS 30 – estava pronto, para desespero do engenheiro dr. Robert Lüsser. Mais uma vez, toda essa pesquisa devia ser financiada integralmente por Ernst Heinkel como uma iniciativa privada. Mas, dentro do Reichsluftfahrtministerium, rondava ainda um profundo ceticismo oficial quanto à potencialidade real que a nova planta motriz à turborreação podia oferecer. O "rastro" deixado pelo He 178 durante suas demonstrações públicas representou uma dor de cabeça para aqueles que não viam nenhuma perspectiva de futuro no apaixonante módulo aéreo do qual ora nos ocupamos.

Apesar da necessidade óbvia de fabricar novos motores de diâmetro inferior, a magnífica equipe coordenada por Von Ohain logrou novo êxito com o desenvolvimento do HeS 8A de fluxo centrífugo, quando este se mostrou capaz de proporcionar um empuxo de 700 quilogramas. As primeiras evoluções de voo do He 280 começaram a partir de 22 de setembro de 1940, continuando sem pausa até a primavera seguinte. Porém, eram provas efetuadas sem nenhuma planta motriz: a célula do futuro caça era rebocada – para ser posta no ar como um simples planador, a fim de provar irrefutavelmente suas propriedades aerodinâmicas – por um bimotor de bombardeio Heinkel He 111 que a soltava quando atingisse uma altitude elevada. As nacelas postiças e lastreadas de cada motor haviam sido adaptadas para simular o mesmo peso e resistência no avanço que os dos turborreatores. Sendo assim, até março de 1941, faltando pouco para o primeiro voo propulsado de acordo com o calendário previsto, esses reatores – de tipo HeS 8 – não puderam ser instalados.

## Com assento ejetável

Esse primeiro voo do He 280 VT1B (DLAS), por meios próprios, ocorreu, de acordo com os registros, em 2 de abril de 1941, com Fritz Schafer como piloto de testes. Passou à História por tratar-se da primeira vez em que um birreator se elevava com sucesso utilizando sua própria planta motriz, nesse caso, dois motores que não carregavam o invólucro protetor para evitar possíveis incêndios. Trataremos agora de um par de turbinas HeS 8B, de 720 quilogramas de força unitária como empuxo. O teste a que se faz referência aconteceu próximo a Rostock, no Mar Báltico, com o avião voando ao redor do aeródromo e a altitude muito baixa. Esse voo de estreia foi feito sem os invólucros de cada motor, pois se desejava reduzir o risco de fogo mostrado nos testes de pousos.

Esse protótipo inicial do Heinkel He 280 apresentava, como novidade importante, uma roda na ponta de seu excelente trem de pouso triciclo, para suportar o peso na frente e não na cauda, como era mais comum. Graças a essa disposição, a ponta ficava mais baixa, e o único tripulante podia contemplar tudo o que tinha pela frente durante o tempo em que rodava pela pista. Destaca-se que isso proporcionava maior garantia de estabilidade nas manobras de aterrissagem com ventos laterais.

Mas não acabam precisamente aí as novidades proporcionadas pelo novo e excelente jato da empresa, ainda denominada Ernst Heinkel Flugzeugwerke GmbH. Esse avião dispunha do primeiro assento ejetável do mundo, previsto para lançar seu piloto ao exterior da cabine mediante uma carga de ar comprimido. Também, pela primeira vez nos feitos da aviação, ficou registrado – em 13 de janeiro de 1942 – que esse sistema inovador salvou a vida do piloto de testes Schenk.

Foram testados nove protótipos do He 280 no total, e a variante mais representativa talvez tenha sido o denominado V5, ainda que o V8 tivesse cauda em V. As características fundamentais do He 280 V5 – protótipo monoposto com um birreator de caça e interceptação – apresentavam uma planta motriz formada por dois turborreatores de fluxo centrífugo Heinkel HeS 8A, de 750 quilogramas de empuxo unitário, ambos carenados abaixo de cada uma das asas. O novo jato tinha dimensões externas de 12,2 metros de envergadura, 10,4 metros de comprimento e 3,06 metros de altura. Seu peso sem carga chegava a 3.700 quilos e, na decolagem, a 5.200 quilos, e contava com uma cauda dupla.

O armamento desse Heinkel He 280 V5 consistia em três canhões MG 151 de 20 mm, situados na região de proa, sendo nesse quesito claramente inferior a seu mais direto competidor, o Me 262. Com um teto estimado por volta de 11.500 metros e um alcance de 615 quilômetros, sua velocidade inicial de subida podia ser de até 1.415 metros por minuto.

*Foram testados nove protótipos do He 280 no total, e a variante mais representativa talvez tenha sido o denominado V5, ainda que o V8 tivesse cauda em V. As características fundamentais do He 280 V5 – protótipo monoposto com um birreator de caça e interceptação – apresentavam uma planta motriz formada por dois turborreatores de fluxo centrífugo Heinkel HeS 8A, de 750 quilogramas de empuxo unitário, ambos carenados abaixo de cada uma das asas.*

Contudo, a mais espetacular contribuição desse birreator da empresa Heinkel – com 21,5 metros quadrados de superfície alar – residia em sua velocidade-limite, ainda que de curto esforço máximo, prevista em projeto para 900 quilômetros por hora a 6 mil metros de altura, embora, na realidade, um dos protótipos desse revolucionário aeroplano tenha chegado a marcar em seu relógio de controle 945 quilômetros por hora em mergulho, no início de 1943. Os pilotos de teste não se atreveram a ir mais longe nesse extremo, porque, à medida que sua aeronave se aproximava da mítica barreira do som, começava a inclinar-se e a vibrar até o ponto de ser quase incontrolável. Não obstante, a velocidade real final conseguida devia ser mais modesta, da ordem de 820 quilômetros por hora.

Já não resta dúvida de que o He 280 foi um jato inigualável em muitos aspectos técnicos; os motores suspensos sob as asas permitiam a máxima flexibilidade, no caso de as características dos novos turborreatores variarem repentinamente, e também minimizavam a admissão ou a entrada de correntes de ar e, ao mesmo tempo, os problemas decorrentes disso. Além de ser o primeiro reator de combate do mundo, o Heinkel He 280 foi o primeiro a ir além do protótipo. Da mesma maneira que seu rival direto na Alemanha, o Me 262, era de linhas claras, mas dotado, desde o princípio, de um trem de pouso triciclo, uma característica rara naquela época. Isso se deveu ao evidente risco que os efeitos de deterioração pelo tremendo calor produzido no asfalto representavam.

Ernst Heinkel já havia superado em muito a concorrência da Messerschmitt AG, graças, sobretudo, à sua notável experiência com motores à reação. Para dinamizar ainda mais as pesquisas nesse campo revolucionário, haviam sido contratados – em novembro de 1939 – Max Miller e outros engenheiros afastados da empresa Junkers, os quais apresentaram um projeto promissor e novo, designado HeS 30, que podia chegar a 800 quilogramas de empuxo. Entrementes, o grupo de Von Ohain continuava suas incansáveis pesquisas para desenvolver o HeS 8, destinado a princípio ao caça He 280.

Esse jato inovador – de fuselagem oval, com aleta gêmea e timão de cauda, dispositivos que contrastavam com a fuselagem triangular e a aleta de cauda individual do Me 262 – foi enfrentado, na sua época, por um avião de caça com motor a pistão. Aconteceu em dezembro de 1941, sem que nos seja possível precisar a data, e o Fw 190A-1, como se esperava, ficou muito abaixo do Heinkel 280 em tudo o que foi colocado à prova nesse fictício duelo aéreo. A tremenda superioridade da planta motriz à turborreação já não podia ser negada pelos mais céticos, mesmo sobre um novo aeroplano como o citado exemplar da sociedade Focke-Wulf, de asa baixa e com trem de pouso retrátil, capaz de atingir sem problemas 626 quilômetros por hora.

Por fim, o primeiro caça à reação experimental do planeta apresentaria muitos problemas de desenvolvimento. Havia certas dificuldades técnicas, tal como uma capacidade inadequada de combustível e, na parte da cauda, debilidade estrutural e até mesmo vibrações de solavancos. Além dessas oscilações da cauda em elevada velocidade, os testes de voo revelaram uma inquietante projeção frontal, direcional e serpejante.

Ainda que estivesse prevista a produção em série, depois de ser remediados os referidos inconvenientes, a Heinkel, uma vez mais, não viu seus esforços devidamente recompensados, apesar do extraordinário avanço que o He 280 prometia para sua época. As autoridades do RLM haviam encomendado a esse fabricante, no verão de 1942, 13 estruturas ou armações, com o cuidado de não especificar o tipo de motor. No entanto, acabariam por orientar o desenvolvimento e a produção do sonhado caça à reação com o Messerschmitt Me 262, de aparência bastante similar e com uma estrutura menos frágil.

Sendo assim, cabe pensar que, se o Ministério de Aviação do Estado tivesse decidido a favor de Ernst Heinkel e seu histórico He 280, a Alemanha poderia ter contado com um jato sobressalente de interceptação em serviço muitos meses antes para enfrentar com grande êxito o avanço em massa dos bombardeiros americanos e britânicos. Não obstante, haveria contado também com a desvantagem de ter um birreator com apenas dois terços da capacidade de combustível de seu rival fabricado pela Messerschmitt AG.

Na reportagem intitulada "Hitler e suas armas secretas", com o apropriado subtítulo de "Começam os erros de escolha", Jesús María López de Uribe apresentava em *Comandos de guerra* este texto revelador:

> Mas por que o III Reich não utilizou essa grande vantagem tática que era o He 280? A resposta se desdobra em duas questões: as lutas de poder políticas e industriais e o desmesurado orgulho da superioridade da Alemanha nazista sobre qualquer outro povo do orbe terrestre.
>
> Em primeiro lugar, Willy Messerschmitt, enciumado pelos progressos alcançados por Ernst Heinkel no projeto de bombardeios e caças – outra das grandes injustiças foi a escolha do Bf 109 em lugar do He 112 (um caça muito parecido com o Spitfire britânico; um pouco mais lento, porém muito mais manobrável e de mais fácil manutenção do que o da Messerschmitt) e de seu substituto, o He

100 – e temeroso de que esses novos aviões à turbina acabassem com a evolução de seu adorado Bf 109, "mexeu os pauzinhos" e conseguiu afastar do caminho o He 280 em benefício de seu Me 262. Heinkel teve de se conformar com a produção de bombardeiros (é dele o arquifamoso He 111).

[...] O segundo erro pode ser atribuído ao orgulho nazista. A produção do Heinkel He 280 ficou parada por uma questão que parecia muito simples: a guerra ia ser de curta duração e não interessava gastar dinheiro em aviões tão avançados. Em suma, o He 280 surgiu em uma época em que os dirigentes alemães estavam decididos a terminar o quanto antes o conflito – evidentemente, com a vitória dos exércitos do Reich –, de forma que demonstraram bem pouco interesse pelo He 280 ou por qualquer tipo de avião que não pudesse ser utilizado de forma imediata.

Mas, depois da batalha de Kursk e do subsequente cerco às forças alemãs em Kharkov pelo exército soviético, da derrota no norte da África e das invasões da Sicília e da Itália – com a correspondente capitulação italiana –, as coisas mudaram na cúpula nazista com os reveses da guerra.

Nesse momento, os políticos encarregados da produção de guerra olham para o Heinkel He 280 como uma possibilidade de recuperar a superioridade aérea que acabam de perder com resultados desastrosos para o desenvolvimento da guerra. Porém, nesse momento, aparece a "mania" de Hitler em relação aos bombardeiros e impede que a Heinkel destine recursos à produção desse caça. Por conseguinte, Willy Messerschmitt deparou-se com a incumbência de produzir um modelo de testes com a maior rapidez possível.

# Capítulo 6

# Um espantoso recorde de desenvolvimento

Como consequência direta de ataques aéreos cada vez mais devastadores e frequentes, as oficinas de projetos e construção da Ernst Heinkel Flugzeugwerke GmbH foram transferidas para Viena como medida de proteção. Posteriormente, na segunda metade de 1944, a Luftwaffe colocou em serviço, às pressas, seus novos caças à reação Me 163 e Me 262. No entanto, logo ficaria demonstrado que ambos os jatos deviam ser tripulados por pilotos experientes.

Para ser colocados em uso, os dois aviões mencionados exigiam também cuidadosos processos de fabricação, dotando-os, entre outras coisas, de novos materiais; além disso, sua manutenção não ficava atrás, pois demandava mais tempo e pessoal especializado, algo que as necessidades da guerra – com três frentes terrestres já abertas na Europa, depois do desembarque Aliado na Normandia – de modo algum permitiam. O prazo para obter uma hipotética vitória esgotava-se para uma Alemanha hitleriana quase esgotada; se é que ainda era possível dar espetaculares reviravoltas a tantas "retiradas estratégicas" no oeste, no leste e no sul do Velho Continente.

A equipe da sociedade Heinkel tornou a adquirir importância decisiva com o desenvolvimento de outro avião militar, uma excepcional façanha técnica que ainda hoje em dia há de ser considerada um recorde histórico. Referimo-nos a um protótipo de interceptador à reação que efetuou seu primeiro voo apenas 38 dias depois da conclusão dos últimos detalhes do projeto. Tratava-se então do He 162 Salamander, o exemplo mais claro do quase incrível esforço final logrado pelo III Reich em seu angustioso intento para sobreviver.

A empresa construtora desse surpreendente caça mudou sua denominação para Ernst Heinkel AG no primeiro dia de abril de 1943. Nessa época, dispunha de suas fábricas primitivas em Berlim-Oranienburg e em Rostock-Marienehe, às quais já se somavam as modernas de Jenbach (no Tirol), Vienna-Schwechat, Hirth-Motoren Werke GmbH (em Stuttgart-Zuffenhausen) e Vereinigten Ostwerke GmbH (esta em Cracóvia, na Polônia).

A situação bélica piorou durante semanas em 1944, pois, em meados daquele ano, a Luftwaffe se viu na penosa obrigação de deixar praticamente imobilizados em terra todos os seus bombardeiros em condições de voar. O devastador avanço do Exército Vermelho planejara a ocupação por suas vanguardas – em 30 de agosto – da importantíssima zona petrolífera de Ploesti (Romênia), de valor estratégico ilimitado para os alemães. Um mês antes, havia-se impedido ou reduzido de forma drástica, segundo os casos, a fabricação de aviões que não fossem de caça.

## O caça do povo

A necessidade de deter a autêntica chuva de aviões aliados nos céus da Alemanha tornou-se realmente angustiosa. Como consequência direta disso, e depois de muitas discussões, a Oficina Técnica do Reichsluftfahrtministerium solicitou – com data de 8 de setembro de 1944 – a construção urgente de um caça completamente novo para uma defesa aérea mais efetiva. Era preciso fabricar um monorreator pouco sofisticado, leve, barato, monoposto e que exigisse um emprego mínimo de materiais estratégicos. Como se isso não bastasse, devia ser montado com o uso de madeira e outros elementos bem comuns. Além disso, deveria ser possível preparar sua estrutura empregando pessoal semiespecializado ou sem especialização alguma; também teria de ser pilotado por homens cuja única experiência fosse a de treinamento em planadores.

Era, em síntese, o chamado Projeto *Volksjäger* ou Caça do Povo, ao qual, de início e com toda a veemência, se opuseram frontalmente o major-general Adolf Galland – inspetor da Aviação de Caça – e outras destacadas autoridades da Luftwaffe com rica experiência pessoal no ar. O antigo combatente da Legião Condor advertiu a seus superiores que tudo isso não passava de um desvio inútil de recursos que poderiam ser direcionados para o Me 262 e a vários outros programas, os quais ele considerava mais proveitosos e realistas. Por isso, Galland ressaltou que era ridícula a ideia de produzir um novo jato de caça em tão curto período. Porém, as ponderadas objeções técnicas apresentadas por um general tão jovem – destacado em duas guerras – seriam imediatamente esquecidas diante do firme apoio dado ao Projeto *Volksjäger* por Hermann Goering e outros ministros do governo alemão.

O Jägerstab ou Pessoal de Caça da Luftwaffe necessitava agora de um minúsculo caça à reação que fosse projetado e realizado em apenas três meses! Isso foi fruto tanto do engenho quanto do desespero, com comandos reduzidos ao imprescindível e uma estrutura das mais simples vistas até então no mundo aeronáutico. O RLM fincou o pé, uma vez mais, na necessidade definitiva de utilizar nesse Volksjäger um mínimo de materiais de valor realmente estratégico e de fabricá-lo em massa sempre por pessoal pouco qualificado.

Os aguardados relatórios técnicos chegaram rapidamente ao Ministério de Aviação do Estado. Além de Galland – quem, com uma visão mais ampla do futuro imediato, apostava sem reservas em concentrar todo o esforço de produção em caças como o formidável Me 262 –, outros especialistas duvidavam seriamente que os pilotos mais jovens pudessem ser bem treinados. A esses detratores da ideia, uniram-se projetistas tão importantes como Willy Messerschmitt e Kurk Tank, apresentando várias objeções técnicas ao Projeto *Volksjäger*. Ambos avaliaram o assunto como pouco realista, com o preocupante agravo de que o tempo era muito reduzido como margem de manobra para iniciar o projeto e a posterior fabricação.

A primeira ideia desse jato controvertido – suscetível de ser construído em grandes quantidades por operários inexperientes – já estivera no pensamento de Otto Saur, diretor do Projeto *Volksjäger* e protegido imediato de Albert Speer, que era o maior responsável no absolutamente vital Ministério de Armamentos e da Produção Bélica. Esse singular tecnocrata, considerado por Hitler o maior gênio de todos os tempos – em seu trabalho anterior como arquiteto favorito do regime nazista –, já havia demonstrado com sobras sua extraordinária capacidade, atuando como organizador para aumentar a produção de aviões de caça a cifras inimagináveis. De fato, graças ao incansável e preciso trabalho de Speer, passou-se de 5.515 caças, em 1942, para 25.285, em 1944 – ano em que eram mais fortes os ataques aéreos Aliados. Mas, contando tudo o que estava destinado a voar, os números de 1944 chegaram a 40.593 aeroplanos.

## Um projeto muito apressado

Embora o Reichsluftfahrtministerium houvesse sublinhado que as especificações técnicas do novo reator econômico teriam de ser apresentadas em um prazo de apenas 12 dias, este foi reduzido pela metade para os fabricantes ao ser antecipada para 14 de setembro a reunião de Berlim. Nela, decidir-se-ia sobre um projeto que padeceria os males que afetaram a Alemanha nazista durante a última e desesperada etapa de sua sobrevivência, tais como a deficiência de materiais, mão de obra pouco qualificada, pilotos sem a adequada instrução teórica e prática e, talvez o mais importante, uma angustiante falta de combustível. Contudo, e apesar de tanta precipitação, o engenhoso He 162, pronto em seguida, poderia ter sido um jato de caça bastante eficaz em mãos experientes. No entanto, a crua realidade é que a Luftwaffe não contava com tempo suficiente para treinar pessoal do nível requerido nesses casos. O *Volksjäger* devia estar no ar no primeiro dia do ano de 1945, dentro de um plano de fabricação tão veloz que até mesmo hoje em dia podemos definir como de autêntica ficção científica. Não há dúvida de que era uma impressionante obra de engenharia que não preocupou os mais atrevidos projetistas. O RLM recebeu respostas muito detalhadas de quatro dos sete fabricantes convidados a participar no concurso aberto: Heinkel, Focke-Wulf, Blohm und Voss e Arado. A Messerschmitt AG recusou a apresentação de seu esperado projeto.

Ressaltemos que a oferta feita por Focke-Wulf parecia pouco realista. A de Ernst Heinkel AG não foi avaliada como adequada. A apresentada pela sociedade Arado Flugzeugwerke GmbH seria recusada por ser inviável. Por fim, considerou-se a de Blohm und Voss a melhor de todas, porém, o representante da Heinkel protestou, considerando que a proposta de sua empresa estava sendo avaliada segundo critérios técnicos distintos em relação a seus competidores. Sua proposta para o He 162 foi rechaçada em cinco pontos fundamentais; em dois deles porque o Ministério de Aviação do Estado não via com bons olhos a localização pouco habitual do turborreator, no alto da fuselagem. Sendo assim, o Jägerstab calculou que isso poderia causar problemas de manutenção e também que demandaria muito tempo desmontá-lo para o habitual transporte por via férrea.

Não obstante, todas as ofertas foram avaliadas de novo em Berlim na reunião seguinte, em 19 de setembro. Para a ocasião, surgiram novas propostas de outros construtores, como Fieseler, Junkers e Siebel, porém o resultado foi idêntico. O Projekt 211 da Blohm und Voss foi de novo o mais votado, seguido outra vez pelo da Heinkel, que ocupava a segunda posição. Porém, esse fabricante, na verdade, guardava uma carta na manga para tomar para si o Projeto *Volksjäger*. Seus engenheiros tinham uma vantagem apreciável sobre o restante dos colegas de outras empresas, por haver estado trabalhando em um simples e pouco sofisticado caça à reação batizado de Spatz ou Pardal, com o teste de voo do turborreator BMW 003 já completado em julho de 1944.

Os dirigentes do Reichsluftfahrtministerium gostaram muito desse caminho técnico percorrido pela empresa Ernst Heinkel AG, ainda que a necessária conversão do Spatz no definitivo Salamander não fosse simplesmente fácil. O mesmo não ocorria com a empresa Blohm und Voss, que devia partir quase do zero, exceto no que dizia respeito ao esboço teórico de um anteprojeto. Afora isso, suas folhas de desenho pareciam ainda em branco nas mesas dos projetistas diante de tão urgente construção aeronáutica.

Uma reunião mais, em 23 de setembro, com a presença do marechal de campo Goering – o qual, ao longo da guerra, cometeu desacertos cruciais – e diante da maquete do *Volksjäger* idealizado pela Ernst Heinkel AG, garantiu um pedido a essa construtora seis dias depois. Nessa decisão, pesou muito o apoio incondicional demonstrado por Otto Saur, pois esse dirigente nazista viu no projeto vencedor 1.073/H uma oportuna saída para recrutar pilotos nas fartas fileiras das Juventudes Hitlerianas. Ordenou-se, então, a fabricação em massa – mediante a palavra-chave Salamander, muitas vezes, confundida com o nome do próprio avião – de um novo jato originalmente designado He 500. Essa denominação mudou logo para a definitiva He 162, com uma numeração previamente utilizada pela Messerschmitt AG no projeto do Schnellbomber ou bombardeio rápido.

## Acidente fatal

O desafio que os engenheiros da empresa Ernst Heinkel AG enfrentaram foi incrível, nunca visto antes na Aeronáutica, pois passaram dos esboços aos voos de teste com os primeiros protótipos em apenas dois meses, um lapso de tempo excepcionalmente curto. O que era exigido, sobretudo dos pilotos, representava a quintessência do desespero de guerra da Alemanha sob a suástica. Os esquemas do He 162 foram completados em um prazo absolutamente impensável até então, em 29 de outubro, quando os primeiros protótipos já se encontravam em avançado estado de construção. Estamos, é justo reconhecer, diante de um fato realmente insólito na história da aviação mundial, dado que se trata do único aeroplano para o qual o projeto técnico, a produção dos protótipos correspondentes e as linhas de fabricação principais começaram quase de um modo simultâneo.

Para confundir a Inteligência Aliada, a esse surpreendente jato de caça, deu-se a designação He 162, para que ela pensasse que levaria muito mais tempo em produção. Cumprindo escrupulosamente os brevíssimos prazos solicitados pelo RLM em seu apertado planejamento de novos aviões de combate, o primeiro protótipo – conhecido como Heinkel He 162 V1 – realizou seu voo inaugural em 6 de dezembro de 1944 no aeródromo de Vienna-Schwechat.

Tratava-se de um aparelho de cabine elevada e composto de apenas uma peça, construído de madeira e com uma fuselagem de um único casco, predominantemente de duralumínio. No entanto, a colagem defeituosa da madeira provocou duas falhas estruturais. A primeira, infelizmente, ocasionou um afrouxamento estrutural que pôs um fim brusco ao voo de teste. Tudo se deu por causa da ruptura de uma das armações do trem de pouso, durante a parte do teste realizada em alta velocidade, sem que isso envolvesse, na ocasião, desgraças pessoais. Muito pior foi o que aconteceu quatro dias mais tarde, na presença de certas autoridades do Ministério de Aviação do Estado e de numerosos técnicos, estes últimos como observadores imparciais.

Nesse trágico 10 de dezembro, em que o chefe de pilotos da Ernst Heinkel AG testava um protótipo, o teste acabou muito mal. Aconteceu que a borda de ataque da asa de estibordo se separou do avião em um voo realizado em pouca altura e, no entanto, em alta velocidade, e o He 162 caiu inevitavelmente com o tripulante a bordo. Uma investigação posterior revelaria que essa falha da asa ocorreu em função de componentes defeituosos que a formavam. A colagem fora malfeita, pois a asa e uma parte da fuselagem eram de madeira. Depois desse acidente fatal, as asas foram reforçadas, e toda a estrutura, revisada.

## Alguns problemas técnicos

O He 162 era um monoplano de asa cantiléver e trem de pouso triciclo, que, depois de um melhor controle de qualidade das partes coladas, passou a ser produzido em grande escala. Além do mais, apresentava cauda dupla para facilitar a livre circulação dos gases de escape e tinha, como planta propulsora, uma turbina de fluxo axial BMW 003A-1, de 800 quilogramas de empuxo, a qual acionava um alternador e uma bomba hidráulica. Já ao decolar, o Salamander dispunha de uma potência máxima de 912 quilos de emergência, ainda que apenas por 20 segundos. Desse modo, podia alcançar 838 km/h a 6 mil metros de altitude, com uma velocidade de subida de 1.200 metros por minuto. Com uma autonomia de

*O surpreendente Volksjäger foi chamado de He 162 para que a Inteligência Aliada imaginasse que levaria muito mais tempo em produção. Cumprindo com os brevíssimos prazos solicitados pelo RLM, o primeiro protótipo – conhecido como Heinkel He 162 V1 – realizou seu voo inaugural em 6 de dezembro de 1944 no aeródromo de Vienna-Schwechat.*

voo calculada em 57 minutos, seu teto de serviço foi fixado em aproximadamente 12 mil metros.

A asa desse insólito monoposto de caça e interceptação era feita de uma peça, construída totalmente de madeira e servindo ao mesmo tempo como depósito de combustível. A cabine do piloto dispunha de assento ejetor. O peso desse jato, sem carga, era de 1.750 quilogramas, alcançando os 2.700 quilos no momento da decolagem. Media 7,2 metros de envergadura, 9,05 metros de comprimento e 2,55 metros de altura. Em relação ao armamento, contava, no princípio, com dois canhões MK 108 de 30 mm. No entanto, não demorou para que fossem trocados – já durante a produção em série – como consequência direta das vibrações excessivas que ambos produziam na ponta do novo avião de combate; por isso foram definitivamente substituídos por um par de MG 151 de 20 mm. A estrutura da ponta da variante VI não se mostrara forte o bastante para suportar esse pesado armamento.

O voo posterior revelaria a escassa resistência da fuselagem, que apresentou uma enorme instabilidade durante as provas em gravidade e também problemas com a estabilidade lateral por serpentear a altas velocidades. Deixando de lado os problemas estruturais, bem poucos exemplares desse aeroplano foram entregues com os canhões automáticos de 30 mm, pois, em seguida, passou-se da série A-1 para a A-2. Esta última também passou por um número relevante de mudanças aerodinâmicas para aumentar-lhe a estabilidade, ainda que esses problemas nunca tenham sido totalmente sanados, uma vez que diversos movimentos em todos os controles do aparelho continuavam abruptos e incontroláveis.

O He 162A-2 tinha curta duração de voo por causa da quantidade de combustível de que precisava para atuar. Outro aspecto negativo era a visão precária que o único tripulante do aparelho tinha na posição "seis horas", dado que o motor à reação ficava diretamente atrás da parte superior do assento. No total, foram construídos dois protótipos e, depois, outras 31 unidades intermediárias – designadas He 162A ou He 162A-0 –, todas testadas em janeiro e fevereiro de 1945.

Estamos nos referindo a um avião fora do comum: o Heinkel He 162A-2 Salamander, com fuselagem de metal em sua maior parte, planos duplos de cauda, um motor carenado sobre a fuselagem e o armamento instalado em ambos os lados de sua parte dianteira. Apesar de, como já dissemos, não permitir uma boa visão traseira, a partir da cabine, o piloto tinha uma visão excelente das laterais e do extremo da proa, que era construída em madeira, como as asas.

Em seu assombroso desenvolvimento, o atraente e potencialmente eficaz Salamander sofreria todos os problemas técnicos resultantes, logicamente, da enorme precipitação com que foi feito. Dado que, desde os primeiros projetos, o turborreator fora sobre o dorso, no convés, foi necessário fazer dois desvios nesse pequeno monoplano, pois a posição incomum de sua planta motriz não deixava outra opção. Ademais, o tripulante, com um "aspirador" nas costas, tinha poucas possibilidades de sobreviver a um salto direto de paraquedas; por essa razão, o aparelho dispunha de um dos primeiros assentos ejetores, acionado por meio de explosivos e também de um timão duplo.

Uma vez resolvidos no He 162A-2 os sérios problemas de instabilidade lateral – que o obrigavam a adotar um forte diedro negativo nas bordas marginais dos planos –, considerou-se que o piloto era em si mais valioso para a Luftwaffe do que o próprio jato. Por isso surgiu a necessidade premente do assento ejetor, já que quase não havia possibilidade para o único tripulante lançar-se de paraquedas.

Os testes de voo demonstraram irrefutavelmente a necessidade de muito mais escape para as manobras de decolagem e aterrissagem do que o permitido no princípio pelos projetistas. Sendo assim, ampliaram-se as superfícies da cauda, estendendo-se e inclinando-se as pontas da asa nos modelos provisórios V3 e V4. O Heinkel He 162A-2 apresentou, então, uma alta proporção de empuxo ou movimento. Era preciso muito cuidado, pois todo o timão induzia a muitas vibrações. Apenas três quartos dele podiam ser utilizados, se de fato se desejasse executar um desvio suave, por exemplo, nos instantes decisivos de disparo contra o inimigo.

Toda a experiência adquirida pelo único tripulante com o clássico motor de pistão teve de ser esquecida rapidamente para que o Salamander pudesse ser controlado com critério, já que esse surpreendente avião à reação demandava uma suavidade especial e também muita destreza por parte do piloto. E mais do que isso, pois os testes realizados com os diferentes protótipos e exemplares provisórios demonstraram o despropósito da teoria de Otto Saur quanto a utilizar de forma ampla as Juventudes Hitlerianas. Porque seria uma "audácia" muito perigosa para a integridade física desses jovens fanáticos valerem-se da experiência que tiveram com planadores.

Apenas um piloto experiente, com muitas horas de voo em aeroplanos de verdade, poderia subir a bordo do Salamander, a fim de manejar com um mínimo de segurança os comandos do avião, e nunca um jovem voluntarioso, com uma fé ilimitada na causa nazista. Era necessária, pois, a convocação dos numerosos pilotos de bombardeiros e aparelhos de transporte que permaneciam imobilizados em terra diante da aguda escassez de combustível. Com efeito, várias das perdas operacionais do caça produzido pelo Projeto *Volksjäger* puderam ser finalmente atribuídas a vazamento de combustível.

## Dentro do conceito de manejo de sistemas

Os assombrosos planos de produção do He 162A-2 Salamander contemplavam uma produção diária de até 135 exemplares ou um mínimo mensal estabelecido em 4 mil. Entretanto, a desastrosa situação em que a Alemanha se encontrava no transcorrer das últimas fases da guerra impediu a realização efetiva de tão ambicioso projeto, no qual já estavam totalmente implicadas várias instalações secretas. Em seguida, ficou claro que as desesperadas exigências apresentadas pelo RLM eram materialmente impossíveis de ser cumpridas.

Propôs-se que três fábricas de produção se incumbissem o quanto antes da urgentíssima montagem em série desse monoplano de caça e interceptação. Esses acordos de produção mostraram-se bastante complexos, constituindo um magnífico exemplo do titânico esforço que o III Reich teve de fazer para atenuar a vulnerabilidade de sua poderosa indústria aeronáutica.

Reflexo fiel de seu desenvolvimento foi a Ernst Heinkel AG, empresa que, desde sua modesta fábrica de 1922 até dezembro de 1944, conseguira acumular um efetivo de 50 mil empregados e que, ao final do maior conflito bélico de todos os tempos, já havia contabilizado a fabricação de mais de 10 mil aviões. Depois da capitulação nazista, pensou-se no desmonte ou na destruição da empresa, confiscando, sem direito a indenizações, todas as suas instalações, até mesmo as oficinas de Stuttgart-Zuffenhausen, por receber a intervenção de uma sociedade fiduciária.

O motor do surpreendente Salamander ficava em uma posição pouco usual, por cima da fuselagem, para atenuar qualquer tipo de dificuldade com seus dutos internos. O ambicioso plano de descentralização alemão quis evitar a ação letal dos bombardeiros da 8ª Força Aérea dos Estados Unidos sobre a produção desse avião de asas batidas em ponta, dado que os grandes quadrimotores americanos continuavam empenhados em destruir qualquer meio de transporte inimigo, desde barcaças de rio a caminhões, passando por vagões de trem.

Todos os componentes de madeira do He 162 foram fabricados por dois grupos de trabalho em oficinas especialmente organizadas, nas áreas de Erfurt e Stuttgart. A parte metálica da fuselagem começou a ser construída nas fábricas de Ernst Heinkel, na Pomerânia, em Mecklenburgo, na Saxônia e também em Berlin-Oranienburg. Empenharam-se nesse projeto fábricas de outra empresa, como a Junkers Flugzeug und Motorenwerke AG, em Schönbeck, Aschersleben, Leopoldshall, Halbertstadt e Bernburg.

A montagem final começou a ser feita de fato em apenas três fábricas, na da Heinkel, em Rostock-Marienehe, na da Junkers, em Bernburg – cada uma com uma previsão mensal de mil entregas –, e até no enorme complexo subterrâneo de Nordhausen Mittelwerk, que devia contribuir, pelo menos em teoria, com metade de tão fabulosa produção a cada 30 dias. Tudo isso constituía um programa completo, perfeitamente orquestrado de acordo com o conceito de manejo de sistemas. Além do mais, grandes minas de sal, tal como as de Eglen e Tarhun, foram adaptadas às pressas para produzir sem descanso turborreatores BMW 003A-1, os quais seriam parafusados em fuselagens cujo perfil era de liga leve para não encontrar resistência aerodinâmica. Com três turnos contínuos a cada 24 horas, juntaram-se as distintas fases de desenvolvimento, construção, pré-produção e produção em escala.

A fábrica da Ernst Heinkel AG em Vienna-Schwechat respondia pela fabricação dos protótipos de um Salamander que, apesar da simplicidade do conceito em si, apresentava, na realidade, todas as complexidades derivadas de um jato de caça com problemas aerodinâmicos por culpa da alta velocidade prevista, dificuldades diante dos testes de armamento, harmonização dos controles, etc.

Dentro da grande descentralização montada, em outra mina de sal – próxima, neste caso, a Urseurg –, era guardada a maquinaria da zona de Berlin-Spandau e das fábricas de motores Basdorf-Zülsdorf para a produção dos turborreatores BMW 003A-1. Finalmente, cabe destacar que, diante do risco de sofrer mais ataques aéreos, ora procedentes dos aeródromos Aliados localizados no sul da Itália, a empresa Heinkel diversificou sua produção no território austríaco anexado, utilizando uma mina de cálcio localizada nos arredores de Viena, em Hinterbühl.

## Com asas intercambiáveis

A Luftwaffe acabou formando uma unidade de avaliação do He 162A-2, em janeiro de 1945 e sob a autoridade direta do tenente-coronel Heinz Bär, a fim de provar o novo jato de combate em Rechlin. Esse aviador, oitavo ás alemão da Segunda Grande Guerra, com 220 vitórias oficialmente creditadas a ele – 124 delas obtidas no Oeste –, cairia em combate em 28 de abril daquele mesmo ano. Antes, desde finais de março, Bär e seus homens compartilhavam a opinião dos decepcionados pilotos de caça de Adolf Galland – com seus Me 262 próximos a Munique –, no sentido de que o Salamander ainda não estava preparado para entrar em ação.

O batismo de fogo desse insólito aeroplano à turbopropulsão deu-se em 19 de abril de 1945, quando foi creditada ao sargento Günther Kirchner uma vitória sobre um caça britânico. Ocorreu que o piloto do caça admitira sua derrubada como consequência direta da surpreendente e contundente ação de um estranho avião à reação. Porém, o referido suboficial alemão, por sua vez, foi abatido pouco tempo depois por outro caça da Royal Air Force. Dessa forma, dois outros tripulantes do He 162 acabariam reclamando para si triunfos contra caças Aliados, ainda que apenas tenha sido possível verificar – por causa das gravações britânicas – o obtido por Rudolf Schmitt em 4 de maio sobre um Hawker Tempest Mk.V. Afirmou-se, então, que o Salamander era o melhor caça da época, por ter conseguido derrubar o avião mais rápido da RAF de motor a pistão – 702 km/h de velocidade máxima – e graças à ação de um piloto novato no comando; isso, porém, parece-nos bastante exagerado. Ao contrário, acredita-se que três He 162 caíram por ação do inimigo.

A primeira unidade de combate desse estranho jato da empresa Ernst Heinkel AG ficou pronta muito tarde para as urgentíssimas necessidades de uma Luftwaffe literalmente exausta, em meados de abril de 1945. Apareceu como Jägdgeschwader I/J61, e essa moderna ala de caça ficou concentrada em Parchim sob o comando direto do coronel Herbert Ihlefeldt. Finalmente, em 4 de maio, foi colocado na linha de combate em Leck (Schleswig-Holstein) um grupo composto por três esquadrões e com meia centena de He-162A-2 em suas fileiras. A chegada das tropas do Reino Unido a esse aeródromo, apenas quatro dias mais tarde, acabou com a história bélica desse surpreendente monoplano de caça e interceptação.

Apesar do prodigioso esforço desenvolvido e da entrega efetiva de 170 Salamanders à Força Aérea alemã – enquanto outros cem aguardavam sua vez quando o III Reich assinou sua rendição incondicional –, o rápido avanço Aliado impediu que esse pequeno reator tomasse parte na luta de forma massiva. Não se deve esquecer que mais de 800 exemplares se encontravam já em diferentes fases de fabricação em numerosas oficinas, algumas delas subterrâneas.

O fim na Europa do maior conflito bélico até agora conhecido acabou com a ideia de se lançarem novas versões do He 162, algumas até mesmo em flecha negativa e, em outras opções, positiva. O assombroso desenvolvimento de um avião à reação tão especial havia levado os projetistas da Ernst Heinkel AG ao projeto da variante C, com asas em flecha de 38 graus e cauda em V. Estava previsto também o similar He 162D, ainda que, nesse caso, com flecha regressiva. Ao serem ocupadas as oficinas de projeto de Vienna-Schwechat, foi encontrado um modelo do Salamander com asas intercambiáveis.

Alguns He 162A-2 seriam capturados pelos Aliados e testados intensamente durante o restante do ano de 1945 e boa parte do ano seguinte. Toda a documentação encontrada foi estudada com a máxima atenção. Tomou-se especial cuidado com a análise das numerosas derivações do Salamander, umas com um ou dois motores pulsorreatores – do tipo utilizado pelas bombas voadoras V-1 – e outras apresentando asas em flecha progressiva ou regressiva. Para terminar, deve-se precisar que a Alemanha tampouco teve tempo material para adotar em algum de seus inovadores jatos a turbina mais potente jamais construída até então, a denominada Heinkel-Hirth HeS 011.

# Capítulo 7

# Um foguete tripulado

Na luta tecnológica e comercial empreendida para ganhar a concessão de um aeroplano de caça interceptador, que devia ser em forma de monomotor-foguete e com baixo custo, a empresa Bachem Werke GmbH viu rechaçada sua proposta porque o BP20 era irrecuperável, e o Ministério de Aviação do Estado desejava um modelo inteiro para a nova missão de combate. Entretanto, a divisão de projeto dessa empresa – dirigida conjuntamente pelos engenheiros E. Bachem e H. Bethbeder – apresentou uma ideia baseada em um aparelho capaz de subir vertiginosamente com seus motores-foguete auxiliares, uma vez lançado verticalmente, para atacar os bombardeiros britânicos e americanos com uma impressionante salva de projéteis-foguete. Uma vez acabada essa munição, piloto e avião deviam regressar a terra separadamente, cada um por meio do próprio paraquedas. Na realidade, apenas se recuperava desse BP20 a seção de popa da fuselagem, o que permitiria o uso posterior do valioso motor-foguete no próximo exemplar da série.

Esse BP20 representava um aparelho a meio caminho entre o interceptador e o míssil. Bachem conseguira enfurecer o Departamento Técnico do Reichsluftfahrtministerium ao solicitar, por sua conta e risco, a urgente ajuda de Adolf Galland, defensor incansável de seu projeto. Mas esse contato entre o construtor e o antigo ás do ar foi considerado, evidentemente, uma intolerável intromissão.

A negativa inicial do RLM sobre o revolucionário projeto aeronáutico não desanimou de todo um homem da têmpera de Erick Bachem – o qual, entre 1948 e 1952, residiu na República Argentina como engenheiro assessor, para fracassar em seguida na construção de aviões desportivos muito econômicos. Esse técnico buscou alguém com muita influência no conjunto do Reich para apoiar sua ideia.

Bachem conseguiu uma entrevista com o temível chefe supremo das SS, ministro do Interior e também responsável da Administração do Estado nazista: Heinrich Himmler. O fato é que essa personagem tão sinistra mostraria enorme interesse pela proposta aérea colocada sobre a mesa de seu escritório. Depois de repassar planos e informações técnicas, prometeu solenemente ajuda completa para difundir uma ideia que o cativara desde o princípio. Não em vão, o funcionamento desse insólito interceptador guardava muitas semelhanças com os mísseis terra-ar que os alemães também desenvolveram e que ocuparão nossa atenção na segunda parte do presente livro.

Dessa forma, Erich Bachem pôde comprovar, em menos de 24 horas, até que ponto era verdadeiro o poder de intimidação do principal carrasco de Hitler. Bachem recebeu, em seguida, um documento remetido pelo Reichsluftfahrtministerium, pelo qual era reconsiderada a recusa inicial do Projeto BP20, concedendo-lhe então, pelo contrário, prioridade máxima. De fato, seria imediatamente incluído, a partir de julho de 1944, no chamado Jägernotprogramm ou Programa de Caças de Emergência.

## No túnel de testes

Com o apressado parecer positivo do RLM – dado graças às "bênçãos" de Himmler –, a ideia de um foguete monoposto interceptador semidescartável, feito para "usar e jogar fora", foi posta em andamento a toda pressa com o nome de Bachem Ba 349 Natter ou Víbora. Enquanto o projeto do primeiro modelo V, experimental, era terminado, foram realizados testes com um exemplar em escala reduzida no túnel aerodinâmico de Brunswick. Ali ficou demonstrado que esse pequeno modelo não sofria efeitos importantes de estabilidade e compressão a velocidades de Mach 0,5.

O pequeno avião passou a ser construído, já em tamanho natural, utilizando sobretudo componentes de madeira parafusados e colados. Sua fuselagem era de construção semimonocoque, e a montagem da cauda obedecia a um desenho assimétrico em forma de cruz. Por fim, o protótipo do Ba 349 incorporou 90% de materiais não estratégicos e, portanto, econômicos. Tudo nele foi simplificado até o limite proporcionado pela técnica de fabricação, com o propósito de que nela pudessem trabalhar operários não especializados.

Erich Bachem e H. Bethbeder haviam desenvolvido uma célula um tanto rudimentar, que não apresentasse uma montagem complicada.

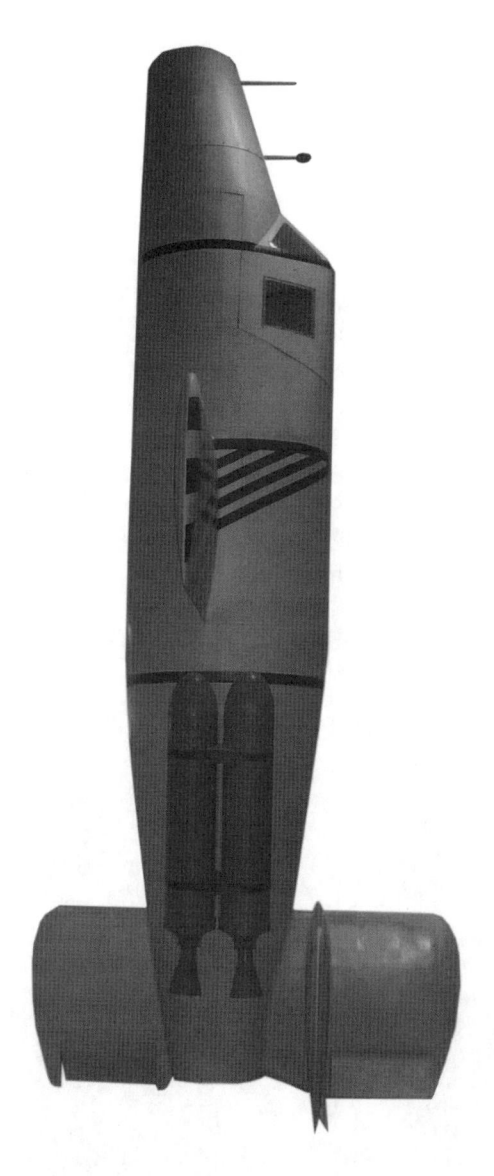

*Noventa por cento do material empregado no protótipo do Ba 349 era não estratégico e, portanto, econômico. Tudo nele foi simplificado até o limite proporcionado pela técnica de fabricação. O objetivo era que, em sua produção, pudessem trabalhar operários não especializados.*

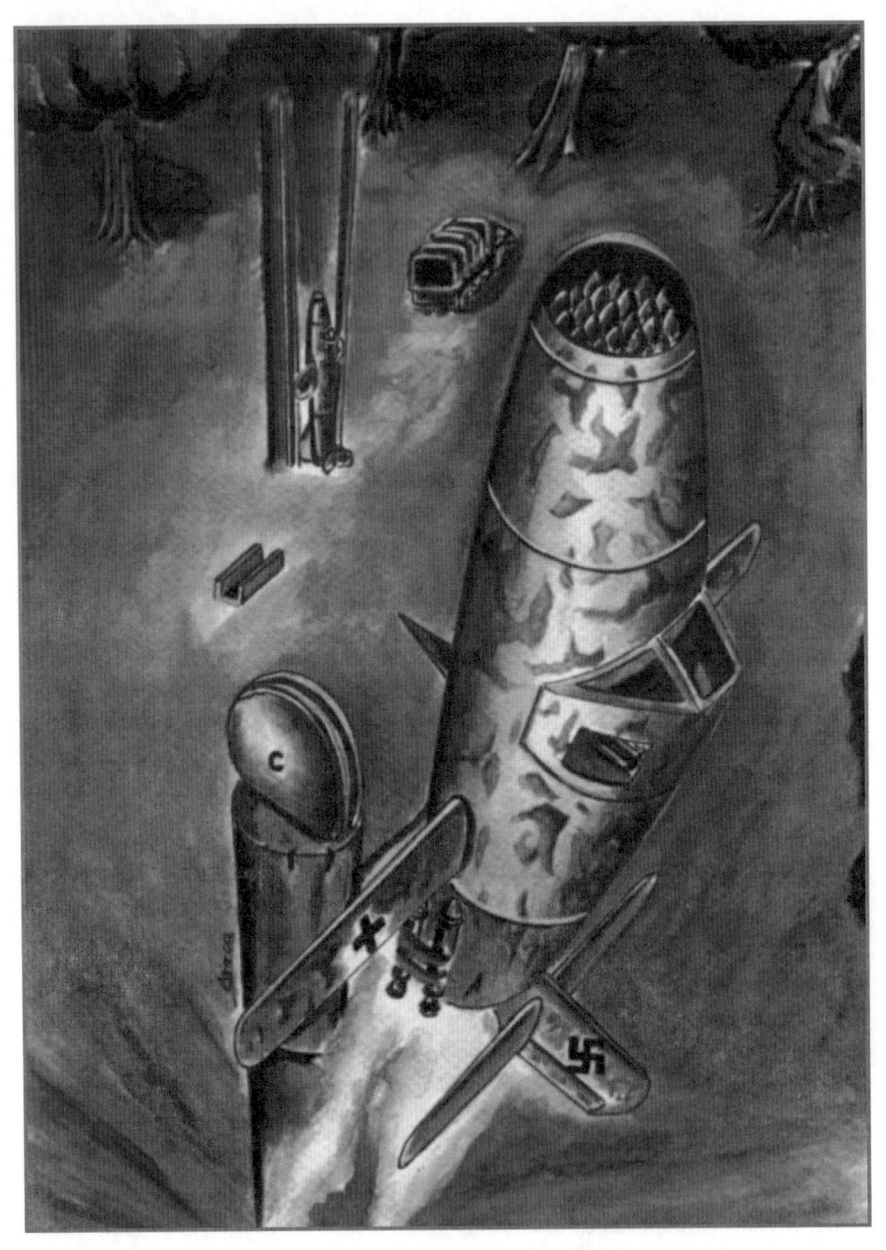

*Depois de vários protótipos experimentais, a empresa Bachem Werke GmbH preparou uma primeira variante de produção, denominada Ba 349A. A Luftwaffe solicitou 50 exemplares, e as Schutz-Staffeln fizeram um pedido de 150. No total, puderam ser terminadas apenas 20 unidades, nunca utilizadas em operações bélicas.*

A ideia básica era um aeroplano singular de asas muito curtas e sem ailerões. Desse modo, o controle do eixo de torção devia ser feito mediante um uso diferenciado dos timões de profundidade. Tratava-se, em síntese, de fabricar um artigo semidescartável, já que, em cada missão, apenas se poderia recuperar uma parte do que era um foguete tripulado, dando-se por perdida a outra. Outros especialistas ressaltaram que o Natter tinha a aparência de um torpedo equipado com pequenas asas.

## Até três versões

Depois dos protótipos experimentais de rigor, a empresa Bachem Werke GmbH preparou uma primeira variante de produção, denominada Ba 349A. A Luftwaffe solicitou, então, 50 exemplares, e as Schutz-Staffeln fizeram um pedido de 150. Sabemos que, no total, puderam ser terminadas apenas 20 unidades dessa versão inicial em série, nunca utilizadas em operações bélicas. O Ba 349A era um interceptador foguete com um peso máximo na decolagem calculado em 2.200 quilogramas, que, sem os foguetes auxiliares de partida, ficava reduzido a 1.773 quilos. Suas dimensões compreendiam uma envergadura de 3,6 metros, comprimento de 6,1 metros, altura de 2,21 metros e uma superfície alar de apenas 2,75 metros quadrados.

Essa primeira versão era propulsada por um motor-foguete interno Walter HWK 109-509A-2 – idêntico a um dos tipos empregados no caça Me 163, que analisaremos no capítulo 9 –, de combustível sólido e proporcionava 1.700 quilogramas de empuxo. Essa potência era complementada, apenas para a decolagem, com quatro foguetes externos Schmidding 109-533. Cada um desses foguetes acrescentava 1.200 quilos de empuxo durante dez segundos, e eram colocados em pares, de cada lado da parte traseira da fuselagem. Quanto à capacidade, o Ba 349A devia alcançar, sem problemas, os 800 quilômetros por hora ao nível do mar, com uma velocidade de subida de 11.100 metros por minuto. Seu teto de operação ficou fixado em 14 quilômetros. Calculava-se que, a 12 mil metros de altitude, ele teria um raio de ação em torno a 40 quilômetros.

No decorrer da etapa inicial de desenvolvimento, foram consideradas várias alternativas para o armamento. No final, foram preparados para o revolucionário Ba 349A um total de 24 foguetes não guiados Hs 217 Föhn (Tempestade) de 73 mm ou, em seu lugar, 33 foguetes R4M de 55 mm de diâmetro, sempre colocados, todos eles, na proa. Reforçando ainda mais essa notável capacidade bélica contra os bombardeiros inimigos, foram instalados dois canhões MK 108 de 30 mm, cada um comportando 30 projéteis de reserva.

A princípio, a Bachem Werke GmbH preparou, em sua pequena fábrica da Floresta Negra, a versão seguinte com área de cauda incrementada: Ba 349B, adotando-a como a definitiva para a produção em massa. O novo motor-foguete interno, um Walter HWK 109-509C-1, proporcionava mais potência ao somar 2 mil quilogramas de empuxo: 1.700 graças à câmara principal de combustão, e os 300 restantes com a câmara secundária, totalizando as duas uma autonomia de 70 segundos. Com tudo isso, a 5 mil metros de altitude, o Ba 349B devia alcançar os mil quilômetros por hora. Além do mais, os quatro foguetes auxiliares de aceleração Schmidding podiam ser então trocados por dois de tipo similar, de propergol sólido, que proporcionavam um empuxo conjunto de exatamente 4.861 quilos para dez segundos de autonomia.

A empresa Bachem cogitou também a possibilidade de desenvolver mais uma variante, a Ba 349C, mas, na realidade, esta não passaria da fase preliminar de estudo e de alguns esboços. Se nas versões anteriores se havia previsto uma decolagem totalmente vertical – a partir dos três trilhos fincados no chão –, agora E. Bachem e H. Bethbeder haviam projetado um transporte móvel para lançar os novos Natter sem proporcionar alvos fixos. O caminhão de transporte devia fazer o papel de lançadeira, por meio de uma rampa metálica de 12 metros de comprimento e inclinada em 80 graus.

## Acidente fatal

No total, as oficinas da Bachem Werke GmbH entregaram 36 exemplares desse singular aeroplano, ou melhor, foguete tripulado. Já falamos aqui que o motor-foguete Walter garantia ao aeroplano uma autonomia de um minuto e dez segundos, sempre a toda potência, porém, para o Natter, era totalmente impossível aumentar essa autonomia de voo diminuindo o empuxo para apenas 150 quilogramas.

Em outubro de 1944, ficou pronto o primeiro dos 15 Natters construídos para cobrir o programa de testes. Nessa ocasião, ele foi rebocado por um bombardeiro médio He 111. Depois de o Ba 349 V1 cumprir sem problemas todos os testes de voo planador pilotado, o programa – sem dúvida, outro recurso desesperado diante de uma situação aérea, sobre a Alemanha cada vez mais crítica – continuou em dezembro desse mesmo ano com alguns voos não tripulados, nos quais se empregaram unicamente os quatro foguetes aceleradores externos. Estes se desprendiam depois de proporcionar a potência máxima durante dez segundos.

Em 23 de fevereiro de 1945, foi realizado o primeiro lançamento vertical com esses foguetes para aceleração e com o motor-foguete interno atuando simultaneamente, chegando-se a um voo e mantendo-o em elevada altitude. Cinco dias depois, um piloto se aventurou pela primeira vez na estreita cabine para enfrentar decidido um teste de semelhante risco. E a desgraça recaiu sobre o tenente Lothar Siebert, que havia se oferecido como voluntário. Mas, para conhecer mais detalhes, o melhor é transcrever o relato feito por Green sobre esse acidente e suas consequências em dois parágrafos fundamentais:

> A cabine foi fechada, o pessoal de terra desceu a rampa, e Siebert pôs a alavanca de gases do HWK 509 em posição de movimento lento. Os espectadores aguardavam dominados pela ânsia, enquanto a turbina ganhava velocidade. O foguete se incendiou. Houve outra pausa até que a câmara de combustão pegasse pressão, e, então, os quatro foguetes Schmidding, com um ruído ensurdecedor, puseram-se em marcha. Uma nuvem de fumaça negra soprou com força contra a base da rampa, e o Natter levantou voo de repente. Os foguetes aceleradores se desprenderam, e, por um instante, pareceu que tudo ia bem. Porém, repentinamente, a cobertura da cabine se desprendeu, e o Natter deu meia-volta. Em posição invertida, o avião continuou subindo, ainda que com um ângulo menor, e alcançou uns 1.500 metros; nesse instante, fez uma meia espiral, despencou e estatelou-se no chão, explodindo no impacto. A intensa investigação não conseguiu explicar satisfatoriamente o acidente, mas se supôs que a cobertura da cabine não tinha sido bem fixada e que Siebert tinha perdido a consciência.
>
> Outros pilotos apresentaram-se como voluntários para substituí-lo, e os testes continuaram. Depois de três lançamentos tripulados com sucesso, conseguidos em pouco tempo, decidiu-se que o Natter mostrava um grau suficiente de segurança para passar aos testes operacionais. Enquanto isso, Bachem e Bethbeder, insatisfeitos com a autonomia de voo, retomaram seu plano original de utilizar o motor HWK 509C dotado de câmara de cruzeiro. Para isso, era preciso fazer certas modificações na parte posterior da fuselagem, a fim de montar as tubeiras verticais do foguete; por razões aerodinâmicas, fendeu-se parcialmente o perfil inferior. Não se aumentou a capacidade dos depósitos de combustível; mas, para conservar a posição correta do centro de gravidade, os foguetes aceleradores foram transferidos para a cauda, e os quatro de 500 quilos de empuxo foram substituídos por dois Schmiddings 533 de mil quilos.

A investigação oficial interna – feita por uma equipe de especialistas da Luftwaffe – nunca esclareceu a verdadeira causa da tragédia.

Ainda que o tenente Siebert tenha ficado totalmente inconsciente por ter batido a cabeça contra a cúpula que se desprendeu, o controle do Natter era dirigido por rádio. De qualquer forma, o acidente não interrompeu uma produção em série já em andamento.

## Manobras de recuperação

O Natter da Bachem Werke GmbH passou à História como o primeiro avião-foguete de decolagem vertical – ou deveríamos chamá-lo de foguete tripulado? A tática de utilização prevista era em si bastante simples. Devia-se aguardar a chegada dos bombardeiros inimigos nas proximidades da base e lançar esse insólito caça a uma incrível velocidade de ascensão, calculada em 185 metros por segundo! Nesse lançamento espetacular, cumpria um papel primordial o piloto automático triaxial, semelhante ao dos Julia, montados em terra. O único tripulante devia usar o controle manual apenas quando o Natter já se encontrasse sobre os quadrimotores que se aproximavam à posição de lançamento das bombas.

Um leve mergulho permitia ao Ba 349 iniciar o ataque depois de desprender-se da armação protetora transparente aerodinâmica a uma distância segura, que deixava livre sua impressionante bateria de foguetes não guiados, para que selecionasse imediatamente o alvo. Depois de disparar toda a munição em uma salva ensurdecedora contra a formação de bombardeiros pesados, o Natter devia voar imediatamente para fora dessa zona de combate, e seu tripulante, preparar-se para saltar.

Em suma, a ação prevista tinha o seguinte desenvolvimento: uma vez que o piloto já tivesse se desembaraçado dos cintos, chegava o momento de desprender toda a parte da proa do avião, desacoplando a alavanca de câmbio correspondente. Para isso, tinha de deslocá-la sempre para a frente, a fim de soltar todos os engates. O próximo passo consistia em ir soltando os dispositivos mecânicos com o propósito de separar a proa do resto da fuselagem a ser salva. Graças a esses movimentos, a corrente de ar devia empurrar o mais longe possível a seção dianteira da fuselagem. Por causa da forte desaceleração da outra parte – a seção traseira desse aeroplano singular–, entrava em funcionamento o paraquedas de freio e recuperação. Nesse ponto, o piloto ficava totalmente livre para descer usando seu próprio paraquedas.

O Reichsluftfahrtministerium acabou avaliando como algo muito positivo a possibilidade de salvar a seção de cauda do Natter, em que se encontrava o valioso motor-foguete. Estamos analisando uma das tantas Wunderwaffen ou "armas milagrosas" que deviam dar uma virada espetacular em uma guerra já perdida desde o desastre de Stalingrado. Tratava-se então de salvar tudo o que fosse possível, em uma época de agonia para a "Grande Alemanha" sonhada por Hitler.

Em um de seus últimos esforços, a Luftwaffe – uma sombra de seu glorioso passado diante da aguda escassez de combustíveis, peças de reposição, homens experientes e materiais estratégicos –, que a cada dia contava com menos aviões diante da decisiva superioridade soviética, americana e britânica, preparou dez torres de lançamento do Ba 349 na pequena cidade de Kirchheim unter Teck, próxima a Estugarda, ao sudeste. Essa foi outra prova do profundo desespero por que a Alemanha hitleriana passava, visto que não se realizaram mais testes depois do acidente fatal de Lothar Siebert, continuando o projeto às cegas. Uma coluna blindada do US Army deparou-se ali com essas torres, enquanto seus servidores aguardavam impacientes que passassem os bombardeiros de quatro motores da USAAF. Todas as instalações foram imediatamente arrasadas por fogo de canhão.

Esse canto de cisne dos Natters revelou outro esforço inútil da indústria aeronáutica alemã durante a última etapa da Segunda Grande Guerra, tratando de impedir o realmente inevitável. Erich Bachem, como outros projetistas de aeroplanos alemães, viu desmanteladas todas as instalações de sua empresa e passou um tempo no exterior construindo aviões. Faleceu em 25 de março de 1960, depois de ter fundado algumas sociedades dedicadas à fabricação de maquinaria diversa.

Hoje em dia, existem dois exemplares do espalhafatoso Bachem Ba 349. Um deles pode ser visto nas magníficas instalações do National Air and Space Museum da capital federal americana. O outro se encontra no Velho Continente, na Alemanha reunificada, como não podia deixar de ser. Está exposto no Deutsches Museum de Munique, pintado de uma vistosa cor amarela. Lá, podemos contemplá-lo como um retrato fiel de uma solução desesperada que foi projetada com o propósito de deter a avalanche aérea Aliada sobre o território alemão.

# Capítulo 8

# Mergulho vertiginoso

É a vez de um aparelho revolucionário que tampouco chegou a operar durante a última guerra mundial. Trata-se do primeiro avião à reação do mundo projetado exclusivamente para atuar como bombardeiro de mergulho e de assalto, o qual guardava uma notável semelhança com o muito mais conhecido Heinkel He 162. Ambos levavam o chamativo turborreator no dorso da fuselagem, o que proporcionava à sua silhueta uma forma bastante original.

Como característica única, o Henschel Hs 132, que vamos conhecer em pormenores, apresentava uma posição muito pouco habitual do piloto na pequena cabine de voo. Com efeito, para atenuar as tremendas forças de aceleração às quais indubitavelmente o avião ia ser submetido, o único tripulante desse jato inovador devia se posicionar em decúbito ou estendido. Além do mais, esse Hs 132 foi feito para substituir o tão usado e venerado Junkers Ju 87 Stuka de perfil em diedro de W, negativo e positivo, o qual, durante o primeiro ano de conflito bélico na Europa, foi sinônimo de invencibilidade e de potência aérea, até chegar ao extremo de converter-se no símbolo máximo da famosa Blitzkrieg ou guerra-relâmpago para uma Luftwaffe que parecia invencível diante dos aviões poloneses e franceses. Isso foi assim até o Stuka "tropeçar" na bem organizada e equipada Royal Air Force, na decisiva Batalha da Inglaterra.

## Estendido de bruços

Todas as luzes vermelhas de alarme se acenderam para o Exército do Ar alemão no transcorrer do segundo semestre de 1943. A trágica experiência adquirida mostrava que todos os limites admissíveis já tinham sido muito ultrapassados no que se referia a perdas próprias de bombardeiros de mergulho. O Ju 87 era um modelo convencional totalmente defasado por ter se tornado uma presa fácil para os aparelhos inimigos mais velozes. Não devia atuar jamais sem a garantia de uma forte proteção de caças de escolta. Esse problema se agravou com baixas realmente proibitivas, sobretudo diante da crescente presença aérea soviética.

Naquela situação crítica, o RLM pediu soluções de urgência a várias casas construtoras, encontrando, por fim, na Henschel Flugzeugwerke AG a resposta adequada. Tratava-se de uma empresa com muita experiência, fundada em 1933, e que logo passou dos aeroplanos desportivos e de treinamento aos de tipo militar. Uma década mais tarde, já contava em seu histórico com a fabricação de aparelhos de assalto e apoio no solo. Em dezembro de 1944, essa sociedade aeronáutica pôde concretizar o projeto para um bombardeiro de ataque monoposto, bastante simples e propulsado por um turborreator instalado no dorso da fuselagem aerodinâmica.

O Ministério de Aviação do Estado havia encomendado um avião muito rápido, sobretudo se o comparamos ao obsoleto Ju 87 Stuka, que devia tomar forma o quanto antes. Além do mais, tinha de ser praticamente invulnerável contra as melhores defesas antiaéreas. Isso implicava chegar a velocidades que, na prática, superassem os 800 quilômetros por hora e a cargas gravitacionais insuportáveis para o piloto tanto no meio do impressionante mergulho no ar quanto ao sair deste. Consequentemente, optou-se por colocar o tripulante estendido de bruços. Isso tinha também a vantagem de reduzir muito a área frontal e, assim, sofrer menos resistência do ar, além de proporcionar um alvo mais reduzido para defesa antiaérea inimiga.

No Reichsluftfahrtministerium, havia especialistas que não concordavam com a posição de bruços. Temiam, com razões de sobra, talvez em teoria, que nenhum piloto pudesse suportar, sem perder a consciência, as pronunciadas manobras de mergulho e retomada, quando as fortes acelerações atingissem 12 $g$. Não obstante, já estavam a favor os relatórios emitidos pelo Deutsche Versuchsanstalt für Luftfahrt (DVL) ou Centro de Aviação Experimental da Alemanha, feitos durante os anos de 1930. Eles mostravam resultados alentadores sobre a eficácia desse estilo tão pouco ortodoxo de acomodação ao pilotar.

Alexander M. Lippisch avaliou como muito positiva essa posição de bruços no verão de 1941. Tal opinião foi reforçada graças aos 33 voos de teste executados com êxito pelo bimotor Berlin B9 entre 10 de abril e 28 de outubro de 1943. Tratava-se de um pequeno aeroplano de caráter experimental que fora desenvolvido e construído no transcurso de 1937 pelo Grupo de Estudo de Voo Técnico da Escola Superior de Berlim-Charlottenburg.

O DVL estava cansado de saber que qualquer piloto perderia a consciência se atuasse na posição normal sentado sob a pressão de quatro ou cinco gravidades, originadas sempre por fortes acelerações, enquanto a posição deitada permitia suportar até dez ou 11 g. No entanto, a opinião generalizada dos técnicos era de que um piloto de caça teria assim um campo de visão bastante precário, uma vez que assumia uma postura "anormal", que o obrigava a descansar o queixo sobre um suporte almofadado.

## Sobre o dorso da fuselagem

O Ministério de Aviação do Estado solicitou três protótipos do projetado monoposto de bombardeio de mergulho e apoio ao solo. Com o piloto definitivamente instalado na proa e em posição de bruços, o Hs 132 V1 – o primeiro exemplar do inovador desenvolvimento da empresa Henschel Flugzeugwerke AG – apresentava um trem de pouso triciclo, que podia ser recolhido nas asas, duas rodas e, na fuselagem, a roda dianteira.

Da mesma maneira que o Heinkel He 162 Salamander, o turborreator era montado justamente sobre a fuselagem, o que facilitava a instalação e a manutenção da peça. A construção do referido trio de protótipos, pedido pelo RLM, iniciou-se sem mais pausas em março de 1945. O Departamento Técnico desse organismo acolhera muito bem a proposta da ampla utilização de madeira na estrutura do novo Stuka à reação, assim como a simplicidade de sua construção.

Dos três protótipos, apenas um pôde ser completado, o Hs 132 V1. No entanto, esse exemplar não chegou a voar porque seus testes estavam previstos para junho, e a Alemanha foi derrotada um mês antes. O avião foi capturado pelas tropas soviéticas, e atualmente não se sabe se o Exército do Ar da União Soviética o utilizou em algum teste de avaliação, assim como os protótipos inacabados V2 e V3.

## Alta velocidade de ataque

Como planta motriz, o Henschel Hs 132 V1 apresentava um turborreator BMW 109-003E Sturm, de fluxo axial e capaz de proporcionar 800 quilogramas de empuxo ao nível do mar. Com essa força, as capacidades estimadas pelos engenheiros foram fixadas em uma velocidade máxima de 780 quilômetros por hora a 6 mil metros de altitude e em voo horizontal. O alcance foi de 680 quilômetros, com um teto operacional de 10.500 metros.

O Hs 132 V1 pesava 3.400 quilos totalmente carregado. Suas dimensões externas eram de 7,2 metros de envergadura, 8,9 metros de comprimento e 2,74 metros de altura. Devia ter se transformado no modelo Hs 132A de produção em série, com uma superfície alar de 14,82 metros quadrados. Seu único armamento ofensivo seria uma potente

*O Hs 132V2 tinha um par de canhões MG 151 de 20 mm, instalados na proa. Com o acréscimo desse peso, mais a bomba de 500 quilos, sua velocidade-limite baixava para 700 quilômetros por hora.*

bomba SC ou SD 500, de meia tonelada de peso e semiencaixada sob a fuselagem.

Seguindo a relação de protótipos, descobrimos que o motor de retropropulsão original fora substituído por outro ainda mais potente, o Junkers Jumo 109-004B-2, de 900 quilos de empuxo, no idealizado Hs 132 V2. Completava a carga bélica dessa variante um par de canhões MG 151 de 20 mm instalados na proa. No entanto, com o acréscimo desse peso, mais a bomba de 500 quilos que se mantinha, a velocidade-limite da aeronave baixava para 700 quilômetros por hora.

O Hs 132C teria sido a terceira e definitiva versão de um bombardeiro de ataque ao solo capaz de desenvolver um mergulho impressionante, desafiando as forças gravitacionais como nenhum outro avião até então. Além disso, Henschel previa a utilização de outra planta propulsora mais importante, o turborreator Heinkel-Hirth 109-011A de 1.300 quilos de empuxo.

Os projetistas da empresa Henschel Flugzeugwerke AG demonstravam interesse nessa terceira variante, e só o fim da guerra os impediu de fato de desenvolver um jato de ataque de tamanho poder, visto que o peso da única bomba que levava tinha sido duplicado, dos 500 quilos iniciais para 1.000 quilos, mantendo os mesmos canhões que o Hs 132B. Seu poder era mais terrível ainda, dado que poderia levar quatro canhões se o peso do projétil fosse reduzido para entre 250 e 500 quilos. As referidas armas automáticas eram distribuídas entre dois MG 151 de 20 mm, com 250 projéteis de reserva, e outro par de MK 103 de 30 mm, com 70 projéteis.

Para que não faltasse nada a esse espetacular Hs 132C, previu-se também o emprego de uma bomba perfurante assistida por foguete. Denominada PC 1000RS e com o peso de uma tonelada, seria utilizada em missões de apoio próximo contra pontos fortes do campo de batalha. Nenhuma fortificação inimiga poderia resistir ao seu impacto demolidor, que abria caminho até explodir, por exemplo, no interior de casamatas blindadas ou de concreto armado.

# Capítulo 9

# O Komet da Luftwaffe

O Me 163B-1a tornou-se, em 13 de maio de 1944, o primeiro avião do planeta a realizar um voo operacional com motor-foguete. O exemplar, ainda de série piloto e totalmente pintado de vermelho, era fruto de avançadíssimas concepções técnicas. Mas esse Komet (Cometa) apresentou os mesmos problemas que o resto dos jatos alemães e já não pôde mudar o curso dos acontecimentos. Previsto como defensor de alta velocidade e curto alcance para objetivos importantes, o pequeno interceptador foguete, do qual vamos tratar agora, seria muito mais perigoso para seus próprios pilotos do que para o inimigo. Mas a ideia prosperou diante da decisiva necessidade de se formar uma espécie de anel defensivo capaz de cercar todos os centros industriais alemães.

De acordo com o que escreveu o coronel Jacobo de Armijo – na primavera de 1946 –, em sua reportagem para a *Revista de Aeronáutica*, a respeito desse singular avião de combate com notável fragilidade interna e que ficou muito longe de ser a panaceia que seus projetistas haviam previsto:

> Não tinha cauda, e as asas, com um exagerado "V", davam-lhe o aspecto dessas flechas de papel que as crianças fazem para brincar. De escassa autonomia, mas extremamente rápido, sua concepção poderia servir de base para orientações totalmente diferentes das realizadas até hoje nesse campo.

Sobre o avião conhecido como "Messerschmitt diabólico", sumamente audaz em sua concepção, Mano Ziegler – contando suas experiências no Comando de Testes nº 16, unidade encarregada do teste operacional desse aeroplano tão singular – escreveu em seu interessante livro *Raketenjäger Me 163*:

Estava dez anos à frente do seu tempo, mas a tensão da guerra acelerou seu desenvolvimento e, por esse motivo, provavelmente, era também a aeronave mais perigosa jamais fabricada.

Esclarecemos a respeito disso que, de forma incompreensível, o referido Komet foi projetado para iniciar a decolagem a partir de uma carriola desprendível e então aterrissar sobre patins. Apelidado de "ovo com motor" pelos próprios pilotos de teste da Luftwaffe, esse avião, com essa disposição insólita, sempre foi uma fonte de problemas.

Contudo, o maior inconveniente do Me 163 vinha do combustível, que, por ser uma mistura muito volátil de peróxido de hidrogênio concentrado e de álcool etílico, explodia ao menor incidente. Vários aparelhos explodiram sobre a pista, ao decolar e por um brusco movimento que sacudiu de improviso o propelente altamente reativo, convertendo-se automaticamente em espetaculares bolas de fogo. Mano Ziegler conta em sua obra que as duas partes de combustível líquido provaram-se demasiado voláteis e corrosivas. O mínimo contato entre elas equivalia a provocar uma grande explosão. Esse combustível também se dissolvia na pele humana ao menor contato e com resultado fatal.

Ziegler descreve muito bem o acidente em que encontraram pouco mais do que o esqueleto de um desventurado piloto. Os produtos químicos do combustível, altamente corrosivos, que escaparam através de rompimentos dos condutos, haviam-no encharcado até literalmente dissolvê-lo sobre seu assento. Outros aviadores tiveram de suportar falhas no motor-foguete ao encher sua cabine de gases que cegavam a vista. Segundo Félix Llaugé Dausá comenta em seu livro:

> O avião em si não era um prodígio de estética; alguém o comparou com uma espécie de tubarão alado. O acabamento de sua superfície, cheia de cabeças de rebites e parafusos, era sem brilho, e as curtas e diminutas asas não pareciam ser proporcionais ao resto da estrutura do avião.

## Fogo a bordo

Essa mesma testemunha e protagonista conta um incidente no qual ela e um de seus camaradas estavam entrando cada um em seu Komet. Justamente nesse momento, houve uma grande explosão em um dos aviões. Não restou do aparelho mais do que um rastro de terra em chamas. Definitivamente, não se tratava de um aparelho apto para homens fracos.

Assim, a Luftwaffe aprimorou como nunca as medidas de segurança no uso de tão perigosos aeroplanos. Todos os pilotos e o pessoal de terra tiveram de vestir trajes tecidos de uma fibra especial e amianto não orgânico. Apesar disso, quando um aviador não conseguia abandonar a tempo um dos Komet que havia capotado ao pousar – situação não muito rara –, o rápido e incontrolável vazamento dos propelentes costumava produzir a mais espantosa das agonias em meio às chamas implacáveis.

Já nos ficou claro que o Messerschmitt Me 163 era sempre mais temível para seus servidores do que para os aviadores contrários. Nesse velocíssimo caça, foram desperdiçados esforços necessários para enfrentar propostas mais convencionais. Preferimos, antes, destacar a mais grave deficiência que ele sofria, quando os abundantes relatos sobre as suas indubitáveis qualidades – pondo, sobretudo, ênfase exagerada no pesado armamento e em sua extraordinária velocidade – apresentam pelo contrário, escassa informação, se não nenhuma, acerca dos tremendos riscos que o manejo da aeronave supunha.

## Um aeroplano imprevisível

Há técnicos que, ainda hoje em dia, ressaltam que o Komet acabou sendo uma das mais desafortunadas apostas feitas pela Aeronáutica alemã no transcurso da Segunda Guerra Mundial. Estamos, pois, diante de um avião de êxito limitado. Era tão rápido que sua própria velocidade tornava bastante complicada a missão de apontar e disparar.

A aparição desse primeiro aeroplano-foguete operacional do mundo representou, por outro lado, um avanço significativo em tecnologia. Era um interceptador estranho que acabou sendo fácil de pilotar por mãos experientes, graças à sua grande agilidade e pronunciada ascensão. O Me 163 proporcionava ao seu único tripulante um excelente campo de visão através da coberta de uma cabine moldada em plexiglas. Visualmente falando, destacava-se a seção oval da fuselagem.

Podia ser um difícil adversário no transcurso de suas missões contra os pesados bombardeiros da USAAF e a RAF, mas chegou muito tarde para uma revisão superior e ao mesmo tempo melhorar o treinamento de seus pilotos. A superioridade qualitativa do Komet e do Me 262 poderia ter mudado o rumo do enfrentamento na defesa aérea da Alemanha; tudo isso apesar das complicações para realizar a fabricação em série e também de uma aguda falta de combustível.

Está claro que, se os planos da empresa Messerschmitt AG para o Komet chegassem a ser cumpridos, esse ambicioso e ao mesmo tempo imprevisível aeroplano poderia tornar-se o melhor modelo operacional da última guerra mundial, ao menos é o que dizem muitos especialistas na matéria. Pensou-se em fazê-lo operar em vários aeródromos para cobrir assim as zonas noroeste, ocidental e setentrional do território alemão; mas apenas pôde atuar – certamente com escasso êxito, como veremos depois – a partir do verão de 1944.

## Derivado de um planador

A história do Me 163 deslancha mesmo no distante ano de 1926, como resultado direto da prolongada pesquisa iniciada com aviões sem cauda, principalmente veleiros, pelo dr. Alexander M. Lippisch. Ele aperfeiçoou ao máximo a fórmula de planadores com asa contínua, trabalhando então para o DFS (Deutsche Forschungsanstalt für Segelflug ou Instituto Alemão para o Progresso do Voo sem Motor), superados já todos os problemas de controle e estabilidade. Lippisch uniu seu destino profissional ao de outro projetista extraordinário: Helmuth Walter, projetista do primeiro motor-foguete de carburante líquido. Tem-se afirmado também, ainda que pareça exagerado a princípio, que o pequeno Komet não foi, na realidade, mais que um simples planador utilizando essa revolucionária forma de propulsão, ao menos em alguns poucos minutos e para conseguir a suficiente altitude de ataque.

Durante 1937, o RLM encarregou Lippisch do projeto de um avião para poder avaliar um novo motor-foguete, o denominado Walter I-203, previsto para equipar aeroplanos e com um empuxo estático de 400 quilogramas. Mas essa planta motriz funcionava com a mistura de dois fluidos de reação muito violenta: uma solução de permanganato de cálcio na água e peróxido de hidrogênio concentrado. Assim, decidiu-se pela construção de uma fuselagem de metal, que foi encomendada à Ernst Heinkel Flugzeugwerke GmbH, ainda que essa empresa não chegasse a construí-la, dedicando toda a sua atenção ao avião-foguete He 176.

Já em janeiro de 1939, Alexander M. Lippisch e sua reduzida equipe de projeto se mudaram definitivamente para Augsburgo ao se associarem à companhia Messerschmitt AG. Trabalhando com todo o sigilo, esse notável projetista de planadores decidiu, no final desse mesmo ano, que um de seus modelos de madeira, o chamado DFS 194, podia muito bem ser adaptado para voar com o citado motor-foguete de Helmuth Walter, em vez de utilizar a prevista planta motriz a pistão.

O projeto continuou lentamente seu curso de pesquisa. No início de 1940, o DFS 194 foi transportado para Karlshagen – lugar onde se localizavam as instalações de avaliação de Peenemünde –, onde logo se acabaria adotando esse planador do motor I-203. Um famoso volovelista, o capitão Heinz Dittmar, protagonizou o voo inaugural – em 3 de junho de 1940 – para destacar que o aparelho em questão possuía algumas excelentes qualidades de pilotagem. Tratava-se de um notável piloto de voo sem motor, que, três anos antes, havia percorrido exatamente 351 quilômetros durante o primeiro Campeonato Internacional de Voo à Vela – com sua compatriota Hanna Reitsch e o polonês Mynarski fazendo esse mesmo percurso –, para ganhar a espetacular prova. Já em 1938, foi-lhe concedido o primeiro "C de Ouro" internacional.

O avião de avaliação preliminar, o referido DFS – apto para efetuar testes de estabilidade e controle –, acabaria originando o Me 163A depois de ter sido calculado para chegar aos 300 quilômetros por hora e fazer quase 550 quilômetros por hora em voo horizontal. Por causa de seu fantástico sistema de subida, foi feito um pedido inicial de meia dúzia de Me 163A, convertido em um curto aeroplano de aspecto um tanto heterodoxo. Essa variante voou primeiro como planador antes de ser nele instalado um motor-foguete mais potente, o Walter HWK RII-203B, com 750 quilogramas de empuxo.

Lippisch havia recebido instruções do Reichsluftfahrtministerium para dar continuidade ao projeto de uma aeronave de defesa pontual, que devia decolar apenas quando os bombardeiros inimigos estivessem quase na sua vertical. Foi chamado de Me 163B, já que os seis exemplares do Me 163A ficaram finalmente reservados para transportar a planta motriz RII-203B modificada. Desse modo, surgiu o Komet de série, em uma concepção na qual a já prevista escassa autonomia de voo não devia preocupar; o que importava era conseguir um interceptador de subida veloz, nunca visto na Aeronáutica. Depois de alguns voos de avaliação como planador – rebocado nesse caso por um bimotor Messerschmitt Bf 110 –, o novo e brilhante Me 163B demonstrou que era um planador tão excelente que resistia até mesmo ao pouso, de fato, saindo quase sempre dos limites da pista.

## A mais de mil quilômetros por hora

O primeiro caça do mundo impulsionado por um foguete, de asas de madeira e em flecha, com uma fuselagem em forma de ovo e chapeado metálico, acabaria sendo equipado com um revolucionário motor-foguete de 1.700 quilogramas de empuxo estático para, dessa forma, ultrapassar de uma vez por todas os mil quilômetros por hora, o sonho dourado da aviação mundial. Sobre esse pequeno interceptador, Brian J. Ford, em seu livro *Germany's Secret Weapons*, escreve:

> O projeto era interessante. O avião estava construído com um trem de pouso que constava de uma espécie de pequeno carrinho de duas rodas e uma roda de cauda; ao levantar o voo, o original carrinho formado pelas duas rodas se soltava, evitando assim a resistência aerodinâmica proporcionada pelas rodas externas e eliminando, ao mesmo tempo, a necessidade de um pesado e volumoso trem retrátil. A aterrissagem era feita em campo de grama, sobre patins dianteiros.
>
> Para o piloto, não era, de modo algum, uma viagem prazerosa. Filmes do lançamento mostram o avião correndo ao longo da pista de um modo assustador, oscilando e quicando terrivelmente, até que parecia elevar-se lentamente sobre o solo, momento em que desprendia suas rodas, as quais ficavam na pista dando grandes pulos e saltos. Então, quase como se a velocidade do projetor tivesse aumentado repentinamente, o filme mostra o avião apontando o nariz para o céu e elevando-se a uma velocidade impressionante, provavelmente da ordem de 3.050 metros por minuto.
>
> Em relação ao próprio avião, tampouco seu projeto é um prodígio de estética. O acabamento da superfície, cheia de cabeças de rebites e parafusos, era fosco, e confesso que, quando vi pela primeira vez um desses exemplares, me perguntei em virtude de que milagre aquilo poderia voar; as curtas e diminutas asas não pareciam ser proporcionais ao resto da estrutura do avião.
>
> Mas voava, e notavelmente bem. O combustível do foguete durava cinco ou seis minutos, e, nesse tempo, o avião alcançava sua altitude operacional e entrava em combate. Em seguida, iniciava um longo planeio de regresso ao aeródromo – ou, na falta deste, qualquer outro lugar plano e nivelado –, que durava aproximadamente meia hora.

O primeiro voo propulsado do Komet ocorreu em Karlshagen, em 13 de agosto de 1941, com Heinz Dittmar no comando. Graças ao motor de 750 quilogramas de empuxo, o Me 163A V1 atingiria velocidades jamais alcançadas pelo ser humano a bordo de um aeroplano. Esse protótipo constituía de fato o elo intermediário entre o planador DFS 194, de baixa velocidade apesar de seu motor-foguete, e o Me 163B de série. Segundo escreve a respeito Cajus Bekker: "Em cada voo, era carregado um pouco mais de combustível e cada vez alcançava maior velocidade. Quase sem sentir, passou dos 800 por hora, depois dos 880 e em seguida chegou a 920".

Adolf Galland, em sua conferência em Buenos Aires, comentou a respeito:

> A essa velocidade, por causa da vibração, desprendeu-se o timão de direção. A aterrissagem, não obstante, pode ser efetuada sem problemas.

A partir desse momento, as coisas deviam ficar mais sérias. Ainda eram necessários mais três ou quatro voos para alcançar a meta desejada, já que, sempre ao chegar aos 900 km/h, acabava o combustível e o motor de motopropulsão parava.

Mas o denominado *Kraftel* – ovo com motor – exigiu um contínuo e exaustivo trabalho de ajuste, tanto do avião como de seu motor-foguete. Começava assim uma longa série de modificações, em uma pesquisa contínua para remediar os defeitos e experimentar o quanto antes as soluções consideradas melhores. Dessa forma, quiseram transformar o Komet, de uma nave experimental em uma capaz de ser empregada em serviço ativo para o combate.

Esse pequeno monoplano, do tipo asa contínua e de construção mista, alcançou em 2 de outubro de 1941 uma velocidade tão incrível que deram esperanças fundamentadas ao Ministério de Aviação do Estado. Seu Departamento Técnico pensou que talvez já se estivesse diante de uma arma realmente decisiva para derrotar as compactas formações de bombardeiros Aliados, que, de dia e de noite, quase sem fôlego, assolavam o território alemão. Uma vez mais, o capitão Dittmar foi a pessoa mais adequada para extrair o máximo desempenho do Komet em um dia tão histórico; ainda que, por tratar-se de um teste secreto, esse recorde não pôde ser registrado de modo algum diante da Federação Aeronáutica Internacional, o mesmo que havia acontecido com os voos iniciados em meados de agosto desse mesmo ano.

O Me 163A V1 pilotado por Heinz Dittmar foi rebocado até uma altitude de 4 mil metros por um Bf 110. Uma vez alcançada essa altura, avaliada como ideal, o Komet se desengachou do bimotor fabricado pela Messerschmitt AG e ligou o motor-foguete. Como aponta Bekker em seu magnífico livro:

> Em seguida, colocou-o em linha de voo e ao máximo de potência: 950, 980 e, por fim, mil por hora! O anemômetro havia alcançado uma cifra insólita; porém, de repente, fortes vibrações sacudiram o aparelho, e os timões começaram a vibrar enquanto o avião descia verticalmente. Dittmar tirou a potência do motor, o foguete cessou de rugir e então pôde assumir de novo os comandos e efetuar, até o campo, um voo planado normal. Os engenheiros que haviam realizado o controle

da terra mostraram seus cálculos: 1.004 quilômetros por hora. Era a primeira vez que um homem se aproximava tanto da barreira do som.

Por isso, o mencionado oficial sofreu a compressibilidade que se experimenta ao voar a Mach 0,84. Depois de acelerar tanto, Heinz Dittmar havia perdido de forma momentânea o controle do pequeno avião projetado por Lippisch, notando que a proa cabeceava violentamente. Assim, a asa foi projetada novamente para sanar da melhor maneira possível semelhante problema técnico, dotando-a de largas ranhuras fixas na borda de ataque. Ainda que essa solução não resolvesse os problemas de perda do Komet, o avião pôs-se praticamente a salvo de indesejados obstáculos.

## Contratempos distintos

Dois meses depois de ser alcançados os 1.004 quilômetros por hora, o RLM ordenou a fabricação em série do Me 163B. Enquanto isso, mais pessoal qualificado iria sendo incorporado ao programa de testes de Karlshagen; sobretudo depois que o aparelho tripulado por Dittmar perdeu sustentação ao pousar por causa do mau acabamento do patim central. Como resultado desse grave contratempo, o mencionado capitão ficou com a coluna vertebral gravemente machucada e teve de passar dois anos internado em um hospital.

Outro oficial da Luftwaffe, Rudolf Opitz, viu-se em perigo por não ter conseguido liberar em pleno voo o trem de pouso. Estando, portanto, à beira do desastre total, conseguiu no último minuto uma milagrosa aterrissagem de emergência sem capotar e ver-se envolvido em uma enorme explosão. Esse piloto realizou seu voo inaugural em 26 de junho de 1942 e sem utilizar propelentes, porque seu avião era rebocado por um Messerschmitt Bf 110.

Já em outubro de 1942, apareceu pela base de provas a aviadora Hanna Reitsch para tripular um Komet que, até então, havia custado a vida de até meia dúzia de pilotos experientes. Mas essa mulher não se assustou precisamente diante das dificuldades previstas de antemão, sobretudo por tão trágica perspectiva. Dotada de 40 recordes mundiais com aviões e de uma coragem sem limites, Hanna pensava que já era hora de preparar um caça capaz de acabar com a ameaça que representavam os grandes quadrimotores da Royal Air Force sobre os céus da Alemanha, aos que se haviam unido os da USAAF. Foi em novembro desse mesmo ano que, ao efetuar seu quinto voo de testes em um Me 163B rebocado, o motor-foguete Walter parou de funcionar, e o pequeno aeroplano precipitou-se ao chão.

Mas essa admirável mulher piloto conseguiu efetuar um complicado planeio de emergência no último instante, justamente quando nenhuma das testemunhas daria nem um único tostão por sua vida. Hanna Reitsch, que passou dois meses em estado muito crítico, rememorou em meados dos anos de 1950 o que então sentiu depois de se salvar de um desastre absoluto. Leiamos, pois, seu testemunho no livro de memórias que deixou para a posteridade com o título de *Flying Is My Life*:

> A primeira coisa de que tive consciência foi que o aparelho estava parado, e eu me encontrava sentada na posição habitual. Conclusão: o avião não se encontrava de cabeça para baixo. Meu primeiro gesto foi automático: elevar a mão direita para abrir o teto da carlinga. Mão e braço funcionavam, portanto. Prudentemente, tentei meu outro braço, minhas pernas, os dois flancos. Tudo parecia normal. Porém, naquele mesmo instante, notei que o sangue jorrava do meu nariz. Antes de desmaiar, anotei com grande esforço a causa e o desenrolar do ocorrido. Desejava que, pelo menos, o voo não tivesse sido inútil.

Com nada mais nada menos do que seis fraturas no crânio e outra no septo nasal, Hanna podia perceber a periculosidade que ainda cercava aquele pequeno avião à reação preparado pela construtora Messerschmitt AG. Os contratempos ocorriam de vez em quando, pois, em junho de 1943, Rudolf Opitz pôde comprovar como seu trem de pouso se desprendia no transcurso de uma aceleração, de modo que a parte final do percurso teve de ser feita com o patim dianteiro. Como se isso não bastasse, a poucos segundos de iniciada a decolagem, a cabine se encheu com gases de peróxido. Em razão do impacto produzido pelo patim, um conduto havia se quebrado. Justamente no momento em que o nervoso tripulante estava a ponto de se lançar ao vazio de paraquedas, o motor-foguete consumiu o peróxido de reserva, e o Me 163B pôde ser recuperado intacto.

Outra fonte não menos importante de problemas era a plataforma de decolagem rodante. Em algumas ocasiões, ela não se desenganchava do plano ou se liberava, capotando no solo e até mesmo atingindo o Komet; até costumava se enganchar à ponta dianteira do patim. Se essa plataforma ficasse obstruída, o tripulante devia abandonar a cabine antes de aterrissar com a plataforma, como precaução básica.

## Um ambicioso plano de produção

Os Aliados tomaram consciência do que os esperava no ar se a empresa Messerschmitt AG solucionasse os graves problemas técnicos apresentados pelo novo caça de interceptação. Um deles, de modo algum desprezível, era a impossibilidade de regular a velocidade do motor-foguete, já que este tinha apenas a opção de ser desligado. Mas, na maioria das vezes, reacendê-lo em pleno voo provocava sérias dificuldades. Britânicos e americanos obtiveram a primeira prova visual do controvertido Komet da Luftwaffe graças a várias fotografias aéreas tomadas na vertical de Bad Zwischenahn (Oldenburg). Esse era um aeródromo convertido no principal centro de voo do surpreendente aeroplano de que tratamos aqui depois da dura incursão da RAF sobre a zona de Peenemünde.

O programa de desenvolvimento do Me 163B havia voltado a registrar um novo atraso; agora como consequência direta do intensíssimo bombardeio que caiu sobre a oficina de Messerschmitt em Regensburg, provocando graves danos em suas instalações por culpa dos Boeings B-17 da USAAF, em 17 de agosto de 1943. Essa importante empresa optou então por dispersar a produção dos componentes aeronáuticos por toda a Alemanha. Sob um estrito controle, foi possível concentrar a montagem definitiva em alguns pavilhões secretos habilitados na Floresta Negra. Dali, todos os Komet foram transportados por via férrea até Lechfeld, convertida de fato na base central de toda a avaliação.

Contudo, um planejamento tão importante para produzir caças de altíssima velocidade sofreria diversos contratempos. À guisa de exemplo, deve-se apontar que o fluxo mais importante de aeroplanos com motor-foguete não ocorreu em Lechfeld antes de meados de fevereiro de 1944. Denominado Me 163B-1a, esse interceptador de série para defesa pontual, que podia parecer tosco, foi no fim das contas o melhor resultado obtido depois de longos testes com todos os modelos anteriores. Vejamos no próximo parágrafo suas especificações técnicas fundamentais.

Suas dimensões externas revelavam uma envergadura de 9,33 metros, um comprimento de 5,85 metros e uma altura – sobre o trem de pouso – de 2,76 metros, sendo sua superfície alar de 18,5 metros quadrados. O peso, sem carga, era de 1.950 quilogramas, e o máximo ao decolar era de 4.150 quilos. A planta motriz era composta por um motor-foguete Walter HWK 109-509A-1 ou A-2, alimentado com propelente hipergólico e com um empuxo de 1.700 quilos. A velocidade teórica máxima foi estimada em 960 quilômetros por hora a 3 mil metros de altitude, pois, em baixa altitude, caía para 830 quilômetros por hora. O sistema inicial de subida dessa primeira variante de produção – 320 unidades no total – era de 3.600 metros por minuto, com 12 mil metros de teto operacional. O alcance normal era de 80 quilômetros, podendo chegar a 130 quilômetros com períodos de empuxo reduzido, o que equivalia a permanecer no ar por sete minutos e 30 segundos.

O armamento desse primeiro Komet de série – o avião mais futurista, radical e rápido entre todos os que entraram em serviço na Segunda Guerra Mundial – compreendia dois canhões, um situado em cada raiz alar, entre os suportes. Para os montados no Regensburg, estavam previstos os MG 151 de 20 milímetros; no entanto, seu calibre e potência foram aumentados nas oficinas disseminadas pela Floresta Negra graças à instalação dos Rheinmetall-Borsig MK 108 de 30 milímetros, com 60 projéteis de reserva por unidade. Na opinião de um aviador tão experiente e importante como Adolf Galland, era uma arma potente e por isso merece um comentário à parte. Isso foi feito por Felipe Botaya, em seu surpreendente livro *Operación Hagen* e em três parágrafos:

> Estava certo o que dizia Galland. Com um peso de 58 quilos e um comprimento de 1.057 milímetros, o canhão de 30 mm MK 108 da Rheinmetall-Borsig pode ser considerado uma obra-prima da engenharia militar aérea, graças a seu tamanho compacto, facilidade de fabricação e potência de tiro. Curiosamente, foi projetado pela Rheinmetall-Borsig em 1940 e concluído em 1942 como projeto privado, e não em resposta a um requerimento militar. No entanto, cumpria à perfeição o pedido da Luftwaffe de um novo canhão para aviões que pudesse derrubar bombardeiros inimigos com o uso mínimo de munição e de fora do alcance do fogo inimigo.
>
> O canhão era abastecido por esteira e disparado por ignição elétrica por meio de um gatilho acionado por ar comprimido. Algo que distinguia visivelmente esse modelo era seu canhão curto, que lhe dava uma distância de disparo de 500 a 550 metros. A cadência de tiro podia chegar aos 650 disparos por minuto. Um dado interessante é que não dava tranco no momento em que disparava. A força de tiro era absorvida por umas molas traseiras. Podia utilizar dois tipos de munição, em ambos os casos, de 30 mm: explosiva de rompimento ou incendiária.
>
> O primeiro tipo visava causar o máximo efeito explosivo e combinava uma cápsula de parede muito fina com uma alta carga de explosivo. Os testes efetuados pela Luftwaffe, no campo de testes de Rechlin, mostravam claramente que o tipo explosivo podia derrubar um B-17 ou um B-24 com cinco disparos. Um único disparo podia derrubar um caça... A munição incendiária era pensada para alcançar os depósitos de combustível do bombardeiro e transformá-lo em uma bola de fogo rapidamente. Esse canhão MK 108 conquistou uma boa reputação entre as

tripulações dos bombardeiros Aliados, que o chamavam de "martelo-pneumático", por seu som característico ao disparar.

A cabine do Me 163B-1 era bastante confortável, apesar de não contar com nenhum tipo de pressurização, exceto uma simples entrada de ar que atuava por pressão dinâmica. A asa era de tamanho menor e não tão complicada como a dos aparelhos construídos para testes. Não havia sido possível fazer nada de apreciável para evitar a explosão dos propelentes. Esse terrível problema continuava existindo, como uma autêntica espada de Dêmocles sobre a integridade física do piloto; como consequência direta da conservação de seu perigoso patim de pouso e o evidentemente inadequado trem de decolagem. Além do mais, a armação, moldada em plexiglas, não suportava nem o impacto direto de um pássaro ou de qualquer objeto em grande velocidade que atingisse esse peculiar Komet da Luftwaffe. Ainda que dispusesse de blindagens frontais e dorsais, de modo algum lhe serviam de compensação diante da falta do assento ejetor, dado que de qualquer forma seria impossível para o piloto abandonar sua cabine voando com tanta rapidez.

## Tática desenvolvida pelo Komet

Esse interceptador, de estrutura de madeira e revestimento de laminado, logo deixou de ser uma preocupação para os aviadores americanos e britânicos. A ação quase contínua dos caças e bombardeiros Aliados sobre os aeródromos onde operava, as dificuldades que a manobra de aterrissagem apresentava – apoiando-se sempre na roda de cauda e em uma espécie de trem retrátil – e também sua escassa autonomia de voo selaram o destino dessa aeronave extravagante com um único plano fixo em sua cauda, a qual carecia de timão de profundidade e de estabilizador horizontal. A surpresa tática causada por sua entrada em serviço, na realidade, durou muito pouco tempo.

É indubitável que o Me 163B-1A acabasse sendo, pelo menos em seu conjunto, um completo fracasso como arma; isso apesar de, ao menos na aparência, sua extraordinária velocidade parecer significar uma clara vantagem. Já sabemos que, na prática, aquela o impossibilitava de apontar de um modo correto seus poderosos canhões de tiro rápido na manobra decisiva de aproximação aos bombardeiros inimigos. Por isso o Ministério de Aviação do Estado ordenou o desenvolvimento urgente de um sistema para resolver a ineficácia dos visores de tiro durante o curso das fulgurantes passagens sobre as compactas formações de quadrimotores Aliados. O resultado foi o denominado SG 500 – testado com êxito em 10 de abril de 1945 –, uma engenhosa ideia prevista para disparar de forma automática quando sua célula fotoelétrica recebesse menor quantidade de luz, justamente quando o Komet passava por baixo de um bombardeiro inimigo. O SG 500 foi situado nas raízes alares de um Me 163B-1a, sendo formado por dez tubos verticais com projéteis de 50 mm. Algum técnico em armamento pensou também na instalação de foguetes subalares não dirigidos; contudo, mais uma vez, o fim do grande conflito bélico tornaria esses projetos impraticáveis.

Em sua tática de combate, o Komet era dirigido por radar de estações terrestres, subindo com enorme rapidez e numa inclinação de 45 graus até a esquadrilha de bombardeiros contrários. Era capaz de subir a 70 metros por segundo, enquanto os caças Aliados mais rápidos alcançavam apenas entre 15 e 18 metros por segundo. Costumava alcançar os 9 mil metros de altitude, acertar o rumo e então iniciar um vertiginoso mergulho em direção à leva de quadrimotores que voavam a alturas compreendidas entre 6 mil e 7.500 metros. Esse era o momento crítico do Me 163B-1a, que tinha de apontar os seus canhões, encontrando grande dificuldade para fazê-lo corretamente por causa da excessiva velocidade de aproximação. Ressaltemos que a distância mínima efetiva do canhão MK 108 de 30 milímetros era de aproximadamente 585 metros, fazendo com que o piloto tivesse de adotar ações evasivas a 180 metros. Quando a ignição de seu motor-foguete falhava por falta de combustível, o "ovo com motor" do Exército do Ar alemão devia utilizar simplesmente sua própria inércia para realizar um segundo e último ataque, de baixo para cima. Mas, a partir dessa hábil manobra, o Komet se convertia de fato numa presa lenta e muito vulnerável para os ágeis caças inimigos. Uma vez que perdesse altura definitivamente, esse insólito produto da empresa Messerschmitt AG efetuava um amplo planeio de descenso para aterrissar sobre seus patins escamoteáveis.

Segundo foi publicado pela *Revista Nacional de Aeronáutica*, do magnífico discurso de Galland diante de um público expectante:

> O raio de atividade foi confirmado na prática com uma altura de subida de até 10 mil metros em um raio de 80 quilômetros. A condução era feita de uma pequena central de interceptação que pertencia à unidade direta, auxiliada pelo resto da rede, que transmitia informações. Quando uma formação ou um avião isolado inimigo entrava no raio dos 80 quilômetros, era produzida a decolagem dos aviões-foguete da unidade, de forma separada e sucessiva, calculando precisamente os segundos necessários.

Tomavam altura em grupo, com um rumo que lhes era dado pela central de interceptação e com um ângulo de subida incrível até ter a visão da unidade inimiga e se encontrar a uns mil metros acima dela. Tudo isso ocorria em um espaço de tempo incrivelmente curto (de dois a quatro minutos).

Por meio de interrogatórios a prisioneiros e também de certos relatórios, tomou-se conhecimento da enorme impressão que os primeiros voos e as vitórias alcançadas pelos foguetes interceptadores alemães causaram em meados de 1944.

## Quase em rumo de colisão

A Luftwaffe recebeu os Me 163B-1a de série em maio de 1944 com um primeiro avião de teste e, depois, outros exemplares no transcurso dos dois meses seguintes, a saber, três em junho e 12 em julho. Dessa forma, equipou a I/JG 400 ou 400ª Asa de Caça no aeródromo de Brandis, próximo a Leipzig. Todos os Komets exibiam em sua insígnia de proa o lema *Wie ein Floh, aber Oho!*, "é apenas uma pulga, mas oh, oh!". A fim de proteger a maior concentração alemã de refinarias, esses novos caças tinham as rampas de municiamento dos canhões de 30 milímetros situadas em paralelo e na seção superior da fuselagem, precisamente entre as bocas de abastecimento para os depósitos de combustível.

Antes de ser formada a unidade com base permanente em Brandis, alguns pilotos do Komet já haviam ensaiado uma ou outra interceptação de bombardeiros inimigos; porém, tudo se frustrou, sempre por problemas técnicos. Serve de exemplo o caso do Me 163B-1a: depois de enfrentar uma gravidade negativa, seu motor-foguete parou no preciso instante em que estava a ponto de disparar sobre dois confiantes caças americanos P-47D Thunderbolt. Contudo, o primeiro combate sério do Komet da Luftwaffe foi registrado em 28 de julho de 1944. Nesse dia, cinco exemplares da I/JG 400 – que o coronel Robert Olejnik comandava da terra – atacaram uma formação compacta de 596 quadrimotores B-17 em rota direta em direção à refinaria de combustível sintético de Leuna, próxima à cidade de Leipzig.

Não obstante, a esperada ação contra essas Fortalezas Voadoras da 8ª Força Aérea dos Estado Unidos foi infrutífera por causa da elevadíssima velocidade de aproximação de ambos os adversários – calculada em 1.300 quilômetros por hora –, e os defensores, como se não bastasse, perderam dois Komets durante a fatídica aterrissagem. Foi então que os pilotos desses pequenos aviões da sociedade Messerschmitt AG deram-se conta da dificuldade extra que apontar corretamente suas armas automáticas com tanta rapidez representava. Era algo que simplesmente ia além de todas as experiências anteriores de combate entre aeroplanos de motor a pistão. Além do mais, esses canhões Rheinmetall-Borsig MK 108, que eram de baixa cadência, só puderam ser disparados três segundos antes que cada tripulante do Me 163B-1a se afastasse a tempo de evitar uma colisão.

O encontro seguinte em que esse curioso jato de tão curta autonomia de voo se viu envolvido deu-se em 16 de agosto de 1944, data em que um total de cinco Me 163B-1a decolaram para atacar uma formação de 1.096 bombardeiros da USAAF. Como resultado desse combate espetacular e desigual, houve um Komet que se aproximou muito de um B-17 Flying Fortres e foi derrubado pelas duas metralhadoras de 12,7 milímetros manejadas pelo artilheiro de cauda desse quadrimotor norte-americano. Outro avião alemão idêntico teve mais sorte no princípio, já que conseguiu abater um dos grandes aeroplanos fabricados pela Boeing Aircraft Co.; mas terminou, por sua vez, envolto em chamas como consequência direta dos disparos certeiros efetuados por um caça North American P-51 Mustang.

Oito dias mais tarde, foi registrada a batalha mais importante. Siegfried Schubert, no comando de um Me 163B-1a, conseguiu abater, quase num piscar de olhos, dois B-17 da USAAF, enquanto dois companheiros de missão conseguiam incendiar em conjunto outros dois bombardeiros pesados de idêntico tipo da 8ª Força Aérea norte-americana. No entanto, semelhante êxito não tornaria a se repetir logo. No total de operações em que o Komet interveio, foram atribuídas a ele – segundo os números oficiais da Luftwaffe – nove vitórias confirmadas para a I/JG 400 do aeródromo de Brandis. Foi essa a única unidade de combate que empregou esse interceptador foguete monoposto em ação bélica.

No final, esse singular aparelho da empresa Messerschmitt AG acabaria sendo mais perigoso em si mesmo para o tripulante que o pilotava do que as metralhadoras dos aeroplanos inimigos, sofrendo 14 baixas definitivas por causa desse fogo e sobretudo por acidentes. Boa prova disso é a morte do próprio Schubert, transformado em uma assustadora bola de fogo durante uma manobra de decolagem em que não pôde soltar a tempo o péssimo trem de rodas.

Em 1948, a revista *Flying* tratou desse singular aeroplano na reportagem intitulada "Os aviões à reação em combate", da qual extraímos este breve texto:

> O Me 163, impulsionado por foguete, tinha apenas uns poucos minutos de voo com toda a sua potência. Os caças Aliados logo adotaram a

*A Luftwaffe recebeu os Me 163B-1a de série em maio de 1944, com um primeiro avião de teste e, depois, outros exemplares no transcurso dos meses de junho e julho. Dessa forma, equipou a I/JG 400 ou 400ª Asa de Caça, no aeródromo de Brandis, próximo a Leipzig.*

tática de segui-los até o solo depois de sofrer seus ataques, destruindo muitos quando aterrissavam. Os pilotos dos Me 163 tiveram de inventar novas táticas de mergulho para depois escapar do combate, manobra que, fisicamente, era muito dura para eles.

Mas a tão sonhada frota de Me 163, no final, acabou em absolutamente nada – em parte pela escassez de combustível líquido para foguetes –, em outra possibilidade perdida por uma Alemanha hitleriana que agonizava sem remédio em todas as frentes de batalha abertas, inclusive no interior com a defesa aérea. Assim comentava Adolf Galland em sua conferência de Buenos Aires:

> A maioria dos aviões desse tipo caiu em mãos russas quando a guerra acabou. Os relatórios da Coreia nos mostram que os construtores aeronáuticos russos souberam tirar proveito das experiências alemãs. A combinação de propulsão por turbina e foguete, que, já a princípio de 1945, foi testada com êxito no Me 262, pode ser encontrada hoje em dia no MiG-15.

Em sua reportagem "A verdade sobre as 'armas secretas' alemãs", o coronel De Armijo fazia estas interessantes afirmações – maio de 1946 – sobre os novos projetos aeronáuticos alemães:

> Quando terminou a guerra, estavam em construção dois novos caças Messerschmitt com propulsão de turbina, projetados para ultrapassar os 960 quilômetros por hora, e de concepção análoga à do pequeno Me 163. Tinham também asas com flecha muito pronunciada e fuselagens pequenas que serviam de suporte a planos de cauda em flecha aguda.
>
> Segundo manifestações dos técnicos de aviação alemães, as pesquisas realizadas recentemente nos magníficos túneis aerodinâmicos de Göttingen e Volkenrode, próximo a Brunswig, haviam revolucionado completamente as antigas ideias sobre a forma do avião de alta velocidade, motivo pelo qual eles próprios se encontravam nesse período de transformação de ideias que sempre antecede o lançamento de toda nova concepção. Diziam que um caça sem cauda, o Horten, com dois motores de turbina, estava quase terminado e pronto para realizar os testes de voo. Junkers, por sua vez, estava trabalhando em um bombardeiro "sem cauda", com quatro motores também à reação.
>
> Todos esses propulsores de reação tinham determinadas características que os diferenciavam dos construídos pelos Aliados, como a turbina refrigerada por ar e outras vantagens dignas de estudo; todos eles foram, além do mais, projetados com vistas a uma produção rápida e um custo mínimo.

Da mesma forma que o sempre perigoso Me 163 foi adaptado a toda pressa, os pilotos da Luftwaffe tiveram de ser dotados de equipamentos de voo especiais. Dos monopostos clássicos de uma única peça – que de modo algum suportavam as violentas acelerações e as manobras em alta gravidade apresentadas pelos novos aviões à reação –, passou-se rapidamente aos trajes de voo especiais que, ao menos em teoria, protegiam os arriscados aviadores dos líquidos tóxicos e dos vazamentos de gases. Além disso, os pilotos passaram a usar o Netzkopf – casco de voo brando –, no qual foram integrados os fones e uns óculos com vidro fumê, para proteção contra qualquer claridade excessiva.

# Capítulo 10

# Asas de flecha invertida

Um dos aviões mais estranhos fabricados pela Luftwaffe foi, sem dúvida alguma, o Ju 287, que incorporava muitos conceitos aerodinâmicos avançados. Nesse modelo, os audaciosos projetistas da Junkers Flugzeug und Motorenwerke AG haviam escolhido asas em flecha invertida em lugar das clássicas asas em flecha normal, com o propósito de atrasar a formação de compreensão do ar e também para ganhar estabilidade em baixa velocidade.

Todos os voos de teste comprovaram que o novíssimo conceito tinha realmente futuro, apresentando, ademais, excelentes qualidades de direção. Apenas um exemplar do surpreendente Ju 287 chegou a se erguer do solo, mas esse protótipo interino – construído com componentes de outros aeroplanos bem diferentes – chegou a tempo para converter-se no mais futurista dos jatos que voaram durante a Segunda Guerra Mundial, sendo também o único construído pela companhia aeronáutica Junkers.

Chegou, então, a vez de um avião pouco convencional, um protótipo de bombardeiro a jato com as asas dianteiras varridas. Era um projeto considerado bastante radical, sempre por causa das inovações apresentadas. A ideia surgiu em junho de 1943, como resultado direto das pesquisas de um dos mais brilhantes engenheiros da Junkers Flugzeug und Motorenwerke AG. Cabe ressaltar que, ainda nessa época, os bombardeiros velozes tinham prioridade no planejamento feito pelo RLM para o Exército do Ar alemão.

Tratava-se, em suma, de desenvolver um bombardeiro pesado de alta velocidade. Passando por cima da teoria de uma asa convencional em flecha regressiva – formulada pelo professor A. Busemann, durante a 50ª Conferência Volta, celebrada em Roma, em 1936, com o título de "A sustentação aerodinâmica em velocidades supersônicas" –, Wocke foi muito "atirado" ao apostar definitivamente na asa em flecha progressiva. Assim, esperava-se facilitar a obtenção de altas velocidades graças ao reduzido espessor-corda. Pelo menos em teoria, esse tipo de asa teria coeficiente mais alto na elevação da raiz, diminuindo em direção à extremidade.

O Departamento Técnico do Reichsluftfahrtministerium deu sinal verde para o espantoso projeto, sendo a ele dada a denominação oficial de Ju 287. Para acelerar o máximo possível a fabricação do primeiro protótipo, utilizaram-se componentes de outros aparelhos. Foi criada uma espécie de "monstro aéreo" de Frankenstein, combinando partes de várias aeronaves diferentes. A essa altura, devemos ressaltar que os trens de pouso principais eram do Ju 352, a fuselagem do He 177, a cauda do Ju 388 e até do trem de pouso dianteiro de um bombardeiro norte-americano B-24 – que tinha sido derrubado – foram tomadas duas rodas.

O projeto do novo jato de bombardeio esteve o tempo todo sob o controle do engenheiro Ernst Zindel. As asas foram acopladas à fuselagem em um ponto mediano, dando ao avião o aspecto de possuir uma proa exageradamente comprida. Precisamente nela encontravam-se dois dos quatro turborreatores, um em cada lado, com o par restante em gôndolas e debaixo de cada asa. Como os problemas de estabilidade em baixa velocidade ainda não tinham sido solucionados naquela época, para conservar as altas capacidades da velocidade, os projetistas acabaram por dar às asas 25 graus de inclinação naquela inusitada varredura dianteira.

## O primeiro protótipo

Esse grande tetrarreator da Junker Flugzeug und Motorenwerke AG – cujos ailerões foram separados com uma inclinação de 25 graus a fim de proporcionar coeficientes máximos de elevação para asas totalmente encurvadas – era também inédito, pois levava dois turborrreatores suspensos sob as asas, enquanto o par restante ficava nos dois lados da fuselagem. Esses dois motores à reação restantes situavam-se na parte dianteira dos planos.

O único exemplar que chegou a voar foi o denominado Ju 287 V1, apenas na forma de um protótipo provisório. Esse jato excepcional era o primeiro no mundo construído com asas em flecha progressiva ou flecha negativa, além disso, marcou de fato o futuro de uma configuração de asas para diminuir os problemas de compressibilidade, exatamente como, quase quatro décadas depois, tentariam fazer nos Estados Unidos

Asas de flecha invertida 117

*O projeto do novo jato de bombardeio esteve sob o controle do engenheiro Ernst Zindel. As asas foram acopladas à fuselagem em um ponto mediano, dando ao avião o aspecto de possuir uma proa exageradamente comprida.*

*O primeiro teste no ar deste surpreendente Ju 287 V1 ocorreu no aeródromo de Brandis, em 16 de agosto de 1944. Apesar de estar preparado para alojar quatro tripulantes, foi pilotado apenas pelo capitão de voo Siegfried Holzbauer. Como ajuda extra no momento de decolagem, o novo jato levou nesse dia um motor-foguete lançável Walter HWK 109-501.*

com o caça experimental Grumman X-29A; para não mencionar as contribuições do Convair XB-53 para essa superpotência.

Esse Ju 287 V1, protótipo de bombardeiro pesado de alta velocidade, foi o avião mais estranho que já voou na Alemanha de Adolf Hitler e tinha algumas características gerais que merecem ser recordadas. Sua planta motriz era composta de quatro motores axiais de retropropulsão Junkers Jumo 109-004B1, com 900 quilos de empuxo unitário. Graças a eles, a velocidade máxima chegava a 559 quilômetros por hora a 6 mil metros de altura em voo horizontal, proporcionando um alcance máximo de 1.500 quilômetros e um teto de serviço de 10.800 metros.

Com um peso de 12.510 quilogramas quando vazio, o peso máximo desse insólito Ju 287 V1 ao decolar completamente carregado foi fixado em exatamente 20 toneladas. As dimensões externas compreendiam uma envergadura de 20,1 metros, longitude de 18,3 metros e altura de 6,24 metros. A superfície das asas era de 58,3 metros quadrados. Como armamento defensivo, esse primeiro protótipo levava duas metralhadoras MG 131 de 13 milímetros na torre da cauda, sendo capaz de transportar 4 mil quilogramas de bombas de queda livre em operações ofensivas.

## Dezessete voos de teste

O primeiro teste no ar desse surpreendente Ju 287 V1 ocorreu no aeródromo de Brandis, em 16 de agosto de 1944. Apesar de estar preparado para alojar quatro tripulantes, foi pilotado apenas pelo capitão de voo Siegfried Holzbauer. Como ajuda extra no momento de decolagem, o novo jato levou nesse dia, debaixo das gôndolas que cobriam cada motor de retropropulsão, um motor-foguete lançável Walter HWK 109-501.

Não houve nenhum incidente sério nesse voo inaugural, e o avião demonstrou, em geral, boas condições. No mais, o Ju 287 V1 registrava um controle lateral bastante aceitável, e a aterrissagem tampouco teve dificuldades dignas de menção. Entretanto, durante um mergulho espetacular sobre um suposto objetivo a ser bombardeado, esse novo aparelho da empresa Junkers alcançou 748 quilômetros por hora, revelando de passagem os problemas inerentes às asas de flecha invertida. Os 17 voos de teste efetuados com o protótipo demonstraram irrefutavelmente que esse novo conceito aeronáutico apresentava excelentes características de direção, ainda que mostrasse algum movimento de torção nas asas.

Depois desses testes, os técnicos da Junkers enfrentaram os trabalhos do protótipo de pesquisa seguinte, buscando um equilíbrio completo. Além do mais, ao Ju 287 V2, foi acoplada uma planta motriz muito diferente, composta por seis motores à turborreação BMW 003 de 800 quilogramas de empuxo por unidade. Foram colocados de maneira a contrabalançar o efeito produzido pela torção das asas.

Enquanto isso, o RLM deixava de dar prioridade ao projeto de novos bombardeiros à reação em favor do chamado programa de caças de emergência. Contudo, quando menos se esperava, e por motivos ainda hoje desconhecidos, esse organismo retomou a ideia do bombardeiro pesado de alta velocidade durante o mês de março de 1945, dando ordens para a imediata produção em série do espetacular Ju 287 assim que o protótipo básico estivesse pronto, tecnicamente falando.

A Junkers Flugzeug und Motorenwerke AG prosseguiu então seus trabalhos com o protótipo V2, parecido com o anterior, porém apresentando uma fuselagem absolutamente diferente. Dessa forma, foram reformadas a estrutura de sua planta alar e também a instalação dianteira dos turborreatores dos planos. Com o protótipo seguinte em pleno desenvolvimento, o Ju 287 V3, voltou-se à clássica instalação de quatro motores à reação Heinkel-Hirth HeS 011A, mais potentes, para garantir com absoluta confiança 1.300 quilogramas de empuxo unitário. Em março de 2001, Roberto Martín Jiménez escreveu, na revista mensal *Defensa*:

> A conclusão foi que, em um avião com asas progressivas, o ar tendia a se deslocar até o interior da asa, permitindo o controle do aparelho a elevados ângulos de ataque nos quais a asa convencional se limitava a entrar em perda. No entanto, os testes em voo revelaram também que a flecha negativa acentuava a torção da asa, que tendia a ser arrancada da fuselagem. Por isso, o programa foi interrompido, já que os materiais da época não suportavam semelhantes esforços.

No final, o Ju 287 V1 caiu em mãos americanas. No começo, seus especialistas acreditaram que aquele aparelho tão estranho fosse uma piada dos projetistas alemães. Por outro lado, as tropas soviéticas entraram na oficina onde ainda se encontrava em construção o protótipo V2 e, apenas em componentes, o seguinte na ordem de fabricação, o V3. Os dois seriam levados de trem para a União Soviética, até Podberejnie. O segundo protótipo foi terminado durante 1947, ano em que foi submetido a alguns voos de teste. Porém, a ideia singular do bombardeiro com asas dianteiras varridas não seguiu adiante por mais tempo, e o projeto foi abandonado por completo.

# Capítulo 11

# O melhor avião de combate

Impulsionado por dois potentes turborreatores, o Messerschmitt Me 262 realmente inaugurou uma nova era da aviação. Trata-se do primeiro caça à reação da história, cujo projeto teve início em 1939, como resultado direto da notável pesquisa alemã de pré-guerra com a turbina de gás, que entrou em serviço operacional em quantidades apreciáveis. Assim, o Me 262 figura, com todo o merecimento, nos anais mais relevantes da Aeronáutica. E mais: provocou um profundo impacto nas táticas de utilização da arma aérea.

Do modelo básico, acabaria surgindo desde um caça diurno até um aparelho de reconhecimento, um soberbo caça noturno e também o bombardeiro que Hitler tanto queria. Este último tipo fez com que a produção se dispersasse em uma série de modelos para adaptar o Me 262 a usos bastante variados. Foi um grave erro, pois esse jato importante era um puro caça que revolucionaria a guerra no ar, contando com uma margem de velocidade de mais de 200 quilômetros por hora sobre os mais sofisticados caças inimigos da época. Apenas encontrou rival entre os Aliados no Gloster Meteor britânico, mas se tratava de um reator com armamento ofensivo muito inferior.

O Me 262 apareceu como um tremendo alerta para a tecnologia aeronáutica dos Estados Unidos e do Reino Unido quando o Me 163 Komet já havia dado o primeiro aviso do que se avizinhava, sobretudo por poder atacar seus bombardeiros pesados de dia ou de noite e sempre a uma velocidade vertiginosa. Não obstante, nunca pôde travar combate com o único caça à reação Aliado em serviço, o Gloster Meteor. Como todo avião, o Me 262 era especialmente vulnerável durante as manobras de decolagem e aterrissagem. Desse modo, muitas unidades foram destruídas pelos caças inimigos de motor a pistão, pois esses costumavam operar em baixa altitude.

Devemos ressaltar que esse magnífico aeroplano da empresa Messerschmitt AG possuía uma série de avanços técnicos que ainda espantavam 20 anos depois. Tinha a asa em flecha – cujo emprego se generalizou logo depois do fim da Segunda Guerra Mundial, sobretudo na medida em que, ao aumentar as velocidades de voo, começava-se a vislumbrar a opção de ultrapassar a sonhada barreira do som –, comandos acionados por motor auxiliar, radar, foguetes ar-ar, assento ejetor, ailerões múltiplos e até um paraquedas de correias para o piloto, com um tubo de oxigênio para que ele pudesse enfrentar os saltos de elevada velocidade e em grande altitude. Além do mais, o Me 262 andava fortemente armado, e existia em grande número, sendo manejado pelos melhores pilotos da Luftwaffe, que souberam aproveitar muito bem todas as suas vantagens. Era, sem dúvida, o avião mais adequado para encerrar, de uma vez por todas, a era das aeronaves movidas à hélice, iniciando, de fato, a do caça moderno.

Entretanto, esse formidável jato de combate também chegou demasiado tarde para mudar o desfavorável curso da guerra – ainda que, desde o princípio, tenha sido usado em sua única e verdadeira função: a de autêntico caça. O certo é que demonstrou em muito pouco tempo ao surpreso mundo aeronáutico o que um caça impulsionado por dois turborreatores podia fazer. Porém, para a desgraça da Luftwaffe, tudo malogrou no final por decisões superiores errôneas e diante da inevitável superioridade aérea inimiga.

O defeito principal desse avião de combate tão revolucionário não esteve nunca em sua própria estrutura, nem na dupla planta motriz, mas no emprego equivocado que se fez dele. Desse modo, o Me 262 sofreu atrasos consideráveis em sua produção em série, derivados, sobretudo, da irrevogável decisão do *Führer* de convertê-lo em um bombardeiro capaz de efetuar missões de represália contra todos os seus inimigos. Isso fez com que, quando finalmente pôde lutar contra as compactas formações de bombardeiros Aliados, seus êxitos não chegassem a ser significativos contra a considerável supremacia numérica dos caças contrários.

A essa obstinação de Adolf Hitler, pode-se acrescentar também a destruição das principais fábricas aeronáuticas alemãs como consequência direta da intensidade cada vez maior dos bombardeios executados pelos quadrimotores da RAF e da USAAF, além dos atrasos no desenvolvimento industrial e posterior ajuste dos motores à reação. À irracional postura técnica do autocrata nazista, juntou-se a do professor Willy Messerschmitt – seguramente por motivos de prestígio e interesse particular –, o qual apoiou a proposta de transformar em um simples bombardeiro de assalto um aeroplano projetado desde o princípio como puro caça.

## Aumento de peso

O Me 262 surge precisamente em 4 de janeiro de 1939, dia em que a sede da Messerschmitt AG, em Augsburgo, recebeu uma encomenda do RLM para fabricar um avião à reação semelhante ao que vinha sendo estudado pela empresa rival, Ernst Heinkel Flugzeugwerke GmbH, e junto às novas turbinas de gás como planta motriz dupla. A equipe do projeto estava sob controle direto do engenheiro Waldemar Voigt, o qual esboçou muito rapidamente algumas propostas prévias. Mas o fato de nenhum turborreator ser ainda suficientemente potente para impulsionar um jato monomotor acabaria ressaltando a ideia obrigatória de criar um bimotor, como a única solução que então parecia viável.

Enquanto o protótipo do Heinkel He 280 e do Gloster E.28/39 britânico se adiantavam na realização prática de seu primeiro voo, o modelo da Messerschmitt AG avançava com notável lentidão, a passo de tartaruga, como diríamos em uma linguagem coloquial e sem cair nos, às vezes, clássicos exageros. O caso é que o projetado por Voigt não tinha a elegância de linhas que caracterizava os caças dessa companhia impulsionados por meio de um motor de pistão; além do mais, ainda não reunia as notáveis características do avião à reação preparado por Heinkel.

Em março de 1940, a empresa Messerschmitt AG efetuou uma espécie de simulacro de voo, conseguindo, desse modo, a incumbência definitiva de fabricar três protótipos do futuro Me 262. Porém, os problemas realmente se amontoavam na oficina de projetos de Augsburgo, pois o novo caça era projetado para receber o turborreator BMW, e os técnicos da BMW não conseguiam obter o empuxo considerado adequado para ele e, além do mais, falavam da conveniência de aumentar as turbinas.

Nessa complicada situação técnica, a Messerschmitt AG se viu na obrigação de rever muitos planos a fim de deixar espaço suficiente e calcular melhor a resistência das asas diante do inevitável aumento de peso nos turborreatores. Ocorre que, no início de 1941, o inovador projeto aeronáutico já estava concluído, sob a denominação oficial de Messerschmitt P.1065; porém, a BMW continuava enfrentando mais dificuldades do que as previstas inicialmente e ainda não via a forma de fabricar o exagerado motor à reação com plenas garantias de êxito. No mais, esse contínuo atraso para iniciar a fabricação de uma planta motriz tão revolucionária acabou condicionando todo o projeto.

Diante dessa situação, Willy Messerschmitt tomou pessoalmente as rédeas do problema, determinando o mês de abril de 1941 como prazo derradeiro para testar de uma vez por todas a estrutura desse avião de caça tão singular. Se o esperado par de turbopropulsores não chegasse a tempo, ele iria à luta realizando um teste preliminar com um motor convencional de pistão que poderia ser instalado na proa. Dessa forma, deixava-se de lado a especificação da qual derivava o projeto solicitado pelo Reichsluftfahrtministerium, requerendo de fato o emprego de duas das novas turbinas a ser desenvolvidas pela BMW, sob a denominação de P-3302 e com 600 quilogramas de empuxo unitário.

Com as células do protótipo já prontas, o primeiro voo do novo caça da sociedade Messerschmitt AG ocorreu em 18 de abril de 1941, com o capitão de voo Fritz Wendel no comando. Diante da falta do par de turbinas que deviam servir de planta propulsora definitiva no protótipo P.1065 V1, havia se optado pela colocação de um motor alternativo marca Jumo 210G, com 730 cavalos-vapor, acionado por uma hélice. Essa montagem incomum para o futuro jato básico da Luftwaffe obrigava, além disso, que as maquetes em chapa fina dos dois turborreatores fossem montadas sob as asas. Assim comenta Bekker em seu livro:

> Aquele motor destoava por completo das depuradas linhas aerodinâmicas do novo tipo de avião; porém, apesar daquela falta de estética, conseguiu decolar e foi possível se determinarem as características de voo e o comportamento da célula.

## Uma planta motriz alternativa

Em meados de novembro de 1941, os primeiros motores de turbina a jato de ar foram entregues às oficinas da empresa Messerschmitt AG. Provinham da fábrica berlinense que seu construtor tinha em Spandau. Eram plantas de fluxo centrífugo, chamados BMW 003, com 550 quilogramas de empuxo estático por unidade. Foram tratadas com toda a delicadeza para evitar qualquer tipo de incidente desagradável; porém, o teste definitivo para verificar sua autêntica capacidade não ocorreu antes de 25 de março de 1942.

O engenheiro Walter Voigt não tinha todas as plantas consigo, como se diz vulgarmente. Era como se uma estranha voz interior lhe ressaltasse a conveniência de não prescindir ainda do motor de êmbolo tradicional no bico do primeiro avião à reação preparado pela Messerschmitt AG. Foi uma decisão muito acertada, pois esse curioso aeroplano não demorou precisamente em apresentar sérios problemas depois de decolar da pista a uma velocidade assustadora, com seus dois novos turborreatores roncando e a hélice do motor a pistão girando a toda potência. A apenas 50 metros de altitude, os dois turborreatores falharam, em muito pouco tempo; primeiro o de bombordo e, depois, o situado a estibordo. Sobre esse protótipo e seu piloto de testes, Cajus Bekker analisa:

> Sem o motor clássico, teria passado muito mal, mas, com o motor de êmbolo, conseguiu se manter no ar e manobrar para, em seguida, alinhar-se na pista e aterrissar. As turbinas não tinham suportado o esforço a que foram submetidas. As paletas do compressor de entrada haviam se quebrado. Era preciso contar com aqueles defeitos próprios de tudo o que é novo. Foi preciso esperar para receber novos motores. O Me 262, o primeiro caça do mundo impulsionado por reatores de turbina, teve de continuar no hangar.

Willy Messerschmitt adotou a firme decisão de não esperar mais que a empresa Bayerische Motor Werke revisasse por conta própria o projeto de sua ainda conflituosa planta propulsora, pois existia, por sorte, uma alternativa viável, que era o turborreator axial Junkers Jumo 109-004A. Tratava-se de um motor muito mais promissor, desenvolvido desde julho de 1939 pela equipe coordenada pelo professor Anselm Franz. Convém ressaltar que a tenaz aposta dos projetistas alemães de motores à reação nos compressores axiais não era uma decisão isenta de perigos. Falamos agora de um modelo de compressor de fabricação complexa e de revisão não mais simples. De fato, podia sofrer mais avarias do que os compressores de tipo centrífugo, sendo muito suscetível a todas as vibrações.

Apesar de tantos inconvenientes, o motor escolhido para impulsionar por partida dupla o Me 262 proporcionava uma margem de confiança ao garantir melhores relações de aceleração, superior potência de saída, consumo inferior – em relação ao combustível – e até características gerais de aerodinâmica superiores às acrescentadas pelas mais confiáveis turbinas com compressor centrífugo. Um sério inconveniente apresentado por todos os turborreatores em construção era, sem dúvida, sua "sede" de combustível. Com efeito, pois, em pouca altitude, podiam consumir duas ou três vezes mais que o clássico motor a pistão.

## A alavanca de gases

O novo Junkers Jumo 109-004A – um motor relativamente imaturo e de 840 quilogramas de empuxo – apresentou, de início, o inconveniente de ser ainda mais pesado e maior do que o exemplar da BMW que a Messerschmitt AG descartou por ser inviável. De tal forma, passaram-se quatro meses antes que outro protótipo do Me 262 pudesse realizar seu primeiro voo com os dois turborreatores como única planta motriz. Enquanto isso, foi preciso executar uma série urgente de modificações, de ajustes adicionais ao projeto original.

Entre as mudanças realizadas, foi relevante o perfilamento das asas para trás; o propósito disso era equilibrar o peso extra proporcionado pelos novos motores à reação. Desse modo, o avião projetado apresentou uma imprevista melhora de comportamento em voo, com a equipe de Voigt conseguindo aumentar a velocidade máxima do jato.

Um ano depois de seu rival mais direto na Alemanha, o He 280, o novo protótipo Me 262 da Messerschmitt já parecia pronto para decolar com as máximas garantias possíveis e depois de ser submetido a exaustivos controles de qualidade. Estava previsto que suas novas asas em flecha poderiam contrabalançar os efeitos da diminuição de velocidade da compressibilidade por voar com o maior rendimento possível de potência. Trata-se de um fenômeno que aumenta de um modo tremendo a resistência do ar, sobretudo ao aproximar-se da barreira do som.

O aeroplano Me 262 V3, com matrícula PC+UC, levantou voo na madrugada de 18 de julho de 1942, impulsionado unicamente pelos dois turborreatores Junkers Jumo 109-004A, no lugar da anterior planta motriz mista de êmbolo e reação. Desse modo, apresentava ainda alguns defeitos, um mais perigoso do que o outro. Os dois motores a jato, finalmente já montados nesse monoplano de asa baixa em cantiléver – cada um situado na altura de dois terços da envergadura, em gôndolas sob as asas –, representavam um extraordinário avanço técnico, sobretudo por ser do modelo mais complicado de turborreator de compressão axial e que devia ser preparado com materiais de pouca qualidade.

Comparado a um motor de pistão, o turborreator constituía a simplicidade em si mesmo, visto que era capaz de produzir muita potência para seu peso e tamanho. A característica mais perigosa da turborreação era a impossibilidade de se fechar rapidamente a alavanca de gases – até o fundo e acelerando, de modo súbito, como nos motores de êmbolo –, pois isso levava, de modo quase inevitável, à falha mecânica e até mesmo a um perigoso incêndio.

Os homens encarregados de testar o Me 262 logo aprenderam a não tocar na alavanca de gases, embora, dessa forma, o voo em formação ficasse bastante complicado. O momento mais crítico era justamente quando se produzia a primeira manobra de aterrissagem, ao aproximar-se do aeródromo de regresso, pois o pouso devia ser realizado na primeira tentativa. Outra manobra extra, para tomar altura e repetir o movimento de chegada, podia provocar de fato uma importante perda de controle por potência assimétrica – acarretando o perigo de um corte total e simultâneo nos dois turborreatores –, além de se obter uma resposta mais lenta da potência ou um sempre temível incêndio a bordo.

## Planejamento nefasto

O primeiro protótipo do Me 262 exibia um trem de pouso retrátil com roda de cauda, ainda que os outros que o seguiram e os aparelhos de fabricação em série já usassem um triciclo retrátil. O terceiro protótipo, na data mencionada antes, voou depois de decolar da pista de Leipheim, próximo à fábrica de Augsburgo. Levava turborreatores de 840 quilogramas de empuxo unitário e, pilotado por Fritz Wendel, realizou um teste felizmente bem-sucedido.

Depois de um voo que durou precisamente 12 minutos – tendo alcançado os 714 quilômetros por hora –, o capitão Wendel informou a seus superiores que os novos turborreatores fornecidos pela Junkers "funcionavam como um relógio". Incentivado com esse êxito inicial – embora estivesse a ponto de se matar se falhasse na aplicação dos freios –, esse mesmo oficial voou mais seis vezes. Bekker nos revela, em sua história da Luftwaffe e por meio de dez parágrafos fundamentais, o resultado dessas provas e também o nefasto planejamento que depois se fez do novo avião à reação:

> Wendel saberia então o que podia esperar daquele aparelho. Voou, realizou testes, foram efetuados retoques e modificações. No sexto voo, no qual o avião passou dos 850 quilômetros por hora, aconselhou à direção a estudar a fabricação em série. Claro que aquilo não dependia unicamente da Messerschmitt, pois, até então, a fábrica havia recebido a encomenda de apenas três protótipos. O chefe de material da Luftwaffe, general Milch, foi consultado e transferiu o assunto para o departamento de experimentação da Luftwaffe, em Rechlin.
>
> Em 17 de agosto, apenas um mês depois que o Me 262 voou pela primeira vez, chegou a Rechlin um piloto especialista, o engenheiro Beauvais, para observar minuciosamente o sensacional aparelho. Foi naquele dia que tudo se passou: Beauvais entrou na apertada cabine. Wendel lhe explicou, mais uma vez, a fundo, o truque dos freios de gás para levantar a cauda. Em seguida, colocou-se ele próprio em uma baliza que destacava os 800 metros de pista,

para que, ao chegar à sua altura, Beauvais pisasse nos freios por um instante, e o avião levantasse a cauda do solo.

O aparelho rodava pela pista, mas não alcançava a velocidade necessária; apesar de tudo, Beauvais pisou nos freios ao ver Wendel. A roda da cauda se levantou, mas voltou a cair, e o piloto fez uma nova tentativa pouco antes do final da pista.

Inexplicavelmente, o avião decolou. Passou sobre o campo a apenas um metro de altura, mas não tinha velocidade suficiente para ganhar altura; segundos depois, a ponta de uma asa tocou o solo, e o avião parou em um amontoado de lixo. Levantou-se uma grande nuvem de poeira e, poucos segundos depois, ouviu-se uma explosão muito forte. Dos restos do avião, quase sem um arranhão, desceu o piloto. Parecia um milagre.

Esse acidente atrasou o ajuste do primeiro caça alemão à reação por vários meses. Construiu-se, em seguida, outro protótipo para substituir o primitivo, e foram conseguidos novos motores; porém, em Berlim, no Ministério do Ar, não se confiava no desenvolvimento de novos modelos. Tudo aquilo ainda estava em estado embrionário. Não se podia falar de uma fabricação em série e nem sequer de uma razão de urgência que justificasse uma aceleração do projeto. Milch desejava, diante de tudo isso, incrementar a fabricação dos modelos já consagrados desde o começo da guerra. O desenvolvimento de novos projetos era um empecilho para esse aumento de produção patrocinado por Milch, pois subtraía forças à capacidade de fabricação.

Era o verão de 1942. Há nove meses, os Estados Unidos da América entraram em guerra e, agora, começaram a aparecer sobre o Velho Continente seus primeiros bombardeiros quadrimotores. Em 1943, seriam centenas e, ao final de um ano, milhares. O comando da Luftwaffe possuía dados exatos sobre os programas da gigantesca produção de aviões empreendida pelos norte-americanos.

Naquele momento, acabava de nascer na Alemanha um avião de caça que superava em 200 quilômetros por hora qualquer outro amigo ou inimigo. Isso significava que não havia inimigo para ele. No prazo de um ano, precisamente quando se iniciava a grande ofensiva no ar, poderia estar voando pelos céus da Alemanha. Porém, para que se pudesse conseguir tal coisa, era preciso adquirir prioridade absoluta. Era preciso fabricar turbinas e células em série e sem atrasos. Milhares de especialistas em desenvolvimento e fabricação deviam pôr mãos à obra, mas, disso, ninguém nas altas esferas da Luftwaffe queria se responsabilizar.

Não se tinha visto a oportunidade única que se apresentava para a Alemanha.

Por fim, em dezembro de 1942, o departamento técnico determinou a produção do Me 262; mas foi marcada para 1944 e em quantidade ridícula: 20 aviões por mês.

O caça mais rápido do mundo acabava de ser colocado na geladeira. Era evidente que a Luftwaffe não se interessava em tê-lo em um prazo breve.

## "Raios prateados no horizonte"

Os pilotos que realizavam testes para o Erprobungstelle – estabelecimento de avaliação da Luftwaffe, situado em Rechlin – haviam demonstrado especial interesse pelo caça Me 262 desde o início. Foi graças à sua extraordinária persistência que a empresa Messerschmitt AG pôde receber os pedidos oficiais para fabricar vários protótipos de desenvolvimento de sistemas de armas e plantas motrizes. Ao entusiasmo demonstrado também por um destacado especialista como o capitão Wolfang Späte – de Bad Zwischenahn, em Oldenburg –, somou-se a impressão muito satisfatória do então general de divisão Adolf Galland.

Tratava-se de um dos mais carismáticos e audazes heróis de toda a Força Aérea alemã – excelente piloto de caça, com 104 derrubadas confirmadas, sendo sete delas com o Me 262, e alguém que, com apenas 30 anos de idade, alcançou o generalato –, um homem capaz de irradiar firmeza e segurança por todos os seus poros. Rigoroso, arrojado como poucos aviadores e impassível diante de qualquer perigo, Galland voou em um Me 262 depois de decolar do aeródromo de Lechfeld. Foi no dia 23 de maio de 1943. O antigo combatente da Legião Condor na Espanha esteve presente nesse dia com seu eterno charuto apertado entre os dentes, sem esquecer, é claro, de seu regulamentar boné com viseira, a qual, invariavelmente, levava de lado e com singular elegância sobre a testa.

Nesse centro de testes da empresa Messerschmitt AG – não muito longe de sua fábrica mais importante, a de Augsburgo –, Adolf Galland contemplou dois Me 262 estacionados no final do aeródromo. Sua primeira impressão ao vê-los foi a de que pareciam "raios prateados no horizonte". O ainda jovem inspetor da Aviação de Caça descobriu, aborrecido, que, justamente um ano depois que o capitão de voo Wendel destacara a conveniência de dotar o novo jato de combate de uma roda no nariz, os dois exemplares que contemplava com o cenho franzido ainda tinham a roda de cauda; por isso levantavam a proa para decolar, sem proporcionar visibilidade frontal quando se deslocavam pela pista.

Estava bem claro que o Reichsluftfahrtministerium ainda não dispunha de uma visão do futuro aeronáutico, sobretudo por não depositar

*Adolf Galland (um dos heróis mais audazes de toda a Força Aérea alemã e excelente piloto de caça, com 104 derrubadas confirmadas, sendo sete delas com o Me 262) voou pela primeira vez em um Me 262, após decolar do aeródromo de Lechfeld, em 23 de maio de 1943.*

plena confiança no trem triciclo com roda no nariz do avião, aquilo que, nos círculos oficiais, era tachado como "esse invento americano". De tal forma, sobretudo na manobra de decolagem, continuava-se exigindo dos pilotos do Me 262 habilidade especial.

Depois de presenciar *in situ* um voo de exibição e de receber uma apressada informação verbal acerca das características de manejo dessa aeronave tão inovadora movida à turborreação, Galland subiu decidido à cabine do segundo protótipo que havia na pista. Queria ver por si mesmo se o que lhe asseguravam com tanta veemência correspondia de fato à realidade e não a um desejo sem muito fundamento. Sua valiosa experiência em diferentes aviões de motor de êmbolo faria, logicamente, o resto.

Já em meados da primavera de 1943, o curso do grande conflito bélico ia cada vez pior para a Alemanha por causa do trauma provocado pelo fim do VI Exército de Von Paulus nas geladas ruínas de Stalingrado, em princípios de fevereiro daquele mesmo ano. O Reich, que segundo a propaganda oficial do Nazismo ia durar mil anos, devia passar definitivamente à defensiva na frente oriental da Europa.

Sendo assim, Adolf Galland contemplava com extrema preocupação o espetacular aumento na produção e na qualidade do material aéreo britânico e norte-americano. O serviço de espionagem militar – o Abwehr do almirante Canaris – lhe dava informações sobre a enorme concentração de quadrimotores de bombardeio e aviões de escolta que a USAAF estava preparando em numerosos aeródromos do Reino Unido. O jovem general não era capaz de afastar de sua mente o Me 262, pois esse avião poderia ser vital para equipar, de uma vez por todas, as debilitadas defesas aéreas de sua querida pátria com um novo e revolucionário tipo de aeroplano, muito mais rápido e armado; e, como ele mesmo recordaria, anos depois, em *Die Ersten und die Letzten*, "com melhor comportamento para ser superior ao inimigo".

O caso é que Galland pôs para funcionar os dois turborreatores do Me 262 V4 e começou a deslocar o avião pela pista de testes da Messerschmitt AG. Seu nível de confiança ainda variava entre o que sonhava acordado e a crua realidade de encontrar-se, talvez, diante de um amargo fiasco. Deu um forte toque nos freios, levantou a cauda do solo, e, em poucos segundos, esse vistoso protótipo conseguiu ganhar altura. O antigo ás da decisiva Batalha da Inglaterra se sentiu depois transportado no que parecia ser uma nova dimensão na história da aeronáutica. Lembrou disso da seguinte maneira, justamente uma década depois:

Pela primeira vez, estava voando com propulsão a jato! Não havia vibrações do motor. Sem componente de resistência e sem o opressivo ruído da hélice, acompanhado de uma espécie de assobio, meu reator ia como um tiro no ar.

Conhecendo de sobra a grande audácia do inspetor da Aviação de Caça, ninguém pode estranhar minimamente que, em um dado momento, sua indizível satisfação pessoal transbordasse, e ele passou a executar uma manobra não prevista. Cajus Bekker nos conta como foi:

> Aquele voo sem vibrações nem trepidações de nenhuma espécie, aquela velocidade notável e o poder ascensional sonhado eram tudo o que um piloto podia desejar. Galland efetuou um ataque simulado a um avião experimental que estava sendo avaliado perto dali e ficou entusiasmado. Naquele momento, deu-se conta de que a batalha aérea sobre a Alemanha ainda não estava perdida, pois suas esquadras de caça podiam ser equipadas com aparelhos como aquele. "Se pudesse recebê-lo logo e em quantidade...!" Ao aterrissar, assediado por perguntas de todos os lados e emocionado pelo voo, limitou-se a dizer: "É... como... como se tivesse passado um anjo".

## Pesquisas paralelas

Galland havia pensado: "Esse não é um passo adiante, é um salto!", por isso não teve tempo para enviar, de Lechfeld, um telegrama a Berlim, à sede central do RLM, dirigido ao então marechal de campo Erhard Milch, o ambicioso secretário de Estado da Aviação. Acabava de descobrir toda a importância da vantagem decisiva que seus pilotos de caça poderiam obter sobre qualquer oponente norte-americano ou britânico. Eis aqui o texto da mencionada mensagem urgente:

> O Me 262 é para nós um golpe de sorte que não pode ser melhor. Será nossa garantia de uma incrível vantagem nas operações enquanto o inimigo continuar com os motores de pistão. A oferta de um sem-fim de novas possibilidades táticas.

A realidade é que esse apoio entusiasmado do maior responsável de inspeção na Aviação de Caça alemã deixava clara uma implícita sensação de coação. Adolf Galland começava a se preocupar muito com a ideia de que a União Soviética, os Estados Unidos ou mesmo o Reino Unido se adiantassem em relação à Alemanha no ajuste de seu próprio caça movido à turborreação. Nessa situação hipotética, todas as vantagens práticas proporcionadas pelo Me 262 podiam ficar neutralizadas para sempre.

De fato, no III Reich, apenas se conheciam os experimentos do britânico Frank Whittle com turbinas de gás antes de estourar a nova guerra mundial, mas ignorava-se por completo se a RAF já estava construindo um jato de combate que, em pouco tempo, estaria plenamente operacional para escoltar os bombardeiros pesados. Estes passaram a despejar milhares de toneladas de bombas de queda livre sobre pontos estratégicos do importante vale industrial do Ruhr e das antigas cidades da Renânia. Fábricas, represas, pontes, edifícios oficiais e casas particulares caíam sob as brutais explosões, sempre em meio a prévios e ensurdecedores assobios.

Em sua conferência histórica, em Buenos Aires, Galland sublinhou a impressão favorável que o Me 262 lhe causou:

> Com uma velocidade de pelo menos 200 quilômetros por hora a mais do que a de qualquer caça de acompanhamento norte-americano e uns 400 quilômetros por hora em relação às formações diurnas de bombardeio, esse caça com turbina teve de se transformar em uma arma devastadora contra as Fortalezas Voadoras. Por outro lado, era possível contar com a possibilidade tática de confundir, deter e vencer com esses caças o acompanhamento inimigo de tal forma que as outras formações alemãs de caças, integradas por aviões de tipo convencional, pudessem chegar com sucesso até os bombardeios. A RAF possuía – com as diversas variantes do Mosquito – um avião que não podia ser alcançado diretamente pelos aviões convencionais alemães. Em todas essas reflexões, o Me 262 nos parece "um raio de luz no horizonte".
>
> Ninguém podia dizer então que seria um otimista exagerado aquele que previsse uma mudança fundamental na situação aérea, utilizando o Me 262 em massa para a defesa aérea.

Por outro lado, os alemães ainda tinham algo que temer das pesquisas paralelas iniciadas no Reino Unido, em face de um caça à reação que pudesse estar pronto para o ano de 1943. Porém, não o sabiam, e, nos domínios do Nazismo, ninguém parecia capaz de adotar uma firme decisão sobre o futuro imediato do Me 262, recomendado com grande entusiasmo por Galland. Existiam outras prioridades na produção de aviões de caça com motor de êmbolo. As possibilidades de fabricar em série esse magnífico avião à turborreação da Messerschmitt AG pareciam bastante escassas, sempre dentro do clima de incerteza que reinava no Ministério de Aviação do Estado.

Todos os chefes do RLM já conheciam de sobra a profunda antipatia do *Führer* em relação a qualquer avião de caça. Se, no início das vitoriosas campanhas da Polônia, da França e dos Bálcãs, Hitler viu esses aparelhos de combate como um fator realmente decisivo, ao chegar à paralisação do avanço na imensa frente oriental europeia e além do mais ser rapidamente derrotado nas areias do Egito, Líbia e Tunísia, passou a considerar todos os caças como armas defensivas. Para ele, eram capazes unicamente de eliminar do espaço aéreo alemão os bombardeiros Aliados que chegavam em número cada vez maior. Obcecado em montar táticas ofensivas que apenas sua irrefreável paranoia o fazia ver como factíveis, o autocrata nazista desejava, portanto, que lhe falassem de novos e melhores aviões de bombardeio. Com eles, seria possível devolver todos os golpes recebidos, reiniciando até mesmo os ataques sobre a capital britânica.

Convém recordar agora a reportagem "Hitler e suas armas secretas", assinada por Jesús María López de Uribe, na revista digital *Comandos de guerra*:

> O que se define como "mania" de Hitler por causa dos bombardeios não é mais do que a concretização política de uma das teorias mais avançadas sobre a guerra vigentes justamente antes de estourar o conflito europeu. Da mesma forma que Guderian e Patton teorizaram e puseram em prática o uso das unidades mecanizadas para obter resultados espetaculares nas frentes de guerra, existia uma teoria – defendida tanto por britânicos como por alemães – que indicava que, em um futuro, os bombardeios aéreos seriam os que decidiriam a guerra. Quer dizer, que a população, indefesa diante das bombas, ficaria desmoralizada, o que acarretaria falhas na produção e a exigência de uma rendição.
>
> Porém, o que Hitler não levou em conta é que seus bombardeios provocaram o efeito contrário, uma maior determinação para acabar com os nazistas. Entretanto, os Aliados tampouco acertaram: com seus tremendos bombardeios, provocaram uma tenaz resistência dos alemães até o final, com os terríveis resultados que conhecemos hoje.

Muitas autoridades da Luftwaffe mantinham pontos de vistas diferentes dos do ditador. E mais, viam como absurda a teoria dele acerca do bombardeio estratégico massacrando o território inimigo. Fazia tempo que esses militares de alta patente apostavam em uma forte defesa com aviões de caça, a fim de aliviar a tremenda pressão que os quadrimotores inimigos efetuavam sobre o conjunto da indústria aeronáutica alemã. Além do mais, a isso se unia o sofrimento da própria população civil depois das 300 mil casas destruídas pela Royal Air Force ao bombardear Hamburgo, no decorrer de uma semana trágica do verão de 1943. Essa Operação *Gomorra* causou, entre levas incontroláveis de chamas, um assombroso número de mortos, cuja exatidão nunca se saberá, ainda que tenha sido calculado em números aterradores que variam entre 60 mil e 100 mil.

No entanto, nenhum subordinado próximo a Adolf Hitler se atrevia a rebater abertamente a teoria de que era muito melhor fabricar bombardeiros em vez de aviões de caça, sobretudo depois da tremenda ira que o líder supremo do Nazismo havia mostrado ao acusar a Luftwaffe de tê-lo defraudado por completo. Isso era uma insinuação tão direta que carregava a ameaça de demissões súbitas, ou algo ainda mais grave para os chefes do mencionado exército alemão.

Apesar de tudo, o extraordinário entusiasmo demonstrado por Galland, depois do teste satisfatório realizado por ele mesmo em Lechfeld a bordo do protótipo Me 262 V4, pareceu contagiar os marechais de campo Goering e Milch, dado que este último – organizador da companhia aérea nacional alemã Lufthansa – havia passado as impressões diretas do inspetor da Aviação de Caça ao chefe supremo da Luftwaffe. Durante uma importante reunião celebrada em Berlim, em uma sala do Reichsluftfahrtministerium, em 25 de maio de 1943, sugeriu-se o cancelamento total do Me 209A e a concentração de todos os esforços da Messerschmitt AG na produção do revolucionário Me 262. Quanto aos demais, esse Me 209A era um aeroplano concebido quase exclusivamente para funções de recorde, em um esforço para oferecer um digno sucessor ao clássico caça Bf 109 e ainda com motor de êmbolo. Apenas três dias mais tarde, essa sociedade aeronáutica recebia o pedido oficial de cem exemplares em série do bimotor à reação que tanto havia impressionado, com suas importantes características, um piloto experiente como Adolf Galland. Precisamente este recordaria de tudo, uma década depois, em sua apaixonante conferência de Buenos Aires:

> Rapidamente, confeccionou-se um projeto para que se iniciasse a construção em série de cem aviões desse tipo. Com essa série, queríamos continuar ao mesmo tempo os testes de natureza técnica e táctica. O Me 209, continuação mais moderna do Me 109, foi retirado do programa de construções em benefício do Me 262.
>
> No mesmo dia, ele foi apresentado a Goering, com um relatório do voo e do projeto em questão, enquanto uma cópia de ambos foi entregue a Milch.
>
> Goering telefonou a Milch, o qual já estava com o relatório em mãos. Tudo foi aceito e decidido com uma rapidez e alegria assombrosas, de acordo com nosso projeto. Porém, Goering apresentou um inconveniente: ele, em situações tão decisivas, precisava da aprovação de Hitler. Depois, disse que, no dia seguinte, iria ao Quar-

tel Principal do *Führer* para informar-lhe pessoalmente sobre essa questão. Ordenou-me que aguardasse em Berlim, para que eu informasse ao *Führer*, se fosse preciso, minhas impressões e meu parecer pessoal. Naquela ocasião, eu tinha a impressão de que Goering podia e deveria ter resolvido tal assunto de forma absolutamente independente. Porém, entre os costumes do comandante-chefe da Luftwaffe, estava relatar e transmitir de forma pessoal e imediata ao *Führer* qualquer notícia positiva e alegre. O prestígio de Goering já estava desaparecendo; sobre isso não existia nenhuma dúvida.

Hitler, no entanto, reagiu de forma inesperada. Mostrou-se muito desconfiado e manifestou – não muito injustamente – que a Luftwaffe o havia enganado mais de uma vez anunciando-lhe inovações técnicas e melhoras que, no final, não eram. O bombardeiro pesado, o Heinkel He 177, por exemplo, lhe havia sido prometido para o ano de 1941 no mais tardar, e ainda não se podia prever quando essa aeronave poderia ser empregada.

Em seguida, o *Führer* ordenou uma reunião com os mais importantes especialistas no desenvolvimento de aviões de turbina em seu Quartel Principal. Não autorizou a presença do comandante-chefe da Luftwaffe nem de seu chefe de equipe a tal reunião. Além do mais, não permitiu que nenhum representante do Estado-Maior Geral da Luftwaffe a assistisse e proibiu em absoluto a presença de qualquer representante dela. Sem dúvida, não podia dar uma prova de desconfiança maior. Goering não disse nada a tudo isso.

Hitler exigiu promessas e garantias, já não da própria Luftwaffe, mas dos engenheiros construtores e especialistas que trabalhavam nela. Depois dessa conferência, o *Führer* tomou a decisão de permitir, por um momento, que se verificassem as provas técnicas com uns poucos protótipos, sem autorizar ainda nenhuma espécie de preparativos para a construção em série. Goering aceitou também essa decisão. Nessa ocasião, pus-me imediatamente a conversar com o professor Messerschmitt e com os responsáveis de desenvolvimento dos novos motopropulsores e joguei na cara deles que não se prolongaram diante de Hitler a respeito do nosso projeto. Porém, aclararam-me, em seguida, que os construtores mal tinham podido abrir a boca e que Hitler lhes havia atropelado com sua decisão.

Foi assim que o caça turbina, que nesse momento se encontrava quase maduro e ao alcance da mão, apesar de ter sido, em ocasião anterior, suprimido do programa a ser desenvolvido, sofreu novamente uma exclusão da urgência primária que lhe seria atribuída.

Demorou ainda quase meio ano até que se pudesse evitar essa fatal ordem de atraso. Nesse meio-tempo, as Forças Aéreas Aliadas asseguraram sua superioridade aérea sobre o Reich, com as Forças norte-americanas durante o dia e da RAF durante a noite, de tal forma que seus ataques já podiam ter transcendências estratégicas. A situação nas frentes terrestres caracterizava-se pelos sérios reveses sofridos. No Oeste, havia a ameaça de invasão por parte dos Aliados. A iniciativa encontrava-se, pois, nas mãos do inimigo em todas as frentes de superfície e no ar.

De repente, no fim de 1943, foi preciso extrair do nada o necessário para a produção em série do caça à turbina Me 262. Enquanto isso, a capacidade de produção do país havia piorado sensivelmente. Começaram a aparecer as primeiras crises de escassez de materiais, por causa do bombardeio estratégico que os Aliados realizavam dia e noite. Mais incisivo ainda foi o fato de que a perda de pessoal que a Luftwaffe sofria tinha de ser reposta por pessoal da indústria. As reservas ocultas desapareceram. Os números de produção, sempre em aumento e submetido à máxima pressão, exigiam também a remoção de pessoal das indústrias aeronáuticas.

Assim começou o período da adoção de medidas extraordinárias, das missões excepcionais, das recomendações de ordem especial do *Führer*, das urgências estipuladas por ele, etc.

As medidas extraordinárias haviam dizimado justamente o pessoal da indústria aeronáutica. As novas medidas extraordinárias que eram tomadas agora, a fim de preparar a série do Me 262, deviam fazer com que os especialistas necessários retornassem novamente às fábricas militares de aviões. Foram retirados das frentes da Rússia, Finlândia, Noruega, Itália e dos Bálcãs, ou seja, do local para onde haviam acabado de ser enviados para cobrir os buracos produzidos na Luftwaffe.

## Um trem de pouso triciclo

Enquanto isso, no Reino Unido, preparava-se um avião de interceptação monoposto guarnecido de dois motores e que era, pelo menos na aparência, similar ao Me 262, do qual vamos tratar agora. Apesar do protótipo número um do chamado Gloster Meteor realizar seu primeiro voo em 5 de maio de 1943 – no aeródromo de Boscombe Down –, o certo é que iria demorar mais de um ano para estar plenamente operacional. Não parecia, ao menos *a priori*, um rival para o Me 262 que merecesse cuidado: marcou nesse teste de voo 692 quilômetros por hora, por causa do uso de alguns turborreatores de menor potência e da necessidade de elevar um peso superior em todo o conjunto da célula. Além do mais, seu armamento ofensivo era sensivelmente inferior ao apresentado pelo mencionado avião alemão.

Sendo assim, dois meses depois dessa estreia secreta do Gloster Meteor, chegaram a Londres provas alarmantes de que a Alemanha se achava muito adiantada a respeito da pesquisa de um caça operacional propulsado à turborreação. As fotografias aéreas obtidas pela RAF no campo da aviação de Peenemünde destacaram a inequívoca existência de marcas chamuscadas paralelas, iguais às produzidas pelos gases de escape do jato que estava sendo desenvolvido pela sociedade Gloster Aircraft Company Ltd., quando iniciava a manobra de decolagem. Eram os rastros do Me 262. Os especialistas em fotointerpretação da Royal Air Force encontrariam em seu arquivo alguns instantâneos tomados meses antes, que mostravam essa marca inconfundível no mesmo aeródromo de testes alemão localizado junto ao Báltico e, em seguida, também em Leipheim e Lechfeld.

A proximidade dessa última pista de voo em relação à Messerschmitt AG deu aos Aliados a certeza absoluta de que se tratava do fabricante responsável por um novo e inquietante avião à reação. Esse desenvolvimento tecnológico de grande nível precisava ser freado rapidamente diante da existência de alguns testes aeronáuticos tão claros. Em 17 de agosto de 1943, os quadrimotores da 8ª Força Aérea da USAAF bombardearam com bastante precisão a fábrica de Regensburgo. Desse modo, em um único golpe, destruíram toda a cadeia de montagem do Me 262.

Willy Messerschmitt viu-se então forçado a ordenar a transferência imediata de sua sede para desenvolvimento de aviões com motor de turbina de gás para as proximidades dos Alpes bávaros, especificamente para Oberammergau. A produção ficou atrasada por um período de vários meses por causa dessa mudança imprevista; acrescente-se a isso a crônica deficiência de mão de obra qualificada que já havia.

Enquanto isso, a equipe coordenada pelo notável engenheiro Waldemar Voigt não tinha permanecido precisamente ociosa. Foi incorporado ao protótipo batizado de Me 262 V5 um trem de pouso triciclo de caráter definitivo, ainda que, nesse exemplar, o aterrissador dianteiro parecesse fixo. Por fim, o problema maior da decolagem também foi resolvido, desviando-se a saída anterior dos gases para o solo. A tudo isso, em muitos aspectos, o Me 262 – além da utilização de óleo diesel como combustível e do seu radical sistema de propulsão – podia ser considerado um projeto inspirado, ainda que a flecha suave que ele apresentava não tenha sido concebida para postergar o aumento de resistência a velocidades Mach elevadas.

## Em meio a violentas incursões aéreas

O protótipo Me 262 V6 – registrado como V1+AA –, portando motores à reação Junkers Jumo 109-004B-1, realizou seu primeiro voo em 17 de outubro de 1943. Cabe ressaltar que levava estabilizadores de acionamento elétrico, trem triciclo retrátil, uma elegante asa para alta velocidade – guarnecida de *slats* automáticos – e também previsão estrutural para o formidável armamento projetado. O marechal Hermann Goering, chefe supremo da Luftwaffe e ás de caça na Primeira Guerra Mundial – o qual em qualquer ato público ou militar exibia sem pudor seu espetacular bastão branco de comando, com uma suástica adornada de incrustações de brilhantes na empunhadura –, ficou bastante impressionado com o relatório que Milch – hábil organizador – lhe mandou do Ministério de Aviação do Estado, enviando imediatamente seu próprio relatório, transbordante de entusiasmo, ao *Führer*.

Comentou-se bastante que esse atraso na preparação do Me 262 deveu-se principalmente à determinação de Hitler em convertê-lo em bombardeiro, mas também às vacilações dos altos comandos da Força Aérea alemã. Esses são os argumentos mais empregados, atualmente, para esclarecer essa questão controversa. Devemos entender, porém, que a realidade é mais complexa, se quisermos descobrir toda a dimensão do famoso reator de dilação. Assim, embora Goering – que costumava dar muitas falsas garantias ao autocrata nazista no terreno da aeronáutica – tenha permanecido mudo no debate aberto sobre caça ou bombardeiro, para um melhor emprego do formidável jato da empresa Messerschmitt AG – com o marechal de campo Milch disposto a admitir que a indústria aeronáutica de sua pátria fabricasse o que o *Führer* decidisse, como sempre, a seu livre-arbítrio –, o certo é que o maior atraso teve sempre por responsável o desenvolvimento de uns turborreatores moderadamente confiáveis e capazes de ministrar a potência exigida.

Ao protótipo definitivo, o Me 262 V6, foram instalados dois motores com 900 quilogramas de empuxo unitário. Além disso, cada um deles pesava uns 90 quilogramas a menos que o primitivo Jumo 004A; toda uma conquista atribuída à companhia Junkers diante do fiasco que havia sido a planta motriz da BMW. Seu arranque era feito por meio de dois pequenos motores a diesel instalados na ponta. Os turborreatores entregues pela Junkers apresentavam um compressor axial e uma turbina monofásica com seis câmaras de combustão.

O outono de 1943 chegou, e a Alemanha não apenas já se encontrava na defensiva na União Soviética, mas também na Itália. Além disso, a pátria de Wagner era submetida a furiosas incursões aéreas diurnas e noturnas, de norte-americanos e britânicos, respectivamente. Ao mesmo tempo, passava continuamente pela cabeça de Hitler a hipotética ideia de onde os Aliados atacariam no setor noroeste europeu. Depois das amargas experiências obtidas com os assaltos anfíbios do norte da África, Sicília, Salerno e Régio Calábria, a grande superioridade numérica dos aviões atacantes conseguira imobilizar praticamente todos os meios navais e aéreos da Alemanha, sem que estes tivessem sequer a possibilidade de lançar uma contraofensiva aos navios do Reino Unido, Estado Unidos e Canadá.

Sendo assim, bem poucos se surpreenderam quando o próprio Adolf Hitler e vários altos comandos do exército planejaram de fato o conceito de começar a considerar o Me 262 um caça-bombardeiro, em vez de utilizá-lo como se havia calculado originalmente, como puro interceptador. A ideia, quanto aos demais, parecia taticamente ortodoxa. Não obstante, carregar o Me 262 de bombas – com o acréscimo dos inevitáveis mecanismos necessários para armazená-las antes de jogá-las sobre o inimigo – ia limitar um rendimento considerado, no começo, no mínimo espetacular.

## A cega obstinação de Hitler

O *Führer* havia perdido totalmente a confiança em sua antes invencível Luftwaffe, culpando o marechal de campo Goering – principal adulador de Hitler, em uma longa fila de servilismo – de ter sido incapaz de organizar uma ponte aérea para salvar Von Paulus e seus homens no inferno branco de Stalingrado, além do ex-piloto de caça da guerra mundial anterior, que não encontrava fórmulas para deter a avalanche de aviões Aliados que jogavam bombas de dia e de noite sobre a "Grande Alemanha". Para o cúmulo dos males, o projeto do novo bombardeiro He 177 Greif se encontrava obstruído por problemas estruturais; e esse bimotor de longo alcance acumulava um atraso de 18 meses em sua revisão, em relação ao limite de tempo inicialmente previsto pelo RLM. Este último foi a gota d'água para estourar a paciência do ditador da cruz gamada, o qual proibiu com grande veemência que se adotasse qualquer tipo de decisão sobre o caça Me 262 até que ele próprio tivesse avaliado com calma seu valor autêntico na pista de aterrissagem. Por enquanto, a Messerschmitt AG podia continuar com os testes do magnífico bimotor à reação, mas utilizando apenas alguns poucos protótipos, nada de pensar ainda na produção em série.

Por fim, chegou o esperado dia, 26 de novembro de 1943, e em Insterburg (Prússia Oriental), próximo de seu quartel general, o Me 262 V6 foi exibido diante do autocrata. Este contemplou impassível as evoluções de um birreator monoplano de asa baixa cantiléver, com a borda de ataque em flecha para trás e a de saída colocada para a frente. Esse protótipo já levava o trem de pouso triciclo de uma roda dianteira, enquanto os protótipos anteriores tinham essa roda atrás e muito menor.

O novo caça, com fuselagem muito estilizada, apresentava uma seção quase triangular de ângulos enlaçados e bordas arredondadas. Sua estrutura era toda metálica, sendo geralmente de aço na parte anterior, a destinada a suportar um maior grau de pressão, e de alumínio e metais leves no resto. A cauda dispunha de um estabilizador horizontal variável, dotado de comando elétrico, além de compensadores de direção e profundidade.

Chegado o momento das decisões supremas, Galland explicaria, em sua conferência argentina, o acontecido:

> Eu me encontrava ao lado de Hitler, quando ele, de surpresa, perguntou a Goering: "Este avião pode levar bombas?". O professor Messerschmitt deu a resposta: "Sim, meu *Führer*, em princípio, sim. Em relação à capacidade de carga, pode levar 500 quilogramas de forma segura e talvez chegar até mil quilogramas".
>
> Essa resposta foi muito perigosa, como se pôde comprovar pouco tempo depois, pois podia levar uma pessoa que não fosse especialista a formar concepções errôneas. Além do mais, era muito difícil explicar a Hitler questões aeronáuticas. Goering afirmou várias vezes que Hitler não entendia o conceito da terceira dimensão.
>
> Assim, a carga adicional de bombas que se concedia a esse avião era exagerada e, visto pelo lado construtivo, nem sequer estava prevista uma instalação para a suspensão das bombas, como tampouco para seu lançamento e armação. Além do mais, não possuía aparelhos ou visores de pontaria. Em relação à pilotagem e à visão em si, não era um avião adequado em absoluto para efetuar o bombardeio em voo horizontal. Por outro lado, e em virtude do excessivo consumo de combustível em baixa altura, teria sido quase um absurdo utilizá-lo justamente como bombardeiro.
>
> A única tática possível para efetuar um lançamento de bombas teria sido com ataque em voo de mergulho, o qual não podia ser levado em consideração, dado o aumento de velocidade que isso representaria, pois o avião não possuía freios para voo de mergulho. Para efetuar o bombardeio horizontal a grandes alturas, apenas podiam ser levados em consideração alvos extensos. Mas ninguém teria se atrevido a dizer tudo isso ao *Führer*.

Tendo diante dos olhos o primeiro caça com turbina pronto para entrar em combate e considerando a esmagadora superioridade aérea inimiga – sobre o Reich e sobre as frentes –, Hitler decidiu de forma doutrinária o seguinte: "Há anos exijo da Luftwaffe o *Schnell-bomber* (bombardeiro rápido), o qual, sem parar diante do caça inimigo, atinja seu alvo em segurança. Acredito ver nesse avião (Me 262) que os senhores me apresentam como caça o primeiro modelo *Blitz bomber* (bombardeiro relâmpago), com o qual a invasão será impedida. Esse avião, sem levar em conta a cobertura aérea protetora que o inimigo destaque, poderá atacar o desembarque de material e tropa, semeando o pânico, a morte e o caos. Esse é, definitivamente, o *Blitz bomber*. Nisso, naturalmente, nenhum dos senhores tinha pensado".

Naquele momento, ninguém pôde responder a tais argumentos. Mas tampouco ninguém levou essas palavras muito a sério nem deu a elas a importância, como em pouco tempo demonstrou-se que tinham.

Por ora, não se modificou em nada o programa de construção e de provas seguido até esse momento. A partir de dezembro de 1943, empregaram-se as tarefas acima mencionadas em um comando de testes tático-técnicos, composto pelos mais experientes pilotos de caça e sob a supervisão comum do comandante de testes da Luftwaffe e do inspetor-geral da Aviação de Caça (o qual expõe essas considerações).

Durante os períodos de testes, até outubro de 1944, haviam sido obtidas as nove primeiras vitórias aéreas, especialmente sobre aviões de exploração diurna Mosquito. Esses aviões atingiam uma velocidade de até 750 quilômetros por hora, a 8.000 –10. 000 metros de altura, algo praticamente impossível para os aviões de caça alemães até então.

O comando de testes trabalhava de tal maneira que toda a experiência de caráter técnico do avião se unia imediatamente ao correspondente teste tático. Isso era feito por um destacamento do mencionado comando de testes que se encontrava na fábrica Messerschmitt, em Augsburgo, e por outro diante do comandante de testes da Luftwaffe, em Rechlin (ao norte de Berlim).

O que aconteceu depois com essa terminante ordem hitlerista foi muito bem analisado por Cajus Bekker em três parágrafos de seu livro sobre a história completa da Luftwaffe na Segunda Guerra Mundial:

> Todos os presentes ficaram atônitos. Era uma daquelas conclusões definitivas que Hitler tomava e contra as quais nada adiantava protestar. Foi necessário modificar o Me 262 por completo. O primeiro

caça à reação tinha de levar bombas. Aquela era a única solução se se quisesse levar o projeto adiante.

Mas se apresentaram então uma série de dificuldades técnicas, pois a carga de bombas aumentava consideravelmente o peso ao decolar. Era preciso reforçar, por conseguinte, o trem de pouso e as rodas. Para missões de bombardeio, seu raio de ação ficaria reduzido e seria preciso instalar depósitos suplementares. Estes modificavam o centro de gravidade, influindo desfavoravelmente na estabilidade do avião. Além do mais, não existiam para o Me 262 nem lança-bombas adequados nem visores próprios. Com o "Revi" (visor de reflexão empregado pela aviação de caça), as bombas só podiam ser lançadas em um suave ângulo de mergulho. Contudo, em mergulho, esse avião alcançava imediatamente uma velocidade excessiva que podia fazer com que a estrutura do aparelho se ressentisse. Além do mais, havia uma ordem assinada pelo *Führer*, segundo a qual se proibia descer em mergulhos a 750 quilômetros por hora.

Os pilotos do primeiro grupo da 51ª Esquadra de Bombardeio, sob comando do comandante Unrau e que deviam operar com esse bombardeiro, não sabiam o que fazer. Em voo horizontal, não atingiam os alvos, e, em lançamentos efetuados durante alguns exercícios, as bombas caíram um e dois quilômetros longe do alvo. Apenas quando se reforçou a célula e os pilotos puderam lançar a bomba na trajetória correta, os resultados foram satisfatórios.

Segundo afirma o norte-americano Stephen E. Ambrose em seu livro *O Dia D*, foi o marechal que comandava a Luftwaffe que, desejando satisfazer o *Führer* com seu costumeiro servilismo cego, precisou-lhe que o Me 262 podia muito bem levar bombas. Em seguida, esse historiador militar afirma de forma direta: "O problema é que Goering, como sempre, não sabia do que estava falando".

Mais adiante, Ambrose esclarece: "A obsessão de Hitler em bombardear Londres e sua indiferença em defender as cidades alemãs levaram a um monstruoso erro de cálculo".

Tal como já haviam previsto aqueles que defendiam a qualquer preço o Me 262 como caça puro, a versão de bombardeiro, taxativamente ordenada por Hitler, tornou-se um completo fracasso. Llaugé Dausá nos resume as causas disso em seu livro:

> O Me 262 carecia de freios aerodinâmicos e, a uma velocidade de mais de 950 quilômetros por hora, entrava em seu limite crítico de compressibilidade. Não estava apto, pois, para os voos em mergulho ou em descida pronunciada, únicas formas de ataque e lançamento possíveis. Por outro lado, nos voos em baixa altura, consumia tanto combustível

que anulava toda possibilidade de penetrações de interesse operacional; definitivamente, tampouco podia ser aplicado no ataque em voo rasante. A única possibilidade do Me 262 como bombardeiro consistia em utilizá-lo para o bombardeio horizontal em grande altura, mas, para isso, os alvos deveriam ter uma extensão apreciável, como, por exemplo, uma cidade, para ser atingidos com certeza.

Oito meses depois da exibição em Insterburg, com o colossal assalto anfíbio à Normandia em franca progressão para o interior da França, a Luftwaffe mandou – em princípios de agosto de 1944 – uma unidade de bombardeio de Me 262 a Juvincourt, próximo a Reims, como base dos ataques a ser lançados. A frente inimiga tinha se colocado de novo em movimento, para a tomada de Avranches, e era hora de agir de uma vez por todas com muita determinação.

O destacamento comandado pelo major Wolfang Schenk ficaria reduzido de nove a cinco Me 262 Sturmvogel operacionais, por diversas avarias de última hora. Dois deles haviam sofrido rupturas no voo de translado desde a Alemanha, em consequência de erros de trabalho, dado que seus tripulantes nunca haviam decolado com toda a carga bélica. Outro desses aviões à reação sofreu avarias durante a escala feita em Schwäbisch-Hall. O quarto aparelho, por sua vez, não conseguiu encontrar o aeródromo de Juvincourt, vendo-se obrigado a efetuar uma aterrissagem de emergência pouco antes de alcançar seu destino teórico.

As coisas não podiam começar pior para o denominado Grupo de Bombardeio Edelweiss, que, no final, tinha a obrigação de atacar com apenas cinco Me 262A-2a o conjunto de todas as forças Aliadas de invasão na França. Ainda que, em alguns casos concretos, esses jatos revolucionários tenham surpreendido o caça contrário, em outros, seriam interceptados por ela antes de alcançar os alvos previstos. A obrigação de levar bombas – sempre como cargas externas – colocava esses Sturmvogel no nível dos caças Aliados de primeira linha.

Em 28 de agosto de 1944, os pilotos de caça inimigos – norte-americanos, nesse caso – conseguiram derrubar o primeiro Me 262A-2a, fato ocorrido nas proximidades de Bruxelas. Os autores dessa histórica vitória aérea seriam o major Joseph Myers e seu imediato, o tenente M. D. Croy, ambos submetidos ao 78º Grupo de Caça. Os dois obrigaram o Sturmvogel do suboficial Lauer a realizar uma aterrissagem de emergência em um campo de lavoura. No final de outubro, a unidade chamada Edelweiss recebeu um reforço de 25 exemplares dessa mesma versão.

O Einsatzkommando de Schenk prosseguiu suas missões de bombardeio de um modo um tanto irregular, justamente até ser incorporado ao I Gruppe do Kampfgeshwader Nr 51, que havia iniciado suas ações partindo de Rheine/Hopstein. O segundo Gruppe, pertencente à mesma Esquadra de Bombardeio, também recebeu o reforço de outros Me 262A-2a. Tratava-se da variante de caça-bombardeiro que causara tantas dores de cabeça a Galland, por considerá-la um lamentável retrocesso diante das urgências que a defesa aérea da Alemanha apresentava diariamente.

Já não se registraram mais acidentes de voo com os Me 262A-2a. Máquinas e tripulantes eram agora mais confiáveis, mas não puderam fazer nada para mudar o curso da fortíssima ofensiva Aliada em território francês. O empenho mostrado por Adolf Hitler para converter em bombardeiro o primeiro caça à reação do planeta constituiu um novo fiasco. Na realidade, para os rumos do conflito, isso não levou a nada de prático. Os comandos mais otimistas da Luftwaffe quiseram desculpar a vexatória cegueira técnica do ditador falando do "êxito relativo" obtido na França, o que era uma autêntica cortina de fumaça para desculpar sua cega submissão diante dos caprichos de um simples amador no que diz respeito à Aeronáutica.

## Um evidente desperdício

Quase duas semanas depois de assistir à exibição do Me 262 V6, em novembro de 1943, Hitler mandou um telegrama ao marechal Goering – intrometido e indolente, sempre contrário a dar más notícias ao autocrata – ressaltando a, segundo ele, "enorme importância da fabricação de aeronave para ser usada como caça-bombardeiro".

O autocrata nazista desejava ardorosamente que o novo avião estivesse pronto para atuar na primavera de 1944, a tempo de repelir a esperada invasão Aliada nas costas francesas. Em uma conferência celebrada no OKW – Oberkommando der Wehrmacht, uma espécie de Estado-Maior Supremo das Forças Armadas da Alemanha –, o *Führer* assegurou de forma textual aos seus colaboradores militares mais diretos: "O decisivo é lançar bombas sobre suas cabeças no momento em que desembarquem. Isso os obrigará a se defender, com o que perderiam muitas horas".

Mas todos os generais da Luftwaffe presentes nessa reunião sabiam muito bem que o histórico líder do Nacional-Socialismo alemão cometia um enorme erro de apreciação tática; somava-se, assim, um evidente desperdício de materiais estratégicos e combustíveis que o III Reich não podia suportar. Mas todos se limitaram a escutar docilmente em um silêncio sepulcral, para depois desconsiderar o que Hitler expôs com sua veemência habitual e histrionismo insuportável. E tudo isso por não terem ainda em suas mãos uma ordem direta assinada, um simples papel com o timbre oficial do quartel-general hitleriano, em vez de algumas frases enérgicas.

Desse modo, a fabricação do Me 262, cada vez mais complicada e repleta de contradições, continuou. A empresa Messerschmitt AG devia intensificar, dentro de suas possibilidades reais em tempo de guerra, a esperada produção em série com um pedido inicial fixado em 60 exemplares de caça. A fim de esconder as aparências, encomendou-se também um estudo para encontrar uma forma de esse jato de combate tão revolucionário levar bombas, apesar de isso acarretar mais atraso ainda para a saída dos primeiros Me 262 da cadeia de montagem.

Com efeito, as primeiras unidades da série de testes só vieram a aparecer, por fim, na primavera de 1944. Tratava-se de 23 exemplares do Me 262A-0, derivados do protótipo V7, preparados entre janeiro e março desse mesmo ano. Quinze deles acabaram formando em Lechfeld a primeira esquadrilha de instrução ou semioperacional de testes, com o nome de Erpronungskommando (Ekdo) 262 e sob o comando direto do capitão Wernher Thierfelder. Os Me 262A-0 de pré-produção apareceram no final de maio. Já nessa altura, os pilotos de testes da Messerschmitt AG seriam então os encarregados de ministrar um curso dinâmico sobre o manejo desses aviões à turborreação para os aviadores mais experientes da Luftwaffe em missões de caça.

Esses pilotos experientes não demoraram a voar sozinhos. Depois, foram ensaiadas novas táticas, a fim de tirar mais proveito do excelente rendimento em ascensão que o novo reator proporcionava e de sua extraordinária velocidade-limite em voo horizontal. Esses testes haviam sido iniciados em meados de julho de 1944 com uma dúzia de exemplares, e não tardaram a aparecer alguns problemas técnicos. Devia-se fazer frente aos novos fenômenos de compressibilidade a velocidades Mach iguais ou superiores a 0,83. Foram esses os culpados direto de, pelo menos, um par de acidentes e, provavelmente, também da morte do próprio Thierfelder.

Em Lechfeld, foram experimentadas várias combinações de armamento e também diversas formações de ataque. Os técnicos da Messerschmitt AG desejavam detectar qualquer tipo de falha no surpreendente caça a jato. Era mais simples e lógico ir eliminando contratempos nesses testes definitivos antes de iniciar o trabalho em uma grande cadeia de montagem para a aguardada produção em série. Deve-se ressaltar que o Me 262A-0 podia ser manejado com muita facilidade. Em comparação com os caças-padrão de motor de êmbolo da Luftwaffe – casos do Messerschmitt Bf 109 e do Focke-Wulf Fw 190 –, esse jato apresentava movimento de rolamento inevitavelmente mais lento, graças à sua maior envergadura e ao fato de os motores estarem instalados por baixo. Contudo, seu manejo geral proporcionava de fato uma apreciável melhora em relação ao Bf 109G, por exemplo.

Como era previsível, essa base aérea e as oficinas da empresa que preparava o excepcional birreator de combate foram objeto de especial "atenção" por parte da USAAF. Galland, mais uma vez, nos conta em sua importante conferência:

> Quando o Regimento 51 de Bombardeiro "J" [esse jota corresponde à palavra Jäger, caçador em alemão] se encontrava estacionado, em princípios do verão de 1944, em Lechfeld, para recondicionamento e readaptação do Me 262, ocorreu uma situação trágica. Os norte-americanos atacaram as fábricas Messerschmitt e o aeródromo Lechfeld em grande escala. Mais de 60 Me 262 "bombardeiros relâmpagos" sofreram em terra as mais severas avarias, enquanto apenas meia dúzia de Me 262 do comando de testes de caça se opuseram ao inimigo.

## Programa de choque

Adolf Hitler vivia bastante à margem das atividades desenvolvidas pelo Ekdo 262. Antes, na última semana de maio de 1944, havia se reunido com Goering, Milch, Galland e vários outros altos comandos da Luftwaffe em seu retiro montanhoso de Obersalzberg – o conhecido "Ninho da Águia", situado na Baviera –, com o objetivo de analisar com cuidado os problemas gerados pela própria defesa aérea. Nessa época, os B-17 e B-24 norte-americanos, junto aos também bombardeiros pesados britânicos Avro 683 Lancaster, Handley Page Halifax e Short Stirling, estavam sobrevoando a Alemanha quase sem encontrar resistência e com destruidora eficácia nas cidades, infraestruturas e várias fábricas.

O III Reich enfrentava uma agonizante pressão pelo ar, que sempre aumentava mês a mês, com a capital Berlim incluída na ampla lista de alvos a ser bombardeados de forma indiscriminada. Além do mais, com a aparição dos potentes e bem armados caças da USAAF de grande raio de ação – Republic P-47 Thunderbolt e North American P-51 Mustang –, os bombardeiros inimigos contavam então com uma escolta armada que já superava, em uma proporção de sete para um, os interceptadores da debilitada Força Aérea alemã, sem esquecer que esta devia suportar graves perdas definitivas, como mil aeroplanos de caça em apenas quatro meses.

Galland, na qualidade de brilhante inspetor da Aviação de Caça, havia escrito aos seus superiores avisando que se estava a ponto de chegar ao completo colapso da Luftwaffe. Tal como destaca em seu interessante livro biográfico, o ás, que se tornou general por méritos próprios e não por mero despacho, afirmou o seguinte: "Neste momento, preferiria ter um Me 262 a cinco Bf 109".

Tratava-se de uma comparação que falava por si só sobre a urgente decisão que deveria ser adotada. Sendo assim, o sempre impulsivo Adolf Galland sugeriu então ao RLM uma espécie de programa de choque para a fabricação de até mil Me 262 por mês e o treinamento de todos os pilotos que fossem necessários. Devia-se concentrar toda a produção de caças no novo e extraordinário modelo de asa em flecha, a mesma que décadas depois ainda seria utilizada por quase todos os tipos de reatores civis e militares.

O tirano escutaria com o cenho franzido e evidente preocupação a diretíssima proposta de um homem que não conhecia o medo quando voava, que não tinha papas na língua e, exatamente por isso, não utilizava circunlóquios. Galland à parte, o certo é que Hitler apenas se importava em saber o quanto antes quantos novos aviões à reação do modelo Me 262, sempre com capacidade para levar bombas, se encontravam na cadeia de produção da empresa Messerschmitt AG e onde haviam sido utilizados os já entregues. Diante de uma pergunta tão incisiva, o marechal de campo Milch – chefe de material da Luftwaffe – respondeu com voz retumbante:

– Nenhum, meu *Führer*. O Me 262 está sendo construído exclusivamente como aparelho de caça.

Segundo o próprio Galland contaria anos depois, em sua conferência de Buenos Aires:

> Isso, disse Milch, que não havia estado presente quando Hitler concebeu, durante a reunião de Insterburg, a ideia do *Blitz bomber*. Todos os que estiveram na reunião se esforçavam em esquecer repetidamente, e o mais rápido possível, a "inclinação" de Hitler para o "bombardeiro relâmpago". Até esse dia, a indústria havia terminado 120 Me 262. Uma elevada porcentagem deles havia sido danificada por acidentes ou ataques aéreos que os destruíram em terra. Mas nenhum desses aviões se encontrava equipado de forma que pudesse levar bombas. Hitler, diante disso, entrou em uma excitação tal que os oficiais que usualmente o rodeavam manifestaram que podiam

contar as ocasiões em que o haviam visto possuído de tanta veemência. Disse que Goering era infiel e desobediente em relação às suas ordens e insultou a Luftwaffe em geral, tratando-a de inepta e não merecedora da sua confiança.

Com efeito, depois de comentar, em um tom muito azedo, que toda a Força Aérea alemã era formada por um bando de covardes sem honra, o amo do "Reich dos Mil Anos" ressaltou textualmente: "Nenhuma das minhas ordens está sendo obedecidas".

Quase instantaneamente, o ditador deu ordens aos surpresos marechais Goering e Milch para que toda a produção do revolucionário Me 262 se centrasse exclusivamente na versão de bombardeiro, sepultando assim qualquer opção do caça por tempo indeterminado. Além disso, Hitler proibiu que se falasse em sua presença da possibilidade de um novo caça à reação procedente da construtora aeronáutica Messerschmitt AG, destacando a urgente necessidade de eliminar a palavra "caça" do projeto de fabricação já em andamento. Erhard Milch, angustiado diante daquilo que sua mente não aceitava de modo algum, comentou em voz baixa que "até uma criança entenderia que isso não é um bombardeiro, mas um caça".

Mas o *Führer* ouviu essa crítica acachapante e não a esqueceu; por isso não tardou muito precisamente em calar o autor de semelhante crítica à sua irresponsabilidade diante do futuro cada vez mais incerto da Luftwaffe. Até o próprio Adolf Galland ficaria em má situação – depois dessa decisiva e deprimente reunião de Obersalzberg – aos olhos de um déspota obcecado em devolver bomba a bomba todas as que a potentíssima aviação Aliada jogava sobre a Alemanha. Tratava-se, assim, de uma legítima quimera para um III Reich exausto e também já a um passo de perder para sempre o vital fornecimento de petróleo romeno diante do irrefreável avanço do Exército Vermelho.

Willy Messerschmitt foi o que se saiu melhor diante das duras críticas hitlerianas. Seus engenheiros de projeto haviam alcançado então importantes avanços no trabalho de transformar o magnífico Me 262 em um bombardeiro. Dessa forma, foram previstas poucas mudanças para acoplar os dois suportes de bombas sob a fuselagem, e o mecanismo de lançamento funcionaria de forma satisfatória. Sendo assim, a produção em massa não se atrasaria tanto como Hermann Goering – viciado em várias drogas – calculou no princípio. Enquanto isso, um suor frio corria pelas suas costas só de pensar no que podia desatar, de novo, a ira do ditador. Galland nos dá, graças à sua palestra histórica, uma imagem detalhada do que aconteceu depois:

Em seguida, Goering deu ordens para que se modificasse o programa de fabricação da Luftwaffe em benefício dos bombardeiros pesados e, o que foi ainda mais decisivo, transformar e readaptar toda a série de Me 262, sem exceções, para empregá-lo como "bombardeiro relâmpago". Tudo o que até esse momento havia sido conseguido em relação ao emprego do caça Me 262, como caça propriamente dito, devia ser abandonado. Assim, de um único golpe, os pilotos e a defesa aérea do Reich ficaram sem o caça com turbina e sem nenhuma possibilidade de obtê-lo durante muito tempo, em uma desproporção de quase 1 para 20 em relação ao inimigo. O inspetor-geral da Aviação de Bombardeiro recebeu o Me 262 a fim de testá-lo para o lançamento de bombas, determinar procedimentos táticos, formar pilotos de bombardeio nesse novo tipo de avião e, em geral, apresentar as numerosas exigências para a utilização daquele caça de turbina como bombardeiro.

Assim, passaram-se semanas e meses. Enquanto isso, as cidades, as mais importantes fábricas da produção de guerra, as instalações ferroviárias e as oficinas foram reduzidas a escombros.

## Especificações técnicas

Como caça monoposto fabricado para obter a superioridade aérea, o Me 262A-1 Schwalbe – com excelente visibilidade em todas as direções – possuía um completo equipamento eletrônico. Entre os diversos elementos a ser destacados nesse avião, estão os aparelhos para radionavegação e voo às cegas, que funciona como um emissor-receptor. Deve-se mencionar também sua grande capacidade de combustível, que lhe garante uma autonomia de voo de quase uma hora.

As características fundamentais desse interceptador básico – de desenho simples e com um bom trem de pouso triciclo –, em relação às suas dimensões, eram um comprimento de 10,58 metros, uma envergadura de 12,5 metros e uma altura de 3,38 metros, sendo sua superfície alar de 21,73 metros quadrados. A planta motriz era composta por dois turborreatores de fluxo axial Junkers Jumo 109-004B-1, ou B-2 ou B-3, todos estabilizados a 900 quilogramas de empuxo estático unitário.

O peso da versão do Me 262 fabricada em maior número, com diferença, alcançava 3.800 quilogramas sem carga e um máximo ao decolar de 6.390 quilos. Suas capacidades lhe davam uma velocidade máxima de 830 quilômetros por hora ao nível do mar e de 870 quilômetros por hora a 6 mil metros de altitude. Seu teto prático de operação chegava a 12.200 metros, com uma autonomia de 1.050 quilômetros voando a 9 mil metros de altura e utilizando o combustível interno. A velocidade inicial de subida que alcançou foi de 1.200 metros por minuto.

Como armamento usual, o Me 262A-1 Schwalbe já dispunha de quatro canhões rápidos Rheinmetall-Borsig MK 108A-3 de 30 milímetros, com cem disparos para o par superior e 80 para o inferior. O piloto mirava por meio de um visor Revi 16B ou um giroestabilizador denominado EZ.42. Todos os canhões eram instalados no bico do avião, em cuja ponta se encontrava uma fotometralhadora. Ainda que contra os quadrimotores de bombardeio B-17 esses canhões fossem devastadores, o mesmo não acontecia nos ataques em terra ou em combate direto com os caças inimigos, pois a baixa velocidade inicial desses canhões era bastante desfavorável se comparada à dos canhões MK 151. Estes tinham melhor qualidade balística, embora fossem menos destruidores. Contudo, os MK 108A-3 podiam atirar até 73 quilogramas em uma rajada sustentada por cinco segundos.

A capacidade de levar 12 foguetes ar-ar R4M de 55 milímetros sob cada meia asa, de nova concepção e de estabilização rotativa, fazia do Me 262 um caça realmente muito letal, pois podia disparar, em rápida sucessão, seus 24 projéteis contra o grosso das formações de quadrimotores de bombardeio da RAF e da USAAF. No entanto, o alcance e a precisão deixavam bastante a desejar. Mas havia também a teoria da probabilidade, com o chamado efeito de cartucho de pólvora. Depois, uma vez esgotada essa munição, costumava-se atacar com fogo de canhão. O Schwalbe era, além do mais, consideravelmente mais rápido do que os melhores caças de escolta britânicos e norte-americanos, mas tinha menos potência. Em suas manobras de saída ou chegada ao aeródromo correspondente próprio, podia cair sob as balas das metralhadoras inimigas, por conta de sua menor capacidade de manobra.

Esse foguete R4M merece um comentário à parte. Fora projetado pelo engenheiro Pevniss para ser disparado de duas espécies de grades de madeira fixadas sob as meias asas, elementos que, no Me 262, eram de metal. Cada um continha entre 400 e 500 gramas de explosivo, e o primeiro teste em voo esteve a cargo do experiente capitão Fritz Wendel, que abriu fogo a 800 metros do alvo, distância considerada de ampla segurança diante do perigo que as metralhadoras dos aviões pesados do inimigo representavam. O maior êxito do foguete R4M ocorreu nos últimos dias da guerra, sobre a Alemanha, quando 24 caças de motor de êmbolo Fw 190 conseguiram abater 40 bombardeiros Aliados sem sofrer uma única perda.

Os pilotos Aliados nunca acreditaram que o Me 262 fosse invulnerável aos seus ataques. De fato, sempre buscaram uma aproximação favorável nos arredores das bases aéreas alemãs. Ali, o excelente jato de combate perdia sua superioridade na velocidade horizontal, registrada em quase 160 quilômetros por hora na maioria das alturas, e invariavelmente em comparação com os caças norte-americanos e britânicos mais rápidos. Em termos gerais, podemos afirmar que o Schwalbe se encontrava a salvo de perigos se fosse manejado de um modo competente por pilotos capazes de manter-se constantemente em estado de alerta. Já próximo de seu aeródromo, o único tripulante do Me 262A-1a devia voar lentamente e então ficar bastante atento a uma aproximação muito cuidadosa, acionando os comandos de seus temperamentais motores à reação.

Por sua vez, o chamado Me 262A-2a Sturmvogel – dedicado a operações de bombardeio – proporcionava uma velocidade máxima sensivelmente menor, de apenas 750 quilômetros por hora, e um teto máximo de 10.025 metros. A variante de caça noturno de dois postos, denominada Me 262B-1a/U1, dispunha de radiogoniômetros automáticos de grande precisão e aparelhos de radiolocalização. Mas as estrondosas antenas de radar – localizadas na ponta – reduziam sua velocidade máxima em pelo menos 60 quilômetros por hora.

Os técnicos da empresa Messerschmitt AG procuravam melhorar continuamente as capacidades do excepcional avião que tanto obcecou o próprio Hitler e que, quando se quis reconvertê-lo – de bombardeiro em caça –, já era tarde demais para o agonizante III Reich. O Me 262A-1a teria podido deter, sem dúvida, os bombardeiros Aliados, mas se fosse fabricado em massa e atuando unicamente como interceptador puro. Deixando de lado essa ocasião perdida, cabe destacar que a melhor marca de velocidade na horizontal alcançada por um dos protótipos, o mais preparado, ficou registrada em 930 quilômetros por hora.

Além do mais, o Me 262 foi testado como laboratório voador no ensaio de novas armas – com exceção, é claro, das bombas-modelo de queda livre de 250 quilogramas unitários, instaladas na parte de baixo da fuselagem, ligeiramente à frente da cabine –, como os foguetes ar-ar R4M, várias vezes mencionados. Esse período de desenvolvimento chegaria ainda mais longe em meio a um certamente desmedido afã por aumentar a limites nunca antes imaginados a capacidade mortífera do revolucionário birreator de combate. Assim, surgiu o acoplamento do estrondoso canhão Reichmetall BK 5 de 50 milímetros, que era dois metros maior do que a proa do avião. Mas essa monstruosa instalação foi um completo fracasso, pois, quando essa arma era disparada, produzia um brilho ofuscante, e, por isso, foi preciso acrescentar contrapeso para manter o centro de gravidade. Outra ideia inútil foi a bomba rebocada de mil quilos, "solução" logo descartada uma vez que tão chamativo projétil provocava muita instabilidade no Me 262 em pleno voo. Isso ficou mais que evidente depois dos vários testes realizados diante dos céticos técnicos do Reichsluftfahrtministerium.

## A plena potência em voo rasante

Os 15 Me 262A-0 com base em Lechfeld começaram a decolar para combater os aviões Aliados depois de ser imediatamente substituídos todos os exemplares acidentados no transcurso dos testes preliminares e antes de receber a permissão definitiva dos especialistas do Ministério de Aviação do Estado. No fim do dia 24 de julho de 1944, haviam alcançado três vitórias, derrubando dois Lockheed P-48 Lightning (caças-bombardeiros monoposto norte-americanos) e um De Havilland Mosquito B.MK XVI (caça-bombardeiro de dois postos britânico). Diante desse triplo êxito do novo jato de combate da derrotada Luftwaffe, o chefe de Operações Aéreas da USAAF na Europa, general Carl Spaatz, percebeu rapidamente que aquele velocíssimo avião à reação em muito pouco tempo seria, na realidade, uma ameaça perigosa se aparecesse em massa. Por isso, expressou-se desta maneira em um claro relatório aos seus superiores: "Esses letais caças alemães poderiam, em um futuro próximo, impossibilitar as missões de bombardeio dos Aliados".

Felizmente, para os Estado Unidos e o Reino Unido, havia um avião da RAF capaz de causar problemas aos Me 262. Tratava-se do mencionado Mosquito, surgido a partir de uma ideia iniciada em outubro de 1938, por obra de um grupo de projetistas dirigidos por Geoffrey de Havilland. Acabariam elaborando um bombardeiro ligeiro, construído inteiramente de madeira, como a única forma de enfrentar a escassez de materiais estratégicos vitais, à qual o grande conflito bélico levou de forma inevitável. No final, mostrou-se necessária também a versão de reconhecimento. Esta, como a de bombardeio, pôde voar quase impunemente sobre os territórios europeus ocupados e a própria Alemanha durante os anos 1943 e 1944. Os tripulantes do Mosquito de reconhecimento, que ia totalmente desarmado, tiraram proveito da velocidade desse importante bimotor. A Luftwaffe tratou de contrabalançar sua ação por meio de dois Jägdgruppens especiais, ambos já exclusivamente equipados com caças Me 109G-6, mas sem obter nenhum êxito apreciável.

Chegou o dia 25 de julho de 1944, quando foi produzido o encontro mais importante entre um Me 262A-0 do Erprungskommando 262 e um De Havilland Mosquito PR.MK XVI saído da Inglaterra, este pertencente ao 544º Esquadrão da Royal Air Force e com o tenente A. E. Wall nos comandos de voo. Fazia um tempo magnífico para cumprir uma missão de vigilância em grande altitude, tal como 9.100 metros, sobre a Baviera, com grandes massas de cúmulos formando-se muito acima dos Alpes. Em um dado momento, ao aproximar-se da perpendicular de Munique, o piloto desse Mosquito de reconhecimento fotográfico – com câmaras de disparo automático, capazes de registrar até os mais simples detalhes terrestres, para posterior análise no Reino Unido dessas valiosas imagens – percebeu um aeroplano contrário a apenas 365 metros da popa e aproximando-se a uma velocidade incrível. O aparelho inimigo apresentava, como sinal exterior mais característico, uma fuselagem de base plana que lembrava muito o corpo de um tubarão de dimensões colossais.

Wall, da cabine pressurizada, baixou a proa de seu bimotor, dando o máximo de gases suportado pelos dois motores lineares de 12 cilindros em V, da marca Rolls-Royce Merlín 72, de 1.680 cavalos-vapor de potência unitária. O Mosquito caiu em um profundo mergulho com sua dupla planta motriz incendiada. Depois dessa manobra, teria de ter deixado para trás o melhor caça alemão com motor de êmbolo, mas esse jato ia ainda mais rápido que qualquer outro avião jamais visto pelos dois surpreendidos tripulantes da aeronave britânica de reconhecimento. Assim, o Me 262A-0 passou por cima do De Havilland Mosquito PR.MK XVI, depois se inclinou de forma brusca e, alguns segundos depois, surgiu como um autêntico pesadelo pela cauda do citado avião da RAF.

O apreensivo piloto da Grã-Bretanha fracassou em sua segunda manobra evasiva, depois de dar um giro pronunciado para o bombordo, tentando sair daquele pavor inesperado em voo horizontal. Pouco mais tarde, chegou aos ouvidos dos tripulantes do indefeso Mosquito a estrondosa cadência produzida pelos quatro canhões de 30 milímetros do avião à reação inimigo. Mas o único tripulante deste errou o tiro, e por isso seu rival saiu momentaneamente do apuro, puxando para trás a alavanca de câmbio, a fim de ganhar altitude. O Me 262A-0, muito veloz para imitar esse violento giro, desapareceu no céu como fumaça. Nesses dias, ainda se avaliava no RLM esse modelo de pré-série na interceptação dos aviões britânicos de reconhecimento de alta altitude, o que era feito sempre na unidade operacional de testes Ekdo 262.

Enquanto o Mosquito se dirigia para o sul, buscando nuvens onde camuflar-se, o jato de combate alemão surgiu de novo, dessa vez, abrindo fogo de uns 750 metros de distância. Wall teve de se desviar bruscamente outra vez para tirar seu tenaz oponente da frente. Dessa forma, a operação se repetiu mais quatro vezes; o bimotor da Grã-Bretanha conseguia escapar graças a giros tão pronunciados que o outro aeroplano não podia imitar de modo algum. Em meio a esse "baile" mortal, o tenente Wall conseguiu se colocar pela primeira vez atrás do rapidíssimo caça alemão, depois de ambos iniciarem uma espetacular espiral descendente. No entanto, essa demonstração de habilidade tinha apenas valor simbólico, pois o caça de reconhecimento não levava nenhum armamento a bordo.

Depois de 15 minutos de um tenso cabo de guerra, o Mosquito se meteu na proteção oferecida por uma série de cúmulos em uma grande massa de nuvens sobre os Alpes bávaros. Quase quatro minutos depois, saiu dessa zona nublada para comprovar que o birreator construído pela empresa Messerschmitt AG havia desaparecido. O aeroplano da RAF continuou o voo até chegar ao seu previsto destino final, o aeródromo italiano de Severo. Outro aparelho idêntico – também pertencente ao 544º Esquadrão, cujos aviões sustentaram um serviço postal durante a Conferência de Ialta – conseguiu escapar nesse mesmo dia de todos os projéteis de 30 milímetros que um jato de igual modelo de pré-série lhe disparava.

A partir dessa data, em que dois aviões britânicos de reconhecimento se encontraram muito próximos de cair diante da segunda aeronave de combate mais rápida do planeta, os De Havilland Mosquito PR.MK XVI seriam regularmente interceptados pelos Me 262. Porém, as experientes tripulações da Royal Air Force quase sempre conseguiam escapar de tão perigoso cerco. Assumindo um trajeto rasante a plena potência, costumavam reduzir o nível de combustível do reator inimigo em poucos minutos.

A Luftwaffe não se deu exatamente por vencida diante da sempre aborrecida presença desses Mosquitos, dedicados tanto a missões de bombardeio como de fotorreconhecimento, segundo as variantes. De fato, a Messerschmitt AG recebeu o encargo de preparar um caça à turborreação para atuar de noite. Por isso, surgiu a versão Me 262B-1a/ U1, de dois postos em paralelo, como conversão interina e com capacidade de combustível reduzida, para acabar com a expressa impunidade noturna dos rápidos bimotores britânicos. O denominado Kommando Walter pôs em linha de batalha essa variante e, para isso, foi convertida numa Staffel (esquadrilha) noturna de 12 exemplares de caça, a 10./ NJG 11. Essa unidade aérea especial defendeu a capital do agonizante III Reich na hora derradeira, em abril de 1945, conseguindo diversos triunfos com sua ação. No entanto, não pôde superar as cinco vitórias sobre o Mosquito alcançadas pelo sargento Becker, para sua glória individual, pilotando um monoposto modelo do Me 262 e sem radar, entre 21 e 30 de março do mesmo ano.

## Escassez de matérias-primas

A brusca ordem de Hitler de dar absoluta prioridade ao Me 262 como bombardeiro ia, logicamente, atrasando a constituição da primeira unidade operacional de caças à reação na cada vez mais débil Luftwaffe. Do Ministério de Armamentos e da Produção Bélica, seu titular, Albert Speer – arquiteto genial e homem da máxima confiança do *Führer* – mostrava sua profunda preocupação. De fato, criticaria, muito tempo depois, em um de seus livros e no pós-guerra, a atividade desdobrada pelos Me 262A-2a no território francês libertado pelas tropas Aliadas. Escreveu a respeito que "o efeito desses diminutos bombardeios era ridiculamente insignificante".

Enquanto isso, os êxitos alcançados pelo Me 262A-0 experimental – apenas como caça e com base em Lechfeld – chamaram pouca atenção de um autocrata que não dava o braço a torcer e que, além disso, continuava se mostrando muito relutante em abandonar sua ideia "genial" de um Me 262 atacando o solo em vez de os milhares de quadrimotores que assolavam a Alemanha de dia e de noite. No final de agosto de 1944, Hitler autorizou por fim a construção, mas de forma muito limitada, do Me 262 na tão esperada variante de interceptador em estado puro, embora na escandalosa proporção de um caça para cada 20 aviões da versão capaz de transportar meia tonelada de bombas.

Cada semana perdida já era vital para a defesa aérea de um III Reich que contemplava impotente o bombardeio regular de suas fábricas aeronáuticas. À traumática escassez de petróleo, juntou-se também a de matérias-primas, como o cromo e o níquel, totalmente indispensáveis para a produção de pás para as turbinas dos novos turborreatores. Apesar de tantas dificuldades, a cadeia de montagem do Me 262 melhorou bastante porque esse prodigioso jato obteve preferência nas escassas provisões disponíveis.

Assim, a montagem final passou a ser feita em fábricas secretas, de onde saíram 101, 124, 160 e 280 exemplares do Me 262 totalmente prontos para o combate, referentes, respectivamente, aos meses de novembro, dezembro, janeiro e fevereiro, entre 1944 e 1945. A engenhosidade alemã possibilitava essa produção, sempre crescente, apesar de tantas dificuldades. Antes que o mencionado birreator chegasse até essas cadeias de montagem, os operários – para dar dois únicos exemplos – haviam acoplado os estabilizadores aos timões de cauda e rebitado então os delicados painéis de alumínio nas estruturas de aço de cada meia asa.

## O Kommando Nowotny

A empresa Junkers Flugzeug und Motorenwerke AG viu-se obrigada a transferir sua fábrica principal para uma cerrada rede de túneis para construir turborreatores. Era realmente a única maneira de sair ileso diante do ataque, cada vez mais intenso, dos bombardeiros Aliados. Segundo seus cálculos – que se cumpriram rigorosamente, quase com a mesma precisão que um relógio suíço –, seria preciso preparar um mínimo de 300 motores à reação Jumo 109-004 a um ritmo mensal muito intenso, o suficiente para dotar os novos aeroplanos da Messerschmitt AG dessa dupla planta propulsora. Enquanto isso, a própria Messerschmitt preparava a fuselagem, as asas e demais partes de seu formidável Me 262 em bosques e grandes cavernas da Baviera; lugares, em suma, muito difíceis de ser descobertos do ar, por causa da densa vegetação.

Dessa forma, o reconhecimento fotográfico inimigo nunca suspeitou realmente de fábricas "inocentes". Cabe destacar o caso de uma atividade suspeita, mas que, de fato, montava elementos básicos para o melhor caça à reação do mundo. Além do mais, foram profusamente empregadas como pistas de testes as chamadas *Autobahns* ou estradas de quatro pistas. Eram as mesmas que o grandioso planejamento de Hitler havia previsto antes da eclosão da guerra no Velho Continente, para oferecer maior comodidade e rapidez no translado de tropas e mercadorias de todo tipo.

O Ekdo 262 pôs fim à sua atividade em setembro de 1944, como unidade semioperacional, justamente quando Galland conseguiu que se desse luz verde a um de seus projetos mais queridos, no dia 18 do mesmo mês. Um dos melhores pilotos de caça alemão, o major Walter Nowotny, foi encarregado imediatamente das duas esquadrilhas que formariam a primeira unidade de caça sob a denominação de Kommando Nowotny, ambas preparadas no princípio com o Me 262A-1a; embora, sempre em favor da verdade histórica, deva-se esclarecer que nunca tiveram mais do que a metade. Essa nova unidade de combate devia seu nome a um excepcional aviador vienense, de 24 anos de idade e dotado de um chamativo carisma pessoal. Ele já havia voado nos jatos experimentais de Reichlin e foi nomeado chefe por possuir um instinto caçador semelhante ao de um falcão.

Além do mais, Nowotny somava, em sua impressionante lista de êxitos, vários recordes dentro da Luftwaffe, tendo obtido 250 vitórias – todas na imensa frente oriental – em exatamente 442 missões de combate. Semelhantes recordes lhe deram distinções castrenses tão importantes como a cruz de ferro, com folhas de carvalho, além das espadas e diamantes.

Esse impulsivo chefe aéreo dividiu em seguida seus reluzentes Schwalbe em partes iguais dentro de dois aeródromos próximos à fronteira holandesa, em Achmer e Hesepe, não muito distantes de Osnabrück. O Kommando Nowotny ficou instalado bem no meio do corredor de aproximação dos quadrimotores da USAAF que bombardeavam uma Alemanha cada vez mais cercada por seus inimigos de todos os pontos cardeais. Mas, a partir de então, a mencionada unidade começou a receber ordens tão contraditórias quanto simplesmente insensatas. Ocorreu que os "cérebros" em estratégia da Luftwaffe desejavam que os novos caças à reação da Messerschmitt AG ignorassem por completo a presença do caça inimigo em missões de escolta, atacando, portanto, apenas as mortais formações norte-americanas de B-17 e B-24 "em caixa".

Por causa disso, em 3 de outubro de 1944, a estreia do Kommando Nowotny em sua atividade guerreira não poderia ter sido pior. Nesse malfadado dia, o P-51D Mustang do tenente Urban L. Drew – que estava sobrevoando a pista de Achmer em elevada altitude – conquistou duas vitórias sobre vários outros Me 262A-1a. A USAAF, então, pôs em prática uma tática que seus próprios pilotos batizaram de "caça aos ratos" e que consistia em atacar os rapidíssimos Schwalbe quando sem dúvida eram mais vulneráveis no transcurso das manobras de decolagem e aterrissagem. Era o verdadeiro calcanhar de Aquiles de um jato muito superior em voo horizontal a todo gás a qualquer avião de caça Aliado.

Atendendo agora ao relatório de voo apresentado por Drew, podemos seguir passo a passo o que aconteceu no dia em que o Kommando Nowotny sofreu as três primeiras baixas materiais definitivas. Esse oficial norte-americano ficara aguardando suas vítimas com muita paciência. Depois de uns minutos de tensa espera, conseguiu distinguir uma parelha de Me 262A-1a rodando pela pista do aeródromo. De acordo com o que o piloto da USAAF escreveu a respeito: "Esperei até que ambos estivessem no ar; depois, lancei-me ao ataque com minha esquadrilha atrás de mim".

Esses dois birreatores da Luftwaffe se encontravam então em clara desvantagem para o combate, voando a pouco menos de 50% da velocidade que os North American P-51D Mustang podiam desenvolver. Um deles se aproximou com rapidez e colocou-se a 356 metros do jato situado na retaguarda, abrindo fogo sobre ele com suas seis metralhadoras de 12,7 milímetros, instaladas em partes iguais em cada meia asa. O tenente Drew contou: "Quando olhei para trás, vi uma gigantesca explosão e uma língua de fogo alaranjada de uns 300 metros".

O caça norte-americano arrancou a cabine do Me 262A-1a de vanguarda com uma autêntica chuva de balas de 12,7 milímetros. Esse reator entrou então em parafuso, indo explodir próximo à sua pista sem que nada pudesse ser feito. Mas as desgraças do dia negro para o Kommando Nowotny não terminaram precisamente aí, pois um terceiro Schwalbe cairia depois de abater um dos três bombardeiros B-24 Liberator destruídos pelos novos caças à turborreação dessa mesma unidade, comandada por um dos mais destacados ases do conflito.

## Uma formidável barreira de fogo

Os Me 262A-1a eram, na realidade, velozes demais para lutar contra os quadrimotores de bombardeio. Isso os obrigava a reduzir continuamente a velocidade, a fim de enquadrar muito melhor os alvos. Dessa forma, tornavam-se reféns dos potentes caças P-47 e P-51, sempre à espreita da menor oportunidade. Diante disso, o Alto Comando da Luftwaffe mudou de tática, deixando para os já clássicos Bf 109 e Fw 190 – ambos de motor de êmbolo – a missão específica de destruir todos os bombardeiros Aliados carentes de proteção.

A brilhante unidade de caça comandada diretamente por Walter Nowotny registrou 19 vitórias em seu primeiro mês, atuando dos aeródromos de Achmer e Hesepe. Porém, esses triunfos aéreos acabariam sendo equiparados, por diversos motivos, às perdas reais de Schwalbe. É preciso que fique claro que os acidentes causados pela conhecida fragilidade do trem de pouso triciclo tornavam-se mais frequentes, pois o suporte da roda frontal se rompia com muita facilidade.

Alguns exemplares dessa variante de caça do Me 262, a mais fabricada apesar de todos os empecilhos criados por Hitler, ficaram imprestáveis porque as pistas de aterrissagem apresentavam muitos buracos abertos pelas bombas inimigas. Além do mais, havia turborreatores que se incendiavam porque os pilotos aceleravam depressa demais. Também escasseavam as peças de troca e a manutenção nunca foi adequada. A isso, somou-se a lógica falta de experiência dos mecânicos com aviões à reação. O caso é que, precisamente cinco semanas depois de ter sido criado, o Kommando Nowotny via seus efetivos reduzidos para apenas três Me 262A-1a.

Depois que os Aliados localizaram as bases de tão inovador aeroplano, iniciaram duros ataques com os Tempest e Mustang destacados na margem ocidental do Reno. Britânicos e norte-americanos desejavam surpreender no solo esses velozes aparelhos. Desde o princípio, as duas esquadrilhas de Walter Nowotny receberam a cobertura dos caças Fw 190D-9, Bf 109G-10 e Bf 109K-4. Como se isso não bastasse, foram instaladas defesas antiaéreas compactas para expulsar o costumeiro caça Aliado dos aeródromos de Achmer e Hesepe.

O próprio Nowotny mandara colocar ao redor desses campos uma formidável barreira de fogo, composta por canhões automáticos de 37 milímetros e metralhadoras pesadas de 20 milímetros. Diante do grande número de aviões Hawker Tempest perdidos, a Royal Air Force mudou de sistema. A partir daí, manteve-se permanentemente em voo na região para, no momento em que avistasse algumas patrulhas de caças, cair de imediato sobre os Schwalbes, quando estes pareciam mais vulneráveis e, sobretudo, quando iam aterrissar depois de cumprir mais uma missão de combate.

Walter Nowotny faleceu em 8 de novembro de 1944. Nas sentidas palavras de Galland, era "o melhor jovem que a Alemanha tinha". Dele se encontrou apenas uma mão carbonizada separada do corpo, junto a um pedaço de sua cruz de cavalheiro com diamantes. Existem duas versões sobre a trágica morte desse ás da Luftwaffe, que caiu depois de derrubar um quadrimotor norte-americano. Voltava para Achmer – até mesmo chegou a avistar o aeródromo – e se espatifou no chão, ainda com o paraquedas enganchado. Foram muitas as testemunhas que escutaram um ruído aterrador, seguido de uma fortíssima explosão quando o jato chocou-se com o chão. Naquele dia, acabou para sempre a carreira de um excepcional piloto, o quinto em número de vitórias de toda a Alemanha e do mundo com suas 258 destruições, todas plenamente confirmadas.

Isso aconteceu em uma época em que se anunciava sem perdão o começo do fim dos sonhos expansionistas de Hitler, com o território dominado pelos alemães suportando um duríssimo castigo. A respeito disso, vejamos a opinião de Adolf Galland em um texto tirado de sua conferência em Buenos Aires e logo publicado pela *Revista Nacional de Aeronáutica*:

A situação militar da Alemanha no oeste era crítica. A rede de transportes havia sido bloqueada por fortes e repetidos ataques aéreos. As operações militares e as provisões industriais se encontravam paralisadas ao máximo. Os grandes ataques estratégicos das 1ª e 15ª Forças Aéreas norte-americanas e a armada aérea do comando estratégico inglês destruíam fábricas de produção de nafta sintética, fábricas de aviões, de motores e centros demográficos, de tal forma que se chegou a uma conclusão: algo decisivo precisava ser feito imediatamente contra tudo isso.

## Formação em V

Com a morte de seu carismático chefe, o Kommando Nowotny foi totalmente dissolvido em 10 de novembro. Os poucos aviadores sobreviventes fizeram as malas para regressar a Lechfeld. Em seu curto período operacional, a primeira unidade de caça pura com avião à reação da Força Aérea alemã havia perdido um total de 26 aparelhos. Tão penosa lição serviu, pelo menos, para assimilar muitos truques, vitais para as futuras decolagens e operações dos Me 262A-1a que saíam com regularidade das linhas de montagem.

De fato, em finais do citado mês, a Luftwaffe receberia até duas centenas de novos birreatores, entre caças e bombardeiros, dos 420 exemplares até então construídos pela empresa Messerschmitt AG. Dada a cada vez mais problemática situação das frentes terrestres e as marteladas dos bombardeiros Aliados, o que começava a faltar era tempo, por isso os pilotos novatos deveriam cumprir um mínimo de 35 horas de formação de voo. Porém, se essa instrução de práticas já foi considerada escassa, bem poucos pilotos chegaram realmente a cumpri-la. A tudo isso, cabe ressaltar que os homens do lendário Nowotny não contaram nem com esse tempo tão exíguo de preparação.

Nesse meio-tempo, todos os serviços aliados de investigação se encontravam bastante alarmados diante da presença cada vez maior do Me 262. Para sorte da USAAF e da RAF, a ordem de Hitler de utilizar o formidável birreator principalmente como lançador de bombas ainda continuava vigente. Com efeito, o novo jato de combate atacava as linhas de frente levando *contêineres* AB250 para cumprir missões de bombardeio e, apenas ocasionalmente, realizava alguma outra saída de interceptação contra os caças britânicos e norte-americanos.

Em meados de novembro de 1944, ficou completo o núcleo da Jägdgeschwader ou Asa de Caça Nr 7, em Brandenburgo-Briest, sob o comando direto de outro ás da caça alemã: Johannes Steinhoff, com 176 vitórias confirmadas no final da guerra, 149 delas no leste. É o mesmo piloto que depois descreveu suas valiosas experiências como combatente do ar na obra *Die Strasse von Messina*. Mas, apesar de seus indubitáveis dotes como chefe e organizador, esse destacado coronel não conseguiu tirar todo o partido que desejava do brilhante birreator com o qual ele próprio conseguiu somar outras seis derrubadas em sua espetacular conta pessoal. Sua nova unidade recebeu o reforço, no III Gruppe, dos poucos sobreviventes do Kommando Nowotny. O denominado I/J67 seria posteriormente formado em Parchim.

Com uma grande experiência – provada na Polônia, na Batalha da Inglaterra, norte da África e nos Bálcãs –, Steinhoff usou sua destacada habilidade para treinar pilotos de caça. Dando sempre o exemplo pessoal da audácia e sem medo algum do perigo, esse ás iria refinando as táticas de seu JG-7.

Johannes Steinhoff se esqueceu para sempre da clássica formação *Schwarm* – Enxame; de quatro aviões à reação –, em que dois aviões voavam juntos, servindo um de escolta; e outro, de líder. Se o primeiro ficasse na vanguarda, o outro lhe cobria a cauda a uma altura não muito superior. O problema dessa formação era a inevitável necessidade de realizar contínuos ajustes na velocidade do jato, o que ocasionava, com certa frequência, incêndio em cada um dos dois turborreatores Junkers Jumo 109-004B, pois essa altitude de combate exigia que se variasse com demasiada rapidez a regulagem de seus gases. Diante de semelhante risco, todos os Me 262A-1a adotaram como própria a formação em V, a partir, evidentemente, de três exemplares.

Essa tática se mostrou muito mais flexível por não ser necessário prestar muita atenção aos gases. Não obstante, dessa maneira, ficou ainda mais complicado para uns aviões darem proteção aos outros em plena luta. Os sisudos técnicos do RLM calcularam então que os novos aviões à reação, com ampla capacidade para superar em velocidade todos os caças Aliados, poderiam se defender sozinhos.

## Impressionante número de vitórias

Adolf Galland, como inspetor da Aviação de Caça, havia ordenado um intenso programa de treinamento para os pilotos do Me 262, como única forma de garantir a absoluta superioridade deste, em relação a todos os caças daquele tempo. O JG-7 de caça – de Steinhoff – e o KG-51 – de bombardeio – começaram a ser desenvolvidos até se tornarem grandes e impressionantes unidades. Mas, ao final do ano de 1944, o céu alemão já estava sob controle total dos aviões Aliados, transformando, de fato, cada decolagem dos Schwalbe e Sturmvogel em uma manobra cheia de riscos, sem falar dos acidentes.

Nos poucos meses que se seguiram até o colapso total do III Reich, os pilotos da Luftwaffe – os que manejavam o jato de que tratamos agora – se superaram em decisão, valor e heroísmo. Nessa mesma época, cresceu como espuma a polêmica acerca da capacidade desses tripulantes. Na hora de recrutar pessoal de voo, era preciso escolher entre antigos pilotos de bombardeiros, carentes de treinamento em combate aéreo, e os novos pilotos de caça, que não traziam nenhuma experiência. Dos primeiros, existiam centenas que não podiam fazer nada de útil no ar diante da imobilização de suas máquinas, em consequência direta da angustiosa falta de combustíveis. Quanto aos outros, os novatos, faltava-lhes preparação suficiente em navegação ou voo por instrumentos.

Em 30 de janeiro de 1945, foram criadas na Luftwaffe outras quatro unidades de bombardeiro à reação. Isso de acordo com as ordens transmitidas, porque, na realidade, seriam três as que finalmente participaram das operações e com um notável saldo de baixas próprias: a I/KG(J) 54, em Giebelstadt; a II/KG(J) 54, em Kitzingen; e a III/KG(J) 6, de Praga-Ruzyne – isso quanto a aviões Me 262A-2a Sturmogel. Deve-se destacar também que os Me 262A-1a de caça pura – pertencentes à unidade JG-7, comandada por Johannes Steinhoff – desenvolveram por sua conta e risco uma nova tática de ataque contra os quadrimotores inimigos, a qual vamos conhecer em seguida.

O ataque frontal, desenvolvido pelos clássicos caças alemães de motor a pistão Bf 109 e Fw 190, não servia ao Schwalbe, pois este queria centrar todo o fogo nas vulneráveis proas de plexiglas dos pesados bombardeiros britânicos e norte-americanos. A velocidade relativa de aproximação do novo jato de combate da Força Aérea alemã chegava a mais de 1.280 quilômetros por hora – somando, claro, a do grande aeroplano contrário e a sua própria –, e isso deixava ao piloto atacante apenas poucos segundos para manejar seus quatro canhões de tiro rápido. Sendo assim, os homens dirigidos por aquele que acabaria por se aposentar como general na nova Luftwaffe da República Federal da Alemanha – para dedicar-se ao jornalismo, chegando a ser diretor da prestigiosa revista mensal *Aerospace International* – começaram a atacar por trios, deixando uma separação de uns 140 metros entre os Me 262A-1a.

Em poucas palavras, os pilotos de Steinhoff iniciavam sua ofensiva contra os bombardeiros contrários pegando-os por trás. Aproximadamente 5 quilômetros depois e a 1.500 metros por cima de suas vítimas, arremetiam para baixo, passando entre a escolta de caças Aliados a não menos do que 800 quilômetros por hora. A prática diária demonstrou a esses aviadores que deviam descer ao redor de 450 metros abaixo dos grandes aviões de bombardeio para, em seguida, atingir o máximo de suas possibilidades – a cerca de 480 quilômetros por hora – entre esses inimigos e, literalmente, "borrifar" com projéteis de 30 milímetros tanto a fuselagem como as seções de cauda dos B-17 e B-24 que sempre apareciam em interminável sucessão diante de seus visores. Uma vez cumprida essa ação, os Me 262A-1a deviam escapar imediatamente pela zona superior da formação de quadrimotores.

Os homens de Steinhoff também comprovaram algo importante e na própria pele. Permanecer debaixo dos grandes bombardeiros inimigos – norte-americanos, nesse caso – era um autêntico suicídio. Isso, certamente, sem contar o constante perigo representado pelos caças P-47 e P-51 da USAAF, e não era menor o risco da queda de destroços de B-17 e Liberator. Ao concluir esse ataque, cada reator alemão tinha de dar uma volta ampla em círculo e repetir a manobra, se é que ainda dispunha de combustível suficiente. Caso contrário, o piloto do Me 262A-1a regressaria ao aeródromo com o consequente risco de ser "caçado" por perder velocidade e capacidade de manobra no já imprescindível pouso.

Partindo de vários campos de aviação, as esquadrilhas que formavam a Jädgeschwader Nr 7 chegariam a obter um número impressionante de triunfos. Como trágica contrapartida, muitos Schwalbes caíram ao solo, tanto em acidentes como pelo fogo Aliado; isso sem contar a própria exaustão de seus tripulantes, que dispunham de cada vez menos horas de sono tranquilo e tinham de suportar uma tensão contínua.

Frequentemente, os jatos de dois motores da Luftwaffe conseguiam superar a abundante cobertura feita pelos caças de escolta norte-americanos para, literalmente, dizimar as compactas formações de bombardeiros inimigos. Costumavam usar o fogo concentrado de seus quatro canhões de tiro rápido ou os foguetes R4M de 55 milímetros. O temível efeito desses projéteis, quando atingiam o alvo escolhido, está muito bem representado em um relatório escrito pelo tenente Fritz Mueller, depois de interceptar, com seus camaradas, uma imponente massa de B-24: "Disparei todos os meus foguetes. Eles atingiram a fuselagem e a asa de um dos Liberators que voava no meio da formação. Empinou-se, voltou-se para trás e depois começou a cair".

Llaugé Dausá nos explica sobre esses foguetes letais:

> Galland testou-os na região de Lansberg, sobre o Lech, contra uma formação de 16 bombardeiros Mauraders. Disparou de uma distância de 600 metros a salva de 24 foguetes, conseguindo dois impactos certeiros. Os outros aparelhos que acompanhavam Galland, entre os quais se encontrava o pilotado por seu ajudante Eduard Schallmoser, obtiveram vários sucessos.

Leiamos, pois, o que o próprio Adolf Galland explicou em seu livro de memórias bélicas:

> Eis aqui o meio de combate de que necessitávamos para dispersar as formações atacantes! E isso, em fins de abril de 1945, quer dizer, no meio da dissolução e no começo do colapso...! É melhor não pensar que teríamos podido ter há anos esses caças à reação, os novos canhões de tiro rápido de 30 milímetros e os foguetes de 5 centímetros; e isso antes da destruição do nosso potencial bélico, antes das misérias inomináveis caírem sobre a Alemanha por meio dos bombardeios. Não pensemos mais nisso! Naquele momento, não nos restava outra coisa a fazer além de pilotar nossos aparelhos, lutar e cumprir até o fim nosso dever de pilotos de caça.

## O relato de um assassino norte-americano

Foram confirmadas 21 vitórias Aliadas sobre o revolucionário avião à reação do qual tratamos, todas a cargo de pilotos da Royal Air Force e da USAAF, sempre sobre os aeródromos alemães quando o Me 262 procurava realizar a manobra de aterrissagem. Os Tempest, Typhoon e Spitfire britânicos obtiveram essas vitórias com os P-47 Thunderbolt e P-51 Mustang norte-americanos.

Um piloto de P-51D, o tenente Urban L. Drew, pertencente ao 361º Grupo de Caça – com base no aeródromo britânico de Little Walden –, conseguiu a maior glória de *killer* (assassino) em todas as crônicas da época por conseguir destruir dois Me 262A-1a que acabavam de decolar de Achmer, e isso em poucos segundos, no dia 3 de outubro de 1944. Foram as primeiras perdas registradas no Kommando Nowotny, na unidade operacional de Schwalbe já ampliada. Curiosamente, os novos jatos britânicos Gloster Meteor, também de dois motores, que, desde esse mesmo mês estavam em serviço, não puderam repetir a proeza desse Mustang. Além disso, ainda não há constância documental de que, na Segunda Guerra Mundial, tenha havido um único combate entre aviões à reação.

A bordo do excelente P-51 – provavelmente falamos do melhor avião de caça norte-americano de todo o conflito bélico –, esteve também um tenente chamado Stephen C. Ananian, cuja história apareceu nas páginas centrais do *The New York Times* em meados de 1945, sob o longo título de "Jet Planes Hit US 'Heavies' in Swirling Flight Over Reich". Muito tempo depois, os historiadores John Foreman e S. E. Harvey se lembraram desse oficial de voo da USAAF no livro que escreveram, *The Messerschmitt – Me 262 Combat Diary* (páginas 140 a 142). Modesto como poucos aviadores, "Steve" Ananian definia seu trabalho desta forma: "Eu era um profissional fazendo apenas meu trabalho. Os heróis eram os tripulantes dos bombardeiros que voavam suportando o fogo antiaéreo".

Com referência aos revolucionários Me 262A-1a Schwalbe, caças monoposto de indubitável superioridade aérea, esse mesmo oficial destacava – no mencionado jornal da cidade dos arranha-céus, o qual, depois da Segunda Guerra Mundial, continuou em ascensão irrefreável até se tornar um dos mais influentes do mundo e o de maior prestígio dentro dos Estados Unidos – na reportagem *Lion in the Sky*, de Jerry Scutts:

> Os homens Aliados do ar, que caíram vítimas desses reatores, podem dar fé disso. Lembram-se do filme *Command Decision*? Clark Gable era o astro. A história era sobre a ameaça dos caça-reatores alemães contra a 8ª Força Aérea. Era escabroso e desolador observar aqueles reatores abatendo os aviões que nós supúnhamos que devíamos proteger. Cada bombardeiro abatido significava dez homens do ar mortos. Não podíamos fazer nada?
>
> Os Mustang, com tanques de combustível extra, tinham alcance para escoltar os bombardeiros até o alvo e regressar. Os reatores alemães voariam alto, por cima dos bombardeiros, e cairiam em mergulho em direção a eles. Os caças lançariam seus tanques e passariam à perseguição com muito pouco sucesso. No entanto, os reatores haviam tido êxito em suas missões. Eles abateram muitos bombardeiros e, acima de tudo, fizeram com que os caças arremessassem seus tanques de asa. Nesse ponto, os caças à reação dizimariam os bombardeiros desprotegidos. Essa tática estava pagando um preço muito elevado. A 8ª Força Aérea ordenou que se interrompesse a prática ou exercício. Disse-nos para não atirar e dar caça aos reatores, a menos que atacassem diretamente.
>
> Todos os "assassinos" de reatores atuaram quando os caças Aliados surpreenderam o Me 262 voltando para a sua base. Os jatos estavam com pouco combustível e eram forçados a reduzir a veloci-

dade para a aterrissagem. Eram presas fáceis! Os reatores também eram vulneráveis ao decolar, mas por pouco tempo, pois aceleravam a mais de 800 quilômetros por hora, na tentativa de que pelo menos um deles sobrevivesse ao abrasador fogo antiaéreo.

Antes de 9 de fevereiro de 1945, apenas 15 reatores haviam sido destruídos no ar; um deles pelo fogo antiaéreo; os outros, por caças. Sabíamos poucas coisas sobre o Me 262. Tinha um alcance limitado, de aproximadamente 40 minutos, por causa do elevado consumo de combustível. A velocidade máxima do Stormbird era de 870 quilômetros por hora. Por experiência, sabia-se que esses aviões não eram tão manobráveis como nossos caças de propulsão a hélice. Já que a "barreira do som" não havia sido penetrada, tanto os reatores como os aviões convencionais estavam limitados em sua velocidade máxima. A do Mustang era de aproximadamente 760 quilômetros por hora no nível do solo. Em um mergulho, era de linha vermelha, a 925 quilômetros por hora.

Os pilotos discutiam constantemente sobre as táticas de combate a ser utilizadas contra os *blow jobs* [código de rádio para um avião propulsado à reação]. A prática comum quando atacavam, vindos de trás, era fazer um giro fechado ou estreito, o *Luftberry Circle*, exigindo o mínimo dos manobráveis reatores para passar à frente. Em uma "abordagem", a vantagem da velocidade desaparecia para o inimigo. Era certo que a média de alcance podia ser tão alta quanto 1.610 quilômetros por hora. Uma situação perfeita ocorria em um mergulho com o inimigo subindo. A localização dos campos dos reatores era conhecida. Utilizamos pontos ou marcas ao redor de Frankfurt e Stuttgart. O tempo climatológico também era um problema para os pilotos inimigos. Se havia luz e nosso caminho de voo se encontrava ao alcance de suas bases, sabíamos que os reatores apareceriam em grande número.

Em 19 de abril de 1958, *The Air Forces Times* publicou uma lista de "assassinos" de jatos alemães. A única derrubada confirmada de Stephen C. Ananian aparecia como o triunfo número 16, em uma rigorosa ordem cronológica sobre os Me 262, e como o primeiro desses "assassinos" em altitude, no transcurso de uma batalha aérea. Mas leiamos outra vez o testemunho desse oficial de voo da USAAF para conhecer de primeira mão os detalhes do apaixonante duelo com aquele que era então o melhor caça à reação do mundo:

> Em 9 de fevereiro de 1945, nossa missão era escoltar duas "caixas" de B-17 a Boleen. O rumo que os bombardeiros estavam tomando se encontrava próximo de Frankfurt, diretamente sobre um campo de

Me 262. O tempo previa um céu claro sem nuvens. Um dia perfeito para um ataque com reator! Bob Iron esteve liderando o Blue Fight, e Tom Marvel seguia ao meu lado. Logo, passamos a discutir o ataque antecipado dos reatores. Disse a Bob que, se eles se aproximassem de mim, eu queria sua permissão para persegui-los.

Bob disse: "Por mim, tudo bem. Conseguiremos o Court Martialed juntos!". Eu discuti meus planos com meu braço direito, dizendo-lhe que me observasse. Quando eu atirasse meus tanques, ele atiraria os dele, estando preparado para golpear a válvula reguladora *fire wall* para mover-se. Essa era a situação.

Decolamos. Juntamo-nos aos bombardeiros e, já em formação de batalha, escoltamos nossos B-17. Como pensamos, o tempo estava bom: seis a oito décimos de nuvens cobertas com extremos de 8 mil pés, do lado direito dos bombardeiros. A 504ª estava voando no teto extremo, e a 503ª aparecia do lado esquerdo. À medida que nos aproximávamos de Frankfurt, eu buscava o campo, e ali estava! Dos 25 mil pés, podia ver o campo quadrado de erva, com varais ao redor do perímetro; e ali, preparados para decolar, estavam os Me 262. Contei três. Chamei pelo rádio: "Campo de reatores às 3 em ponto, abaixo!". Inclusive decolavam enquanto eu os observava; dez deles! Subiam rapidamente até as formações de bombardeiros, disparando na subida. Voei por cima deles, girei ao redor e voltei em mergulho. Havia visto essa tática muitas vezes. Eles subiriam e mergulhariam, abatendo bombardeiros até que sua munição ou combustível acabassem.

Era meu plano não dar caça aos "bandidos", mas cair em mergulho no ponto onde previ que estariam. Então, quando eles girassem para voltar a subir, eu estaria fazendo aproximadamente 890 quilômetros por hora em um mergulho. Isso significava que estaria voando à mesma velocidade que eles, com a vantagem de ser capaz de superar-lhes na tática. Se não funcionasse, eu cobriria a formação de bombardeiros enquanto mantinha minha posição próxima do campo de reatores. Como eles haviam limitado o fornecimento de combustível, sabia que voltariam à sua base em aproximadamente 40 minutos. Eu estava seguro de que os seguiria de perto ou estaria nos calcanhares de alguns deles quando aterrissassem.

Chamei meu chefe de voo por rádio: "Estou indo, Bob!". Girei ao calor do tiro, atirei meus tanques e quebrei, em um exorbitante mergulho. Bob me chamou: "Atrás deles, Steve". Os reatores caíram em mergulho a 12 mil pés e lentamente voltaram a subir. Havia seis paraquedas; a tripulação do B-17 que havia sido alcançado. Um dos reatores fez uma passada sobre um paraquedas. Não disparou! Imagino ou suponho que estava tirando fotos com suas câmeras.

De repente, três deles giraram para mim. Que erro grosseiro! Eles iam me abordar em um combate aéreo. Não podia crer na minha sorte! Os reatores se colocaram diante de mim. Voltei-me para o líder, que estava perto de mim, cruzando em meu caminho, da esquerda para a direita. Fiz uma volta fechada à direita, para interceptá-lo. Virei o retículo do meu visor K14. Quando esteve ao meu alcance, disparei. Observei furos nas asas e no arcabouço de um motor. Em vez de virar e escapar, ele continuou em minha direção. Mais golpes; ele reduziu a velocidade, e eu virei à esquerda. Pensei que seus motores estavam dando problemas e que havia perdido força. Disparei de novo e vi outros furos no dossel ou cobertura. O piloto estava caído, morto. Um motor começou a queimar e saía fumaça do outro.

Em meio a tudo isso, eu havia perdido meu homem de asa, Tom Marvel, e vi Harry Howard, com marcas na fuselagem, descendo atrás do reator. Chamei Blue 4 por rádio, e ele me disse que havia me perdido, mas que estava bem. Um segundo reator apareceu nos meus visores e disparei. Outro Mustang se pôs entre mim e o alvo. Terminei o ataque. Verifiquei minha cauda, e ali estava meu homem de asa, cobrindo minha retaguarda. Dessa vez, havia Mustangs por todas as partes.

Decidi abandonar. Considerei descer e rodear o campo dos reatores, esperando que os sobreviventes regressassem, mas havia gasto muita munição e queimado muito combustível. Havia ejetado meus dois tanques externos de combustível para persegui-los. Tinha um *wingman* para me proteger. Era hora de ir para casa. Talvez pudéssemos recolher alguns retardatários – bombardeiros com problemas – indo para casa. Quando chegamos a Fowlmere, fiz um "sinal de vitória" sobre a pista e aterrissei. Foi sensacional!

## Os últimos momentos de glória

Apesar da coragem e perícia demonstradas pelos pilotos alemães, o Me 262 não podia por si só mudar o curso negativo da guerra. Na prática, de nada serviu então a escolta que esse formidável jato de caça proporcionou aos bombardeiros à reação Ar 234B-2a para atacar a estratégica ponte de Remagen, nos intensos dias de combates, quando as tropas Aliadas acabaram em grande número na outra margem do Reno, durante março de 1945. A superioridade aérea Aliada já era devastadora, com os exércitos britânicos e norte-americanos avançando irremediavelmente pelo interior da Alemanha. Enquanto isso, as protegidas colunas soviéticas, como um rolo compressor, se dirigiam para Berlim, cruzando o Oder.

A terceira esquadrilha da JG-7, com uma média de 30 Schwalbes em um dia qualquer de decolagens, chegou a abater uma centena de aviões Aliados por mês. No entanto, o estudo posterior de cada combate disputado – na hora decisiva de confrontar dados, datas e lugares dos supostos duelos aéreos –, feito pela USAAF e pela RAF, colocou em dúvida o número definitivo de 427 vitórias, atribuído por fontes alemãs à referida esquadrilha.

O dia de maior intensidade para o conjunto da Jädgeschwader Nr 7 foi 18 de março de 1945. Mas seu chefe, Johannes Steinhoff, sofreu um acidente ao decolar com o jato que lhe correspondia. Como resultado direto disso, acabou em um hospital com graves queimaduras que lhe deixaram, para o resto da vida, profundas marcas no rosto, ainda bem visíveis quando chegou a ser general no seio da OTAN. Quanto aos demais, um total de 37 Me 262A-1a saiu nessa mesma data, passando por nada menos que 1.250 bombardeiros norte-americanos B-17, os quais eram escoltados por 700 caças P-47 e P-51. Tratava-se de uma das maiores formações aéreas de todos os tempos, com todos os seus efetivos rumo à capital alemã.

Diante dessa enorme desproporção de forças, a JG-7 atuaria com certo êxito entre as compactas fileiras inimigas. Os revolucionários aviões à reação da empresa Messerschmitt AG conseguiram derrubar oito quadrimotores e um caça; embora esses triunfos na realidade tenham sido atenuados por quatro baixas próprias. Estava claro que não se podia continuar lutando assim, com um custo irrisório para o lado inimigo, o qual ele podia assumir sem problema. Todo o contrário acontecia com a Alemanha, onde cada vez mais escasseavam o combustível de aviação, as reposições e até os aviões de primeira linha de combate. A unidade de Steinhoff, operando dos aeródromos de Parchim e Oranienburgo, chegou a contabilizar mais de 40 partidas diárias contra os bombardeiros Aliados, entre 18 e 21 de março de 1945. No final, o único dano que o inovador Schwalbe causou entre os pilotos inimigos foi principalmente psicológico.

O grande conflito bélico se aproximava do fim, pelo menos na Europa, e o Me 262A-1a continuaria em operação até a rendição incondicional do III Reich. Sem dúvida alguma, de todas as unidades de caças à reação, a Jägdverband 44 foi a que protagonizou os últimos momentos de glória da cada vez mais debilitada Luftwaffe. Dirigiu-a, como não podia deixar de ser, um Adolf Galland desvinculado da inspeção de aviões de caça por ordem expressa do *Führer*, visto que frequentemente contrariava ao próprio Hitler e ao marechal de campo Goering. Para que não se tornasse um incômodo em função de suas críticas agudas no quartel-general de Hitler, foi dada, por fim, carta branca a esse jovem general para a formação de seu próprio grupo de caças à turborreação de primeiríssima linha e a correspondente permissão para voar em ações de guerra.

Provavelmente, o egocêntrico Goering – habitual consumidor de morfina – pensou que a novidade ia resultar na sentença de morte de Adolf Galland. Mas o que esse forte marechal com certeza nunca calculou é que essa JV 44 se converteria rapidamente na unidade de caça mais importante de todos os tempos por causa do histórico excepcional de seus membros, deixando Goering à margem de toda a glória.

Galland era um homem totalmente de ação, pois suportava de má vontade, por outro lado, um amplo escritório e a inevitável burocracia produzida por seu último cargo. Sentindo-se feliz outra vez e com absoluta autonomia à margem dos comandos superiores da Luftwaffe, pôde reunir sem nenhum obstáculo um seleto grupo de pilotos da Força Aérea alemã, chegando a contabilizar em seu seio nada mais nada menos do que dez possuidores da cruz de cavaleiro. No total, sua meia centena de voluntários, todos veteranos comandantes de Bf 109 ou Fw 190, acumulava mais de mil vitórias usando esses caças de motor de êmbolo. De acordo com o que Felipe Botaya destaca em seu excepcional romance histórico:

> Durante fevereiro de 1945, Galland se dedicou a recrutar seus pilotos para a JV 44. Quase todos os grandes ases alemães sobreviventes até esse ponto da guerra chegaram a fazer parte dessa unidade. Alguns estavam em hospitais afetados pelo estresse da guerra e impossibilitados de voar, mas, ao saber da nova unidade de Galland, muitos deles quiseram se alistar; outros, literalmente, "escaparam" de seus respectivos esquadrões e, sem nenhuma ordem de transferência, chegaram ao quartel da JV 44 para se alistar.
>
> Assim, pilotos como Gerhard Barkhorn (com 301 derrubadas), Günther Rall (com 275), Heinz Bär (com 220), Walter Krupinski (com 197) e Johannes Steinhoff (com 176) foram os que, finalmente, formaram o novo esquadrão de caça. Eram todos pilotos experientes, com centenas de missões e milhares de horas de combate, e muitos deles possuíam as mais altas condecorações militares alemãs; Galland declararia, anos depois, em uma entrevista: "A cruz de cavaleiro era, para dizê-lo de alguma maneira, o que unia a unidade". O mais interessante é que, depois de quatro anos e com a patente de general, Adolf Galland voltou ao serviço ativo no comando de seu jato de combate Me 262.

Os integrantes da Jägdverband 44 receberam um treinamento acelerado sobre o manejo de jatos, com os novos membros da JG-7, no aeródromo de Brandeburgo-Briest, que estava localizado nos arredores da capital alemã. Todos estavam plenamente conscientes de que sua nova unidade já não podia influir em nada no curso de uma guerra perdida de antemão. Não obstante, como o próprio Galland recordou depois em seu livro de lembranças bélicas: "A palavra mágica 'reator' havia nos reunido. Queríamos ser conhecidos como os últimos pilotos de caça da Luftwaffe".

A JV 44 alcançou um total de 50 vitórias em seu primeiro mês de atividade, utilizando para isso foguetes R4M e canhões de 30 milímetros; mas, por outro lado, registrou quase as mesmas perdas nos diferentes combates em que seus Schwalbes participaram. Essa histórica unidade aérea começou a operar perto de Munique, no aeródromo de Riem, em uma época em que a Alemanha padecia de uma aguda escassez de fornecimentos. A falta de peças de reposição, de combustível e até mesmo de aviões à reação para substituir as baixas já era algo endêmico; sem esquecer, evidentemente, de que essa base aérea estava sendo cada vez mais "visitada" pelos caças Aliados, agora um dia sim e o outro também.

Todos os pilotos de Adolf Galland estavam realmente possuídos de uma espécie de frenesi de combate e, com essa excepcional moral de luta, entraram em ação com os birreatores da Messerschmitt AG no último dia de março de 1945. Diante do implacável cerco dos P-47 e P-51 americanos, chegariam a realizar missões de trechos retos de autoestradas até o dia em que foram ultrapassados no terreno pelos tanques de guerra do US Army em Salzburgo. Tal qual o próprio Galland escreveria sobre isso oito anos mais tarde: "Não podíamos fazer nada, exceto voar, combater e cumprir nosso dever como pilotos de caça até o fim".

Os prêmios ganhados por seus aviadores iriam crescendo de forma incontrolável, destacando-se por cima de todos o tenente-coronel Heinz Bär – abatido em 28 de abril –, que alcançou 16 vitórias com seu jato, a ser somadas as 204 alcançadas antes com aviões de motor de êmbolo. Ao término das hostilidades na Europa, esse grande piloto de caça ficou classificado como o oitavo ás nas listas da Luftwaffe e de todo o mundo aeronáutico.

Adolf Galland havia dirigido – em 26 de abril – sua última missão de combate, nesse caso contra uma esquadrilha de bimotores Martín B-26G Marauder que se dirigia à capital da Baviera. Foi interceptada na vertical de Neuburg, mas, nesse dia, o mais jovem e impulsivo general de todo o conjunto das Forças Armadas alemãs viu-se obrigado a realizar uma aterrissagem de emergência a 240 quilômetros por hora, e tudo por culpa do ataque de um P-47 Thunderbolt. Embora seu Schwalbe tenha parado dentro de uma cratera aberta por uma bomba Aliada, esse arrojado piloto sofreu apenas ferimentos leves em um joelho. Apesar de seus protestos furiosos, foi mandado para um hospital de Munique para permanecer em observação por estrita ordem médica. Félix Llaugé recorda a jornada de 26 de abril deste modo:

> Foram derrubados cinco aparelhos Aliados confirmados, e, embora os cem caças de escolta tenham se jogado como águias ferozes sobre os seis Me 262, todos estes regressaram a terra, ainda que dois ou três deles avariados pela quantidade de impactos recebidos. Pouco depois de terminada a guerra, Galland foi minuciosamente interrogado pelos Aliados sobre esse combate. Ao que parece, os caças à reação haviam derrubado maior número de aviões inimigos; os oficiais americanos se negaram a revelar o número exato e tampouco acreditaram em Galland quando este lhes disse que apenas seis aparelhos à reação tinham intervindo nessa ação.

Em sua mencionada conferência, da qual se destacam dois parágrafos fundamentais, Galland fez devida referência, como não podia deixar de ser, ao que foi protagonizado pela JV 44 sob suas ordens diretas:

> Passadas umas semanas, já havia a comprovação prática do nosso ponto de vista. O regimento alcançara mais de cem vitórias aéreas, quando uma das últimas ordens desesperadas de Hitler enviou uma parte à área reduzida de Praga, para ser empregada contra Berlim, e foram entregues, por fim, aos russos pelos norte-americanos. O resto das unidades de caça alemãs pertencentes à defesa aérea do Reich, que combatiam em uma sensível e esmagadora inferioridade numérica e técnica, acompanhou-lhes, em uma proporção de quatro ou cinco aviões de caça próprios abatidos para cada bombardeiro inimigo. O regimento de caças com turbina, pelo contrário, pôde estabelecer uma proporção de cinco bombardeiros abatidos para cada caça próprio perdido.
>
> Quanto ao grau de importância que os Aliados deram a esses caças alemães, pode ser determinado especialmente pelos ataques aéreos que realizavam de forma constante contra suas bases e aeródromos. Nenhuma pista de decolagem ou lugar de dispersão, por mais que estivessem camuflados, podia se sentir seguro nem durava mais do que um dia sem ser objeto de ininterruptos ataques rasantes. As unidades alemãs foram vigiadas de forma hábil pelos caças norte-americanos, de tal modo que sempre eram atacadas em seus momentos de maior vulnerabilidade, ou seja, durante as decolagens e aterrissagens. Portanto, foi preciso destacar esquadrilhas especiais de caças convencionais para proteger os aeródromos

de onde os caças de turbina partiam; essas esquadrilhas possuíam, além do mais, uma artilharia antiaérea leve própria e abundante. Por isso, sua base de descanso, apenas em raras ocasiões, contava com momentos de tranquilidade, tanto de dia como de noite, nas últimas semanas da guerra.

Anos depois, numerosas publicações especializadas de todo o mundo se ocupariam do Me 262. Uma delas foi a espanhola *Revista de Aeronáutica*, que, sob a assinatura do tenente-coronel de Aviação Ignacio Alfaro Arregui, apresentou a reportagem intitulada: "Reatores em combate aéreo", em maio de 1953, da qual se transcreve o seguinte:

> Quando os primeiros caças à reação alemães se precipitaram sobre as formações Aliadas, bombardeiros e escolta de caças, no final da última guerra mundial, infligiram a elas perdas e causaram uma grande consternação entre seus tripulantes. Os Messerschmitt Me 262, os Heinkel He 162 e os caça foguete Me 163 eram um terço mais velozes do que os aviões Aliados equipados com motor ortodoxo.
>
> A princípio, quando uma formação de Me 262 atacava a outra Aliada de Lightning ou de Mustang, invariavelmente derrubava vários, e o resto se dispersava. Não obstante, uma vez passada a surpresa, os reatores alemães foram muito bem anulados.
>
> Os pilotos alemães utilizavam uma tática bem simples. O segredo consistia em, uma vez localizada a posição dos aviões contrários, aproximar-se por trás e em direção oposta ao Sol, de uns 500 a 900 metros acima de seus inimigos, coisa fácil de realizar pela maior velocidade que tinham. Para conseguir essas condições, o chefe da formação alemã decidia o lugar de encontro e informava ao oficial que dirigia o caça a partir do solo; este, com a ajuda dos equipamentos de radar, conduzia os aviões ao ponto escolhido. Essa condução, em caso de más condições atmosféricas, era de grande importância e absoluta necessidade para que o encontro acontecesse.
>
> Uma vez à distância de tiro, a formação de reatores abria o fogo continuando sua rota por cima dos aviões Aliados. Em geral, essa tática só podia ser realizada uma vez em cada encontro, porque, depois de passada, a formação inimiga se dispersava buscando segurança nas nuvens mais próximas ou em direção ao solo.
>
> Uma vez recuperados da surpresa, os pilotos Aliados adotaram uma tática própria para defender-se dos aviões à reação alemães. Quando se encontravam à distância de tiro dos germanos, lançavam gases ou viravam bruscamente, tornando, assim, impossível a perseguição dos aviões mais velozes que não tinham a mesma desenvoltura. Tática semelhante fora empregada pelos caças de

Morato quando eram atacados pelos aviões "Traidores" durante a guerra civil espanhola.

O "calcanhar de Aquiles" dos reatores era o momento da decolagem e aterrissagem, e foi durante eles que os Aliados conseguiram seus maiores êxitos contra os caças alemães.

Um grupo de Me 262, estacionado em Magdeburgo, teve um grande êxito em seus ataques aos aviões Mosquito que iam sobre Berlim. Era normal que um único avião alemão derrubasse, durante uma missão, três ou quatro inimigos.

Deduzimos, pois, que os reatores alemães combateram com êxito, porém tampouco os caças Aliados estiveram indecisos diante deles, pois tinham ao seu lado o peso da superioridade numérica. Se os alemães tivessem um número adequado de reatores prontos para o combate, seguramente teriam mudado o curso dos acontecimentos. No entanto, a Segunda Guerra Mundial não deu lugar a nenhum combate entre reatores adversários, pois, ainda que os Aliados começassem a empregá-los, estavam muito atarefados com eles na tentativa de defender Londres contra os ataques das armas V.

## Do fim à reconstrução

Numerosos Me 262 foram capturados pelas tropas soviéticas no grande complexo de aeródromos de Praga durante os primeiros dias de maio de 1945. De março do ano anterior ao próprio fim da guerra, a empresa Messerschmitt AG havia tirado de suas cadeias de produção um total de 1.433 birreatores desse tipo, em todas as suas versões operacionais, sem contar os protótipos. Cerca de 500 chegaram às unidades de combate da Luftwaffe e alcançaram essas 150 vitórias aéreas; porém, essas vitórias foram conseguidas ao preço de perder quase uma centena de exemplares na luta direta. Prova da imaturidade com que esse formidável jato foi enviado à frente de batalha é o importante número de 240 aparelhos perdidos em acidentes.

O ponto de vista oficioso dos Aliados ficou exposto na reportagem "Os aviões de reação no combate", publicada em meados de 1948 pela revista *Flying*. Leiamos, pois, o mais importante:

> Dizem que foi decisão de Hitler converter seus Me 262 em caça-bombardeiros, em vez de deixá-los atacar os bombardeiros estratégicos Aliados, o que lhe custou perder a guerra. Foi certamente um grande erro e livrou em grande parte nossa campanha de bombardeio estratégico da pressão que vinha sofrendo. Não obstante, para enfrentar os reatores, os bombardeiros britânicos e norte-americanos

e os caças que os protegiam chegaram a adotar táticas que eram bastante aceitáveis.

O emprego alemão consistia em utilizar sua maior velocidade para aproximar-se de sua presa a 450 ou 900 metros por cima, por trás e na direção do Sol, sempre que fosse possível. Operavam de acordo com algumas instruções de "radar" muito precisas, transmitidas da terra. O chefe da formação escolhia o momento mais favorável, depois de considerar o tempo e outras condições, e informava ao oficial, que dirigia o caça da terra onde desejava estabelecer contato. A escolha podia ser feita com base em sua maior velocidade. Era então o controlador de terra que dirigia o grupo até o local exato. Isso era de extraordinária importância para os caças noturnos.

Depois de aproximar-se por trás, a formação de reatores abria fogo intenso e seguia em frente, passando por cima da formação inimiga. Geralmente, isso só podia ser feito uma vez, porque a formação se desfazia imediatamente, dirigindo-se para as nuvens mais imediatas, etc., a fim de buscar sua segurança na dispersão; naturalmente, não podiam escapar dos reatores alemães voando mais depressa que eles, nem em mergulho.

Essas táticas alemãs tiveram muito êxito no princípio; depois, porém, tiveram bem menos. Os pilotos britânicos e americanos, entendendo que não podiam escapar aos alemães por causa da maior velocidade destes, começaram a se esquivar por meio de manobras. Quando os aviões reatores estavam ao alcance, colocavam seus motores no máximo e subiam ou viravam muito rapidamente. Os reatores, que não podiam fazer manobras complexas por causa de sua grande velocidade, não podiam segui-los e, quando conseguiam virar, na maioria das vezes, já haviam perdido de vista os aviões das formações Aliadas que haviam se disseminado.

Depois, os Aliados começaram a derrubar por conta própria alguns reatores. No princípio, isso ocorria geralmente durante a decolagem ou a aterrissagem, pois o Me 262 tinha bastante autonomia, mas era desajeitado e instável em baixa velocidade. Os ataques de surpresa contra as bases dos reatores alemães deram bons resultados, até que os alemães aumentassem suas defesas antiaéreas.

Os Aliados começaram a ganhar confiança, e, quando os reatores os atacavam, em vez de se disseminarem, todos os aviões da formação começavam a disparar violentamente contra eles. Grande número de reatores alemães foi avariado ou derrubado desse modo, com o fogo simultâneo das armas.

Britânicos e norte-americanos acabariam tomando um por um, até o último "santuário" dos revolucionários Me 262; com exceção do situado em Praga. Desse modo, caíram em mãos dos Aliados ocidentais alguns aviões à reação encontrados em terra intactos ou, em muitos casos, destruídos pelos próprios pilotos e mecânicos depois de ser incendiados. A história desse importante avião não acabou exatamente aí, pois, até algumas semanas depois do fim de toda a atividade bélica, em julho de 1945, foram descobertos bastantes Me 262 camuflados nos bosques da Baviera.

A importância desse avião de combate está muito bem manifestada no livro de Félix Llaugé Dausá, que, no início do capítulo "O avião que pôde ganhar uma guerra", o analisa desta forma:

> No final da guerra, na defesa do III Reich, os alemães utilizaram o primeiro caça à reação do mundo que entrou em combate e que foi fabricado em série: o Messserschmitt Me 262. Esse aparelho representou um grande salto na história do avião de combate, uma vez que seu ajuste significaria o fim do avião com motor de explosão ou de êmbolo. Não obstante, essa nova arma secreta, que podia ter sido decisiva para ganhar a guerra, não foi avaliada corretamente por Hitler, que, afinal de contas, foi quem tornou impossível que as armas secretas planejadas por seus sábios conseguissem o ressurgimento da Alemanha. A história do Me 262 é mais uma tragédia do III Reich, talvez a mais lamentável de todas, pois esse aparelho por si só podia ter ganhado a guerra. Como disse o especialista Salvador Rello, pode-se afirmar que constituiu um êxito sensacional, equiparável à invenção do radar, e que pôde ser temporarialmente tão concludente em seus efeitos de interrupção do curso da guerra, como, pouco tempo depois, a bomba atômica.

Os técnicos aeronáuticos dos vencedores da Segunda Guerra Mundial estudaram muito a fundo as novidades apresentadas pelo melhor caça à turborreação do planeta. Pelas avaliações citadas, pode-se constatar que, no terreno do projeto de motores e células, o Me 262 havia conseguido superar em muito tudo o que havia sido testado até então pelo resto das nações. Como exemplo, há o radar FuG 218 Neptuno, que cada exemplar da variante Me 262 B-1a/U1 levava na proa e que era chamado de "pendura roupas" pelos pilotos por causa da sua grande semelhança com o clássico cabide. Além do mais, outras chamativas soluções tecnológicas proporcionaram aos Estados Unidos, ao Reino Unido e à União Soviética uma maior aproximação da mágica barreira do som ou do Mach 1, para depois superá-la sem problemas.

Capítulo 12

# Um elegante monoplano de asa alta

Tratemos agora do segundo avião à reação que entrou em serviço no mundo e o primeiro já como bombardeiro, com um excelente acabamento. Ainda que obscurecido pelo muito mais célebre Messerschmitt Me 262 – outra das "armas maravilhosas" anunciadas com muita veemência por Adolf Hitler em seus discursos –, o Arado Ar 234B-1 foi concebido originalmente na qualidade de jato de reconhecimento de alta velocidade no final de 1940, seguindo o requerimento do Reichsluftfahrtministerium. Aparelho que daria excelentes resultados, logo revelou não ter os defeitos básicos que, na prática, fizeram nascer "mortos" outros protótipos de aeroplanos não movidos por motores com hélice.

Muitos meses antes de o Me 262 realizar seu primeiro voo – registrado em meados de julho de 1942 –, os engenheiros alemães já estavam planejando em segredo um reator de tamanho maior e até mesmo mais avançado, que depois deu lugar a um monoposto de bombardeiro ligeiro destinado a operar a grandes altitudes. A era das aeronaves propulsadas por motores convencionais de êmbolo atingiu seu máximo esplendor entre 1940 e 1944, com os exemplares preparados precisamente pela Arado Flugzeugwerke GmbH; e, a partir daí, começou de fato a época dos aviões dotados de turborreatores.

É o que nos conta o coronel Jacobo de Armijo na *Revista de Aeronáutica*:

> A propulsão à reação fora acolhida na Alemanha com grande entusiasmo, e os projetistas de aviões diziam que essa nova tendência simplificava sobremaneira os cálculos e projetos das células. Os numerosos estabelecimentos de pesquisa alemães, alguns deles dotados, como temos dito, de túneis aerodinâmicos para ensaios a velocidades supersônicas, haviam proporcionado a projetistas e construtores um enorme caudal de dados preciosos, graças aos quais

aqueles se dedicavam com a maior confiança e entusiasmo ao estudo dos problemas relacionados com o voo a velocidades próximas ou superiores à do som.

O Ar 234B-2, denominado *Blitz* (Relâmpago), é o outro jato da Luftwaffe que entrou em serviço em grande escala, utilizando planta motriz idêntica à de seu "colega" Me 262. Bem maior do que este, podia acomodar suportes para transportar bombas, distribuídos sob a estreita fuselagem e as gôndolas motoras suspensas. Cabe destacar agora que a outra versão principal, além dessa última dedicada ao bombardeio, a de fotocobertura, provou-se simplesmente grandiosa; isso aumentou, a limites nunca previstos pelos Aliados, a já escassa capacidade operacional da Força Aérea alemã em matéria de reconhecimento no decorrer do verão de 1944, tanto sobre a parte meridional da Inglaterra como no norte da França e da Itália.

Esse biturborreator polivalente conseguiu obter magníficas fotografias aéreas muito importantes durante os últimos oito meses de guerra vividos pela Europa, entre 1944 e 1945, e o conseguiu com uma versatilidade realmente impensável para seus equivalentes com motor de pistão. Se o Arado em questão tivesse podido operar durante tempo suficiente, certamente, os Aliados ocidentais não conseguiriam esconder os grandes preparativos para efetuar com segurança a prevista invasão da Normandia ou de qualquer outra região francesa. No entanto, como todas as inovações alemãs apresentadas quando a sorte da guerra havia mudado definitivamente, essa de que tratamos neste capítulo também chegou demasiado tarde para poder mudar o curso negativo das operações em andamento.

## Os mais altos rendimentos

Em janeiro de 1940, o Departamento de Projeto da empresa Arado Flugzeugwerke GmbH – dirigida em parceria por Hans Rebenski e Walter Blume – concluiu um chamativo projeto de estudo, ainda em forma de simples esboços e um ou outro plano de conjunto, que foi denominado E.370. Sob estrito controle direto do engenheiro Rüdiger Kosin, pensou-se em uma aeronave que devia incorporar várias novas características. Constituía em si um ágil e elegante monomotor de asa alta, com fuselagem bastante aerodinâmica para a época e de seção tão estreita que até mesmo impossibilitou a utilização de um trem de pouso convencional.

A fim de solucionar esse problema, o primeiro protótipo apresentava algumas rodas arremessáveis, depois de efetuar a decolagem, e três patins extensíveis, um situado na barriga, e os outros dois, sob cada cabine do motor. Dessa forma, foi possível reduzir a resistência ao impulso e o próprio peso do avião. Além desse trem de pouso que se soltava, os patins garantiam o regresso sobre grama. Essa ideia de Kosin permitiu aumentar o tamanho dos tanques de combustível, a fim de cumprir os requerimentos de alcance formulados pelo Ministério de Aviação do Estado.

Os dois motores previstos no novo Arado Ar 234 V1, ainda em fase final de desenvolvimento, iam suspensos em cabines. Igual ao que havia ocorrido com o Me 262, esse birreator sofreu um atraso considerável por causa da entrega dos motores à reação Junkers Jumo 109-004B-1. Quanto aos demais, a estrutura desse singular aeroplano pôde ser completada antes de seu sistema de propulsão, pois tanto a Junkers como a BMW ainda tiveram muitas dificuldades com seus novos turborreatores em projeto.

Até fevereiro de 1943, essa esperada planta motriz não havia chegado a Warnemünde, e, com isso, o primeiro protótipo à reação da empresa Arado não pôde iniciar seus testes de rodagem antes do mês seguinte. Quando esse jato ficou pronto, já com seu brilhante par de turborreatores, foi transferido para o aeródromo de Rheine para o voo inaugural. Tratava-se do avião que, dentro de sua categoria e diante dos equipados com motor de êmbolo, ia proporcionar os mais altos desempenhos da Segunda Guerra Mundial.

Uma vez que os dois primeiros protótipos estavam equipados com seus correspondentes motores à reação, o Arado Ar 234 V1 pôde finalmente decolar em 15 de junho de 1943, mostrando algumas características de voo realmente excepcionais, com ausência de defeitos graves. Esse voo histórico transcorreu sem grandes problemas para um jato tão importante, equipado para render o máximo do previsto pelos engenheiros projetistas, tanto no que dizia respeito à célula quanto aos turborreatores.

Deve-se ressaltar que, nessa técnica de decolagem original, o novo e revolucionário avião devia desprender as rodas quando se encontrasse a cerca de 60 metros de altura. Graças à existência de cinco paraquedas – todos de acionamento automático –, era possível a recuperação do trem de pouso desprendível, pensando em sua reutilização posterior. No entanto, depois de se perder até três jogos de rodas em consequência dos golpes contra o solo, a solução encontrada para esse problema foi a de desprendê-los justamente quando o avião começasse a tomar altura.

## Considerações políticas

A variante equipada com esse curioso sistema de rodas foi finalmente classificada como Ar 234A. O terceiro protótipo – que voou em 22 de agosto de 1943, com assento ejetor na cabine pressurizada – foi previsto para decolar totalmente carregado, depois de uma corrida curta, com pouco ou nenhum vento. Vinha equipado com foguetes aceleradores de combustível líquido Walter 109-500 instalados debaixo de cada asa. Eram foguetes assistidos, para a decolagem RATO – sigla que corresponde em inglês a *Rocket Assisted Take Off* –, que deram à nova aeronave um empuxo adicional de até 500 quilogramas por unidade e durante uns 30 segundos. Depois de usados, esses grupos eram ejetados e desciam ao solo por meio de um paraquedas. Os voos do quarto e quinto protótipo tiveram lugar, respectivamente, em 15 de setembro e 20 de dezembro daquele mesmo ano.

Além desse sistema de impulsores de foguetes para decolagem em pistas curtas, devemos mencionar ao menos que o protótipo chamado V6 seria dotado, a título de teste, de quatro turborreatores BMW 003A-1, de 800 quilogramas de empuxo unitário, e voariam pela primeira vez em 8 de abril de 1944. No sétimo e último dos protótipos da série experimental A, utilizou-se um esquema bimotor; no entanto, esse aparelho acabaria explodindo em virtude do incêndio de um de seus motores, o que causou a morte do chefe de provas da Arado Flugzeugwerke GmbH, um capitão de voo chamado Selle. Em cada um dos protótipos construídos iam sendo implementadas notáveis melhoras técnicas, tal como a inclusão de um assento ejetor para emergências e a pressurização da cabine, cuja ponta era de plexiglas com meio centímetro de espessura.

Nesse ínterim, as considerações de tipo político cumpriram um papel decisivo, sem dúvida alguma, quanto aos atrasos do Ar 234. É que o Ministério de Aviação do Estado havia dado à Messerschmitt AG prioridade absoluta na distribuição ou divisão dos motores Jumo 109-004-1, prevista no princípio apenas para o caça Me 262. À aguda escassez de turborreatores axiais se juntariam as falhas detectadas nos exemplares que acabaram chegando à empresa Arado. Tudo isso reduziu o programa de voos previstos para o ano de 1943, apesar de o formidável desempenho e as excelentes características dos primeiros Ar 234 tornarem-se em seguida evidentes até para os mais céticos especialistas do RLM.

Antes da realização do primeiro teste de voo previsto por Rüdiger Kosin e sua equipe, havia chegado de Berlim, do Reichsluftfahrtministerium, a ordem para configurar um novo avião à reação como bombardeiro rápido, capaz de voar sem visibilidade e a grandes altitudes. Para cumprir esse exigente requerimento, acrescentado já ao de fotorreconhecimento, foi necessário realizar um bom número de modificações técnicas. O Ar 234 foi, portanto, a primeira estrutura construída para um bombardeiro das séries B, realizando seu voo inicial em 10 de março de 1944. Os programas resultaram então em duas variantes de produção, a saber, a B-1, para reconhecimento, e a B-2, destinada ao bombardeio.

## Um visor por computador

Como o sistema de rodas, já descrito com antecedência, era totalmente inaceitável para o serviço operacional, a equipe dirigida por Kosin substituiu esse trem de pouso – de tipo patim, pouco prático e, além do mais, origem de grandes problemas – por um triciclo convencional. Necessitou, para isso, efetuar um bom número de modificações, presentes já no protótipo Ar 234 V9. Como consequência direta, os exemplares das séries B – versões de produção – foram dotados de uma fuselagem um pouco mais larga para comportar um clássico trem de pouso escamoteável. Isso foi feito sem reduzir o espaço destinado aos tanques internos de combustível.

Às primeiras unidades da série piloto – prontas em junho de 1944 – seguir-se-iam as de produção em massa. Essa última ordem chegou dois meses mais tarde, compreendendo duas centenas de aviões entre setembro e dezembro do mesmo ano. O RLM determinou que o aeródromo de Alt-Lönnewitz, na Saxônia, seria o lugar adequado para a fabricação da aeronave. Apesar das condições de trabalho cada vez piores, por culpa dos fortes bombardeios Aliados, o Arado Ar 234B seguiu adiante. O protótipo de número dez das séries B havia voado pela primeira vez em 2 de abril, sem dispor ainda de cabine pressurizada nem assento ejetor; com suportes lança-bombas debaixo das nacelas dos turborreatores, esse aparelho foi utilizado como bancada de testes para o sofisticado visor de pontaria por computador BZA 1 – chamado em alemão de *Bombenzielanlage für Sturzflug* –, para elevadas altitudes, ainda que essa inovação revolucionária fosse mecânica.

Ao ser definitivamente iniciada a produção em série, a configuração dos Ar 234B ficou como a de um birreator de trem de pouso convencional, com unidades principais retráteis na parte central de sua fuselagem ligeiramente alargada. Depois dos exemplares de série piloto, viriam os modelos B-1, de reconhecimento fotográfico, e o B-2, bombardeiro. Independentemente das câmaras, a única diferença entre esses Arados Ar 234B era o armamento – tinham em comum o padrão defensivo, composto por um par de canhões MG 151/20 de 20 mm, para tiro em retirada, que eram apontados por trás pelo piloto, com a ajuda de um periscópio e com 200 projéteis de reserva –, pois o previsto para lançar bombas ETC 504 devia transportar até 1.500 quilogramas destas, distribuídas em três suportes, dois debaixo dos motores à reação e o terceiro na barriga.

O Ar 234B era propulsado por dois turborreatores axiais da marca Junkers Jumo 109-004B – de 800 quilogramas de empuxo unitário –, com os quais adquiria um desempenho bem interessante. Tinha um teto operacional de 10 mil metros e um alcance de 1.630 quilômetros em configuração limpa. Esse avião era capaz de alcançar os 742 quilômetros por hora a 6 mil metros de altitude. Tanto em função de monoposto de observação quanto de bombardeiro tático ligeiro, era capaz de atingir uma velocidade de subida de 1.125 metros por minuto, sendo o teto operacional de 10 mil metros. Seu alcance era calculado em 660 quilômetros no nível do mar, mas alcançava melhor desempenho em altitude, podendo atingir até 1.630 quilômetros. Vazio, pesava 5.200 quilogramas e, ao decolar, 8.410 quilogramas. Utilizando o sistema RATO de foguetes, seu peso chegava a 9.465 quilogramas no momento de iniciar a saída da pista. Suas dimensões exteriores compreendiam uma envergadura de 14,1 metros, uma longitude de 12,64 metros, uma altura de 4,3 metros e uma superfície alar de 26,4 metros quadrados.

Mais uma vez, voltamos a transcrever a conferência de Buenos Aires de Adolf Galland, "O que aconteceu na Alemanha com os aviões à reação", e o que esse ex-general da Luftwaffe esclarecia agora, depois da invasão Aliada à Normandia:

> Os aviões com turbina apresentavam exigências maiores em relação às dimensões e às instalações do aeródromo. Contudo, os grandes esforços para erguer uma infraestrutura apropriada não foram iniciados antes de ocorrer a invasão. Partes sensíveis da Organização Todt – formação de trabalho e construção semimilitar – foram empregadas para esse fim. Ainda que se tivesse mantido o programa de construções do Me 262 e do Arado Ar 234, essas aeronaves teriam sofrido limitações igualmente sérias em suas utilizações por causa da falta de aeródromos eficientes e de pistas adequadas. Na Alemanha, desde o início da guerra, não se efetuara quase nenhuma obra nova nesse sentido.
>
> Ocorre que as grandes pistas de decolagem ainda estavam em construção ou recém-terminadas quando o aeródromo se encontrava na iminência de ser tomado pelos Aliados; por causa disso, um

"bombardeiro relâmpago", que contava com um pouco mais de 200 quilômetros de raio de ação tático, tinha de ser colocado bem perto da frente de batalha. Eu, por outro lado, sustentava a ideia de que, se o Me 262 tivesse sido empregado como caça, ele deveria ter sido posto, primeiro, no coração da pátria, para ser empregado como defesa dos centros de produção de guerra, adquirindo as experiências táticas e técnicas necessárias e podendo ampliar sua força de ação; a partir daí, teria sido possível estender a distribuição desses caças de reação de forma concêntrica, até chegar, finalmente, além das frentes de batalha.

## Fotografias magníficas

Inicialmente, o Arado Ar 234B-1 serviu como versão desarmada de reconhecimento, na qualidade de 1./Versuchsverband Oberbefehlshaber der Luftwaffe ou Unidade Experimental do Alto Comando da Força Aérea alemã. Dois protótipos entregues para avaliação – o Ar 234 V5 e o Ar 234 V7 – foram os incumbidos de realizar a primeira missão, com os tenentes Horst Götz e Erich Sommer nos respectivos comandos. Era 2 de agosto de 1944. Na época, a situação das tropas do III Reich na França podia ser considerada desesperadora, depois do desembarque Aliado em massa nas praias da Normandia, no dia 6 de junho. O avanço inimigo havia isolado a pequena península normanda de Cotentin, encontrando suas defesas totalmente desorganizadas. A situação não era melhor no ar para os interesses de Hitler, pois os pilotos americanos e britânicos atuavam sem descanso, bombardeando ou metralhando as colunas alemãs em movimento, sempre com absoluto domínio da situação.

Sommer voou em seu Ar 234 V7 sobre a ponta da praia da Normandia, regressando sem problemas à base de Juvincourt. Suas fotografias constituíam provas excelentes da massiva escalada contrária nessa zona da costa francesa. Ele e o outro piloto, o do Ar 234 V5, conseguiram, assim, em apenas 90 minutos de voo, mais informação confiável do que todas as unidades aéreas de reconhecimento da debilitada Luftwaffe haviam conseguido juntas em quase dois meses, ora com referência à frente aberta no oeste. Os novos birreatores da Arado Flugzeugwerke GmbH haviam enganado com facilidade a presença de absolutamente todos os caças Aliados que encontraram no caminho, introduzindo-se sem obstáculos atrás das linhas inimigas para fotografar seus objetivos.

Em setembro de 1944, formou-se na Alemanha o chamado Sonderkommando Götz – com base em Rheine/Hopstein –, expressamente encarregado do reconhecimento aéreo, a fim de prevenir com

# Um elegante monoplano de asa alta

*No princípio, o Arado Ar 234B-1 realizou trabalho de reconhecimento, na qualidade de 1./Versuchsverband Oberbefehlshaber der Luftwaffe ou Unidade Experimental do Alto Comando da Força Aérea alemã.*

antecipação suficiente qualquer eventual invasão aos Países Baixos pelos Aliados. Os instantâneos obtidos sobre o Rio Meuse, na Bélgica, cumpriram um importante papel para os planos alemães de ofensiva às Ardenas; o que, no final, significou um verdadeiro canto de cisne para a Wehrmacht na frente oeste.

Essa atividade foi muito intensa. Prova disso é que – até o final de 1944 – a unidade havia cumprido mais de mil voos de reconhecimento fotográfico a altitudes médias de 10 mil metros. Enquanto isso, o Ar 234B-1 efetuava numerosas missões de observação sobre o solo britânico. Essas missões foram concluídas definitivamente em abril de 1945, entre elas, um voo até as distantes Órcades. Nessas ilhas, os magníficos jatos da empresa Arado tiraram fotografias dos barcos da Royal Navy fundeados na grande base naval de Scapa Flow, a mesma que, no começo das hostilidades, "visitou" o submarino U-47 com resultados devastadores.

## As "armas maravilhosas"

A versão de bombardeiro que começou a ser produzida passaria ao serviço ativo no Stabstaffel da KG 76 – Ala de Bombardeio –, já em dezembro de 1944. Seu III Gruppe contava com pilotos veteranos chegados da frente oriental. Depois de ter seguido um curso de treinamento no distrito de Burg bei Magdeburg, essa unidade foi desdobrada para dois aeródromos da parte ocidental da Alemanha, Rheine e Achmer, iniciando suas ações de bombardeio em apoio direto ao ataque das Ardenas a partir do dia 24.

Mas, nessas missões, o Arado Ar 234B-2 levava apenas uma bomba de 500 quilogramas, por causa da falta de provisões bélicas; por isso a parelha de dúzias desses aviões Blitz não demonstrou muita efetividade. Da mesma forma que outras "armas maravilhosas" – as que a propaganda alemã tanto mencionava para manter o moral das tropas alto –, esse novo jato teve muito pouco efeito direto sobre o rumo de uma guerra que a Alemanha perdia irremediavelmente.

As operações em que o Relâmpago de uma Luftwaffe cada vez menos efetiva se viu mais implicado alcançaram o apogeu no decorrer de março de 1945. Foi quando foram utilizados todos os reatores disponíveis em uma série de ataques desesperados contra a cabeça de ponte americana em Remagen, sobre o próprio Reno. Os bombardeios de precisão do Ar 234-B2 mostraram então o autêntico valor desse importante aeroplano à reação, ao danificar essa via de comunicação estratégica, que acabou entrando em colapso por causa do excessivo uso que os Aliados fizeram dela com seus carros Sherman e veículos blindados M3. Contudo, as crescentes dificuldades de abastecimento de suas duas bases aéreas, uma acentuada falta de combustível e a caótica situação geral vivida nas semanas derradeiras do III Reich não deixaram muitas oportunidades para os pilotos do *Blitz* cumprirem suas missões.

Contudo, e apesar de tantos obstáculos, esse jato alcançou sua maior eficácia em 17 de março. Com efeito, depois de dez dias ininterruptos de ataques com bombas de mil quilogramas de peso, sempre jogadas em baixa altura – depois de realizar um rápido mergulho sobre tão importante alvo –, a grande ponte de Remagen foi destruída pelos primeiros bombardeiros do mundo propulsados por turborreatores. Claro que isso não serviu para nada, pois as tropas Aliadas já avançavam irrefreáveis pela Alemanha através de outras brechas abertas nas defesas inimigas.

Sabe-se que, depois dessas missões ousadas e perigosas, apenas menos da metade dos 210 Arados Ar 234 construídos – com 24 versões diferentes, até mesmo uma dotada de radar para missões de caça noturna – puderam realmente entrar em operação. Um punhado deles foi utilizado também como caça noturno pelo denominado Kommando Bonow. Além do mais, o tetrarreator Ar 234C – capaz de alcançar 870 quilômetros por hora com seus motores BMW 003A-1 – não conseguiu ser transportado a nenhuma unidade de combate, pois deixou a fábrica justamente quando já se terminava, na Europa, o maior conflito armado de todos os tempos.

Sessenta Arados Ar 234, das versões B-1 e B-2, foram capturados pelos vencedores em ótimas condições de uso. Desse modo, alguns países Aliados chegariam a dispor de um esquadrão completo no verão de 1945 e com suas próprias insígnias. Seus técnicos valorizaram dessa forma, e na medida exata, um excelente avião que não encontrava muitos problemas para voar a Mach 0,80.

Sobre os defeitos do Arado Ar 234 – e ele os tinha –, deve-se ressaltar sua longa corrida de decolagem – em configuração de bombardeiro –, apesar de usar foguetes auxiliares aceleradores. Além do mais, seu trem de pouso era excessivamente alto e estreito. Os pneumáticos da variante B-2, por suportar demasiada carga, tornavam-se de fato motivo de frequentes acidentes. Não obstante, quando o *Blitz* já estava no ar, sua carga máxima de bombas nunca o impedia de manobrar com facilidade. Finalmente, devemos ressaltar que os turborreatores sempre foram tão carentes de resposta e tão pouco confiáveis quanto os do jato Me 262, que era mais leve.

Apesar de todos esses inconvenientes, o rigorosamente certo é que apenas um Arado Ar 234B foi perdido em combate, enquanto o restante dos exemplares em serviço operacional teve um desgaste considerado normal. A aviação Aliada não obteve uma vitória até 24 de fevereiro de 1945. Ocorreu que um Relâmpago da Luftwaffe teve seu motor à reação parado em pleno voo, vendo-se pouco depois rodeado por vários caças inimigos. Foi obrigado a pousar nas proximidades de Segelsdorf, em uma estrada, e capturado, quase sem sofrer danos, no dia seguinte.

# Capítulo 13

# Com asas de geometria variável

A história de um dos mais interessantes projetos alemães de aviões à reação teve início em janeiro de 1944. A oficina de projeto da Messerschmitt AG buscava um aparelho de um único motor, um modelo de ataque que o próprio Willy Messerschmitt acabaria selecionando e que foi denominado Me P.1101. Estava-se então atrás de um aeroplano de alta velocidade e ainda mais sofisticado que o magnífico Me 262, sobretudo porque o experimento apresentava asas de geometria variável. Tratava-se de uma novidade realmente excepcional, que ninguém no mundo havia visto antes.

No dia 15 de julho de 1944, o Ministério de Aviação do Estado apresentou a proposta – classificada em segredo rigoroso como 226/II – a todos os construtores de uma Alemanha mais ameaçada do que nunca pelas tropas Aliadas, já firmemente assentadas em terras francesas depois do bem-sucedido e descomunal desembarque na Normandia em 6 de junho. Em tal situação de guerra, sob o nome genérico de *Competição para um avião de ataque de emergência*, foram especificados vários requerimentos para a aeronave que devia iniciar a segunda geração de caças de ataque com motor de retropropulsão.

Isso acontecia antes mesmo de a primeira geração de jatos de caça ter sido provada em combate! Dessa forma, dava-se uma prova fiel da imensa capacidade técnica alemã em matéria aeronáutica. Por outro lado, ainda que posteriormente as exigências técnicas viessem a variar, estas eram, pelo menos de saída, bastante importantes:

* Um nível mínimo de velocidade de mil quilômetros por hora a 7 mil metros de altitude.
* Armamento ofensivo composto por quatro canhões MK 108 de 30 milímetros.
* Cabine pressurizada para um único tripulante.

* Um turborreator Heinkel-Hirth S 011.
* Mil litros de capacidade de combustível, calculados para voar no mínimo 30 minutos ao nível do mar.
* Proteção blindada de 12,7 milímetros de espessura, na parte dianteira, exclusivamente para o piloto.

A Messerschmitt AG aceitou mais esse desafio tecnológico com ambição bem maior do que outras empresas. De fato, acabaria apresentando o projeto do primeiro aeroplano de asas de geometria variável que, além do mais, reunia excelentes qualidades de voo, tanto a altas quanto a baixas velocidades. O engenheiro Hans Hornung iniciou os trabalhos projetando o primeiro dos Me P.1101 monoposto, sempre em uma ostentação de capacidade técnica. Em apenas nove dias de trabalhos bastante intensos, a oficina de projeto dessa sociedade aeronáutica pôde apresentar ao Departamento Técnico do Reichsluftfahrtministerium o primeiro caça a tomar forma a partir de diversos planos de conjunto.

## Um quarteto de propostas

Hornung havia desenhado no clássico papel vegetal uma fuselagem de avião curta e larga, com duas chamativas passagens circulares junto a ambos os lados da cabine do piloto. Além do mais, colocou o turborreator da zona central – em mais baixa da fuselagem – para trás. Os *flaps* ficaram situados em cima da borda de saída, com o propósito de auxiliar nos movimentos realizados em baixa velocidade. A carga de combustível chegava, no total, a 1.050 litros, divididos em três partes: um depósito de 710 litros – debaixo e na parte superior do motor à reação – e dois tanques de 170 litros unitários em cada uma das seções internas da asa.

A unidade de cauda do avião tinha forma de V – com 110 graus de separação – e estava montada sobre uma espécie de botaló que chegava a se estender por cima do motor de retropropulsão. Essa característica ia se tornar comum nos projetos seguintes do Messerschmitt Me P.1101. O perfil frontal do avião aparecia sem diedro, como nas três propostas seguintes, das quais trataremos em seguida. O armamento constava, nesse caso, de um par de canhões MK 108 de 30 milímetros e uma bomba SC 500 de meia tonelada, a qual devia ficar parcialmente oculta em uma cavidade da fuselagem própria para isso.

A segunda proposta do Me P.1101 ficou oficialmente pronta no dia 30 de agosto de 1944. Na realidade, era quase igual à anterior, ainda que com um projeto sem dúvida mais aerodinâmico, liso e brilhante.

*A unidade de cauda do MP P.1101 tinha forma de V – com 110 graus de separação – e estava montada sobre uma espécie de botaló que chegava a se estender por cima do motor de retropropulsão. Essa característica ia se tornar comum nos projetos seguintes. O perfil frontal do avião aparecia sem diedro. Além do mais, o armamento constava, nesse caso, de um par de canhões MK 108 de 30 milímetros e uma bomba SC 500 de meia tonelada, a qual devia ficar parcialmente oculta em uma cavidade da fuselagem própria para isso.*

Sua fuselagem apresentava uma proa mais pontiaguda. Foi prevista para transportar uma variedade maior de armamento ofensivo. As asas foram emprestadas do Me 262, com flecha positiva de 40 graus, para ser montadas na fuselagem média.

A empresa Messerschmitt AG chegou até mesmo a propor ao RLM o surpreendente Me P.1101L – de trem de pouso baixo e simplificado –, com estatorreator Lorin em vez de um motor à reação. Mas, como aquele não podia operar até o avião alcançar determinada altitude, dotou-se essa variante do projeto de oito foguetes que proporcionavam unitariamente mil quilogramas de empuxo extra para a decolagem e uma rápida aceleração no ar.

Uma vez recusada a ideia do novo caça com estatorreator – cujo alcance era limitado –, fizeram-se diferentes ensaios em perfis de asa e modelos de fuselagem em túneis de vento. Hans Hornung considerou que havia chegado o momento de construir um Me P.1101 em tamanho natural para realizar um primeiro teste de voo. Graças à prontidão necessária com o desastroso curso da guerra, muitos dos componentes já estavam construídos para esse primeiro protótipo: trem de pouso, motor à reação, controles de comando e até a montagem das asas. Mas vamos por partes, sem adiantar os acontecimentos.

Antes de tomar a decisão final sobre qual proposta técnica era de fato a mais apropriada, a Messerschmitt AG pôde levar a Berlim – com Hornung à frente da equipe –, em meados de setembro, outros planos e a nova documentação para apresentá-los ao Ministério de Aviação do Estado. Assim, a quarta proposta, que foi a aprovada, recebeu sinal verde oficial, o que desencadeou quase imediatamente a seleção de materiais para a urgente construção do primeiro protótipo, no dia 4 do mês seguinte.

## Em um complexo ultrassecreto

Sob a experiente direção de Mortiz Asam – o qual depois colaborou com os Estados Unidos, nos anos de 1960, no projeto do transporte especial Super Guppy, uma espécie de baleia voadora de Aero Spacelines que devia transportar componentes de grande tamanho do foguete Saturno –, começou a seleção de materiais para construir o primeiro protótipo da quarta e já definitiva proposta feita pela Messerschmitt AG ao RLM, sob a denominação de Me P.1101 V1. Os trabalhos foram realizados no importante complexo industrial que essa sociedade aeronáutica possuía em Oberammergau. Tratava-se de uma instalação situada nas montanhas do sul da Baviera. Era tão secreta que jamais recebeu uma bomba sequer dos aviões americanos e britânicos. A USAAF e a RAF sabiam da sua existência, porém desconheciam sua localização exata.

Quanto à técnica, deve-se destacar que, apenas quando o novo avião de combate estava em terra, era possível alterar a inclinação de cada asa, de 45 para 35 graus. Feitas em duas peças, tinham varas ou vergalhões de aço, com revestimento de madeira e nervuras como costelas; cada asa ficava em uma posição média-alta. A superfície da cauda também foi curvada. Debaixo da cabine pressurizada do piloto, ficavam a válvula de tomada de ar e o conduto que abrigava o motor à reação; este, por sua vez, era montado na parte média da fuselagem do aeroplano, o qual ia se tornar um dos projetos alemães mais interessantes e progressistas.

A fuselagem foi construída de duralumínio. O depósito de combustível comportava mil litros e situava-se acima do turborreator, bem atrás da cabeça do piloto. A parte traseira da fuselagem terminava em forma cônica, montando-se aí o controle direcional, o equipamento de oxigênio, a chave de alcance e também o equipamento de rádio. Para proteger essa zona do inevitável calor gerado pela planta motriz, ela foi coberta com uma lâmina de aço.

O protótipo Me P.1101 V1 tinha uma envergadura de 8,06 metros, um comprimento de 8,98 metros e uma altura de 3,5 metros. A superfície alar, por sua vez, media 13,5 metros quadrados. Pesava 2.184 quilogramas sem carga e 3.205 quilogramas ao decolar. Esse quarto e definitivo projeto marcou, de fato, as características de um modelo maior: 8,25 metros de envergadura, 9,17 metros de comprimento e 3,71 metros de altura; além disso, apresentava um peso maior, tanto vazio, 2.954 quilogramas, quanto com o tanque de combustível completo, 4.064 quilogramas. O peso deste, logicamente, aumentou, passando de 830 a 1.250 quilogramas.

Ainda que no princípio estivesse previsto o uso de um turborreator Junkers Jumo 109-004B para o protótipo Me P.1101 V1 – com 990 quilogramas de empuxo –, a ideia era preparar outro mais potente para a produção em série, o Heinkel-Hirth HeS 011A. Com essa nova planta motriz, o referido caça devia alcançar sem problemas uma velocidade máxima de 985 quilômetros por hora a 7 mil metros de altitude, aumentando de forma notável sua superioridade em relação aos caças inimigos mais rápidos. Além disso, estavam previstos um alcance de 1.500 quilômetros e um excepcional teto de operação de 12 mil metros. Na manobra de aterrissagem, tinha de chegar a 172 quilômetros por hora, necessitando apenas 570 metros de pista para parar completamente.

As asas desse Me P.1101 V1 podiam ser ajustadas no solo para 35, 40 ou 45 graus em flecha. Basicamente, eram iguais às do Me 262, contendo também seu ailerão e a borda de ataque. Foram construídas duas caudas de madeira, uma vertical e outra horizontal, podendo-se desviar o timão em 20 graus. O trem de pouso era triciclo, e a roda da frente recolhia-se para a parte traseira.

Quanto ao armamento, que é uma questão fundamental, a Messerschmitt AG deixou espaço suficiente no referido protótipo para instalar dois ou quatro canhões de tiro rápido MK 108 de 30 milímetros. Mas, para o modelo de caça de produção em série, os técnicos haviam pensado em unir a notável capacidade de fogo dessas armas automáticas com o devastador poder destrutivo de quatro mísseis ar-ar. E estes, certamente, merecem um comentário à parte.

Tratava-se dos Ruhrstahl/Kramer X-4, de 1,907 metro de comprimento e 60 quilogramas de peso unitário. Com 5.500 metros de alcance efetivo, era uma temível resposta à massa de aviões que bombardeavam a Alemanha de dia e de noite. Por sorte, para o avanço por terra dos Aliados e também para os caças de escolta dos quadrimotores de bombardeio, esse míssil se encontrava ainda em fase de desenvolvimento. Seu primeiro protótipo havia sido testado, a partir de um Ju 88, em 11 de agosto de 1944, e, meses depois, continuaram-se os ensaios para corrigir alguns erros de direção. Porém, não pôde chegar a tempo para dar uma virada espetacular na guerra aérea, pois os aviões de caça da Luftwaffe estavam equipados com uma arma muito adiantada para a sua época, em um projeto que, mais uma vez, previa o futuro.

## Sob controle do US Army

O Me P.1101 estava aproximadamente 80% preparado quando, no último domingo de abril de 1945, dia 29, uma unidade de infantaria do Exército americano começou a ocupar as instalações de Oberammergau. Mas muita documentação havia sido destruída, salvando-se da queima unicamente uns poucos papéis e planos desse surpreendente jato de caça. O ainda incompleto protótipo de Me P.1101 V1 seria tirado de uma das oficinas e escondido de olhares indiscretos em uma vala próxima.

No mês seguinte, poucos dias depois de assinada a rendição incondicional das Forças Armadas alemãs, alguns especialistas dos Estados Unidos chegaram ao impressionante complexo industrial de Oberammergau para estudar a fundo essa instalação ultrassecreta da Messerschmitt AG. No entanto, nessa data, o Me P.1101 V1 já apresentava danos por causa da falta de cuidado com que fora tratado, sobretudo servindo de modelo fotográfico para alguns membros do US Army, que, em uma inconsciência juvenil, não hesitaram em sentar-se em suas asas.

Os especialistas fizeram árduos esforços para recuperar planos e documentos, e, assim, foi possível seguir o rastro dos que haviam desaparecido. Nesse ínterim, o Exército francês conseguiu recuperar uma parte deles. Já em junho de 1945, um dos especialistas vindos dos Estados Unidos da América, Robert J. Woods – um civil que, na realidade, estava sendo pago pela construtora aeronáutica Bell Aircraft Works –, quis finalizar a construção do primeiro protótipo desse Me P.1101. Contou para isso com a estreita colaboração do projetista-chefe da Messerschmitt AG, Woldemar Voight; no entanto, dois fatores tornaram sua proposta totalmente inviável. De um lado, a informação-chave estava destruída; de outro, a maior parte da documentação do projeto se encontrava na França.

Foi passando o tempo, e esse Me P.1101 V1 ficou esquecido, até que a empresa Bell o fez chegar a Buffalo, no Estado de Nova York, no mês de agosto de 1948. No entanto, a má sorte continuou se nutrindo do protótipo em questão, porque, depois de uma viagem por mar sem incidentes, o jato caiu no chão no porto da cidade dos arranha-céus quando o que se pretendia era colocá-lo com todo o cuidado sobre um vagão de trem de carga. Avaliados os danos, já não havia possibilidades reais de repará-lo com peças originais alemãs e, menos ainda, de submetê-lo a alguns testes de voo. Chegados a esse ponto crítico, os especialistas adaptaram ao avião um turborreator Allison J-35, dotando a célula danificada de maquetes de canhões MK 151 e MK 108, fixadas em ambos os lados da fuselagem. Essa montagem curiosa seria usada apenas em testes estáticos.

A Bell Aircraft baseou-se no projeto do Me P.1101 V1 como um ponto de partida bastante sólido para seu protótipo do X-5. Este era um avião à reação cujo voo inaugural ocorreu em 20 de junho de 1951, tornando-se então o primeiro aeroplano do mundo que podia variar a flecha de suas asas estando no ar. No total, foram construídos apenas dois Bells X-5 experimentais, sem armamento e com uma velocidade máxima de 1.046 quilômetros por hora. Sua semelhança com o exemplar capturado da Messerschmitt AG era extraordinária.

Um dos protótipos do X-5 explodiu em outubro de 1953, e o outro passou a fazer parte – justamente cinco anos depois – dos primeiros aeroplanos a ser exibidos no novo USAF Museum. Quanto ao único Me P.1101 incompleto que restava, sabe-se que, no começo da década de 1950, acabou despedaçado antes de ser mandado definitivamente para um depósito de sucata.

Capítulo 14

# Um espetacular projeto para o futuro

Os projetos aeronáuticos mais audazes que se iniciaram, com todo o segredo, no III Reich, foram os de asas voadoras, e sempre sob rigoroso controle dos irmãos Horten. Desses projetos, merece um lugar de honra o caça-bombardeiro Ho IX. Durante várias décadas, foi chamado de Horten Ho IX ou acrescentando também, sempre entre parênteses, Gotha Go 229. No nosso entender, a forma correta é apenas esta última, dado que seu desenvolvimento e construção tiveram lugar nas instalações da Gothaer Waggonfabrik AG, uma das companhias aeronáuticas pioneiras na Alemanha.

Feito esse esclarecimento, cabe acrescentar que o citado Go 229 parou realmente na fase dos dois únicos protótipos que voaram. Apresentava um projeto muito avançado e heterodoxo, que se beneficiou da extraordinária experiência acrescentada por Walter e Reimar Horten no desenvolvimento de "aviões de asa inteira"; ainda que, em sua maior parte, se tratasse de planadores ou veleiros de pesquisa. O caso é que esse Go 229, do qual tratamos agora, converteu-se, visualmente falando, na mais surpreendente aeronave à turborreação das que começaram a ser construídas em território alemão. Era uma asa voadora sem cauda, extremamente lisa, sem nenhum tipo de protuberância a não ser uma cabine de pilotagem cuidadosamente carenada e, certamente, suas tubeiras de escape com leves saliências.

## Planadores de espionagem

Erroneamente, consideram-se os irmãos Horten os autênticos precursores das asas voadoras ou "aviões de asa inteira". Porém, a rigorosa cronologia mantida pela apaixonante história da aviação afirma outra coisa. Seu primeiro aeroplano sem cauda foi construído em 1932. Portanto, o engenheiro norte-americano John K. Northrop adiantou-se em três anos com a ideia, já que, em 1929, havia projetado e desenvolvido um avião com um único motor e dois lugares. Era uma asa voadora com duas hastes delgadas para suportar a superfície da cauda. O que aconteceu é que todos os dados e planos ficaram arquivados durante mais de uma década, até 1940, e o assunto parecia esquecido pelas instâncias oficiais.

Os Horten, ainda que começassem mais tarde, seguiram, pelo contrário, uma contínua linha de trabalho com seus planadores com aspecto de morcego, sem sofrer, portanto, esse longo parêntese de tempo em suas pesquisas. Walter nasceu em 13 de novembro de 1913; e Reimar, em 12 de março de 1915, ambos em Bonn, e foram criados junto à natureza, em uma granja. Quando tinham apenas 15 e 13 anos, respectivamente, já demonstraram uma excepcional capacidade precoce – não em vão são os precursores da primeira asa-delta invisível ao radar – com o surpreendente projeto de umas asas de madeira, premiadas em um concurso regional. Walter ingressou depois na Luftwaffe e, durante a Segunda Guerra Mundial, atuou como piloto de caça noturno, enquanto seu irmão concluía o doutorado.

Seu primeiro contato com a aeronáutica ocorreu quando ainda estavam fazendo o bacharelado. Foi uma aprendizagem sobre volovelismo, em Wasserkuppe. Nesse lugar, chamou a atenção deles o aeroplano sem cauda apresentado por Alexander M. Lippisch. Começaram então a se interessar pela pesquisa de aeroplanos para voo sem motor, iniciando pelo chamado Horten Ho I. Sobre isso, Brian J. Ford escreve, em seu livro sobre as armas secretas alemãs:

> O primeiro desses planadores de testes foi construído em Bonn, em 1932, em condições máximas de segurança. Tinha uma envergadura de 12,5 metros, um peso em voo de apenas 200 quilogramas e, planando sem vento, perdia altura à razão de apenas 0,83 metro por segundo. Seu segredo foi quebrado ao participar dos campeonatos de voo sem motor realizados em Rhön, em 1923; porém, quando ganhou o primeiro prêmio, atraiu toda a atenção pública para si e, por conseguinte, teve de ser destruído, com outros modelos de madeira, para proteger a ideia o máximo possível. Foram feitos alguns modelos posteriores, sempre sob um véu de máximo segredo.

Depois desse primeiro planador sem unidade de cauda, surgiria uma versão com maiores dimensões. Foi a asa voadora do monoposto Ho II, que, no transcurso de 1934, efetuou voos de teste em variantes com e sem planta motriz; foi, portanto, o primeiro aeroplano concebido ao mesmo tempo na qualidade de motoplanador e planador. Como explica Ford mais uma vez:

> Com uma envergadura de 16,45 metros e um peso consideravelmente superior (367 quilogramas), foi capaz de alcançar uma maior permanência no ar, planando na descida à razão de 0,78 metro por segundo – melhor do que o modelo anterior, apesar de mais pesado.

## Mais asas voadoras

Os irmãos Horten – Prêmio Lilienthal em 1938, graças aos seus trabalhos de mérito – seguiram adiante sem pausa com essas pesquisas. Desse modo, surgiu a asa voadora Ho III, fabricada no aeródromo berlinense de Tempelhof. Com menor peso que o modelo anterior, era, no entanto, maior. Um invólucro de metal foi colocado nas asas em que se sabia que a madeira era demasiado frágil – depois dos pertinentes ensaios no túnel de testes –, pois a tensão era muito grande para o ainda clássico revestimento de tecido. Apesar de, na condição de planador puro, ser capaz de descer a apenas 0,66 metro por segundo, dois anos depois, em 1941, seria superado pelo Ho IV.

Referimo-nos agora a um modelo mais sofisticado, com asas em flecha de elevado prolongamento. Sua variante B apresentou, como novidade mais relevante, uma asa de perfil laminar. Foi construída em Köningsberg-Neumans com a denominação inicial de RLM-251. Retornando ao que escreveu Brian J. Ford, incansável estudioso do avanço da pesquisa científica dos dois lados na Segunda Guerra Mundial:

> Esse modelo desceu à razão de 0,53 metro por segundo, apesar de seu peso em voo de 340 quilogramas. Na busca pela rapidez, usava-se cada vez mais o invólucro de metal, até que se chegou a construir em Hersfeld um desses aparelhos com revestimento de plástico leve para as asas. O plástico era conhecido como "Tronal", sendo especialmente produzido em finas lâminas para o projeto por Dynamit AG-Troisdorf. Porém, as asas eram muito frágeis; e as características de sustentação, pouco satisfatórias. O avião entrou em um rápido mergulho girando sobre seu eixo vertical durante os testes de voo e se desfez em pedaços contra o solo, matando o piloto instantaneamente. Parece que o piloto se viu materialmente grudado ao assento por efeito da força centrífuga produzida no rápido giro do aparelho, impedindo-o de saltar de paraquedas.

Curiosamente, o modelo Horten Ho V tinha sido projetado antes do III e do IV, ainda que não tenha podido ser avaliado até 1943;

isso explica a numeração romana nessa ordem. Projetado no princípio em Osthein como simples motoplanador, já dispunha de dois motores Hirth HM 60R de 80 cavalos-vapor com hélices impulsoras. Da mesma maneira que o Ho IV, exibia asas totalmente revestidas de plástico. Não obstante, o único tripulante perdeu o controle de seus nervos durante o primeiro teste de provas, e essa asa voadora se espatifou contra o solo, sem que nada pudesse ser feito.

## Com motores de retropropulsão

O modelo Ho VI de asa voadora nasceu, na realidade, do Ho IV, destacando também nele a extraordinária finura de suas asas. Porém, esse aeroplano, com borda de ataque muito afiada, apresentou logo graves problemas. No decorrer de 1944, ficou comprovado que suas asas trepidavam bastante sobre a pista. Por esse motivo, foi abandonado um projeto que tinha uma asa de prolongamento ainda maior e cuja construção era realmente impraticável.

Depois desse fracasso, os irmãos Horten começaram a desenvolver o Ho VII, um modelo propulsado por dois motores Aarhus As 10C, com 240 cavalos-vapor unitários. Vejamos o que Brian J. Ford fala sobre isso, mais uma vez, em *Germany's Secret Weapons*:

> Foi construído para o final da guerra em Minden e realizou o voo de testes nos arredores de Berlim, em Oranienburg, onde a configuração plana do terreno era ideal para tal propósito. Tentou-se utilizar uma barra de resistência ao ar saindo dos extremos das asas, que atuaria como controle de direção. Todavia, os voos de teste tampouco deram resultado satisfatório.

Reimar e Walter Horten não se dariam por vencidos depois de construir dois exemplares do Ho VII. O Ministério de Aviação do Estado os havia encarregado da fabricação de 20 unidades desse modelo, que, na realidade, permaneceu como um simples avião treinador de dois postos de transição aos caças. Depois, surgiu o Ho VIII – um gigantesco transporte militar e de passageiros de 120 toneladas de peso ao decolar –, cujo espetacular protótipo ainda não estava terminado quando a Alemanha foi derrotada. Em *Germany's Secret Weapons*:

> Ao final da guerra, uma asa voadora muito maior se encontrava em fase de construção no Sonderkommando 9 da Luftwaffe, em Göttingen. Havia efetuado seus primeiros voos de teste em novembro de 1944. Tinha uma envergadura de 47,85 metros e recebeu a designação de Horten Ho VIII. Pensava-se que alcançaria um raio de 7.240

quilômetros, navegando em cruzeiro à velocidade de 320 quilômetros por hora e a uns 3.500 metros de altitude. Não tinha cabine pressurizada para a tripulação, porque não era possível voar mais alto. Essa máquina também era construída predominantemente de madeira e foi queimada pouco antes de os especialistas Aliados chegarem ao local de construção.

O Ho IX foi o primeiro de sua espécie de asas voadoras à retropropulsão, iniciando de fato a série mais avançada do programa e que depois receberá toda a atenção que merece. Nessa breve explicação do intenso trabalho de pesquisa dos irmãos Horten, deve-se mencionar um interceptador monoposto que nunca pôde ser terminado: o Ho X – tanto por existirem outras prioridades como pela escassez de matérias-primas. Podemos dizer o mesmo do projetado supersônico Ho XIII e do também frustrado Ho XVIII Amerika Bomber, previsto para atacar Nova York. Em síntese, deve-se destacar que os Horten seguiram sempre a ideia básica de eliminar o maior número possível de elementos que não contribuíssem para a sustentação de seus aviões com ou sem motor.

## A decisão de Goering

Sem dúvida alguma, o produto final mais famoso hoje em dia de todos os desenvolvidos pelos irmãos Horten foi o Ho IX, com motores à turborreação, do qual apenas se puderam construir dois protótipos. Tudo começou no dia em que Walter se sentiu impressionado pelos relatórios de Lippisch sobre o planador DFS 194, o mesmo que acabou derivando para o famoso caça Me 163. Depois dos testes efetuados por esse novo avião em Peenemünde, Walter Horten ficou plenamente convencido de que as aeronaves feitas de madeira podiam ser dotadas de turborreatores ou, no lugar destes, de motores-foguete.

Em agosto de 1943, o marechal Goering teve uma longa conversa com o mais velho dos irmãos Horten, e assim este o pôs a par do projeto de um caça-bombardeiro birreator sem cauda, o Ho IX, que concentrava então todo o seu interesse na intensa atividade profissional que mantinha como projetista. O chefe supremo da Luftwaffe estava obcecado pela ideia de fabricar aeroplanos mais rápidos, mais bem armados e com a máxima autonomia de voo possível. Todos deviam cumprir as nervosas exigências de um *Führer* cada dia mais distante da realidade. Hitler sonhava acordado com a possibilidade de dar uma virada espetacular na guerra no ar, usando aparelhos capazes de voar mais alto, mais longe e mais rápido do que os do inimigo. Com isso, faria a balança da guerra pender a favor do Reich, que devia durar mil anos, de acordo com o insistentemente afirmado pela propaganda nazista; mas faltava tempo...

Sem pensar muito, Hermann Goering – ás de caça no conflito bélico mundial anterior, com 22 derrubadas confirmadas – solicitou aviões movidos à retropropulsão, sob a exigente fórmula de 1.000/1.000/1.000; isto é, capazes de transportar mil quilos de bombas, voar a mil quilômetros por hora e ter uma penetração profunda de, no mínimo, um terço de um alcance calculado em mil quilômetros.

Walter Horten respondeu a seu superior máximo na Luftwaffe que o projeto que seu irmão e ele próprio tinham em mãos contemplava uma aeronave feita de madeira, sendo, portanto, leve, pois o uso de metal seria quase zero ou, na pior das hipóteses, bem pouco. Walter pensava também na necessária economia de materiais estratégicos. E, acima de tudo, como ressaltou a Goering, a construção com madeira favorecia bastante o revestimento com uma pintura tão absorvente que o radar inimigo teria sérias dificuldades para detectar esse novo avião de combate que teria a inusitada configuração de asa voadora.

## Características impressionantes

Graças à chancela de Hermann Goering, foi possível construir o primeiro protótipo do Ho IX. Os trabalhos começaram no Sonderkommando 9, uma unidade especial da Luftwaffe, formada pelos Horten a partir de 1942, para trabalhar com aviões sem cauda ou com asas voadoras. Desse centro tão especial – localizado na Baixa Saxônia –, saiu o Horten Ho IX V1, com as hastes principais revestidas de madeira compensada, sendo de metal as pontas da asa e a seção central.

Esse protótipo inicial do Ho IX deveria ser uma versão à reação de pouca potência, com dois motores colocados em ambos os lados da cabine do piloto. Além do mais, para melhorar a visibilidade, essa cabine foi colocada o mais à frente possível. Quando esse jato surpreendente foi concluído, ainda não dispunha dos dois turborreatores BMW 109-103A-1 previstos, pois foram entregues com um diâmetro maior do que podia ser comportado pela célula. Assim, esse aeroplano – realmente baseado no Ho V – voaria pela primeira vez como um simples planador, de Göppingen, em fevereiro de 1944, finalizado depois de seis meses de intenso trabalho.

Ao mesmo tempo em que eram realizados testes com o protótipo V1 – que o piloto Heinz Scheidhauer havia efetuado com equipamento de pressurização e trajes apropriados para voos de grande altitude –, um segundo exemplar estava sendo desenvolvido, também em completo segredo. Este, o Ho IX V2, depois de reprojetado com dois motores de retropropulsão Junkers Jumo 109-004B-1, estabilizados para oferecer 900 quilogramas de empuxo unitário, pôde ser mecanizado sem problemas. Cabe ressaltar que o protótipo V2 era, essencialmente, o mesmo que o V1, mas com a vantagem de contar com uma planta motriz consideravelmente mais potente e portar até cinco tanques de combustível no interior de cada asa. Mais uma vez, recorremos ao fundamental livro de Ford para colher mais dados a respeito desse sutil e fino avião, que apresentava linhas bastante similares às de um bumerangue:

> As características da versão V2, até onde se pode julgar pelo material ainda existente, eram impressionantes. O avião tinha uma envergadura de 16,3 metros, uma superfície alar de 42 metros quadrados e um peso na decolagem de 8.164 quilogramas [...]. Levava quatro canhões de 37 milímetros e mil quilogramas de bombas. As rodas principais eram dotadas de freios, e o assento do piloto era ejetor. A carga alar devia ser da ordem dos 145,3 quilogramas por metro quadrado; e a velocidade máxima, a 6.100 metros de altitude a plena carga, de 1.158 quilômetros por hora. Sua autonomia de voo seria de mais de quatro horas, e a velocidade de aterrissagem, de apenas 150 quilômetros por hora. Com pouca carga, conseguiu-se, em Oranienburg, que esse avião decolasse depois de apenas 490 metros de corrida, e estava calculado que, estando totalmente carregado, necessitaria de uma pista de decolagem de 915 metros, ainda que isso nunca tenha sido testado na prática. O sistema de controle era engenhoso; ao mover a alavanca de comando, os *flaps* se moviam de forma perfeitamente coordenada para mudar automaticamente tanto a altura como a direção; os extremos móveis das asas eram controlados pelos pedais.
>
> A máquina era construída inteiramente de madeira, exceto no centro de cada asa (tubo de aço soldado) e nas extremidades delgadas das asas (um fino laminado de liga leve). Todo o aparelho era coberto de uma leve camada de verniz, que lhe dava coesão aerodinâmica. O uso de madeira em sua construção, segundo se dizia, não era apenas por falta de matérias-primas, mas também porque a madeira era um material fácil de ser trabalhado. A tecnologia com madeira estava então muito mais desenvolvida do que outras que faziam uso de plástico e de metais leves. Os primeiros testes de voo revelaram-se promissores, e parecia que os aviões Horten poderiam chegar a representar uma ameaça séria para os aviões Aliados.

## Uma queda sem controle

O primeiro voo de teste do Ho IX V2 ocorreu em Oranienburg, em 2 de fevereiro de 1945. Como piloto, figurava Erwin Ziller, que, nesse dia, demonstrou qualidades muito boas no manejo dos comandos de um aeroplano à reação tão incomum. Dessa forma, restava apenas uma séria dúvida sobre a instabilidade lateral detectada; mas todos os técnicos consultados estavam de acordo de que se tratava de uma deficiência lógica nos aviões desprovidos de cauda. Durante o teste do segundo voo, não ocorreu nada grave, apesar de o trem de pouso ter tido problemas com o paraquedas de freio durante a manobra de aterrissagem. O voo seguinte acabaria em uma desgraça.

Duas semanas mais tarde, depois de ter completado 120 minutos no ar sem nenhum contratempo digno de menção, o Ho IX V2 terminou sua vida experimental bruscamente ao produzir-se uma falha em um de seus dois turborreatores. Foi quando o piloto iniciava a manobra de aproximação da aterrissagem. Ziller colocou de imediato o espetacular jato em um profundo mergulho, sem dúvida procurando fazer com que o motor voltasse a arrancar. Improvisadamente, a uns 400 metros de altitude, o trem de pouso do avião sem cauda se soltou, e o aparelho perdeu velocidade até o ponto de descontrolar-se por completo. Segundo posterior relato das testemunhas oculares, o insólito aeroplano à reação foi destruído rodeado de chamas.

## A empresa Gothaer

Os membros do Reichsluftfahrtministerium não se deram por vencidos em relação ao Ho IX V2, apesar de esse segundo protótipo ter protagonizado uma avaliação muito limitada antes do acidente fatal. Além do mais, seus técnicos ficaram bastante satisfeitos com um exemplar capaz de alcançar sem nenhuma dificuldade os 960 quilômetros por hora. Com desempenhos tão promissores, passou-se ao imediato desenvolvimento do chamativo projeto original dos irmãos Horten, o que levou ao terceiro protótipo; esse seria, contudo, encomendado à Gothaer Waggonfabrik AG. Essa célebre empresa alemã não tinha voltado a fabricar aeroplanos até 1933, enquanto na guerra mundial anterior seus bombardeiros obtiveram muita fama, a ponto de os britânicos chamarem de "Gotha" todos os aviões alemães destinados exclusivamente a lançar bombas.

Em um planejamento muitíssimo mais modesto, essa empresa construiria, já em 1935, um biplano de treinamento para a recém-formada Luftwaffe. A esse Go 145, seguiu o Go 146; neste último caso, tratava-se

*O protótipo inicial do Ho IX deveria ser uma versão à reação de pouca potência, com dois motores colocados em ambos os lados da cabine do piloto. Para melhorar a visibilidade, a cabine foi colocada o mais à frente possível. Quando esse jato surpreendente foi concluído, ainda não dispunha dos dois turborreatores BMW 109-103A-1 previstos, pois foram entregues com diâmetro maior do que podia ser comportado pela célula. Esse aeroplano, realmente baseado no Ho V, voou pela primeira vez como um simples planador, de Göppingen, em fevereiro de 1944, finalizado depois de seis meses de intenso trabalho.*

de um bimotor de conexão projetado no mesmo ano. Em 1937, a Gothaer apresentou o Go 150, um bimotor leve de turismo, testando depois, para o Exército do Ar alemão, alguns aeroplanos sem cauda. Essa empresa continuou produzindo modelos como o Go 244, com dois motores. Depois, em 1944, surgiu um planador militar de carga e assalto, o Go 245. A Gothaer foi, de maneira geral, a empresa escolhida pelo RLM para preparar a produção em série de um revolucionário bimotor à reação com forma de asa voadora: o Go 229.

Mas os projetos aéreos da Gothaer Waggonfabrik AG não acabaram exatamente no novo nome dado ao Ho IX dos irmãos Hortens, dado que seus engenheiros testaram mais três jatos: os caças Go P.60A – sem cauda e com o piloto deitado de barriga para baixo –, Go P.60B e Go P.60C. Todos apresentavam um perfil frontal sem diedro, um par de turborreatores e grandes velocidades máximas: 953, 973 e 960 quilômetros por hora, respectivamente. Entretanto, também faltou tempo para o desenvolvimento desse incrível trio de novos projetos. Na obra *Armas secretas de la Segunda Guerra Mundial*, encontramos este comentário ao que foi exposto acima:

> O Gotha Go P.60 notabilizou-se bastante pelas inovações que apresentava e que se manifestavam claramente em seu revolucionário projeto de aparelho operacional de asa-delta, com seus reatores colocados sobre e sob a célula. Parece ter sido concebido em 1944 e deveria ser definido como um caça em tempo integral de um ou dois postos; para tanto, dispunha de um equipamento de radar na ponta. Seus motores deviam ser turborreatores BMW 003; e seu armamento, quatro canhões de 30 milímetros Rheinmetall MK 108. Estava projetado para voar a velocidades compreendidas entre 950 e 1.000 quilômetro por hora.

## O destino dos protótipos

Por encomenda do Ministério de Aviação do Estado, a sociedade Gothaer iniciou o desenvolvimento do terceiro protótipo do Ho IX. O novo aparelho recebeu a denominação definitiva de Go 229 V3, sendo na realidade um pouco maior do que os dois protótipos anteriores. Por sua vez, estava mecanizado com dois turborreatores mais potentes; entretanto, nunca chegou a voar, dado que a fazenda de Friedrischsrode foi ocupada por tropas do US Army em 14 de abril de 1945.

Os militares norte-americanos encontraram ali outros protótipos como o Go 229 V4 e o Go 229 V5, ambos em processo de montagem final. Tratava-se agora de caças noturnos de dois lugares, com uma ponta maior e mais aguda. Outros dois protótipos, menos adiantados, eram o Go 229 V6 – previsto apenas para testes de armamento – e o Go 229 V7 – um aparelho de instrução com dois lugares.

Os técnicos do Exército norte-americano levaram o Ho IX V1 do aeródromo de Brandis – próximo de Leipzig – para um pequeno povoado chamado Meresberg. Nos documentos do general McDonald, da Inteligência Militar dos EUA, consta que se pretendeu juntar o maior número possível de aviões interessantes da já derrotada Luftwaffe, bem como 500 foguetes Walter HWK 109-509 para ajuda na decolagem. O referido protótipo da Gothaer, no entanto, acabaria abandonado e totalmente destruído.

Os protótipos Ho 229 V3 e Go 229 V4 também foram capturados, na fábrica dessa mesma construtora aeronáutica alemã, e depois levados a um povoado de poucos habitantes, Wolfang, pois a Inteligência militar norte-americana havia montado ali outro "museu" improvisado de aviões inimigos.

## Uma série que não chegou a existir

A rendição incondicional do III Reich impediu realmente que a Gothaer Waggonfabrik AG cumprisse o plano de produção em série de um caça-bombardeiro monoposto em configuração de asa voadora e movido à retropropulsão. De fato, o RLM havia feito um pedido inicial de 20 exemplares, que mal haviam começado a ser construídos quando as tropas norte-americanas chegaram à fábrica de Friedrischsrode.

Com efeito, os irmãos Horten veriam a evolução técnica de seu primitivo Ho IX para a versão definitiva, denominada Go 229A-0. Esta incorporava características muito importantes e era propulsada por dois turborreatores Junkers Jumo 109-004C, que proporcionavam individualmente mil quilogramas de empuxo. Com semelhante potência, esse avião sem cauda seria capaz de chegar à fantástica velocidade de 1.000 quilômetros por hora exigida pelo marechal Goering, voando, nesse caso em questão, a 6.100 metros de altitude.

Estamos, pois, diante de um aeroplano à reação que, na velocidade mais reduzida, poderia ter transportado duas bombas de mil quilos. Isso o teria convertido em um formidável aparelho de ataque tático, caso fosse equipado com o sistema de mira adequado. Seu notável armamento era completado por quatro canhões MK 103 – montados em pares e nas raízes de cada asa –, com uma reserva por unidade de 120 projéteis de 30 milímetros.

Um espetacular projeto para o futuro 207

*Graças à ordem vinda do Ministério de Aviação do Estado, a sociedade Gothaer iniciou o desenvolvimento do terceiro protótipo do Ho IX. O novo aparelho recebeu o nome de Go 229 V3, sendo de fato maior do que os protótipos anteriores. Tinha dois turborreatores mais potentes; mas jamais chegou a voar, dado que a fábrica de Friedrischsrode foi ocupada por tropas do US Army em 14 de abril de 1945.*

Com um formidável teto operacional de 16 mil metros, esse Go 229A-0 desenvolvia uma velocidade de cruzeiro de 685 quilômetros por hora a 9.850 metros de altura e pousava a apenas 130 quilômetros por hora. Dispondo de um único tripulante, seu alcance normal chegava a 1.900 quilômetros, que podia ser ampliado para 3.170 quilômetros se voasse com velocidade reduzida, da ordem de 635 quilômetros por hora, e dispunha de depósitos auxiliares desprendíveis para transportar combustível extra.

O Go 229A-0 pesava 4.600 quilogramas sem carga e 8.500 quilogramas carregado ao máximo. Quanto às dimensões externas, apresentava uma envergadura de 16,78 metros, um comprimento de 7,47 metros e uma altura de 2,8 metros. A superfície alar dessa revolucionária aeronave media 51,5 metros quadrados, com uma força ascensional que lhe garantia os 1.350 metros por minuto. Além dessa variante inicial de produção, os documentos da empresa Gothaer demonstraram irrefutavelmente que já se preparava a próxima versão, denominada Go 229B, destinada à caça noturna com radar, com umas espetaculares antenas na proa. Foi mais uma asa voadora derivada das pesquisas dos irmãos Horten e antecessora do fabuloso bombardeiro norte-americano B-2, cujo revestimento parece ter sido baseado nos estudos sobre materiais antirradar feitos pelos alemães para seus mais sofisticados submarinos.

# Capítulo 15

# Sempre adiante de seu tempo

Quando a Alemanha nazista viu que tinha perdido a guerra, pôs em ação uma extraordinária exibição tecnológica, caso por via das dúvidas ainda fosse possível reverter a situação a seu favor. Foi algo realmente inédito no mundo. Assim, de suas numerosas sociedades aeronáuticas, brotaram como fungos uma infinidade de projetos, cada qual mais novo e assombroso. Seus engenheiros acabaram, sem que fosse esta sua intenção, determinando as bases de todo o desenvolvimento do pós-guerra no mundo. De cada uma das oficinas de projeto, surgiram ideias tão vanguardistas e revolucionárias que nenhum técnico de outro país podia nem sequer ter imaginado. O projeto do "caçador" Focke-Wulf Triebflugel é, sem sombra de dúvidas, um dos mais singulares e, ainda hoje, não deixa de nos surpreender, pois sua técnica de voo com asa rotatória apresentava características muito inusitadas.

Trata-se de um dos primeiros exemplos de decolagem e aterrissagem vertical. Foi a "arma maravilhosa" que quis mudar o curso da guerra e que não precisava de pistas preparadas, pois era capaz de decolar de qualquer zona. No entanto, a apatia oficial mostrada pelo Ministério de Aviação do Estado impediu a construção do protótipo e sua posterior produção em série. De fato, ainda não haviam saído dos cavaletes dos projetistas quando a guerra acabou. Também se trata de um dos poucos projetos aeronáuticos secretos da Alemanha nazista que passou a ser desenvolvido pelo lado vencedor, sendo reconhecido publicamente.

A ideia para criar o assombroso Triebflugel partiu da atenta observação das libélulas que vivem nas proximidades dos lagos. São insetos que apresentam formas estreitas e largas nas asas e corpo. Assim, no relatório chamado "A asa motriz", seus autores D. Küchemann, E. von Holst e K. Solf respondiam se podia ser factível um avião capaz de combinar os órgãos de elevação com os de propulsão. Havia nascido a primeira ideia de um surpreendente projeto sobre a base do voo da libélula.

Esses três cientistas apostaram na grande novidade. Pensaram que, se tivessem um grupo motopropulsor potente – que necessariamente devia ser instalado no interior da fuselagem – acionado por duas hélices de rotação retrógrada de grande diâmetro, o projeto seria, sim, completamente possível. Mas o primeiro obstáculo sério foi encontrado no fato de que ainda não havia sido desenvolvido um turbopropulsor leve e simples.

Em 1941, o dr. Sänger estava trabalhando em tubeiras de reação capazes de desenvolver um empuxo de decolagem adequado, quando elas ainda apresentavam um comprimento excessivo. A excelente publicação mensal *Avion revue international* noticiou esse avião de cauda assentada – junho de 1982 –, na reportagem intitulada "O caça milagre da Focke-Wulf", assinada por G. Sengfelder:

> Na seção de Dinâmica dos Gases da Focke-Wulf, trabalhava uma equipe, comandada pelo dr. Pabst, em um estatorreator de tamanho consideravelmente menor do que as tubeiras Lorin convencionais. Outro objetivo da Focke-Wulf era a redução do consumo e o emprego de combustíveis de baixa qualidade, tais como óleo de piche ou alcatrão de linhito.
>
> Em diferentes ensaios, conseguiu-se desenvolver um sistema muito simples e eficaz. Por causa da disposição de diversos queimadores pequenos, chegou-se a um comprimento curto, assim como a uma distribuição uniforme da temperatura em uma câmara de combustão ampla, ainda que pequena.
>
> Encontrou-se ainda outra possibilidade de melhorar o grupo propulsor. Por meio da utilização de um difusor aerodinâmico, foi possível reduzir o diâmetro de entrada, que era três vezes maior nas tubeiras Lorin convencionais.
>
> Utilizando o queimador Focke-Wulf, foi possível reduzir o comprimento da câmara de combustão a três quartos de diâmetro em plena combustão. Em função da aerodinâmica exterior, a tubeira de saída requeria, aproximadamente, meio diâmetro. Disso resultou uma longitude total de apenas dois e meio, enquanto, no caso do motopropulsor de Sänger, eram necessários cinco diâmetros de comprimento. Dessa forma, também a resistência por atrito foi reduzida pela metade.
>
> Para os primeiros ensaios no túnel aerodinâmico de alta velocidade do Centro de Pesquisa Aeronáutica de Braunschweig, foi construído, em 1944, um grupo motopropulsor com 49 queimadores. Como combustível, foi utilizado o hidrogênio. Entretanto, em razão da crítica escassez de combustíveis determinada pela guerra,

desenvolveu-se um evaporador para combustíveis de difícil ebulição. Era preciso evaporar combustível em uma caldeira, por via elétrica ou por meio de calefação por gás, acrescentando ar procedente de um soprador-gerador de arranque. Os testes com esse equipamento mostraram-se muito difíceis.

Com a finalidade de examinar a viabilidade do estatorreator de Focke-Wulf, elaboraram-se dois projetos de aviões. O primeiro, um avião de alta qualidade aerodinâmica com asas em flecha e um grupo motopropulsor em cada lado dos timões de profundidade, além de um motor-foguete tipo Walter na cauda da fuselagem para a fase de decolagem. O segundo projeto era o de um caça de asa motriz.

Testaram-se três disposições diferentes da cabine de piloto e da suspensão da asa motriz, resultando como ótima a versão com a cabine situada na parte dianteira e a colocação da asa motriz à altura de 37 % do comprimento da fuselagem. A estrutura dela era um tubo com o mesmo diâmetro do rolamento da asa motriz. Por um lado, esse tubo devia ser o principal elemento dinâmico e, por outro, alojar o trem de pouso principal. Ao redor do tubo, dispunham-se os depósitos de combustível. Desse modo, o forro externo ficava reduzido a puro revestimento. Os comandos e a mecânica do trem de pouso ficavam alojados de forma protegida no interior.

As próprias asas motrizes eram fixadas e montadas de forma giratória no rolamento da fuselagem, de modo que seu ângulo podia ser modificado como uma hélice de velocidade variável. Para a extremidade de cada asa, estava previsto um estatorreator em cuja entrada havia um motor-foguete tipo Walter, necessário para a fase de arranque. Era preciso pôr as asas motrizes em rotação até conseguir uma velocidade de afluência aerodinâmica que permitisse a ignição dos estatorreatores. Além disso, em caso de falha do grupo motopropulsor, esses foguetes deviam permitir a aterrissagem.

A velocidade de rotação máxima das tubeiras Lorin seria de 200 metros por segundo. Um voo com a asa motriz parada era teoricamente possível. Estava previsto aproveitar, para a alimentação de combustível, a força centrífuga da rotação das asas.

Para o trem de pouso, projetaram-se quatro tubos telescópicos secundários com rodas 380 x 150 e as aletas de leme. O tubo telescópico principal, com uma roda de tamanho 780 x 260, devia sair da fuselagem durante a fase de aterrissagem. Como armamento, estavam previstos dois MK 103, com 100 disparos cada um, e dois MG 151, de 250 disparos cada um. Essas armas seriam dispostas à esquerda e à direita da cabine de pilotagem.

Também se investigou teoricamente o arremesso do piloto para fora da nave, em caso de emergência, tendo-se previsto a voadura das asas motrizes.

Em síntese, cabe acrescentar por nossa parte que o Focke-Wulf Triebflugel foi o mais interessante estudo no voo de asa rotatória feito na Alemanha hitleriana. Utilizava para isso três turborreatores que eram acoplados às pontas de igual número de asas, as quais, por sua vez, permaneciam unidas ao centro da fuselagem graças a um anel giratório. Nos instantes críticos da decolagem, esses mesmos turborreatores deviam imprimir às asas uma rotação que as fizesse trabalhar exatamente da mesma maneira que o rotor de um helicóptero. Assim se conseguia o empuxo vertical necessário para um "caçador" de bombardeiros Aliados que contava com uma grande vantagem, já que podia decolar do parque de uma cidade ou da clareira de um bosque e regressar em seguida para outra posição qualquer na manobra de aterrissagem. Ninguém, portanto, podia esperar na sua base fixa de regresso, porque esta, na prática, não existia; o que existia eram apenas diversos pontos geográficos predeterminados de manutenção técnica. Era o início de uma nova era na aviação de caça.

Estava previsto que o Triebflugel permaneceria estático e na vertical em relação ao solo, apoiado em suas quatro aletas, tendo, cada uma delas, uma roda na extremidade. O piloto iria acomodado no nariz da aeronave, em uma cabine em forma de bolha, e de lá manejaria dois canhões MK 103, de 30 milímetros, e outros dois MG 151, de 20 milímetros. Quanto às dimensões exteriores, os planos da época mostravam uma envergadura de 12,3 metros e um comprimento de nove metros.

Ainda que se acredite que, de um modo factível, o Triebflugel poderia ter superado até mesmo a velocidade do som, o rigorosamente verídico é que, no outono de 1944, esse singular aparelho – projetado por Heinz von Halem – estava ajustado para alcançar sem problemas mil quilômetros por hora a nível do mar e 840 quilômetros por hora a 11 mil metros de altitude. Além disso, os engenheiros da sociedade Focke-Wulf Flugzeugbau GmbH estabeleceram uma extraordinária velocidade de ascensão de 125 metros por segundo. Não obstante, de acordo com o que analisa G. Sengfelder em sua reportagem sobre um estranho aeroplano que, para a decolagem vertical, se baseava em estabilizadores posteriores e cujos estatorreatores funcionavam com combustível de baixa qualidade:

> Os atrasos no desenvolvimento dos grupos motopropulsores e a derrota total fizeram com que esse interessante avião não fosse além da fase dos cavaletes dos projetistas. Os planos caíram nas mãos dos

americanos que, ao avaliarem estes documentos, em junho de 1945, reconheceram que um caça superior estava a ponto de ser criado. Foi colocada a chancela de ultrassecreto sobre esses documentos, e a asa acionada por estatorreator nunca chegou a ser construída. Todavia, nos Estados Unidos, foram criados dois aviões experimentais que se pareciam muito com o projeto Focke-Wulf.

Tratava-se do "Tailsitter" Lockheed XFV-1 e do Convair XFY-1 "Pogo" dotados de asas rígidas. Em ambos os casos, a turbina Allison YT40-A-14 de 5.850 cavalos-vapor e duas hélices de marcha oposta de 4,88 metros de diâmetro serviam como propulsão. Ainda que os testes de voo fossem concluídos com resultados relativamente positivos, a Armada dos Estados Unidos não se interessou pela "decolagem de cauda", e o projeto foi abandonado.

Ainda no tema da decolagem vertical, é preciso acrescentar que outra construtora, a Ernst Heinkel AG, continuou a desenvolver paralelamente um avião de características bastante similares ao Triebflugel de Focke-Wulf. Era também um caça de interceptação, um projeto baseado no anterior Wespe (Vespa). O engenheiro encarregado de terminar o trabalho de prancheta, nesse caso, foi Reiniger, no dia 8 de março de 1945, em Viena. O Lerche (Cotovia) empregava uma plataforma de conduto da asa com propulsores de rotação retrógrada, os quais eram reforçados por dois motores Daimler Benz DB605D. Nesse aeroplano singular, o único piloto ficava em posição de bruços, no extremo do bico. O armamento projetado para o avião era composto de dois canhões MK 108 de 30 milímetros. O Lerche II tinha uma envergadura de apenas quatro metros e um comprimento de 9,4 metros, atingindo uma velocidade máxima de 800 quilômetros por hora.

## Mais alto, mais longe, mais rápido...

Houve projetos alemães tão sofisticados que, como já sabemos, constituíram o primeiro passo para a Astronáutica. Dentro do denominado *Projekt Amerika* – para que o território continental dos Estados Unidos não ficasse livre dos horrores bélicos suportados pela Europa – e entre os projetos diretamente derivados do míssil V-2, encontramos o fabuloso EMW A9, com um peso de 85 toneladas e capaz de alcançar Nova York sem problemas. O EMW A6, por sua vez, mais leve, era um avião/foguete de reconhecimento fotográfico em grande altitude nunca visto igual. Foi projetado para a decolagem vertical, com cabine pressurizada e paraquedas de frenagem. Depois de cumprir sua missão estratégica, podia aterrissar sobre uma pista convencional por seus próprios meios.

Com uma velocidade máxima prevista de 2.900 quilômetros por hora, teria capacidade para subir a 95 mil metros! Seu alcance era calculado ao redor de 900 quilômetros. Os planos do EMW A-4b, que em si era um míssil V-2 tripulado e provido de pequenas asas, apresentaram similares características técnicas.

A obsessão hitleriana por atacar os Estados Unidos da América levava em conta que qualquer agressão convencional contra as cidades norte-americanas do Atlântico obteria um valor militar literalmente nulo. Sem dúvida, nessa época pré-nuclear, o *Führer* e seus estrategistas cogitavam muito sobre um êxito propagandístico junto à opinião pública mundial, além do grande esforço realizado.

Sem mencionar o excepcional bombardeiro orbital Sänger, os projetistas do III Reich tinham em estudo o gigantesco Focke-Wulf Tank Ta 400, com seis tripulantes, dotado de quatro motores radiais e outros dois de turbo-hélice. Com grande capacidade de carga de bombas, de 10 mil quilogramas, devia pesar, carregado, 60 toneladas, e apresentar um raio de ação de 9 mil quilômetros. Porém, tampouco passou da etapa de projeto e do correspondente túnel de vento. Mais uma vez, faltou tempo...

Foi o bombardeiro estratégico Messerschmitt Me 264 o que chegou mais longe em seu desenvolvimento, dado que, em 1º de maio de 1945, já havia vários protótipos construídos e efetuando voos de teste. Essa ambiciosa aposta de ataque intercontinental apresentava uma planta motriz mista, com quatro motores de pistão e dois turborreatores. Seu alcance real era de 15 mil km, o que, à velocidade de cruzeiro, lhe permitiria ficar 45 horas no ar! A isso, somava-se a capacidade de lançar duas toneladas de bombas e um armamento tão especial como aviões suicidas Daimler Benz das variantes E e F, além do sempre perigoso Fi 103R-IV – que, na realidade, era uma bomba voadora V-1 tripulada – e também caças "parasitas" Me 328 de defesa. Tinha uma envergadura de 43 metros e um comprimento de 20,9 metros.

A empresa Focke-Wulf Flugzeugbau GmbH apresentou ao Ministério de Aviação do Estado dois sensacionais projetos, um deles para alcançar qualquer cidade da costa leste dos Estados Unidos. Tratava-se do Fw 03 10.225, um aeroplano gigantesco, composto de uma fuselagem central e duas acessórias. Previsto para transportar três toneladas de bombas e com uma autonomia de voo de 8 mil quilômetros, seu armamento defensivo compreendia nove canhões de tiro rápido e quatro metralhadoras. Era um projeto sensivelmente magistral, apto para operar a 9 mil metros de altitude. O outro projeto foi o Fw 1.000/1.000/1.000, que competiu com o Ho IX, denominado dessa forma em razão pura e simples dos objetivos pretendidos pelos técnicos do RLM, dado que devia ser capaz de levar mil quilogramas de bombas a mil quilômetros de distância e voar a mil quilômetros por hora. Apesar dessas exigências, tão excessivas para a época, a citada construtora aeronáutica apresentou seus esboços de um bombardeiro pesado à reação com asa-delta, que devia ser o mais semelhante possível a um fantasma para os caças Aliados.

Sabe-se que, nos últimos anos de guerra, o Reichsluftfahrtministerium exigiu sempre um maior aumento de velocidade. Daí surgiu a ideia

*Nos últimos anos de guerra, o Reichsluftfahrtministerium exigiu sempre um maior aumento de velocidade. Daí surgiu a ideia para projetar um assombroso caça supersônico, capaz de voar a nada menos que 1.750 km/h. O projeto do DFS 346 foi um projeto que, de fato, se adiantou 15 anos a seu tempo e representou, talvez, o limite tecnológico do que a indústria aeronáutica alemã podia oferecer.*

de se projetar um assombroso caça supersônico, capaz de voar a nem mais nem menos do que 1.750 quilômetros por hora. O projeto do DFS 346 foi um projeto que, de fato, se adiantou 15 anos a seu tempo. Seus números não deixam de chamar nossa atenção hoje em dia, pois devia subir a 30 mil metros. Com asas em flecha de 45 graus e uma ponta cônica muito afilada, esse fabuloso jato representou talvez, pelo que conhecemos nos dias de hoje, o limite tecnológico do que a indústria aeronáutica alemã podia oferecer. Para o resto do mundo, para os inflamados competidores americanos, britânicos, soviéticos e franceses, sempre esteve muito claro que, em 1945, ainda não havia materiais nem técnica; e isso só surgiu em finais dos anos de 1950. O protótipo capturado pelas tropas Aliadas demonstra que o incrível DFS 346 era real. Além do mais, sua presença causou verdadeiro pânico entre os especialistas da RAF e a USAAF que o analisaram a fundo.

## Mais projetos futuristas

A Alemanha de Adolf Hitler também se sobressaiu na construção de helicópteros e se adiantou ao futuro nesse novo campo do voo vertical. De fato, seu magnífico Kolibri levava a cabine geométrica que o Apache americano usa agora. Para conhecer mais detalhes, nada melhor do que transcrever de novo um pouco da *Operación Hagen*, de autoria de Felipe Botaya:

> O helicóptero alemão FL 282 Kolibri foi obra do engenheiro Anton Flettner. Era um modelo desenvolvido depois do autogiro de La Cierva. De fato, a Alemanha já havia realizado testes com helicópteros e desenvolvido modelos muito rapidamente. Heinrich Focke fabricou o modelo Fa-61, parecido com o do engenheiro espanhol, que foi pilotado pela legendária Hanna Reitsch em 1938. Esse autogiro era um cruzamento entre um avião e um helicóptero, já que o rotor se situava adiante do piloto e dispunha de asas e timões de cauda. A mesma Hanna Reitsch tornou a pilotá-lo durante o verão desse mesmo ano, de Bremen a Berlim, uma distância pouco superior a 300 quilômetros, sem nenhum problema e demonstrando as qualidades aeronáuticas do aparelho.
>
> De qualquer forma, os helicópteros não conseguiam despertar o entusiasmo entre os militares, que os viam mais como um divertimento de engenheiros do que como uma arma de guerra de múltiplas possibilidades. Por isso, no início de 1941, tentaram demonstrar que as possibilidades militares do helicóptero eram mínimas e que podiam ser facilmente derrubados. Foram preparados dois caças que, em vez de armamento, levavam cada qual uma câmera de cinema. Durante quase meia hora, os dois caças perseguiram o Kolibri que fugia sem problemas de seus perseguidores. Suas piruetas, impossíveis para um caça, faziam-no escapar sem muitas dificuldades. As câmaras demonstraram que os caças nunca puderam alvejar o Kolibri. Sem dúvida, a câmera do Kolibri demonstrou que este sim tivera os caças na mira...
>
> Anton Flettner recebeu o encargo da Luftwaffe de construir mil FL 282 Kolibris. Foi o primeiro helicóptero construído em série da história. Todos os modelos foram destinados a trabalhos de observação, transporte de feridos e até chegaram a ser usados em

barcos e submarinos. Segundo parece, não participou de combates de forma direta.

A lista de aviões secretos alemães – com clara preponderância dos reatores sobre os do clássico motor de êmbolo ou até mesmo com planta motriz mista, dos dois tipos ao mesmo tempo – é quase interminável. São dezenas e dezenas de projetos truncados por falta de tempo material e cujo estudo detalhado resultaria em um outro livro, muito mais extenso do que este. Basta folhear as páginas do livro *Luftwaffe: Secret Projects* – cujo primeiro tomo tem como subtítulo *Fighters 1939-1945*, de Walter Schick e Ingolf Meyer, e o segundo, *Strategic Bombers 1935-1945*, de Dieter Herwig e Heinz Rode –, para nos depararmos com uma seleção benfeita desses projetos e esboços absolutamente futuristas, muito adiantados para a época. Porém, há mais projetos, muitos mais.

Em uma breve síntese, e dada a quantidade de casas construtoras, destacamos apenas alguns dos mais espetaculares caças à reação, tal como os Henschel P.75, P.130 e P.135 – este, de fuselagem bem mais curta, previsto para alcançar a velocidade máxima de 984 quilômetros por hora; os Blohm und Voss P.198, P.208/03 e P.215 – cujos projetos foram em boa parte copiados pelos americanos, para seu caça embarcado F7U Cutlass; o Dornier P.247/6; os Lippisch P.15 e P.20; os Messerschmitt P.1092/3, P.1095, P.1099, P.1106, P.1110, P.1111 e P.1112 – sem cauda, projetado para uma velocidade máxima de 1.015 quilômetros por hora; o Gotha P.60A; o Arado Projekt I; o Junkers EF.128; o Heinkel P.1078 – parecido com o Me P.1101, com "asa de gaivota" de geometria fixa, que devia alcançar um máximo de 1.010 quilômetros por hora – e também os Focke-Wulf Ta 183 – previsto para voar a 962 quilômetros por hora e com uma notável autonomia de 2.150 quilômetros – e Ta 283. Sobre esses dois últimos caças, Félix Llaugé escreve:

> O Ta 183 era um monorreator do qual foram projetadas várias versões, aproveitando os turborreatores BMW 003, Jumo 004 e HeS 011. Nenhum desses aparelhos chegou a lutar. O Fw Ta 183 P-V1, cujos planos e algum exemplar em construção caíram por acaso em poder dos russos. O MiG-19 soviético é considerado uma cópia do Ta 183, que era um monoplano de asa média com uma forte flecha de 35 graus. Os russos também adaptaram os turborreatores Jumo 004 aos aviões de caça Yak-17, de motor clássico, os quais apresentaram qualidades surpreendentes e indicaram à União Soviética que o futuro do avião de combate se chamava reator.
>
> Um dos projetos mais avançados da técnica da propulsão a jato foi o Focke-Wulf Ta 283, monoposto de caça, com asa de 45 graus em flecha e com os dois turborreatores acoplados ao plano

horizontal da deriva. Sua velocidade máxima era estimada em 1.125 quilômetros por hora a 10 mil metros de altura. A envergadura projetada era de 7,97 metros, o comprimento de 11,81 metros e o peso de 5.388 quilos.

É fato que a empresa Focke-Wulf entrou depois de suas competidoras no estudo dos novos caças à reação; porém, é verdade que seus engenheiros também apresentaram magníficos projetos. Um deles foi o Fw 250, calculado para um peso que podia oscilar entre 7.400 e 8.350 quilogramas, para alcançar claramente os 1.078 quilômetros por hora, sendo sua autonomia de voo prevista para entre 1.370 e 2.440 quilômetros, em função de seu armamento e de levar ou não um depósito auxiliar. Leiamos, pois, o que Nico Sgarlato escreveu a respeito disso:

> Continuando com os projetos de base para o estudo de um monorreator que substituísse o Me 262 e para um caça-bombardeiro a turbo-hélices, o professor Kurt Tank propôs, em novembro de 1944, um conceito que se antecipava ao de "caça de penetração" do US Army: um caça pesado, para missões tanto de escolta com amplo raio de ação como de interceptação diurna e ataque ao solo. Uma das características desse avião era sua fuselagem de seção pseudo-triangular – como a do Me 262 –, capaz de abrigar dois turborreatores Heinkel Hes 011 de 1.330 quilogramas dispostos um ao lado do outro, alimentados por uma tomada de ar cuja forma voltaríamos a ver no americano F-100 e no Super Mystère. A asa tinha uma flecha muito pronunciada (40 graus) em posição média-alta. Para seu armamento, pensou-se em quatro canhões MK 108 de 30 milímetros ou quatro metralhadoras MG 213 de 20 milímetros, na ponta; para as missões de escolta em longa distância, previu-se um depósito externo lançável de mil quilogramas de combustível. O aspecto final desse avião era extremamente parecido ao do americano McDonnell XF-88 Voodoo. Esse projeto deveria ter se chamado Fw 250, porém, seu desenvolvimento foi paralisado em favor do Ta 283, ainda que influísse decisivamente nos projetos que se lhe seguiram, como o Projekt III (P011-45) e o Projekt IV (P011-47), birreatores de caça noturna cujos estudos datam de 19 de março de 1945. Ambos foram examinados atentamente pelos técnicos soviéticos, segundo dizem, o primeiro deles serviu de base para o Mikoyan I-320, enquanto o segundo teria inspirado o Lavochkin La-200.

Quanto aos bombardeiros, os construtores alemães não deixaram de proporcionar-lhes quase a mesma linha futurista e a extraordinária capacidade operacional. Dos aviões que levaram motores à reação, é imperativo referir-se ao Heinkel He 343 – um magnífico quadrimotor com inegável beleza de linhas –, aos Heinkel P.1068.83 e P.1068.84; aos Junkers EF 116, EF 125, EF 130 e EF 132; ao Arado E555 – um bombardeiro estratégico pesado sem cauda com seis projetos distintos, e todos realmente notáveis, para uma velocidade máxima de 920 quilômetros por hora e uma autonomia de 5.400 quilômetros; aos Arados 560/4, 560/8 e 560/11; aos dois projetos da BMW; aos dois da empresa Daimler Benz – estes combinando um avião à reação que transportava outro debaixo da barriga; aos Blohm und Voss P 188.01 – com asa de planta inédita, por ter forma de W, e flecha positiva de 20 graus no tronco interno e outra negativa de 20 gruas nas duas partes externas – e P 188.04; finalizando essa restrita relação com a empresa Messerschmitt, devemos nos referir também ao P.1101/103 – com asas de geometria variável como o caça Me P.1101 e, obviamente, maior –, ao P.1107 – quatro versões extraordinárias – e ao P.1102/105.

No excelente caderno aeronáutico prefaciado por Nico Sgarlato, com o título de *Proyectos secretos alemanes*, encontramos um texto de sumo interesse a respeito do anterior:

> No âmbito da história da aviação – tema tão vasto que dificilmente poderia ser tratado de um modo exaustivo e genérico –, os projetos alemães que não chegaram a se materializar ou que foram deixados em fase de protótipo despertam um interesse sem paralelo.
>
> Em geral, procura-se qualificá-los frivolamente como soluções de emergência oriundas da necessidade de dar uma reviravolta na marcha da guerra; no entanto, por trás dessa enorme quantidade de estudos e projetos, fossem eles apenas esboçados ou desenvolvidos até a fase de construção, encontravam-se oficinas técnicas particularmente ativas e projetistas geniais, que desenvolveram estudos pessoais que, em muitos casos, foram concebidos muito antes do início do conflito para depois se ajustarem às exigências governamentais.
>
> É comum dizer-se que os projetos alemães influíram decisivamente em muitas das realizações do pós-guerra, e quem puder aprofundar-se nesse tema verá que não se trata de uma afirmação gratuita. De fato, a partir da derrota da Alemanha, produziu-se uma autêntica diáspora de engenheiros aeronáuticos que puseram seus conhecimentos à disposição da indústria em todo o mundo.
>
> Nunca se poderá ter certeza de haver chegado a conhecer todos os projetos alemães surgidos durante a época do III Reich, já que muitos dos documentos se perderam irremediavelmente, e as testemunhas de "primeira mão" já são muito escassas. Tampouco seria viável tentar reunir todos os projetos de que se tem notícia, mesmo os mais importantes deles, em um único volume.

Para finalizar – com aquilo que talvez seja o mais assombroso de tudo sobre os bombardeiros previstos para a Luftwaffe –, nada melhor do que ler outra vez o impressionante romance histórico *Operação Hagen* e, desse modo, entrar em um projeto tão futurista como simplesmente alucinante, nunca previsto antes por sua incrível autonomia de voo:

> O computador de Zuse foi utilizado também pelo doutor Eugen Sänger em seu projeto de uma nave de bombardeio espacial chamada Raumgleiter. Essa nave, com dois tripulantes, era um planador espacial de 28 metros de largura, uma fuselagem de 3,6 metros de diâmetro e uma altura de 1,8 metro. A superfície de cada asa era de 44 metros quadrados. A fuselagem continha a cabine pressurizada, os quatro tanques de combustível, o trem de pouso, os dois motores e uma espaçosa área para as bombas.
>
> [...] Não deve surpreender que as viagens além da atmosfera terrestre pudessem ser viáveis naquela época, utilizando câmaras de combustão com um sistema especial de resfriamento. Pensem que o sistema de evaporação para o motor dessa nave-foguete foi ordenado em 1944. As 90 toneladas de carburante proporcionavam à nave 100 mil quilogramas de empuxo durante oito minutos. Os experimentos realizados com uma versão menor de mil quilogramas, em Fassberg, já previam uma combustão para cinco minutos.
>
> O dr. Sänger foi o autor, em 1933, do tratado *Técnica de vuelo del cohete*, no qual já adiantava muitos dos sistemas que ele quis aplicar durante a guerra. Tinha claro que um planador proporcionava mais vantagens em voos estratosféricos, ainda que o único problema então fosse poder colocá-lo em órbita. O foguete, como sistema portador do planador, foi a solução.
>
> O sistema de decolagem foi projetado para ir sobre uma rampa de concreto de 3 mil metros de largura orientada para o oeste. A nave, segundo os cálculos do dr. Sänger, teria acelerado até os 12.500 metros de altura, em que o piloto, depois de submeter-se a uma aceleração de 12 g durante um minuto, conectaria o motor do foguete para continuar a ascensão. A aceleração do foguete, no início, seria de 3 mil metros por segundo e a velocidade máxima estimada era de 10 mil metros por segundo (36 mil quilômetros por hora!), com uma altitude "baixa" de 120 quilômetros. Nesse momento, e já como planador, a nave aproveitaria a deflexão da atmosfera terrestre para tirar o máximo proveito em seu voo de aproximação ao objetivo.
>
> Essa nave era um passo para uma nova dimensão na guerra. Não havia defesas, naquela época, para um ataque daquelas características feito do espaço. Os Estados Unidos, por exemplo, entravam completamente no campo de ação do Raumgleiter. Creio que, até

mesmo em pouca quantidade, essa aeronave teria tornado possível uma estratégia de guerra global. Por exemplo, a uma velocidade de quatro mil metros por segundo ou 14.400 quilômetros por hora e a uma altura de 50 quilômetros, não teria dificuldade para levar até 11 toneladas de bombas em seu interior. Além disso, o dr. Sänger, com a ajuda do dr. Bredt, havia planejado que sua nave pudesse lançar uma bomba atômica de 4 toneladas. Esse projeto ficou conhecido como a Diretiva nº 4268/LXXX5 e contemplava o bombardeio atômico de Nova York e as devastadoras consequências sobre Manhattan.

A máquina de Zuse permitiu cálculos muito precisos do tempo de planeio, que podia ir de 8 minutos a 29 horas, e, em caso de um ataque a Nova York, a partir de uma altura de 800 quilômetros. Uma bomba convencional de 10 toneladas chocando-se contra Manhattan a uma velocidade de queda entre 500 e 800 metros por segundo teria produzido tamanha devastação que poucos edifícios teriam permanecido em pé. O único problema que se cogitava era a precisão no lançamento da bomba, já que era praticamente visual por parte dos pilotos. Por isso, estimou-se a possibilidade de acrescentar à bomba um sistema de visão por televisão, como no míssil Hs-293D, e direção por *joystick*.

Também se pensou em um lançamento em "cachos". De uma altura entre 50 e 150 quilômetros, muito longe do alcance inimigo, e a uma velocidade de 28.800 quilômetros por hora, as bombas só atingiriam um determinado alvo por pura sorte. Pensou-se em cálculos de navegação astronômica para que os pilotos calculassem em que momento podiam lançar as bombas com muito mais precisão. Os cálculos de Sänger demonstravam que as bombas teriam alcançado a terra entre dois e cinco minutos aproximadamente, com uma área de impacto que ia de 175 até 1.500 quilômetros.

Como último ponto a acrescentar sobre o Raumgleiter, direi que havia sido planejado que a nave completasse seu voo de regresso aterrissando nas Ilhas Marianas, no Pacífico, ocupadas pelo Exército japonês, onde seria revisada e reabastecida para o voo de regresso à Europa ou diretamente à Alemanha, se um dos dois motores ainda dispusesse de combustível suficiente. Os problemas de motor e trajetória haviam sido resolvidos satisfatoriamente e se estava trabalhando na proteção térmica. O final da guerra impediu o uso dessa nave.

# Segunda parte:
# Minas, mísseis e bombas guiadas

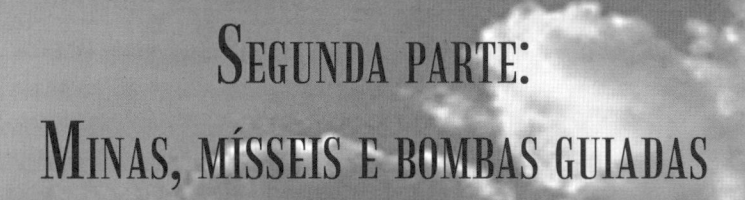

# Capítulo 16

# Minas magnéticas e acústicas

Em 1941, o anuário *Nautilus*, da Marinha de Guerra alemã, publicou uma longa reportagem intitulada "Os rastreadores na luta contra a Polônia". Seu autor era o almirante Hansen, editor dessa publicação oficial, o qual fazia uma análise retrospectiva sobre a origem da arma que será tratada nesse novo capítulo:

> A mina foi empregada pela primeira vez em 1863, na guerra civil americana. Mas foi depois da Guerra Russo-Japonesa (1904-1905) que os draga-minas passaram a fazer parte da Marinha de Guerra. A Alemanha estabeleceu a Primeira Divisão de Draga-Minas (mais tarde, uma flotilha) em 1905, em Cuxhaven; logo se seguiu uma Segunda Divisão e, pouco antes da Primeira Guerra Mundial, a Terceira. Os barcos que serviam de draga-minas eram velhos torpedeiros que já não serviam para lançamentos. Na Alemanha, empregavam-se para o rastreamento de minas aparelhos de união. Isso significa que dois ou mais barcos arrastam entre si um cabo que apanha e corta, por meio de um mecanismo especial, o cabo de ancoragem da mina. Esses dispositivos foram empregados durante a Guerra de 1914-1918. A Inglaterra e a França usavam um dispositivo bastante primitivo, arrastado por apenas um barco.
> 
> A guerra de minas de 1914-18 foi travada pelos ingleses, a princípio com vacilações e com material ruim. Pouco a pouco, desenvolveu-se, com ajuda dos Estados Unidos, em uma guerra de material da maior extensão. Os ingleses e americanos ancoraram em suma por volta de 200 mil minas. Foi especialmente desfavorável para a Alemanha a situação de seus portos principais, situados no vértice da baía alemã, local de fácil bloqueio. Em 1918, a Alemanha aumentou o número de seus draga-minas para 400. Apenas com um grande esforço e muitas perdas, os alemães conseguiram livrar o caminho para a Marinha e para os submarinos. Geralmente, não era possível estabelecer unidades de draga-minas contra o bloqueio

anglo-americano nas saídas do Mar do Norte, no Estreito de Dover e entre a Noruega e as Órcades; a perda de submarinos por causa da guerra foi muito grande.

Já em setembro de 1939, depois do fulminante ataque contra a Polônia, o Reino Unido da Grã-Bretanha e a Irlanda do Norte, a Alemanha quase não teve tempo de tomar consciência do sério perigo que sua própria sobrevivência correria se não dominasse as principais rotas marítimas. De seus portos, zarpavam e regressavam a cada dia centenas de navios mercantes de diversos portes, um movimento cujo desaparecimento já começara a tomar parte dos melhores planos ofensivos da pujante e moderníssima Kriegsmarine do III Reich. Na realidade, os navios de guerra alemães deram uma resposta lógica à "semeadura", promovida pela poderosa Royal Navy – na noite de 17 a 18 de setembro de 1939 –, das clássicas minas de contato colocadas na desembocadura do Ems, que margeia a fronteira com os Países Baixos. E já conhecemos o velho provérbio "quem semeia ventos colhe tempestades". Churchill, em sua monumental obra *The Second World War*, assinala:

> Um novo e formidável perigo veio para nos ameaçar. Até uma dúzia de navios mercantis foram afundados em setembro e outubro ao entrarem em portos minados. O Almirantado suspeitou imediatamente de que se estavam usando minas magnéticas. Tal mina não era novidade, visto que nós havíamos começado a usá-las em pequena escala no fim da guerra anterior.

De fato, o lendário político que, entre 1911 e 1915, chegou a ser primeiro lorde do Almirantado e que depois, entre 1917 e 1918, foi ministro de Armamentos, não se enganava minimamente, pois a "nova" e perigosíssima arma submarina era, na verdade, um invento britânico. A Royal Navy chegou a contar com 500 minas magnéticas nos últimos meses da Primeira Guerra Mundial. O Estado-Maior Naval, no verão de 1918, colocou essas minas em águas da costa flamenga. Mas a famosa XX Frota de Destróieres não obteve o êxito esperado, pois todos os artefatos desse tipo que foram lançados ao mar funcionaram de forma bastante precária. Em vez de explodir debaixo da quilha de cada navio inimigo, explodiam no calado e a uma distância superior à inicialmente prevista, obtendo um efeito destrutivo muito menor. Prevenidos, os alemães obteriam resultados aterradores no conflito mundial seguinte. Sua mina magnética contava com um dispositivo hidrostático para controlar o detonador elétrico, de modo que o dispositivo nunca fosse ativado antes de alcançar determinada profundidade. Além disso, essa mina tinha um detonador de impacto que a fazia estourar quando, ao cair, se chocava com qualquer objeto, o que a convertia de fato em uma bomba potente. Mas continuemos com a exposição de Winston S. Churchill:

> Em 1936, uma comissão do Almirantado estudou certas medidas contra as armas magnéticas, mas havia se ocupado principalmente dos torpedos magnéticos e das minas flutuantes sem estudar devidamente o grande perigo representado pelos grandes campos de minas submersas, depositadas por aviões ou barcos. Por outro lado, não saberia remediar o mal sem que tivesse algum exemplar de mina magnética.

Na Armada, designa-se pelo termo "mina" o torpedo subaquático de tipo estático cuja missão primordial é entorpecer a navegação inimiga. A mina clássica, que seria "semeada" em profundidades compreendidas entre 200 e 300 metros, era provida de uma "caixa", quase sempre esférica, que a mantinha a poucos metros da superfície, no caso típico da função antinavio, ou mais fundo, para submarinos, e foi usada massivamente no conflito de 1914 a 1918. Mas, entre 1939 e 1945, explorou-se muito o uso das minas de explosão por sabotagem, sempre em profundidades não superiores a 30 metros. Esses engenhos atuavam por meio do magnetismo, da pressão ou de forma acústica, captando as variações existentes no campo magnético ou, simplesmente, na própria pressão feita por um barco qualquer ao passar sobre a água, que é necessário para que o detonador seja ativado. Dando continuidade ao escrito de Churchill, sempre referente ao ano de 1939:

> Em setembro e outubro, os naufrágios devidos a minas alcançaram o montante de 56 mil toneladas; em novembro, Hitler aludiu vagamente a uma "arma secreta" contra a qual não havia meio de opor-se.

Para a sorte do Reino Unido, tanto a Kriegsmarine quanto, sobretudo, a Luftwaffe utilizaram sempre quantias limitadas de minas, para não esgotar as reservas, diante da costa oriental da Grã-Bretanha. Ninguém na Alemanha, nem o próprio *Führer,* pensou em dar prioridade absoluta à fabricação dos perigosos artefatos magnéticos.

## A camuflagem do "altímetro de balões"

A Grã-Bretanha encontrava-se indefesa diante da grande distância técnica que a Alemanha nazista lhe havia reservado para o início de uma nova guerra, ainda em escala europeia. Em águas pouco profundas, ao longo da costa e até mesmo nos próprios estuários, os navios mercantes saltavam pelos ares de forma surpreendente. O conhecido sistema de rastreamento de minas não havia dado nenhum resultado com o surgimento de dispositivos magnéticos aperfeiçoados, uma vez que agora estava dramaticamente demonstrada sua verdadeira dimensão destruidora.

Como os alemães teriam conseguido superar a técnica britânica de 1918 se esta não foi capaz de vencer dificuldades que pareciam insuperáveis? Além do mais, ninguém em Londres suspeitou que a renascida Marinha de Guerra alemã estivesse realizando experiências secretas nesse sentido. Cajus Bekker, um historiador alemão especialista no assunto, dá-nos uma resposta em *Kampf und Untergang der Kriegsmarine*:

> Enquanto se desenvolviam experiências para alcançar um magneto fulminante para os torpedos, de acordo com resultados obtidos também nos anos bélicos de 1914 a 1918, a equipe de pesquisas em armas de bloqueio desenvolveu o fulminante magneto para as minas. Uma pequena equipe comandada pelo engenheiro Hermann Baumeister, também diplomado em engenharia naval, da qual faziam parte o engenheiro Karl Krüger e o conhecido físico Adolf Bestelmeyer, dedicou-se à construção do aparelho fulminante de caráter magnético (e que fizeram passar como um altímetro para balões livres). Tal aparelho foi concluído no transcurso dos anos de 1920, e, em 1930, foram armazenadas as primeiras "minas magnéticas" alemãs, cuja existência estava rodeada pelo mais intenso dos segredos.

É preciso que acrescentemos que o sensor dessas minas fazia funcionar a espoleta elétrica grudada a ele, pela simples reação do fulminante que ativava a carga explosiva. Bekker ainda acrescenta em seu livro:

> A característica mais resoluta dessas minas era que nenhum cabo de ancoragem as sustentava e, portanto, não podiam ser inutilizadas pelos navios especialmente dedicados ao rastreamento mediante o simples procedimento de cortar os cabos, com o que as minas se punham imediatamente a flutuar. As novas minas desciam até o fundo do mar e aguardavam ali até que um navio passasse sobre elas. A própria força magnética vertical do navio desencadeava o fulminante. O barco, dessa forma, não tinha de se chocar com o fulminante, como nas minas de caráter convencional, motivando assim a explosão mortífera. A mina magnética, também chamada pelos especialistas de "mina de fundo", explodia a distância. O único limite para sua eficiência era a profundidade das águas. Mas, quando ela não excedia 20 ou 30 metros, digamos, nas proximidades da costa, na desembocadura dos rios ou na entrada dos portos, a explosão no fundo tinha o efeito desejado.

## Perigo nas costas britânicas

As primeiras operações de minado com a bastante aperfeiçoada arma magnética alemã foram realizadas por meia dúzia de submarinos em missões solitárias, dentro de uma fase que poderíamos chamar de experimental. Como se fossem torpedos pequenos, os novos tipos de minas magnéticas – batizadas com as siglas TMB e TMC – deviam ser lançados pelos novos tubos instalados nas seis unidades do Tipo VIID. Mas foi possível comprovar que as minas construídas até então em maior número, as TMB, não garantiam o afundamento dos navios atacados, diante do que foi preciso empregar as TMC, de maior potência e das quais cada unidade subaquática portava um máximo de 15.

Durante os anos de 1930 e a partir da chegada dos nazistas ao poder, os técnicos alemães aceleraram muito seus experimentos sobre as minas de fundo. Desse modo, tornou-se desnecessário o uso de navio de superfície para depositá-las. De fato, seis submarinos do Tipo VIIC – depois denominados D – foram alongados ao soldar-se nos conveses de cada um deles uma seção adicional de dez metros de comprimento. Nessa zona, foram instalados cinco tubos verticais de livre circulação de água, cada um deles portando três minas de chumbada completas e seus acessórios correspondentes.

Contudo, o peso inicial das operações noturnas de minado da Kriegsmarine recairia, em grande parte, sobre os 22 destróieres disponíveis no início do outono de 1939, pois o Z-22 – chamado de Anton Schmitt – havia entrado em serviço no dia 24 de setembro desse mesmo ano.

A palavra alemã "Zerstörer" significa destróier, e sua sigla antecedia a cifra e o nome das 22 unidades em serviço. No entanto, apenas pouco mais da metade estava disponível para uma ação imediata graças aos buracos que apareciam com muita frequência nos tubos das seis caldeiras. Isso se devia à elevada pressão de exercício de sua planta motriz – dois grupos de turbinas de vapor engrenados a um par de eixos de propulsão –, que alcançava, dependendo dos destróieres, valores de 70 a 110 quilos por centímetro. A origem do problema técnico era dada pelo emprego de um novo tipo de caldeira de alta pressão – colocada para funcionar apressadamente, antes de ser bem testado – com o objetivo final de alcançar grandes velocidades graças ao emprego da menor e mais rápida maquinaria possível. Outro grave defeito desses destróieres foi apresentar uma borda livre insuficiente, a qual era sempre causa de graves inconvenientes em mar agitado.

Oficialmente, os destróieres do Z-01 ao Z-16 foram classificados como do Tipo 34; e os seguintes, do Z-17 ao Z-22, como Tipo 34A. Mas as diferenças entre esses dois modelos eram mínimas, variando sobretudo na ampliação do casco dos mais modernos. Deve-se destacar que todos os navios Z, sem exceção, podiam alcançar uma velocidade máxima de 38 nós, sendo capazes de embarcar até 60 minas de fundo. Seu armamento-padrão compreendia cinco canhões de 127 milímetros em montagem simples, duas peças duplas antiaéreas de 37 milímetros e seis mais simples de 20 milímetros, completando seu poder com duas montagens quádruplas de lança-torpedos de 533 milímetros. Segundo os especialistas navais da época, essas unidades – de um lançamento normalizado de 2.230 toneladas – eram superiores às outras construções estrangeiras contemporâneas, com exceção dos superdestróieres franceses que, graças à sua grande potência de artilharia, quase atingiam a categoria de um cruzador ligeiro.

Vamos agora à ação. Nos dias 17 e 18 de outubro, seis destróieres alemães do Tipo 34 realizavam a primeira ofensiva de colocação de minas a partir de navios de superfície pelas costas orientais britânicas. Seu objetivo estava bastante claro ao "semear" de dispositivos magnéticos o fundo marítimo apresentado pelo estuário do Humber, pois se tratava de uma tentativa de bloquear o intenso tráfico dos portos de Hull e Grimsby. Todas as minas magnéticas previstas para ser lançadas foram deitadas ao mar a partir de trilhos colocados sobre a cobertura superior, a bombordo e a estibordo de cada Zerstörer.

Após essa missão cumprida com absoluta perfeição pelos destróieres alemães – a primeira de um total de 11 em toda a guerra diante das costas do Reino Unido – e sem se deparar com a menor oposição inimiga, a Kriegsmarine – por ordem expressa de Doenitz, chefe da Frota Submarina, cada vez mais interessado em potencializar o lançamento de "minas de fundo" – começaria a participar de novo com seus *U-Boote*, agora com maior intensidade, na colocação de mais minas magnéticas. De fato, foi preciso aumentar a produção dessas minas, uma vez que o número desses artefatos não chegava a mil no início das hostilidades. Na abalizada opinião de Churchill, seus mais diretos colaboradores no Almirantado britânico não conseguiram compreender ao menos um princípio:

> [...] as espantosas consequências que um emprego massivo de minas de fundo podia ter... De pronto, o risco apareceu com toda a intensidade entre nós e ameaçou cortar os nervos vitais que permitiam nossa existência.

## A ofensiva da Luftwaffe

Diante da manifesta impotência dos draga-minas da Royal Navy, crescia de forma inexorável o número de navios mercantes afundados na entrada de certos portos vitais e em águas pouco profundas das costas orientais do Reino Unido. *Sir* Winston S. Churchill reconheceria, anos depois em um de seus livros, a impressão que essa ofensiva inimiga lhe causara: "As primeiras operações com minas magnéticas me comoveram profundamente".

No privilegiado cérebro do então primeiro lorde do Almirantado fermentava, já desde setembro, a ideia de lançar minas fluviais na maior artéria navegável da Alemanha, o Reno; mas, dois meses depois, recebia no Almirantado uma nota que o desanimou profundamente, dado que, até março de 1940, essa ação de represália não poderia ser iniciada. Na época, até os técnicos mais experientes da Marinha Real davam "cabeçadas" procurando contrabalançar o demolidor efeito destrutivo das minas magnéticas. Esses mesmos especialistas continuavam sem entender como os alemães tinham conseguido colocar os artefatos subaquáticos em águas tão próximas às próprias costas, já que, naquela época, desconheciam o sistema utilizado pelos *U-Boote*. Além disso, ninguém, nenhum vigia, foi capaz de dar o alarme na primeira missão executada pelos rapidíssimos Zerstörers da Kriegsmarine.

Em seu livro *Armas secretas de la Segunda Guerra Mundial*, Félix Llaugé Dausá destaca alguns dos objetivos navais alcançados pelas minas magnéticas:

> No sábado 18 de novembro de 1939, enquanto o navio mercante holandês *Simón Bolívar* navegava diante da costa leste da Inglaterra, houve uma tremenda explosão que parecia vir debaixo do seu casco; o fundo de aço do navio foi destroçado até em cima, e o *Bolívar* afundou-se com a perda de muitas vidas, entre passageiros e tripulação.
>
> Outros naufrágios parecidos ocorreram durante o domingo 19, nas mesmas águas ou em águas próximas. Na segunda-feira, dia 20, outros quatro navios mercantes se afundaram, elevando o total de perdas desse fim de semana para dez barcos e 200 vidas. No dia 21, um transatlântico japonês, o *Terukuni Maru*, encontrou o mesmo fim perto da desembocadura do Tâmisa. E, antes que esse dia terminasse, o destróier britânico *Gipsy* foi pelos ares e partiu-se em dois, mutilando 21 homens da tripulação, sem contar os 40 que afundaram com o navio.

Na prolongada batalha estabelecida com a Armada de seu próprio país, a Luftwaffe de Hermann Goering – que, na verdade, em setembro de 1939, dispunha apenas de uma reserva de 120 minas magnéticas aéreas – decidiu engrossar os êxitos navais tratando de "afogar" os portos orientais britânicos. De acordo com o relato de Bekker:

> Enquanto era lançado um número limitado de minas, a Luftwaffe não considerou aquele assunto como próprio. Mas, ao tomá-lo em suas mãos, os planos adquiriam dimensões muito maiores. Goering não queria limitar-se a colaborar discretamente com o minado daquelas águas, mas sonhava com o lançamento de milhares de minas aéreas de uma só vez nos acessos aos portos britânicos. O chefe da Marinha, Raeder, considerava, pelo contrário, que era muito mais eficaz empregar outros meios e conservar o número – de outro lado, limitado – de minas aéreas de que se dispunha. Quem sabia se caberia à Luftwaffe o remate da operação no caso de que os ingleses acabassem por não se mostrar tão surpresos e não terminassem, portanto, tão inermes diante do perigo que os ameaçava? O Alto Comando decidiu, em vista de tudo isso, que as esquadrilhas costeiras iniciassem o lançamento de minas, já que, em certa medida, dependiam aquelas unidades do Comando Naval.

No dia 20 de novembro de 1939, ocorreu o primeiro lançamento de minas magnéticas diante das costas orientais da Grã-Bretanha, a partir de hidroaviões alemães que aproveitaram as sombras da noite. A Esquadrilha 3/906 da Luftwaffe estava composta por nove He 59B-2, de quatro lugares, projetados para reconhecimento marítimo e salvamento. Mas, desde 1933, quando Hitler chegou ao poder, os He 59 eram hidroaviões antiquados. Depois participaram, com algum sucesso, da guerra civil espanhola, fazendo parte da Legião Condor em missões de bombardeio noturno e patrulha costeira. Anos mais tarde, esse mesmo bimotor passou para a história da aviação por ser o único hidroavião de flutuadores utilizado ocasionalmente para transporte de tropas.

Apesar de já serem bastante lentos – 220 quilômetros por hora ao nível do mar –, os He 59B-2 foram adaptados para transportar cada um duas minas magnéticas de 500 quilogramas unitários de peso. Nessa noite inicial, os referidos hidroaviões posicionaram apenas sete desses artefatos, por erros em suas posições de lançamento; na segunda noite, dez mais; na terceira e última dessa fase da ofensiva, 24. Mas essa última missão, correspondente a 22 de novembro, marcou uma data decisiva na qual a deusa Fortuna se aliou com alguns técnicos britânicos que sonhavam acordados com a possibilidade de poder estudar detalhadamente uma valiosa mina magnética do inimigo e que, de fato, receberiam o "presente" inesperado de duas unidades.

Um dia antes, 21 de novembro de 1939, uma das minas magnéticas – colocada no Estuário do Forth pelo submarino *U-31* – demonstrou sua potência sobre um navio militar de certo porte, o *Belfast*. Tratava-se de um moderno cruzador ligeiro – por seu armamento, 12 canhões de 152 milímetros em quatro torres triplas, já que, na realidade, tinha um lançamento-padrão de 11.500 toneladas –, que havia sido posto em serviço no ano anterior e praticamente ficou sem sua popa. Tal foi o efeito destrutivo alcançado pelo engenho alemão que o *Belfast* só voltaria a atuar no mar até três anos depois. Aposentado em 1971, esse sobrevivente da Segunda Guerra Mundial pode ser visto ainda hoje na margem direita do Tâmisa, em frente à Torre de Londres, tendo sido transformado pelo Imperial War Museum em exposição flutuante dos fins de semana.

Nessa data, além de o *Belfast* ter ficado gravemente danificado, o destróier *Blanche* já tinha sido afundado por uma mina magnética diante do navio-farol da região de Tongue, em 13 de novembro. Apenas oito dias depois, outro destróier, o *Gipsy*, tornar-se-ia vítima de um artefato subaquático da Armada do III Reich, diante de Harwich, junto à desembocadura do Tâmisa; precisamente esta e o estuário do Humber se converteram, até o final de novembro, em autênticos cemitérios de navios de todo tipo e porte. O minador *Adventure* e dois destróieres salvar-se-iam milagrosamente, porque não receberam diretamente o impacto apenas por causa da distância superior na qual o detonador foi disparado. Um navio polonês de passageiros, o *Pilsudski*, também foi vítima das minas magnéticas – 26 de novembro de 1939 –, mas não teve tanta sorte como os três anteriores e afundou nos bancos de areia de Outer-Downing, diante do Humber.

## Na desembocadura do Tâmisa

Erich Raeder, máximo responsável da Marinha de Guerra alemã, reconhece em sua obra autobiográfica as diferenças de ordem técnica que teve com a Luftwaffe por conta dessa singular ofensiva contra a navegação britânica:

> Também os aviões participaram da colocação de minas diante da costa inglesa. Certamente, entre Goering e eu, houve discrepâncias quanto ao momento em que devíamos dar início ao minado das costas britânicas. A Armada tinha, com efeito, suas minas prontas, e, para mim,

parecia conveniente tirar proveito delas imediatamente, antes que os ingleses deixassem suas águas intransitáveis com barreiras de minas próprias e a duração das noites diminuísse tanto que já não seria possível para nossos destróieres passar sem ser notados pelas entradas e saídas da zona costeira britânica. A Luftwaffe, pelo contrário, era partidária de esperar até que a produção em massa de minas de tipo de avião estivesse bastante adiantada; embora, ao final, tenha concordado e feito parte das operações de semeadura propostas.

Aquilo que o chefe naval alemão temia ocorreu antes mesmo do previsto, entre 11 e 16 de setembro, quando a Royal Navy fechou o Estreito de Dover com 3 mil minas de contato. Depois, no dia 22 de novembro, Raeder comunicou a Hitler em pessoa as novidades relativas à sua Kriegsmarine, que, quanto aos mais recentes serviços prestados pelos Zerstörers, resumia-se desta forma: "No último período da Lua nova, os destróieres lançaram 540 minas diante do Tâmisa e do Humber".

A ação dos navios Z alemães diante da desembocadura do rio que leva a Londres, entre a confusão das rotas marítimas e os bancos de areia existentes – praticamente desconhecidos pelos marinheiros do *Führer* –, em meio aos faróis e boias luminosas e em águas constantemente cortadas por cargueiros e navios de vigilância, poderia ser qualificada de quase suicida. No entanto, e por incrível que pareça nessas circunstâncias, os destróieres alemães permaneceriam ainda muitas semanas sem ser reconhecidos.

No dia 7 de dezembro de 1939 – sete semanas antes do primeiro ataque –, no transcorrer da quinta missão secreta de minado "magnético" realizada pelos velozes Zerstörers, os torpedos do Z-12 – chamado Erich Giese –, que, naquela noite, estavam acompanhados pelo Z-10 – *Hans Lody* –, deixaram destruído o casco do destróier britânico Jersey. Mas o Almirantado não assinalou em Londres a presença dos rápidos navios de superfície alemães nas costas orientais da ilha, acreditando que tudo se devia à ação de um submarino diante de Cromer Koll. Tudo aconteceu porque a Marinha Real fora alertada pela explosão da última mina magnética lançada na água pelo Z-12, que tocou o fundo com seu detonador de forma defeituosa. Mas nem mandando uma parelha de destróieres foi possível dessa vez a identificação exata do navio inimigo. Além disso, o *Jersey*, que milagrosamente ainda flutuava, seria rebocado e, na prática, reconstruído em um estaleiro depois de muitos meses de trabalho árduo, por isso seu nome e sua numeração não deram baixa nas amplas listas da Royal Navy.

## A grande descoberta

No final, os britânicos receberam um golpe de sorte, pois um He 59B-2 que fugia dos caças inimigos viu-se obrigado a se livrar das duas minas de fundo que carregava, depois de ser ligeiramente atingido por uma bateria antiaérea. Os vigias costeiros britânicos deram o alarme por volta das 10 horas do dia 22 de novembro, dando a localização do lugar da queda dos artefatos explosivos – de cor escura e presos por paraquedas – em Shoeburyness, na orla setentrional do Tâmisa.

As minas magnéticas possuíam um dispositivo especial para o caso de, uma vez lançadas com paraquedas, tocar a terra em vez de águas pouco profundas: então se ativava automaticamente o mecanismo previsto para a autodestruição. Mas, em vez de cair em terra firme, os tais dispositivos secretos caíram em uma região bastante rasa que, na maré baixa, deixava descobertas grandes extensões de barro. Churchill nos dá pormenores interessantes – no segundo volume de sua obra monumental *The Second World War* – de como foi feita a busca daquilo que, ao menos no princípio, se acreditou ser uma única mina inimiga:

> Era claro que o objeto poderia ser encontrado e identificado. A oportunidade era ideal. Antes da meia-noite, dois oficiais especialistas, Ouvry e Lewis, do Vernon, onde se desenvolviam pesquisas de armas submarinas, foram chamados ao Almirantado. O primeiro lorde do mar e eu lhes falamos e lhes pedimos sua opinião. À 1h30 da madrugada, foram de carro até Southend para realizar o árduo trabalho de encontrar o objeto lançado. Antes do amanhecer do dia 23, em plena escuridão e com o auxílio de apenas uma lâmpada sinalizadora, encontraram a mina 500 metros além do limite da maré, que começava a subir; por isso não se pôde fazer nada além de localizar o artefato e realizar os preparativos para o refluxo seguinte.

O futuro primeiro-ministro e ministro da Defesa refere-se ao almirante *sir* Dudley Pound, que, no começo de novembro de 1939, lhe havia comunicado que os alemães possuíam um artefato secreto que provocava a perda dos navios mercantes, pois, em um só dia, foram ao fundo da desembocadura do Tâmisa meia dúzia de cargueiros. Além disso, é preciso ressaltar que nenhum dos oficiais mencionados estava a par do mecanismo que fazia funcionar o fulminante da mina de efeito magneto-acústico. Entretanto, o sangue-frio do capitão de corveta Ouvry bastou para anular definitivamente o artefato. O professor A. M. Low relataria, pouco tempo depois, nas 224 páginas de seu livro *Mine and Countermine*, as dificuldades que os dois voluntários enfrentaram onde o artefato inimigo havia sido localizado:

> Ouvry ignorava completamente se a mina continha algum dispositivo especial para fazê-la detonar caso tentassem desarmá-la; mas, depois de relatar aos que o acompanhavam o que tencionava fazer e em que partes mexeria primeiro, cruzou o banco de areia para realizar sua perigosa missão. Necessitava explicar antes o que pensava fazer para que, caso morresse na explosão, os demais soubessem o que não deviam fazer posteriormente em uma nova tentativa.
>
> A primeira coisa que Ouvry fez foi retirar um pequeno acessório que supunha ser o detonador. Ao cair a noite, ele e seu ajudante já haviam retirado o invólucro externo da mina, com vários outros acessórios, um dos quais viram com surpresa que se tratava de um segundo detonador. Quando chegaram a esse ponto, já estavam seguros de que a mina era inofensiva; ela foi colocada então em um caminhão e enviada a Portsmouth para que fosse examinada mais a fundo e para que fossem estudadas as contramedidas.

De volta ao relato de Churchill:

> A difícil operação teve início na primeira hora da tarde. Descobriu-se então que, no lamaçal, havia outra mina, além da primeira. Ouvry, com o suboficial Baldwin, apanhou a mina, enquanto Lewis e o marinheiro Vearncombe aguardavam a uma distância segura. Depois de cada um dos movimentos preestabelecidos, Ouvry fazia sinal para Lewis, a fim de que o conhecimento já adquirido com a primeira mina fosse utilizado para desmontar a segunda. De fato, foram precisos os esforços combinados dos quatro homens para desarmar o primeiro dos artefatos, mas sua abnegação e destreza tiveram a devida recompensa.

Raymond Cartier descreve esses momentos dramáticos em seu livro sobre a maior guerra de todos os tempos:

> Toda a tensão de *O salário do medo* é pouca comparada ao trabalho dos homens que manipulam temíveis protuberâncias, enquanto a maré crescente marca-lhes o tempo.

Nesse ínterim, Baldwin e Ouvry estiveram conectados à margem por meio de um laringofone, e o primeiro deles foi anunciando com voz serena cada uma das ações que ia empreender. Caso houvesse uma repentina explosão fatal dos quase 300 quilos de tolita que havia na mina alemã, não seria um mistério a causa da trágica falha cometida...

As duas minas de efeito magneto-acústico encontradas sobre o barro do fundo marinho da Shoeburyness tinham um diâmetro de 600 milímetros e um comprimento total de 2,85 metros. Além disso, era possível distinguir nelas cinco partes perfeitamente distintas: 1) anel de fixação; 2) seção de cauda com aletas de direção – aqui ia o paraquedas que permitia uma aterrissagem suave; 3) corpo da mina propriamente dito; 4) sensor magneto-acústico; 5) cápsula metálica que servia de proteção ao sensor. De volta ao exposto por Churchill:

> À tarde, Ouvry e seus colegas se apresentaram ao Almirantado para declarar que a mina tinha sido recolhida intacta e enviada a Portsmouth, para que fosse submetida a um exame profundo. Recebi aqueles homens com entusiasmo. Reuni 80 ou 90 oficiais e funcionários e fiz com que Ouvry relatasse a história ao fascinado auditório, bastante consciente do muito que dependia daquela operação.

É bem compreensível a alegria mostrada por Winston S. Churchill – ministro do Gabinete de Guerra preparado por Chamberlain com toda a urgência no dia 3 de setembro de 1939, após a declaração oficial de hostilidades à Alemanha – porque, no Almirantado, seguindo suas ordens, passavam-se muitas semanas de impotente ansiedade. Era inútil pensar em contramedidas enquanto não se descobrisse o dispositivo secreto das minas magnéticas. Sendo assim, a Royal Navy havia conseguido por fim sua presa mais importante desde o início do conflito armado. O famoso político britânico relata depois:

> A partir daí, a situação mudou. Os conhecimentos derivados de nossas pesquisas anteriores se aplicaram à procura de medidas práticas para combater as características particulares da mina. Toda a capacidade e o conhecimento da Armada foram colocados em jogo. Logo os especialistas começaram a apresentar resultados práticos. O contra-almirante Wake-Walker foi designado para coordenar todas as medidas técnicas cabíveis.

Novamente, recorremos ao indispensável livro de Félix Llaugé Dausá, neste caso para conhecermos pormenores fundamentais da primeira arma secreta alemã:

> O casco da mina era feito de um metal leve, semelhante ao duralumínio. A carga explosiva, de uns 295 quilos, ficava na parte anterior. Atrás da carga, havia um compartimento contendo o mecanismo de detonação, controlado por uma agulha magnética. Por último, era evidente que a construção original compreendia um compartimento

posterior que continha um paraquedas. O peso total do artefato era de uns 545 quilos. Esse engenho era lançado ao mar por aviões.

Enquanto a mina magnética descia até o mar, abriam-se os lados de seu compartimento posterior, desprendia-se o paraquedas, e a carga era depositada no mar, descendo até o fundo; um dispositivo automático soltava o paraquedas e outro, controlado pela pressão da água, fixava o mecanismo de detonação. Uma vez ativada, a mina era sensível à presença do ferro no raio de seu alcance magnético.

Este era de uns 9 metros. Qualquer objeto de ferro de tamanho grande, ou de uma liga de ferro, como o casco de aço de um navio, afetava a agulha magnética tão logo se aproximasse a nove metros da mina; o desvio da agulha fechava um circuito elétrico que compreendia o detonador, e este fazia a carga explodir.

Uma grande massa metálica, como a de um porta-aviões ou de um encouraçado, afetaria a agulha magnética em maior distância, mas, para o navio de guerra corrente ou para um navio mercante, nove metros representavam a zona efetiva de ativação. Foi por isso que os alemães escolheram o estuário do Tâmisa, a desembocadura do Huber e outras águas costeiras de doze metros ou menos de profundidade para depositar nelas suas minas magnéticas. A maioria dos navios de aço afundava pelo menos três metros na água. Por conseguinte, ao passarem por cima de uma mina que repousava em um fundo de doze metros, seus cascos ficavam dentro do raio de ação da mina magnética. Esse artefato apresentava o inconveniente, pois, de não ter aplicação prática em profundidades superiores a 15 metros, aproximadamente.

A mina magnética mostrou-se, a princípio, muito mais perigosa do que os torpedos e as minas marinhas comuns que detonavam por contato e que costumavam danificar os navios no costado. Foram numerosos os casos de navios danificados dessa última maneira que conseguiram alcançar um porto por seus próprios meios. Ao contrário, a mina magnética explodia para cima, sob o casco, na parte mais vulnerável da embarcação. Seu golpe costumava ser fatal. O casco da embarcação se partia em dois e afundava rapidamente. Essa arma não era apenas particularmente destrutiva, como também era traiçoeira ao extremo, já que repousava no fundo e não podia ser rastreada por não usar cabos.

## Danos em um encouraçado

Enquanto os maiores especialistas da Royal Navy mal conciliavam o sono, tratando de analisar com toda a pressa os pormenores técnicos fundamentais das minas magnéticas encontradas na orla setentrional do Tâmisa, a guerra marítima provocava mais vítimas, sobretudo nos navios mercantes. Ademais, os navios de guerra que passavam perto o suficiente para ativar o sensor das temíveis minas magnéticas não eram precisamente uma exceção...

No dia 4 de dezembro de 1939, foi a vez do encouraçado *Nelson*. Com seu gêmeo, o *Rodney*, foi o primeiro navio de grande porte construído na Grã-Bretanha de acordo com as limitações estabelecidas pelo Tratado de Washington, de 1922, o qual fixou uma carga máxima padrão de 35 mil toneladas; algo que, na hora da verdade, só foi respeitado no mundo pela Armada do Reino Unido. O *Nelson* era então o mais potente encouraçado em serviço dentro da Royal Navy, com seu padrão de 33.313 toneladas. Armado de nove canhões de 406 milímetros – em três torres triplas, todas inusitadamente situadas entre a proa e a ponte de comando –, eram as maiores peças de artilharia jamais apresentadas por um navio de guerra europeu durante a Segunda Guerra Mundial. Referimo-nos a algo apenas igualado depois pelos grandes encouraçados americanos da classe "Iowa" e inferiores, portanto, aos 460 milímetros dos canhões que os superencouraçados japoneses *Yamato* e *Musashi* dispunham.

Por essa razão, a Home Fleet – Frota Metropolitana da Marinha Real – viu-se obrigada a utilizar diversos ancoradouros protegidos que os alemães minavam usando exclusivamente submarinos. Nessa situação, a audácia dos comandantes de alguns *U-Bootes* não parecia ter limite, sobretudo quando o U-47 do tenente naval Gunther Prien conseguiu penetrar de maneira surpreendente na formidável base naval de Scapa Flow – localizada em Órcades – e torpedear com toda a tranquilidade, no dia 14 de outubro de 1939, o encouraçado *Royal Oak*.

Em fevereiro do ano seguinte, o U-48 de Herbert Schultze devia colocar minas magnéticas na mesma entrada de Portland, na costa meridional britânica. Mas as dificuldades que teve de superar, em imersão e de noite, foram tão inquietantes como "sondar" o obstáculo representado pelas numerosas minas de contato inimigas que quase o detiveram. Jochen Brennecke descreve com precisão em seu apaixonante livro *Jäger – Gejagete!* o que se passou em seguida:

> Apesar de a barreira inglesa ser conhecida graças ao serviço secreto alemão, Schultze trabalhou durante horas, fazendo monótonas comparações de mapas, sondagens, até descobrir as entradas e saídas que buscava. O ânimo a bordo era de extrema agitação, como se todos estivessem sentados em um barril de pólvora a ponto de explodir. Pois quem não conhecia as cápsulas de chumbo, tão inocentes à

primeira vista, mas que davam às minas uma aparência do diabo com chifres? Bastava apenas encostar em uma delas com o barco para que todos se espatifassem em cacos. Mas, naquela noite, tiveram muita sorte. Schultze anotou em seu diário de guerra a seguinte frase lapidar: "Ordem cumprida. Às 3h30, teve início a colocação. Às 4h50, terminou a colocação".

Também no segundo mês de 1940, o U-34 tomou como alvo de suas minas magnéticas o interior do porto inglês de Falmouth. O comandante Rollmann deu a ordem para que se começasse a "semeadura", apenas para enganar os navios de vigilância inimigos. De acordo com o relato de Jochen Brennecke em sua monografia sobre os "lobos cinza" do almirante Doenitz:

> Os homens do U-34 mantinham a respiração e escutavam atentos. Temiam que o ruído produzido pelas minas pudesse ser captado pelos ingleses. Mas quatro minas seguiram a primeira, sem levantar a menor suspeita entre os ingleses. Em seguida, o U-34, descrevendo um arco ligeiro, atravessou o porto inimigo a uma profundidade de 13,8 metros. Abaixo de sua proa, restavam meros 80 centímetros, e o U-34 não pôde evitar, ao dar a volta, passar por cima das minas recém-colocadas a poucos centímetros de distância.
>
> Apesar de o comando manter a confiança nessas novas armas, minas magnéticas que continuavam efetivas depois de certo tempo, os homens do U-34 esperaram ansiosamente pelo fim da operação. À sua ansiedade, unia-se a insuportável pressão do barco e a pouca atmosfera. O agonizante calor produzia gotas brilhantes de suor no rosto dos marinheiros imóveis. Rollmann ordenou de pronto, rompendo o silêncio: "Atirem a oitava mina!". Pouco depois, a mina deixava o barco dando sacudidas. A operação fora finalizada, e o U-34 dirigiu-se para a saída do porto. O submarino foi se arrastando lentamente junto aos terminais dos cais, passando então bem perto do barco de vigilância, que permanecia inabalável em seu posto, para evitar qualquer infiltração de submarinos inimigos. Imediatamente a profundidade aumentou, e o capitão baixou o periscópio: "Cinquenta metros de profundidade", anunciou o contramestre.

A ação da primeira arma secreta alemã na Segunda Guerra Mundial continuava implacável. Os artefatos do U-21 já haviam tocado no cruzador ligeiro *Belfast* quando os colocados pelo U-31 em Loch Ewe danificaram o poderoso *Nelson* e também dois draga-minas. É preciso ressaltar que a maior parte das unidades da Home

Fleet tinha se transferido, pouco antes do início das hostilidades com a Kriegsmarine, de sua clássica base em Scapa Flow para a de Loch Ewe.

Da mesma forma que o *Belfast*, o encouraçado conseguiu aportar por meios próprios. A tudo isso, cabe destacar uma extraordinária inovação do *Nelson* e de seu gêmeo, o *Rodney*, que foi a instalação da denominada "proteção de água", algo não revelado antes do final da Segunda Guerra Mundial. Tratava-se de encher desse líquido os anteparos verticais por baixo da linha de flutuação. Dessa forma, graças a umas 2.800 toneladas extra de água, os efeitos de qualquer torpedo se dissipavam sobre uma grande zona de anteparos pela nova forma dos compartimentos. Mas a ação da nova mina magnética era distinta, por isso mesmo o encouraçado *Nelson* teve de permanecer em reparos até agosto de 1940, em um estaleiro de Portsmouth. Churchill precisa bem esse acontecimento:

> Vale a pena mencionar o fato de que a espionagem alemã não conseguira abrir brecha nas medidas de segurança que foram tomadas para ocultar a avaria do *Nelson*, até que o navio estivesse reparado e reintegrado ao serviço. Contudo, desde o primeiro momento, milhares de pessoas na Inglaterra ficaram inteiradas do sucesso.

## Contramedidas britânicas

Os melhores técnicos em minas da Marinha Real não conseguiam descobrir nada de novo a respeito do fulminante acionado pela força magnética nos dois artefatos lançados por um hidroavião alemão que tinha sido tocado pela DCA costeira. No entanto, pesquisas posteriores revelaram, por fim, que, entre as inovações introduzidas pelo inimigo na mina de fundo, utilizava-se o campo magnético sob o casco de um navio em vertical para provocar a explosão. Partindo dessa base sólida, o desenvolvimento das contramedidas necessárias era então apenas questão de tempo. Seguindo mais uma vez o excepcional testemunho dado por Winston S. Churchill:

> Estudamos meios de dragar as minas magnéticas e de fazer suas espoletas explodir e também sistemas de defesa passiva para navios que entrassem em canais mal dragados ou completamente não dragados. Para esse segundo objetivo, descobrimos um sistema eficaz de desmagnetizar os navios rodeando-os de um cabo elétrico. Chamamos esse sistema de "desmagnetização", e o aplicamos em navios de todos os tipos. Assim, equipamos os navios mercantes em nossos portos, sem atrasar demais suas viagens de volta. Na

Esquadra Militar, o problema foi simplificado graças à presença do pessoal técnico e especializado da Armada.

Em poucos meses, no Reino Unido se conseguira produzir um dispositivo especial que formava um campo magnético a uma grande distância do navio protegido, o qual podia ser apenas minimamente afetado pela explosão da mina magnética, e isso sempre no pior dos casos. Dias antes do ano 1939 terminar, chegavam a Berlim as primeiras informações sobre esse êxito do inimigo.

Tal como analisa Félix Llaugé Dausá em sua obra sobre as armas secretas do último conflito bélico em escala mundial:

> Tão logo se descobriu o segredo do funcionamento da mina magnética, conseguiu-se inutilizá-la com relativa rapidez. A primeira necessidade consistia em encontrar novos métodos para o recolhimento de minas; e a segunda, em prover meios de defesa para todos os navios que percorressem canais não totalmente livres de minas. Ambos os objetivos foram alcançados plenamente. Os homens de ciência da Inglaterra demonstraram, com grande facilidade, que o mesmo princípio físico que ativava o disparador podia ser utilizado para neutralizar a mina magnética.
>
> Repetimos, mais uma vez, que a força que fazia com que a mina fosse ativada à passagem de um navio era o magnetismo da Terra. E isso obedece ao fato, bem conhecido, de que a Terra é um potente e gigantesco ímã. Segundo acreditam os físicos, o campo magnético de nosso planeta é gerado por correntes elétricas produzidas pelo efeito dínamo do magma fundido do interior da Terra, por causa do movimento de rotação do globo terrestre. Entre os polos magnéticos terrestres, existem linhas invisíveis de força magnética, que são como correntes ou circuitos magnéticos. Essas linhas de força se arqueiam até o exterior da atmosfera, pelo espaço, e voltam de novo à Terra, sem se cruzarem, formando uma espécie de laço fechado. A intensidade do campo magnético é medida por quanto essas linhas estão juntas.
>
> Esse campo magnético faz com que corpos de aço que se encontram sobre a superfície da Terra, ou perto dela, sejam ligeiramente magnetizados.
>
> [...] A agulha de aço montada na mina magnética que repousava no fundo do mar também era um ímã. É bastante conhecido o fenômeno de que, quando aproximamos um ímã de outro, os polos iguais se repelem e os opostos se atraem. Consequentemente, a agulha da mina se desviava para fora em direção ao navio ou no sentido

contrário. Em qualquer um dos casos, o dispositivo fora idealizado para estabelecer o contato e fechar um circuito elétrico que fazia a carga explodir.

Como é de supor, isso só podia acontecer se aquilo que se aproximava da agulha da mina fosse um ímã, e o navio o é, por causa da existência do campo magnético da Terra. Os cientistas britânicos chegaram logo a uma conclusão para lutar contra a mina magnética: fazer com que os barcos deixassem de ser ímãs. E conseguiram isso enrolando um cabo ao redor do casco do navio e fazendo passar por ele uma corrente elétrica adequada. Se a corrente fosse proporcional à força do magnetismo induzido no navio pela Terra, estabelecia-se um campo magnético de polaridade oposta, que era exatamente igual ao campo magnético por causa da Terra, e esse campo artificial anulava o efeito do campo natural. Dessa maneira, privava-se o navio de aço de seu magnetismo, e ele atuava sobre a mina magnética como se ele fosse um navio de madeira.

O cabo enrolado ao redor dos navios denominava-se cinturão desmagnetizador ou de Gauss. Chamou-se assim porque a unidade de fluxo magnético é o gauss, que deriva do nome do eminente físico alemão Carl Friedrich Gauss (1777-1855), que formulou as leis do magnetismo terrestre.

No início de 1940, praticamente todos os navios de aço britânicos, que navegavam por águas sujeitas a estar infectadas por minas magnéticas, estavam protegidos com o cinturão desmagnetizador. No entanto, esse método deu lugar a imensos problemas administrativos e de provisões, pois as necessidades de desmagnetização exigiam 2.400 quilômetros de cabo por semana, enquanto a indústria de cabos só podia proporcionar, a princípio, um terço dessa quantidade.

Além do cinturão desmagnetizador, idealizou-se um método mais simples de desmagnetização, que se realizava em poucas horas e que recebeu o nome de varredura. Consistia em colocar um cabo no costado da nave, carregando-o no porto com uma potente corrente elétrica. Não eram montados cabos permanentes nos navios, mas o sistema tinha de ser repetido com intervalos de poucos meses. Esse sistema apresentava o inconveniente de não funcionar em navios de grande porte.

Enquanto os ingleses instalavam os cinturões desmagnetizadores em seus navios, foram idealizados métodos de defesa ativa. Para inutilizar uma mina magnética, era necessário criar em sua vizinhança um campo magnético que atuasse como mecanismo disparador, fazendo com que o artefato detonasse a uma distância segura do draga-minas. Esse navio era equipado com potentes eletromagnetos capazes de estourar as minas que se encontrassem em sua rota. No início de 1940, essa nave teve alguns êxitos, mas o método não se mostrou próprio para uma ação em grande escala.

Pouco a pouco, tanto a Marinha Mercante como a Royal Navy recuperaram a confiança na navegação diante das perigosas costas orientais da Grã-Bretanha. Churchill, quando o famoso nº 10 de Downing Street ainda era ocupado por Arthur Neville Chamberlain, a quem ia suceder em maio de 1940, mostra-nos mais uma vez suas valiosas impressões:

> Logo a experiência deu-nos novos e mais simples métodos de desmagnetização. O efeito moral de seu êxito foi enorme. O leal, valoroso e persistente trabalho dos draga-minas e a paciência e destreza dos técnicos que planejaram nossos equipamentos foram os verdadeiros causadores da derrota que, nesse terreno, o inimigo sofreu. Desde então, e apesar dos períodos de inquietação que se passaram, a ameaça das minas esteve sempre refreada. Por fim, o perigo começou a diminuir. No dia de Natal, pude escrever ao primeiro-ministro:
>
> Reina muita tranquilidade por aqui, e penso que lhe agradará saber que obtivemos um destacado êxito contra a bomba magnética. Os dois primeiros métodos idealizados para evitar sua ação são eficazes. Duas minas foram explodidas por meio de eletromagnetos; e duas, por barcos equipados com grandes rolos de cabos elétricos. Isso aconteceu no porto A (Loch Ewe), onde nosso interessante inválido (o *Nelson*) ainda está esperando que lhe deem passagem para chegar à sua convalescença em Portsmouth. Parece também que a desmagnetização de navios mercantes e de guerra pôde ser realizada por meio de um sistema simples, rápido e econômico. Nossos melhores sistemas se aproximam agora de sua realização. Os aviões e o barco eletromagnético – o Borde – colocar-se-ão a trabalhar dentro de dez dias, e podemos ter certeza de que o perigo das minas magnéticas desaparecerá logo. Estamos estudando outras possíveis variantes desse ataque, como as minas acústicas e as supersônicas. Trinta animados peritos se ocupam de tais possibilidades, mas não posso dizer que já tenham encontrado remédio contra elas.

## Onze operações de "semeadura" de minas

Apesar de os submarinos que atuavam sozinhos terem direcionado as explosões que avariaram gravemente o cruzador *Belfast* e o encouraçado *Nelson*, os destróieres mostrariam à Kriegsmarine um êxito sensacional por não sofrerem uma única perda. Esse foi o melhor balanço durante as 11 operações de minado das rotas marítimas da costa oriental inglesa. Aproveitando as longas e escuras noites de Lua nova do primeiro outono da guerra, a Divisão de Zerstörers, comandada pelo comodoro Friedrich Bonte, começou a mandar parte de suas unidades para minar os quatro grandes alvos previstos. Antes de continuar, esclareçamos que o emprego de comodoro não existe hoje em dia na Armada Espanhola; equivale ao antigo grau de brigadeiro e está compreendido entre o grau de capitão de navio e de contra-almirante, equivalentes a coronel e general de brigada em terra e ar.

Já no meio do inverno, os destróieres alemães minaram quatro vezes a desembocadura do Tâmisa, afundando 41 navios mercantes. Também o fizeram três vezes na zona marítima de Cromer, com um balanço positivo de oito navios civis explodidos. Finalmente, seriam realizadas duas missões no estuário do Humber e outras duas junto à desembocadura do Rio Tyne, em Newcastle, onde seriam afundados 13 e 14 cargueiros, respectivamente.

Dos 22 destróieres com que a Kriegsmarine contava no início da guerra, 17 foram mandados para diante das costas britânicas entre 17 de outubro de 1939 e 10 de fevereiro de 1940. Todos voltaram às suas bases de partida sem sofrer perdas humanas e nenhuma avaria grave; maior mérito, se se pode dizer, que o alcançado pelos submarinos, por tratar-se de unidades de muito superior deslocamento e visíveis na superfície do mar.

Goering, como chefe da Luftwaffe, queria fazer um lançamento em massa de seus bombardeiros médios He 111 sobre o Mar do Norte para deter os planos ofensivos da formidável Royal Navy diante da possível ocupação da Noruega pelas tropas britânicas e francesas. Mas sua falta de coordenação com a Kriegsmarine provocou uma dupla tragédia. Justamente quando o almirante Raeder informava a Goering que a Armada estava pronta para participar de uma operação conjunta, no dia 23 de fevereiro de 1940 – 13 dias depois que seus Zerstörers tivessem deixado de atuar em missões de minado "magnético" diante das costas orientais britânicas –, alguns He 111 afundavam os destróieres Leberecht Mass e Max Schultz – os respectivos Z-1 e Z-3 – por engano, tomando-os por unidades da Royal Navy. Os comandantes desses navios não esperavam o ataque porque distinguiram com perfeição as insígnias dos bimotores da Luftwaffe. Logicamente, não poderiam ordenar fogo contra sua defesa antiaérea. Assim o explica Carrero Blanco em sua trilogia *España y el mar*:

> O incidente causou em Hitler uma de suas famosas crises de fúria, mas a origem do mal, que era a falta de unidade de comando na condução da guerra no mar, não foi corrigida.

À guisa de balanço, resta consignar os números obtidos pelos alemães com seus novos artefatos subaquáticos. Dos 128 navios mercantes afundados por consequência direta da ação de minas magnéticas, entre setembro de 1939 e março do ano seguinte, 76 corresponderam às colocadas pelos Zerstöres e 52, pelos U-Bootes e hidroaviões He 59B-2, com um total de perdas de 429.899 toneladas de registro bruto para o Reino Unido.

## Vitórias da RAF e da Royal Navy

Embora ao preço de inumeráveis sacrifícios e à perda de três destróieres – um deles polonês, ainda que com base britânica –, a Marinha Real conseguiria vencer a estafante batalha contra a fabulosa mina de fundo alemã. Se Hitler tivesse planejado com antecipação suficiente uma ofensiva massiva com sua primeira arma secreta, com a ação coordenada da Luftwaffe e da Kriegsmarine – utilizando dezenas de milhares de minas magnéticas –, poderia ter posto em colapso grande parte do tráfico dos dois milhares de cargueiros que a Marinha Mercante britânica apresentava como firme garantia de sobrevivência da metrópole. De acordo com Llaugé Dausá:

> Em favor da utilização da mina magnética, é preciso reconhecer, no entanto, que ela causou prejuízos enormes aos ingleses, que tiveram de aplicar uma considerável parte de seus esforços de guerra para combatê-la. Muito dinheiro, materiais e homens foram deslocados de outras tarefas que poderiam ter sido muito mais perigosas para a Alemanha. Como exemplo, basta observar que, em junho de 1944, 60 mil homens dedicavam-se a lutar contra a mina magnética.

No primeiro trimestre de 1941, Winston S. Churchill – já no cargo de primeiro-ministro desde maio do ano anterior – pôde respirar tranquilo ao diminuir de forma bastante considerável o número de perdas navais por minas, e assim o apresentou em sua grande obra *The Second World War*:

A estranguladora pressão magnética apenas pôde ser debilitada e, por fim, anulada, graças aos triunfos da ciência e do engenho britânicos, conseguidos pelo trabalho incansável de 20 mil homens abnegados, em mil embarcações pequenas dotadas de mecanismos raríssimos e variados. Todo o nosso tráfico na costa oriental da Grã-Bretanha vivia sob a ameaça dos bombardeiros ligeiros e dos caças alemães, pelo que se via consideravelmente reduzido e restringido.

O porto de Londres, que, na Primeira Guerra Mundial, demonstrou ser de vital importância para a nossa sobrevivência, fora reduzido a um quarto de sua capacidade. O canal era zona de guerra. As incursões contra o Mersey, o Clyde e o Bristol esgotaram gravemente a capacidade desses portos, que eram os únicos importantes que nos restavam. Os canais da Irlanda e de Bristol estavam fechados ou gravemente obstruídos. Um ano antes, qualquer autoridade, qualquer especialista, colocados diante dos problemas que agora eram o pão nosso de cada dia, teria previsto sem titubear nossa mais absoluta ruína. Estávamos lutando pelo ar que respirávamos.

Para terminar, e com referência ao que foi escrito pelo primeiro-ministro sobre as embarcações auxiliares, devemos acrescentar que os draga-minas britânicos rebocavam algumas caixas impermeáveis. No interior delas, estava montada uma bobina elétrica capaz de produzir um verdadeiro campo magnético artificial ao passar pelas zonas suspeitas de conter minas magnéticas.

Além disso, a RAF acrescentou seus bimotores Wellington DWI. MKI – do tipo 418, criados especialmente para essa missão delicada – ao tremendo esforço da Royal Navy, pois dotou esses bombardeiros médios de um anel metálico por meio de outra bobina elétrica que tinha uma dimensão de 15 metros de diâmetro. Todo esse equipamento, que pesava 2,5 toneladas – além de constituir uma dificuldade extra na hora de iniciar a decolagem –, obrigou os *flying-magnets* a realizar voos quase rasantes sobre a superfície das águas do mar. Apesar de as minas alemãs explodirem quando se passava por cima delas, a correspondente onda expansiva provocava perturbações que em uma ou outra ocasião eram graves para esses aviões especiais da Royal Air Force de tão baixa altura.

## Minas acústicas e outros engenhos

O fracasso parcial obtido com a mina magnética obrigou os alemães a empregar um novo e secreto tipo de artefato, a acústica, a partir do outono de 1940. Foi preparado um mecanismo de disparo que era ativado ao receber o som das hélices dos barcos que se aproximavam. Mas os sisudos técnicos britânicos conseguiram contrabalançar a ação mortífera dessa nova mina dotando seus rastreadores navais de superfície com o sistema capaz de emitir um som apropriado e com intensidade suficiente para detonar os artefatos alemães a distâncias seguras. De acordo com Llaugé Dausá:

> De todos os métodos testados contra a mina acústica, o mais eficaz foi o "Kango", que consistia em um martelo vibrante que atuava em um recipiente de líquido colocado abaixo da quilha do barco. Encontrando uma frequência correta de vibrações, era possível obter resultados altamente eficazes, mas, para isso, era preciso obter um modelo de mina acústica. E apenas em outubro de 1940 conseguiu-se recuperar uma; em novembro, conseguiram-se outras duas, intactas, no lamaçal do canal de Bristol. O resultado foi que, em pouco tempo os ingleses contaram com contramedidas suficientes, mas os alemães construíram então minas magneto-acústicas, que continuariam a dar muita dor de cabeça para os ingleses.

Leiamos agora o que Churchill escreveu acerca dessa guerra secreta de inteligências:

> Logo se advertiu que o inimigo empregava os dois sistemas, o magnético e o acústico, em uma mesma mina, acionável por qualquer um dos dois. Além disso, surgiram muitos procedimentos de antidragagem, que tendiam a manter inativo o mecanismo de explosão, durante o primeiro impulso ou um determinado número deles, ou durante um período de tempo antes de a mina entrar em ação. Dessa forma, um canal percorrido pelos nossos draga-minas, até mesmo várias vezes, ainda podia conter minas que explodiriam apenas depois. Apesar desses frutos da engenhosidade alemã, e a despeito de que em janeiro de 1941 um bombardeio atingiu a estação experimental de Solent e destruiu dados valiosos, a incessante batalha de inteligências continuou a se desenvolver lentamente a nosso favor. A vitória tornou-se um tributo aos infatigáveis esforços de todas as pessoas dedicadas a essa atividade.

Mas os Aliados foram de surpresa em surpresa diante da técnica alemã. Isso nos conta o autor de *Armas secretas de la Segunda Guerra Mundial* em dois parágrafos:

> Durante as operações de desembarque Aliado na Europa, os alemães utilizaram uma nova mina, a "Ostra", que agia pela pressão produzida pelo casco do navio em águas de pouca profundidade. Quando

as lanchas de desembarque passavam sobre a mina, o aumento da pressão agia sobre uma válvula hidrostática e o artefato explodia.

Nessa guerra secreta das minas, a cada nova que aparecia, os ingleses tentavam descobrir como funcionava para planejar contramedidas eficazes. Para impedir isso, os alemães planejaram as chamadas armadilhas para tolos. Primeiro, dispôs-se um percutor que ficava livre quando a envoltura era desmontada e fazia explodir a mina. Mais tarde, montaram uma célula fotoelétrica que fazia o artefato explodir assim que a luz penetrasse nela durante a desmontagem. Como é de supor, nessa tarefa, perderam a vida várias equipes inglesas de recuperação e pesquisa.

# Capítulo 17

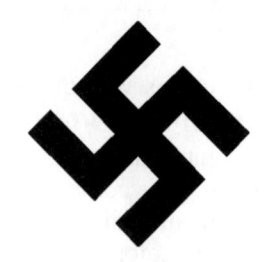

## Um míssil terra-terra autoguiado

À s 4h18 do dia 13 de junho de 1944 – com o gigantesco desembarque Aliado na Normandia bastante assentado em terra, pois toda a cabeceira de invasão das diferentes praias já estava cercada –, o Reino Unido sofreu o primeiro ataque alemão com uma nova arma secreta. Tratava-se de um avião sem piloto – antecessor dos atuais mísseis de cruzeiro –, o Fieseler Fi 103, que passou para a posteridade com o nome de V-1. Essa sigla derivava da palavra alemã Vergeltungswaffe ou arma de represália. Falamos do primeiro míssil autoguiado da História – chamado Hornet (vespa) pelos Aliados por causa do seu zumbido característico –, que deu início a uma nova e inquietante era de destruição para a humanidade.

Essa primeira bomba voadora tinha como alvo a famosa Tower Bridge de Londres, mas se desviou até Gravesen, em Kent, a uns 30 quilômetros de distância. Nesse mesmo dia, três artefatos inimigos caíram mais para o sul da Inglaterra, lançados – mediante uma carga de pólvora – de rampas de 45 metros de comprimento situadas em território francês. Essas V-1 se chocaram todas contra as cercanias da capital britânica. A segunda caiu em Cuckfield, poucos minutos depois da primeira. A terceira caiu em Bethnal Green, destruindo uma ponte ferroviária e provocando a morte instantânea de seis pessoas. De qualquer forma, os efeitos alcançados foram muito mais espetaculares do que efetivos em danos materiais. O choque proporcionado por essa nova arma aérea, apesar de notável, não era tão catastrófico quanto o calculado por Hitler, que havia planejado a fabricação de 50 mil mísseis desse tipo!

Esse aparente êxito da Luftwaffe com a Operação Rumpelkammer camuflava o fracasso inicial daquilo que havia sido programado pelo Alto Comando. A ideia era iniciar essa ofensiva-surpresa com um ataque de aviões convencionais tripulados sobre Londres, mas não era possível fazê-lo efetivamente diante da tremenda superioridade do caça Aliado, que impediu até mesmo o início da manobra de decolagem dos bimotores. Dessa forma, por ordens do coronel Wachtel, o 155º Regimento de Lançadores – cujos membros tinham batizado a nova arma aérea de represália de *Krähe*, corneta – disparou uma salva de dez V-1, impondo, no entanto, um risco humano mínimo, pois a metade deles explodiu poucos segundos depois de abandonar suas rampas de lançamento no norte do território francês, outra explodiu no Canal da Mancha e as quatro restantes finalmente alcançaram o solo inglês, com os resultados já mencionados. Decepcionados pelo pouco que conseguiram, Wachtel e seu superior imediato na hierarquia de comando, o general Heinemann, ordenariam a suspensão dos lançamentos de mais V-1.

Adolf Hitler acreditava cegamente que o emprego das novas armas teleguiadas projetadas servisse de freio para o grande esforço Aliado na Normandia. Mais uma vez, enganou-se acreditando em um milagre... Nesse caso, o autocrata nazista pecou por ingenuidade, pois não foi tanto o pânico causado entre a população civil britânica, a ponto de provocarem uma crise nacional e, portanto, ser detida a ofensiva terrestre na França pela chegada das armas secretas aéreas a uns 300 quilômetros de distância.

O fôlego que o *Führer* proporcionou aos londrinos foi bastante breve, dado que os disparos de mais mísseis autoguiados voltariam a se repetir no dia 15 e 16 de junho, uma vez superados os problemas técnicos e de sincronização. Até o meio-dia dessa última data, os alemães já tinham lançado 244 bombas voadoras. Desse total, 144 caíram em solo inglês de forma indiscriminada, e 73 delas no que então era considerado a "Grande Londres". Da centena restante, é preciso ressaltar que 45 caíram em solo francês após deixar a rampa de lançamento, e as outras 55 caíram no mar. Mais 50 dispositivos foram disparados contra a cidade de Southampton e seu porto, com resultados bastante parecidos.

Vejamos o que nos conta Janusz Piekalkiewicz, em seu livro *Spione, Agenten, Soldaten. Geheime Kommandos im Zweiten Welkrieg*, nesse caso, sobre as contramedidas britânicas:

> Os caças iam de encontro às bombas voadoras quando elas atravessavam o canal. As baterias antiaéreas se concentraram no litoral. Em torno de Londres, montou-se uma densa barreira de balões cativos, e os aviões de caça operavam entre os dois cinturões, o de peças antiaéreas e o de balões. Essas disposições foram tão eficientes que, dos 97 projéteis disparados sobre a Inglaterra em uma jornada, apenas quatro conseguiram transpor todas as barreiras e chegar a Londres.

No entanto, a precisão das V-1 continuava sendo muito pobre, pois alguns artefatos se desviaram para Norfolk. A única coisa que a Alemanha conseguia com essa ação-surpresa era provocar medo, uma vitória de efeito psicológico entre uma população que há dois anos não se deparava com bombardeios aéreos e que já não tinha o espírito de resistência do heroico verão de 1940, por causa do compreensível cansaço causado pela longa guerra. Em um de seus escritos, Churchill observou que a natureza impessoal da nova arma do inimigo começou a provocar um efeito deprimente. Seus compatriotas a batizaram de *buzz bomb*, por causa do som característico que produzia, algo como um contínuo ruuum ruuum, que os engenheiros alemães aumentaram para provocar um terror maior entre a população civil.

Em maio de 1946, o coronel Jacobo de Armijo, do Exército do Ar espanhol, em sua já mencionada reportagem para a *Revista de Aeronáutica*, publicava dois parágrafos interessantes sobre essa nova arma:

> A bomba voadora denominada V-1 foi a primeira a aparecer. Seu aparecimento de surpresa causou uma impressão deplorável nos habitantes da costa britânica submetida aos seus efeitos; mas logo reagiram convencendo-se de que ela não era imbatível, graças aos esforços combinados da D.C.A., nos quais cooperaram bombardeiros, caças e artilharia antiaérea. Também é preciso registrar aqui o estoicismo do povo britânico, que soube conservar seu moral intacto diante do perigo desconhecido e terrível que se apresentava tão de repente, quando já imaginavam distantes para sempre os tempos em que a Luftwaffe semeava o terror em suas terras.
>
> Foi, contudo, uma arma histórica, já que marcou o começo de uma nova concepção de guerra aérea. O custo de dez bombas voadoras era igual ao de um Spitfire, e podiam ser construídas por pessoal "não especializado", com materiais muito mais econômicos que os de um avião e com total independência em relação aos estabelecimentos dedicados à fabricação de material aéreo, dos quais não desviavam homens nem ocupavam oficinas.

## A primeira arma de represália

A história da bomba V-1 remonta aos tempos instáveis de República de Weimar. Foi em 1926 que o desenvolvimento do foguete com combustível líquido acabou com a opção da pólvora, pois o combustível líquido proporcionava muito mais potência e autonomia. A patente seria apresentada por Robert H. Goddard, que ainda não tinha consciência plena do extraordinário avanço tecnológico que aquilo significava.

De qualquer forma, ainda era a física que regia a viagem de qualquer tipo de foguete; mas é inegável que precisamente aí se assentaram as bases do que depois seriam os primeiros mísseis, autoguiados ou guiados de várias formas, que a Alemanha hitlerista apresentou no campo de batalha.

Em 1929, Paul Schmidt planejou um simples motor a jato, um pulsorreator, como nova forma de motor à reação. No entanto, os autênticos precursores em ordem cronológica eram os engenheiros franceses Leduc e Melot. Este apresentou seu projeto ao Ministério da Guerra no transcorrer do conflito bélico de 1914-1918, mas seus experimentos não se mostraram nada práticos diante dos resultados obtidos, já que não eram muito promissores...

Em 1932, quase um ano antes da chegada de Hitler ao poder, o Ministério de Defesa alemão formou um grupo de técnicos castrenses que – sob o comando do coronel Karl Becker e do capitão Walter Dörnberger – deu início ao estudo dos foguetes de longa distância. A esses especialistas, juntou-se o jovem Wernher von Braun que sonhava com a conquista do espaço exterior.

*Soldados alemães preparando o V-1 para um lançamento. O primeiro voo motorizado data oficialmente da noite de Natal de 1942.*

Por causa do grande interesse mostrado pelo Exército de Terra e pela nova Luftwaffe, ambas as forças compraram em conjunto, em

1936, a distante e deserta Ilha de Usedom, no Báltico, situada na zona de pesca de Wolgast. Ali foram instalados dois centros ultrassecretos como a Estação Experimental de Peenemünde e a Unidade de Provas de Karlshagen, esta a cargo da Luftwaffe. Um total de 4 mil militares de diferentes graduações, todos com suficiente formação técnica, foram designados para essas bases. Contudo, e ainda que nos possa parecer um contrassenso, as espetaculares vitórias obtidas na Polônia, na França, nos Países Baixos, na Iugoslávia e na Grécia esmoreceram os planos de produção, em setembro de 1941, do primeiro míssil balístico da História, o Peenemünde A-4, muito mais conhecido como V-2. O próprio *Führer* empenhou-se nisso com especial afinco, embora tenha contado com o decisivo apoio de seus principais assessores castrenses, pois nenhum deles via muito clara a necessidade de desperdiçar recursos se a guerra já estava ganha...

Contudo, a Luftwaffe via com maus olhos o desenvolvimento do A-4, que podia dar ao Exército de Terra a exclusividade dos ataques aéreos sobre a Inglaterra, dado que, com esse míssil, era possível chegar sem risco humano algum onde antes iam os lentos bimotores de bombardeio. Sendo assim, o marechal de campo Erhard Milch – secretário de Estado da Aviação –, que, como Goering, não suportava a ideia de que o Exército vencesse o Reino Unido, onde a própria Luftwaffe havia fracassado de forma estrepitosa, deu sinal verde – em junho de 1942 – à proposta do pulsorreator de Schmidt para propulsar uma "bomba voadora" de produção barata.

## O pulsorreator

A empresa fundada por Gerhard Fieseler, localizada em Kassel, a Kasseler Flugzeugfabrik, conseguiu o contrato, visto que Robert Lusser, diretor técnico, havia realizado a montagem do pulsorreator – fabricado pela firma Aarhus Motorenweke – em um pequeno aeroplano de apenas 7,9 metros de comprimento. A ideia básica para criar o Fieseler Fi 103 (V-1) tomaria corpo nas mãos do cientista Albert Pullingberg. Não era um foguete, mas um avião sem tripulação o que o pulsorreator deveria propulsar. Este seria alimentado com gasolina misturada com ar, para lograr uma detonação na câmara de combustão a intervalos regulares.

Diferentemente da enorme complexidade que o míssil A-4 (V-2) apresentaria mais tarde, com mais de 20 mil peças e elementos, a V-1 – denominada em código *Kirschkern* – apresentava um projeto muitíssimo mais simples e fácil de ser produzido em série. De fato, a fase entre a prancheta de desenho e a linha de produção foi breve. Bastaram 280 horas de trabalho para fabricar um exemplar na cadeia de produção.

Antes de prosseguir, é preciso que tenhamos algumas noções básicas sobre o que é um pulsorreator. De maneira bastante resumida, digamos que essa câmara de combustão seja um tubo aberto por trás cuja tomada dianteira de ar se encontra tapada por uma válvula em que se injeta gasolina. Uma vez que o avião tenha sido lançado por outro meio, o próprio fluxo de ar é encarregado de abrir a válvula, misturando-se imediatamente com a gasolina que se nebuliza, até alcançar o ponto crítico para que a explosão seja produzida ao simples contato com a faísca de uma vela. É a partir daí que a força de explosão se encarrega de fechar a válvula, e os gases formados são projetados até o interior da tubeira. Assim é produzido o efeito de reação ou movimento do avião para a frente. Depois, o ciclo previsto volta a se repetir uma e outra vez quando a pressão no interior do tubo é descarregada, já que a válvula se abre de novo impulsionada pelo fluxo desse ar absorvido de forma intermitente.

Robert Lusser acabou substituindo o piloto do inusitado avião resultante por um giroscópio Askania de três eixos, o qual era regulado por uma bússola magnética. A técnica, ao menos em teoria, era tão simples quanto eficaz. Por meio de um hodômetro acionado por uma pequena hélice, podia-se determinar com bastante precisão a distância já coberta pela bomba voadora, e, em seguida, aquela se encarregava de apagar o pulsorreator para que o artefato bélico caísse sobre a zona do alvo escolhido. Assim o relata Janusz Piekalkiewicz em seu livro:

> Na proa, há uma pequena hélice que controla o alcance e um espaço para a bússola magnética; imediatamente atrás fica alojada a carga explosiva. Leva dois pequenos recipientes esféricos de borracha, com ar comprimido, que é injetado na câmara de combustão. O contador regulável acoplado à hélice de proa é de especial importância. Visto que, para uma determinada distância, com velocidade e altura de voo constantes, sabe-se o número de revoluções da hélice, ajusta-se o contador em função do alvo previsto: a Torre de Londres, por exemplo, símbolo da capital britânica. Quando o projétil se encontra sobre o alvo, o contador desconecta o mecanismo de impulsão, aciona o estabilizador e a "V-1" começa a cair. O lançamento é feito a partir de uma rampa de 55 metros, composta de dois trilhos e um tubo fendido entre ambos, pelo qual se deslizam os pistões de decolagem.

O primeiro voo motorizado do Fieseler Fi 183 foi registrado oficialmente na noite de Natal de 1942. Um quadrimotor Condor decolou de Zempim – perto de Peenemünde – para lançar a primeira dessas bombas voadoras experimentais da Luftwaffe. Da encomenda até a finalização do primeiro protótipo, transcorreram apenas seis meses. Mas, desde os primeiros ensaios, ficou demonstrado que a V-1 se comportava mal, já que era muito errática e imprecisa, pelo menos ao ser disparada de uma plataforma voadora. Diante disso, todas as esperanças foram depositadas nas rampas terrestres de água oxigenada.

## Alarme britânico

No outono de 1939 – pouco depois do início das hostilidades com a Alemanha –, o Ministério de Defesa do Reino Unido começou a receber informações confusas sobre armas aéreas inimigas de longo alcance. Os primeiros pormenores foram dados pela Royal Air Force, cuja seção técnico-científica estava sob o controle de um físico chamado Jones. Graças aos aviões de espionagem e às suas fotografias, descobriu-se o centro de estudos alemão de mísseis instalado em Peenemünde. Pouco depois, a suspeita começou a tomar corpo quando um anônimo "cientista alemão amigo" começou a dar informações parecidas ao adido naval britânico na Embaixada de Oslo. Ainda que tudo isso pudesse muito bem ser desinformação inimiga para camuflar outras armas...

Outras informações fragmentadas, com frequência certamente contraditórias, bem como a grande quantidade de notícias exageradas – sempre em meio às inflamadas rivalidades governamentais de membros de alto escalão –, acabaram por confundir ainda mais o Gabinete de Guerra de Londres. Apenas na primavera de 1943 foi possível confirmar-se de maneira irrefutável alguma coisa acerca do impressionante desenvolvimento dos mísseis alemães de longo alcance A-4 (V-2), ao que se acrescentava o perigo representado pelas V-1.

Por fim, os chefes do Estado-Maior examinaram com todo o cuidado a situação representada por essas novas armas secretas alemãs. No dia 15 de abril, o general Ismay fez chegar ao primeiro-ministro Churchill um exaustivo dossiê sobre a nova ameaça que pairava sobre Londres e todo o sul da Inglaterra. Aceito esse outro desafio bélico com a mesma determinação do caso das minas magnéticas, Duncan Sandy – genro do primeiro-ministro –, pessoa com longa experiência por ter sido chefe do primeiro regimento britânico de testes com foguetes, foi nomeado responsável máximo pelo novo departamento proposto por Ismay. Um mês depois, Sandy apresentava um informe ao Gabinete de Guerra dirigido por seu sogro. Vejamos, então, os aspectos mais importantes desse informe:

Revisei os dados sobre a construção do foguete de longo alcance pelos alemães. Com o propósito de complementá-los, solicitei que se efetuasse um reconhecimento aéreo da zona que rodeia Peenemünde, na costa báltica da Alemanha, onde, a julgar pelos informes, é provável que sejam realizados os experimentos do foguete. Efetuado o voo, as fotografias obtidas nos proporcionaram importante informação ulterior.

Parece que faz tempo que os alemães procuram aperfeiçoar um foguete pesado capaz de bombardear zonas em longa distância. Provavelmente, esse trabalho vem sendo feito paralelamente ao desenvolvimento dos aviões com propulsão a jato e dos torpedos aéreos movidos à reação. Os informes disponíveis sobre o progresso dessas inovações são bastante escassos. Mas a pouca informação existente indica que pode estar muito adiantado. Londres, dada sua grande superfície, pode ser o alvo mais provável.

Devemos nos empenhar intensamente para obter mais informações com nossos agentes no continente, com os prisioneiros de guerra e com os reconhecimentos aéreos.

Os estabelecimentos experimentais e fábricas que pareçam mais provavelmente relacionados com o desenvolvimento e a produção dessa arma na Alemanha e em territórios de ocupação alemã, assim como quaisquer obras que inspirem suspeitas na região costeira do noroeste da França, devem ser submetidos a ataques de bombardeio. Envia-se ao Estado-Maior Aéreo uma lista preliminar de alvos propostos.

Duncan Sandys solicitou depois – em 11 de junho de 1943 – ao Estado-Maior Aéreo que, com certa regularidade, os aviões Mosquito da RAF obtivessem instantâneos de todo o território setentrional francês situado a uns 210 quilômetros da capital britânica, bem como realizassem mais voos sobre Peenemünde. Além disso, insistiu para que fossem recomendados ataques aéreos sobre essa misteriosa ilha báltica de Usedom. Em um informe posterior, o genro de Churchill voltou a insistir na necessidade peremptória de que se efetuasse um duro ataque aéreo contra a base inimiga ultrassecreta de mísseis de longo alcance. Churchill assinalava textualmente:

As últimas fotografias dos reconhecimentos aéreos mostram que os alemães dedicam-se como podem ao aperfeiçoamento dos foguetes de longo alcance no estabelecimento experimental de Peenemünde, realizando disparos frequentes. Há também indícios de que as defesas antiaéreas ligeiras de Peenemünde receberão reforços seguidamente.

Nessas circunstâncias, é desejável que o bombardeio que planejamos a esse estabelecimento seja feito o mais brevemente possível.

## Bombas sobre Peenemünde

Quase um mês depois, no dia 9 de julho, Sandys avisou seus superiores que, além dos planos alemães de atacar Londres com mísseis, havia indícios de que preparavam canhões de alcance muito longo e aviões sem piloto. Assim escreve Llaugé Dausá:

> Foram observadas duas escavações bastante suspeitas: uma em Watten, junto a St. Omer, e outra em Bruneval, perto de Fécamp. Deram-se instruções especiais às estações de radar do sudeste da Inglaterra para que estivessem atentas ao possível lançamento dos foguetes. O Ministério do Interior preparou planos, não para uma evacuação em massa de Londres, mas para 100 mil pessoas, entre crianças nas escolas e mulheres grávidas, em uma razão de 10 mil por dia. Além disso, foram levados para Londres 30 mil refúgios Morrison, aumentando a reserva da capital para uns 50 mil.

Um novo aviso, e este potencialmente muito mais perigoso, chegou ao Office of Strategic Services dos Estado Unidos – antecessor da atual CIA –, vindo da Suíça e das mãos do agente Allan Dulles; o aviso mencionava uns barris de água que saíam da Noruega e iam parar em Peenemünde. A possibilidade, ainda que remota, de que se tratasse de água pesada aterrorizou os governantes de Londres e de Washington, porque era utilizada para a fabricação de armas atômicas... A informação era espúria, mas abreviou os prazos para o grande ataque aéreo Aliado sobre a ilha dos mísseis.

A operação Crossbow supunha um bombardeio sistemático, de tipo "tapete", a todos os centros de teste, produção e lançamento dos mísseis inimigos de longo alcance. Para isso, a RAF mobilizou seus quadrimotores Halifax, Lancaster e Stirling. Em seu livro *Bomber Offensive*, o marechal Harris – chefe de Comando de Bombardeio da Royal Air Force – aborda o primeiro grande ataque:

> Na noite de 17 para 18 de agosto, decolaram, rumo a esse objetivo, uns 600 aviões, aproveitando a primeira ocasião em que houve boa visibilidade à luz da Lua, um tempo adequado e horas de escuridão suficientes para permitir que o trajeto de voo sobre o território inimigo pudesse ser realizado com a máxima segurança possível. O estado do tempo, quando nos aproximávamos do alvo, estava pior do que esperávamos: havia muita nebulosidade, dificultando a localização das

características ou pontos de referência no terreno visado por nós. Mas, já perto da Ilha de Rügen, o céu foi se abrindo, e muitas tripulações puderam realizar pontualmente seus percursos em tempo e distância, calculados a partir da ilha. Acima do objetivo, deparamo-nos outra vez com muitas nuvens, mas a preparação cuidadosa do ataque tornou possível uma boa concentração de bombardeio sobre todos os alvos previstos. As instruções do *Master Bomber* foram sumamente úteis e eficazes. Ficou claro que o inimigo, a princípio, havia se deixado enganar por nosso ataque dissimulado contra Berlim; mas, por outro lado, não o tempo suficiente para permitir que a força de bombardeiros pudesse terminar totalmente sua missão antes da chegada dos aviões de caça adversários: a última parte da formação foi interceptada, e, com uma Lua brilhante, 40 dos nossos aviões foram derrubados – perda grave, sem dúvida, mas não tão grave quanto poderia ter sido. Causamos graves danos a quase todas as distintas seções da instalação e, em pouco tempo, soubemos que as baixas inimigas foram consideráveis e que muitos técnicos, cientistas e ocupantes de altos cargos de direção morreram no ataque.

No entanto, as 1.874 toneladas de explosivos que a RAF lançou sobre Peenemünde conseguiram destruir entre 50 e 80 edifícios e matar 220 técnicos e operários especializados, além de várias centenas de estrangeiros sob trabalho forçado. Mas o centro da Luftwaffe e seu túnel aerodinâmico ficaram intactos, motivo pelo qual o programa do Fi 103 (V-1) sofreu apenas atraso. Nas *Armas secretas de la Segunda Guerra Mundial*, lemos:

> Os resultados desse ataque a Peenemünde foram de grande relevância, embora o dano tenha sido bem menor do que os ingleses supuseram. No começo, os alemães acreditaram que espiões da base haviam facilitado os informes sobre Peenemünde, mas um estudo menos apressado dos fatos descartou essa ideia, pois, apesar de 815 pessoas terem morrido no ataque, deduziu-se que as forças ofensivas tinham conhecimento apenas superficial da estrutura de Peenemünde e, certamente, ignoravam por completo a utilidade de algumas das unidades principais. Mais de 80% das bombas caíram sobre zonas desabitadas, principalmente sobre os bosques próximos. Do resto, pode-se dizer que pelo menos metade das bombas explodiu em zonas que não eram nem militares nem industriais ou sobre alvos facilmente reparáveis, como estradas.
>
> O fato de que, apesar da aparente falta de informações detalhadas, o edifício principal tenha ficado gravemente comprometido e de que todos os planos de construção da V-2, recentemente concluídos e prestes a ser entregues às oficinas, tenham sido destruídos pelo fogo dá ideia da violência daquele bombardeio. É quase certo que,

se aquela tonelagem de explosivos tivesse sido mais bem colocada, Peenemünde teria sido completamente arrasado, junto à sua brilhante equipe de pesquisadores e técnicos. Se isso tivesse ocorrido, a história da Astronáutica teria mudado, pois a V-2 não teria surgido nem marcado o começo das viagens espaciais.

A realidade é que esse bombardeio não matou muitos cientistas. A grande maioria deles não sofreu nem um arranhão. A única perda grave foi a morte do dr. Walter Thiel, que era chefe da seção de testes com sua família. Todos os demais colaboradores do genial Wernher von Braun saíram ilesos e se apressaram em dar continuidade aos testes e ensaios que os ingleses acreditaram ter interrompido para sempre.

No entanto, o temor de que Peenemünde e outras fábricas que construíam foguetes fossem atacadas fez com que os alemães concentrassem a fabricação em oficinas subterrâneas situadas nas montanhas do Hartz. De certo modo, portanto, a incursão aérea da Operação Crossbow chegou tarde, uma vez que as principais pesquisas sobre a V-2 já estavam prontas, e era apenas uma questão de tempo até que fosse fabricada em grandes quantidades e mostrasse ao mundo seus efeitos aterradores.

Mas o grande ataque aéreo a Peenemünde e outros subsequentes – estes sobretudo aos pontos de lançamento na França – evitou que se iniciasse o bombardeio sistemático de Londres e do sul da Inglaterra quase seis meses antes, no início de 1944. O curso da guerra podia ter mudado com uma massiva concentração de V-1 e V-2 sobre os portos onde se preparava a gigantesca armada que participaria do desembarque da Normandia.

David Irving faz a seguinte análise em seu livro *The Mare's Nest*:

> A incrível cartada militar dos Aliados tivera êxito: 600 aparelhos do Comando de Bombardeiros da RAF, guiados por um bombardeiro piloto da base de onde Duncan Sandys chamava, tinham completado satisfatoriamente a audaciosa incursão em baixa altura e à luz da Lua sobre um alvo mais distante do que Berlim. Trezentos aviadores britânicos não tinham retornado. O professor Wernher von Braun, diretor técnico do centro de foguetes, compreendeu que era preciso dispersar todos os serviços de pesquisa de Peenemünde e a desordem que resultaria disso obrigaria a adiar a ofensiva das armas V sobre Londres.
>
> A ideia de Hitler era "saturar" Londres com cem foguetes V-2 e 800 bombas voadoras V-1 por dia. Cada foguete media 15 metros de altura, pesava 12 toneladas e levava uma carga explosiva de uma

tonelada; cada bomba voadora – um pequeno avião à reação sem piloto – carregava uma carga de efeito tão potente como o das grandes bombas "arrasa quarteirão" que a RAF soltava toda noite sobre Berlim.

Noite após noite, aquele furioso bombardeio sobre a Grã-Bretanha, no momento em que as armadas de invasão britânica e americana se preparavam cuidadosamente, diminuía sobremaneira as possibilidades de êxito dos Aliados.

Adolf Hitler tinha prometido aos membros de seu gabinete que "o ataque das armas V estaria sincronizado com o desembarque Aliado na França". Se as tropas dirigidas por Eisenhower tivessem, ainda que momentaneamente, se confundido, a sorte da guerra talvez tivesse se voltado definitivamente contra o Ocidente. De fato, antes de desfrutar novamente as mesmas condições táticas e meteorológicas, transcorrer-se-iam meses e meses, durante os quais a Alemanha, graças aos seus caças à reação e com foguetes, poderia recuperar, em parte, a hegemonia do ar no Ocidente, reforçar seus meios de defesa e realizar satisfatoriamente seu plano de construção de refinarias subterrâneas de petróleo. E, acima de tudo, o elemento-surpresa, tão importante, desapareceria.

O general Eisenhower expressa, em seu livro *Crusade in Europe*, que os ataques aéreos Aliados retardaram bastante a revisão dos mísseis alemães de longo alcance. Na abalizada opinião do general, os ataques foram fundamentais para o êxito posterior do famoso Dia D nas normandas cinco praias invadidas. De acordo com esse que depois viria a ser o presidente republicano dos Estados Unidos por dois mandatos:

> Acreditamos que, se os alemães tivessem podido aperfeiçoar e usar as novas armas seis meses antes, nossa invasão à Europa teria sido extremamente difícil e talvez impossível. Estou seguro de que, se a Alemanha tivesse podido usar tais armas durante seis meses, sobretudo fazendo da zona de Portsmouth-Southampton um de seus alvos, teria sido preciso desistir do plano "Overlord".

Essa opinião é contestada por Churchill, tomando-a por exagerada, pois a margem de erro de alvo das armas aéreas alemãs de represália era ao redor de 16 quilômetros. Mas leiamos o que escreveu o inquilino do número 10 de Downing Street:

> Apesar de os alemães terem mantido uma média de 120 tiros por dia, sem que nenhuma tenha explodido antes de atingir o alvo, o efeito foi equivalente ao de duas ou três bombas de uma tonelada por milha quadrada. Fora isso, fica demonstrado que os comandantes militares consideraram necessário eliminar a ameaça das bombas V, não apenas para proteger a vida e os bens da população civil, mas também para impedir que nossas operações ofensivas fossem detidas.

## Características da arma

O Reino Unido foi alertado por membros da resistência dinamarquesa sobre a fabricação dos primeiros modelos experimentais do Fi 103. Tratava-se de uma bomba voadora com uma cabeça de guerra composta por 900 quilos de tritol e nitrato de amônia, que foram substituídos depois por um explosivo de alumínio que proporcionava quase o dobro de potência de destruição. Além do mais, os primeiros voos de teste com os protótipos correspondentes foram feitos em altitudes compreendidas entre os 300 e os 2 mil metros e a uma velocidade máxima de 590 quilômetros por hora.

Na sua reportagem "A bomba voadora", publicada em julho de 1944, o capitão Domínguez – do Exército do Ar espanhol – descrevia as seguintes impressões sobre a nova arma secreta alemã. É curioso descobrir como a V-1 era considerada naquela época.

> Os ataques aéreos com "V-1" foram planejados três meses antes, com a finalidade de efetuar um movimento de distração para as forças aéreas Aliadas, que realizavam constantes ataques à indústria e às comunicações alemãs, e para levantar o moral do povo alemão. Faz cerca de um ano que a propaganda alemã anunciava que logo uma arma seria lançada. Foram tomadas medidas para combater tal ameaça. A base experimental, situada em Peenemünde, foi atacada pela RAF nos dias 17 e 18 de agosto de 1943, provocando grandes prejuízos e muitas baixas, o que impediu que os importantes experimentos que eram realizados naquele lugar continuassem ali.
>
> Além disso, em Friedrichsha, foram bombardeadas as fábricas que se dedicavam à construção de armas especiais e também foram realizados grandes bombardeios pela RAF e pelas 8ª e 9ª Forças Americanas contra os centros industriais onde eram construídas diversas peças para essa nova bomba.
>
> Enquanto isso, no ano passado, foram tiradas milhares de fotografias aéreas do norte da França, as quais cobriam centenas de quilômetros quadrados e formavam um grande mapa geográfico. Por meio delas, foi possível localizar os lugares onde estavam sendo construídas plataformas para essas armas, posteriormente, passou-se a vigiar esses lugares.
>
> A ilustração procura reproduzir uma imagem publicada pelo Ministério do Ar britânico; embora não tenha sido confirmado pelo lado alemão, essa representação dá uma ideia aproximada do torpedo aéreo. Vê-se que a máquina apresenta a forma de um avião, com motor à reação construído sobre a extremidade da fuselagem, esta compartimento de forma semelhante a um torpedo naval ou de aviação.

*As características do Fi 103 (V-1), míssil de cruzeiro previsto para ser lançado do ar ou por meio de locais fixos, apresentavam, como planta motriz, um pulsorreator de válvula de mola Argus-Schmidt 109-014, com um empuxo de 335 quilogramas. O peso típico em qualquer lançamento alcançava 2.180 quilogramas, sendo que sua ogiva de combate tinha 454 ou 850 quilogramas de explosivos. Os primeiros modelos só atingiam a velocidade máxima de 590 quilômetros por hora, mas, em dezembro de 1944, chegaram a alcançar os 800 quilômetros por hora, o que inviabilizava qualquer ação dos aviões de hélice inimigos. O alcance real era de 240 quilômetros, sendo de 320 quilômetros na variante com maior autonomia.*

Como, por outro lado, as primeiras informações diferem quanto às dimensões e à velocidade desse aparelho, existem razões suficientes para acreditar que foram experimentadas versões de diversos tamanhos. Até o momento, foram identificados dois tipos distintos: um deles tem asas retangulares e uma velocidade média de 581 quilômetros por hora; o outro é maior e com asas trapezoidais, além da velocidade que, aproximadamente, pode ser entre 56 e 96 quilômetros por hora acima da do outro.

[...] O combustível utilizado é a gasolina, e os tanques, situados dentro das asas, têm uma capacidade de 790 litros. A gasolina é transferida sob pressão a garrafas esféricas de abastecimento, reforçadas com corda de piano e situadas na fuselagem. A quantidade de combustível fornecida à câmara de combustão depende, em certa medida, da pressão nessas garrafas de ar, e isso explica as diferentes informações sobre a velocidade da bomba voadora. Nas primeiras fases de voo, ela atinge uma velocidade entre os 482 e os 572 quilômetros por hora. Ainda não foi esclarecido se o ar comprimido é utilizado apenas para transportar o combustível sob pressão ou também para dispersar o combustível na saída.

Sobre essa gasolina, temos de esclarecer que era de poucos graus, de baixo custo e podia ser extraída dos leitos de lignitos da Alemanha.

As instantâneas tomadas pelos aviões de reconhecimento Mosquito da RAF depois do bombardeio demolidor sobre Peenemünde mostraram claramente o que realmente ficou intacto na referida estação experimental. Isso, aliado às construções suspeitas descobertas na costa norte da França, junto ao Canal da Mancha, fez chegar a Londres uma importante conclusão: a de que a Alemanha estava disposta a atacar o sul da Inglaterra com bombas voadoras. Sendo assim, o informe preparado por Duncan Sandys em 13 de setembro de 1943 não dava lugar a dúvidas:

Há indícios de que o inimigo estuda a possibilidade de usar aviões sem piloto para soltar bombas sobre Londres. A menos que tais aparelhos, anormalmente pequenos, voem em altura e velocidade excepcionais, será possível combatê-los por meio dos caças e da defesa antiaérea desta ilha. Se tais aviões puderem voar a alturas e velocidades tais que seja impossível interceptá-los por meio do sistema de defesa aérea, deverão ser considerados como projéteis, para todo efeito prático.

As contramedidas deveriam ser as mesmas para o foguete de longo alcance, ou seja, a destruição por bombardeio das fontes de fabricação deles e dos locais ou aeródromos de onde possam ser lançados.

As características do Fi 103 (V-1), míssil de cruzeiro previsto para ser lançado do ar ou por meio de locais fixos, apresentavam, como planta motriz, um pulsorreator de válvula de mola Argus-Schmidt 109-014, com um empuxo de 335 quilogramas. O peso típico em qualquer lançamento alcançava 2.180 quilogramas, sendo que sua ogiva de combate tinha 454 ou 850 quilogramas de explosivos. Os primeiros modelos só atingiam a velocidade máxima de 590 quilômetros por hora, mas, em dezembro de 1944, chegaram a alcançar os 800 quilômetros por hora, o que inviabilizava qualquer ação dos aviões de hélice inimigos. O alcance real era de 240 quilômetros, sendo de 320 quilômetros na variante com maior autonomia. As dimensões externas davam uma envergadura de 5,3 metros, ou de 5,72 metros no modelo de alcance ampliado. O comprimento era de 8,32 metros, sendo de 7,73 metros na variante de nariz curto. O controle da nova arma aérea – chamada zombeteiramente de *Kirsch kern*, caroço de cereja – era realizado por timões de profundidade e direção. Seu guia até o alvo era composto por um piloto automático, para manter induzido desde a rampa de lançamento – tanto em terra como no ar – e de uma correia eólica. Desse modo, media-se a distância a ser percorrida, e então, ao chegar ao ponto adequado, cortava-se a transmissão de combustível para o pulsorreator nos nove pulverizadores. Para proteção contra as defesas britânicas, foram instalados cabos cortadores de balões em cada meia asa, ambas sem ailerões.

## Estruturas "em forma de esqui"

Depois de um alerta preocupante do genro de Churchill, seguiram-se logo outros avisando sobre o mesmo perigo. Já haviam sido identificadas no norte do território gaulês curiosas estruturas em construção e, além disso, em grande número. Todas apontavam em direção à extensa área urbana do Tâmisa. Félix Llaugé Dausá fala sobre isso em seu livro:

> Todas estavam dispostas de acordo com o mesmo padrão e pareciam apontar para Londres. Cada uma dessas construções continha uma ou mais edificações que tinham a forma de um esqui. Para que serviam? Estavam destinadas a ser usadas como pontos de lançamento de uma arma secreta?

Foi uma jovem atraente do Corpo Feminino Auxiliar da RAF, Constance Babington-Smith, que prestava serviço como oficial de voo na Unidade de Fotointerpretação, quem encontrou a resposta adequada depois de estudar um dos numerosos instantâneos tirados pelos Mosquitos dos arredores de Peenemünde. Seus olhos se depararam com o que parecia ser uma rampa pequena ou plano inclinado, e ela avisou os seus superiores. Mais uma vez, é o autor das *Armas secretas de la Segunda Guerra Mundial* quem nos conta o que aconteceu:

> Pouco depois, no dia 1º de dezembro de 1943, novas fotografias de Peenemünde permitiram distinguir um objeto semelhante a um avião que parecia estar em posição de lançamento em tal rampa. Era a V-1. Os serviços de informação e detecção britânicos conseguiram, pois, um valioso avanço na luta contra as armas secretas alemãs. Finalmente, sabiam contra o que teriam de lutar!
>
> Graças às fotografias aéreas, os especialistas britânicos descobriram que as estruturas observadas na costa norte da França eram semelhantes às existentes nas proximidades de Peenemünde. Deduz-se disso que as chamadas "estruturas esqui" da costa gaulesa provavelmente estavam destinadas a armazenar, montar e lançar pequenos aviões sem tripulação ou bombas voadoras.

Em Londres, respirou-se mais tranquilamente após descobrir o que seria preciso enfrentar. Nessa situação tensa, em 14 de dezembro de 1944, o responsável máximo do Estado-Maior da RAF, o marechal Bottomley, deu ao Ministério de Defesa um informe detalhado sobre a nova arma secreta alemã. Dele, destacam-se estes dois parágrafos:

> As grandes estruturas do norte da França (incluindo as três recentemente atacadas) justificam a suspeita de que estejam relacionadas com os projéteis de longo alcance. Uma delas está protegida por 56 canhões antiaéreos pesados e 76 leves.
>
> Acumulam-se as provas de que as estruturas "em forma de esqui" estão destinadas ao lançamento de aviões sem piloto. O reconhecimento fotográfico confirmou a existência secreta de 69 dessas estruturas, e acredita-se que, afinal, esse número deve se aproximar de cem. Se o ritmo atual de construções for mantido, 20 dessas estruturas estarão terminadas no início de 1944, e o restante em fevereiro. As estruturas do Passo de Calais e da zona do Somme-Sena estão apontadas para Londres, e os da zona de Cherburgo, para Bristol.

Como consequência direta disso, os aviões da RAF e da USAAF iniciaram um bombardeio sistemático a esses locais. No final de abril, chegou-se à conclusão que os alemães tinham abandonado seu projeto... Entretanto, tal como Winston S. Churchill esclarece em sua extensa obra sobre a Segunda Guerra Mundial:

> Nossa satisfação foi efêmera, porque logo se verificou que o inimigo construía outras estruturas muito menos complexas e mais bem disfarçadas, e, portanto, mais difíceis de ser localizadas e atingidas. No

entanto, onde quer que tenham sido localizados, foram bombardeados. Muitos ficaram destruídos, mas houve uns 40 que continuaram intactos ou não foram descobertos. Foram desses que finalmente começou o ataque de junho.

## Uma nova Batalha da Inglaterra

A Operação Crossbow prosseguia sua expansão, com os aviões Aliados lançando um verdadeiro dilúvio de metralha sobre as instalações das novas armas secretas inimigas. Entre agosto de 1943 e março do ano seguinte, houve um esforço colossal que se resume em 68.913 voos e 122.133 toneladas de bombas. Em uma dessas missões, foi abatido Joseph F. Kennedy, irmão daquele que, mais tarde, viria a ser o primeiro presidente católico dos Estados Unidos da América.

Mas, diante da manifesta impossibilidade de arrasar todas as rampas de lançamento de mísseis autoguiados, os britânicos passaram para a defensiva, preparando três linhas para interromper seu temível voo. Na primeira delas, colocada sobre as águas do Canal da Mancha, oito grupos de caças da RAF estavam à espera dessas bombas voadoras. Depois, a segunda estaria composta pela defesa aérea, a qual chegou a contar com uma impressionante barreira de fogo de canhões Bofors de tiro automático – 376 pesados e 540 leves – situados na costa meridional inglesa. Esse esforço extra do Comando Antiaéreo contava com a mobilização de 23 mil homens e mulheres, além da extensão de 5 mil quilômetros de cabo telefônico. A isso, somava-se o terceiro "cordão" de segurança, composto por uma barreira de balões cativos ao redor de Londres – que, nos dias de maior ofensiva alemã, chegaram a mil –, com a esperança de que as V-1 se chocassem contra os cabos desses balões.

No dia 16 de maio de 1944, no quartel general da Prússia Oriental, Hitler deu instruções muito concretas ao general de campo Wilhelm Keitel – chefe do Oberkommando da Wehrmacht, OKW, uma espécie de Estado-Maior das Forças Armadas alemãs – para iniciar o ansiado ataque a distância contra o Reino Unido. Isso deveria ser feito com o Fi 103, a nova arma de represália, em um prazo máximo de execução de 30 dias. A segunda batalha da Inglaterra estava prestes a começar. Assim descreve Llaugé Dausá:

> E, entre as armas a ser utilizadas, havia um complexo dedicado à artilharia de longo alcance, que camuflava as armas que, posteriormente, seriam conhecidas como V-1 e V-2 [...]. O estudo e fabricação dessas armas de represália foram intensificados graças à destruição

da antiga cidade hanseática de Lübeck, em Schleswig-Holstein, na primavera de 1942. A destruição dessa cidade pelos bombardeiros da RAF provocou um acesso de raiva em Hitler que, imediatamente, deu ordens para a execução de um programa de bombardeios. A ideia era semear o terror entre a população civil e gorar o esforço bélico da Grã-Bretanha, enquanto ameaçava o povo britânico com represálias apocalípticas por meio das armas secretas.

No entanto, aprontar essas novas armas não foi tarefa fácil, pois, além das dificuldades técnicas existentes, foi preciso solucionar o problema dos bombardeiros Aliados. Ao final de 1943, os alemães criaram o LXV Corpo, encarregado de operar com as novas armas, sob o comando do general Heinemann. Esse Corpo era integrado pelo Flakregiment 155 W (do coronel Wachtel) e pelo HARKO 91 (do general Metz). Essas unidades foram organizadas em quatro grupos, compostos por quatro baterias. Cada um desses grupos ficaria encarregado de quatro posições de lançamento.

Os grupos de Wachtel deviam operar a partir de 64 rampas de lançamento, das 96 existentes entre o Passo de Calais e Cherburgo, bem como a partir de outras construídas em Lottinghem, Siracourt e Equeurdreville. Os quatro grupos de Metz (dos quais três eram móveis) operariam a partir de 39 rampas localizadas ao norte do Somme e de seis na Normandia, bem como das grandes instalações de Wizernes e Sottevast.

Visto que a V-1 era muito errática e imprecisa, para esse foguete, Hitler escolheu um alvo grande, Londres, pois seria o mais adequado para sua nova arma de represália. Até o dia 18 de junho, foram lançados 500 exemplares desse engenho de destruição. Por obra do acaso, para a desgraça dos britânicos, uma dessas bombas voadoras caiu sobre um quartel londrino, causando a morte de 121 militares, a metade deles oficiais. Cada V-1 era lançada por uma rampa inclinada com trilhos, graças à ação de um êmbolo acionado por meio de uma reação química. Em seguida, a velocidade de sustentação era atingida por causa do impulso produzido por uma catapulta a vapor.

Nesse meio-tempo, os cidadãos da capital do Reino Unido estavam aprendendo a distinguir o ronco característico produzido por aquela espécie de torpedo aéreo, mas com configuração muito parecida à de um avião. Era um *buom, buom, buom* obsessivo, um autêntico pesadelo. Esse som peculiar era produzido pelo pulsorreator, e o momento mais temido era quando deixava de funcionar. O ronronado trágico se transformava em silêncio, e, então, tudo era questão de segundos para que se escutasse um barulho estrondoso. Assim explica Félix Llaugé:

Não apenas se ouvia a bomba chegar, como também se via; era como uma chama longa e serpeante que lambia o céu. Mas, passados os primeiros dias de terror, os londrinos tomaram o caso mais filosoficamente e batizaram a bomba com vários nomes, como *doodlebug* (inseto) ou *buzz bomb* (bomba zunidora), por causa do som estridente do seu pulsorreator; mas o mais popular de todos foi o de piolho do apocalipse.

Enquanto as bases fixas de lançamento das V-1 eram sistematicamente bombardeadas em território francês pela aviação Aliada, tanto os canhões antiaéreos quanto os caças de proteção começaram a desenvolver suas próprias contramedidas. Os caças da RAF destruíram muitas, lançando-se de encontro a elas e tocando com uma das asas de seus aviões uma do Fieseler Fi 103, para desviá-lo de sua trajetória dando a volta, de modo que caísse sem perigo nas águas do Canal da Mancha, sobre o Tâmisa ou em zonas bem pouco povoadas. O piloto que se transformou em ás dessa insólita ação foi Joseph Berry, chefe de um esquadrão, que, em uma única noite, conseguiu abater sete Fieselers Fi 103, deixando seu recorde absoluto em 60.

De fato, a limitada velocidade das V-1 as tornava bastante vulneráveis, não apenas para os caças, mas também para a artilharia antiaérea e para os cabos dos grandes balões cativos, que formavam uma barreira para o sul e o sudeste de Londres. O autor de *Armas secretas de la Segunda Guerra Mundial* dedica o capítulo II de seu livro inteiramente à V-1:

> Muitas das bombas voadoras cruzavam alturas que, no princípio, eram consideradas baixas para os canhões pesados e altas para os leves. Felizmente para os ingleses, os peritos comprovaram que era possível utilizar os canhões pesados contra alvos mais baixos do que antes se havia suposto.

Até o dia 1º de setembro, os alemães mantiveram o ritmo de terror, disparando uma média de 110 bombas voadoras sobre o sul da Inglaterra, sendo Londres o alvo favorito. Os números, no entanto, ficaram bem aquém dos 3 mil previstos por Hitler em seus sonhos de vingança total... O dia em que foram lançadas mais V-1 sobre o território britânico foi 2 de agosto, com o recorde de 361 artefatos voadores vindos de um total de 38 bases fixas de lançamento.

Piekalkiewicz indica em sua obra algo muito significativo, em meio a uma tática, contínua e engenhosa, de investigação para proteger Londres:

> No entanto, havia um elemento importante que faltava aos alemães em sua ofensiva com as V-1: dados sobre a eficácia do bombardeio. No começo, eles se baseavam nas seções necrológicas da imprensa

britânica para deduzir o número de vítimas ocasionadas pelas V-1, mas logo essa fonte de informações foi suprimida. A única fonte de notícias que lhes restava eram os agentes do Abwehr que operavam na Inglaterra, enviados expressamente para comprovar os efeitos do bombardeio com V-1 e, sobretudo, o lugar exato da queda. O que se ignorava na Alemanha era que seus agentes tinham sido descobertos pelo Serviço Secreto inglês. Passaram então a comunicar ao outro lado do canal – por ordem dos britânicos, sem dúvida – os locais da queda, mas apenas daqueles projéteis que ultrapassavam o centro da cidade. Além disso, acrescentaram que o tempo de voo de algumas bombas era "bastante longo", para que do outro lado diminuíssem a trajetória das bombas, que já era curta de antemão. De fato, em poucos dias, os alemães corrigiram a duração de voo das V-1 e, desde então, mais de 80% das bombas lançadas se precipitavam ao sul do Tâmisa.

Desse modo, o grosso das bombas voadoras caiu onde não podia provocar mortes: na campina inglesa, espalhado por todas as partes. No entanto, apesar do estrago causado em Londres, o impacto psicológico foi maior. A isso se refere David Irving em seu livro sobre as armas secretas alemãs. Vejamos, então, o que diz esse controverso historiador britânico:

> A primeira das armas V, a terrível bomba Fieseler 103, só entrou em ação no dia D+7. Durante os 14 dias seguintes, cerca de 2 mil desses "robôs malvados" foram lançados contra a capital britânica. Nas reuniões do Ministério da Guerra, não paravam de chegar más notícias. As perdas humanas aumentavam. A cada dia, 20 mil casas eram danificadas, e um sexto da tão importante capacidade de produção da cidade se perdera. Contudo, o mais grave era o efeito produzido sobre o moral das tropas Aliadas que lutavam procurando ampliar a cabeça de ponte da Normandia. O general Eisenhower vivia encontrando GIs [soldados americanos] inquietos que lhe perguntavam se ele tinha notícias dessa ou daquela cidade onde haviam servido durante o longo período de espera que antecedeu o Dia D. Toda noite, aqueles soldados escutavam o trovejar do motor de retropropulsão dos engenhos que riscavam o céu do Canal da Mancha, a caminho de Londres. Toda noite, milhões de pessoas que viviam sob sua trajetória prendiam a respiração ao ouvir os motores das bombas voadoras parar, um após outro, e o terrível estrondo romper o silêncio angustioso que se seguia quando a ogiva do engenho explodia sobre outra casa. Os chefes do Estado-Maior preveniram Churchill sobre isso: "Os soldados estão inquietos; as bombas voadoras fazem com que temam por suas famílias...".

O Fieseler Fi 103 não era exatamente uma arma secreta "perfeita", como afirmava de forma obsessiva a propaganda alemã. Fácil de ser interceptada, era bastante imprecisa, tinha diversas falhas técnicas resultantes da pressa do *Führer* em dar uma resposta contundente à chuva de bombas aéreas que caía sobre os territórios controlados pelo III Reich.

A título de curiosidade, devemos assinalar que a V-1 foi esporadicamente utilizada como veículo excepcional para levar pequenos periódicos com o título de *The Other Side*. A eles, seria acrescentada uma edição de tamanho reduzido, em papel-bíblia, para diminuir o peso, e sem cores, de diversos números da revista das Forças Armadas alemãs, a famosa *Signal*. Esses exemplares são hoje peças de museu. Entre setembro de 1944 e março de 1945, algumas das bombas voadoras foram preparadas para transportar essas publicações em um tubo que se soltava no vazio – ao abrir-se uma porta – quando o engenho começava a descer.

## O balanço das operações

Um dos pilares da vitória Aliada sobre as bombas voadoras se baseou na maior eficácia demonstrada pela densa defesa aérea que protegia o sul da Inglaterra. Uma vez transcorridas as sete primeiras semanas desde o início da ofensiva aérea inimiga, equiparam-se os canhões pesados com novas granadas providas de espoleta de proximidade. Por esse motivo, a taxa de derrubada de V-1 passou de 17% para 74%. Era uma invenção norte-americana que continha um pequeno radar que indicava quando o projétil se encontrava a uma distância precisa do alvo, para abatê-lo com sua potente onda expansiva. Logo se juntaria a essa novidade algo igualmente fundamental para a defesa Aliada. É o que diz o autor de *Armas secretas de la Segunda Guerra Mundial*:

> No entanto, os resultados começaram a melhorar em fins de julho. Os canhões logo retomaram seu ritmo, e os aviadores se adaptaram às novas circunstâncias em poucos dias. Com o novo radar, com as espoletas de proximidade e, sobretudo, com a entrada em ação do Predictor M9,* a atuação dos artilheiros excedeu de pronto todas as esperanças britânicas.
>
> O Predictor M9 era um verdadeiro cérebro eletrônico, capaz de prever a trajetória de uma V-1 ou de um avião pela análise do movimento executado por eles; apontava o canhão para um ponto em que o alvo deveria estar em dado momento no futuro. O Predictor M9 foi a primeira realização de uma ciência nova que logo alcançaria o auge: a cibernética.

---

*N.T.: Computador do radar direcionador de tiro para canhões antiaéreos.

Com a ajuda dessas armas, a porcentagem de V-1 destruídas aumentou, na terceira semana do mês de agosto de 1944, para 74% dos projéteis detectados, chegando, pouco depois, a 83%. Nos últimos dias de agosto, a cada sete bombas, apenas uma conseguiu penetrar na zona da capital do Reino Unido. O recorde foi batido no dia 28. Nessa jornada, 28 caças que voavam sobre o mar, diante do cinturão de artilharia de costa, derrubaram 13 bombas, de um total de 97 detectadas; os canhões destruíram outras 65; os caças do cinturão interior, outras dez; e, das nove restantes, duas se chocaram contra a barreira de balões, quatro caíram sobre Londres e três passaram longe, indo cair no campo. A V-1 tinha sido dominada!

Outros fatores que contribuíram para esse êxito foram a ampliação do cinturão de artilharia, com 38 canhões leves e 180 pesados, e o emprego dos novos caças à reação Meteor, ainda que o grosso dos aviões continuasse sendo os Tempest V, Spitfire XIV e Mustang III. Os alemães, que, do outro lado do Canal da Mancha, observavam atentamente a ação dos canhões e dos aviões ingleses, ficaram assombrados com o êxito das defesas do Reino Unido.

Não há dúvida de que os ataques contínuos feitos pelos bombardeiros da RAF e da USAAF também contribuíram para o êxito alcançado sobre o Fieseler Fi 103. A campanha mais espetacular ocorreu entre 28 de julho e 5 de agosto de 1944, com o ataque das denominadas "rampas simplificadas" e das grutas de Saint-Leu-d'Esserent.* Apenas no último dia um total de 441 aviões da Royal Air Force descarregaram suas bombas mais pesadas para afundar o teto dessas grandes grutas. Não tiveram sucesso, embora elas tenham acabado cobertas por um impressionante movimento de terras. Llaugé Dausá narra o que aconteceu com as V-1 armazenadas ali:

Segundo os cálculos, mais de 2 mil bombas ficaram sepultadas nesses depósitos, de onde havia saído 75% de todas as bombas lançadas no primeiro mês da ofensiva alemã com sua arma de represália. Posteriormente, ao terminar a guerra, documentos alemães capturados indicavam que, nas grutas mais próximas, situadas sob as plantações, encontravam-se outras armas secretas de um tipo especial. No entanto, os Aliados tomaram essas informações como um simples projeto e não fizeram nada para desenterrar os segredos que pudessem ser encontrados nas grutas de Saint-Leu.

O irrefreável avanço das tropas Aliadas pela França contribuiu de maneira decisiva para que se interrompesse por completo o lançamento de mais Fieseler Fi 103 desse país outrora ocupado pela Wehrmacht.

---
*N.T.: Galerias de pedra subterrâneas que foram usadas pelos alemães para esconderem as bombas V-1. O bombardeio Aliado contra elas quase destruiu por completo a cidade.

Depois de cruzarem o Sena, em 29 de agosto de 1943, britânicos e canadenses chegaram ao Somme no último dia desse mês. Isso ocorreu poucas horas antes que o Flakregiment 155 – ao retirar-se precipitadamente de Amberes – efetuasse o último disparo com uma V-1 a partir do território gaulês, por meio de uma bateria que tinha ficado para trás. Parecia que se colocava um ponto final à tragédia dos cem a 200 mortos diários, mas essa manobra evasiva alemã só proporcionou tranquilidade ao Reino Unido até o dia 5 de setembro. De fato, após todas as rampas de lançamento de V-1 na França terem sido tomadas pelas tropas Aliadas em seu irrefreável avanço para Amberes, um membro do governo britânico, Herbert Morrison, ministro da Segurança Interna e secretário do Interior, mal teve tempo de anunciar pelo rádio que a batalha de Londres contra as V-1 de Hitler estava ganha.

Morrison ignorava que era chegada a vez então de atuar como plataformas de lançamento do Fieseler Fi 103, a partir do Mar do Norte, os famosos bombardeiros médios da debilitada Luftwaffe. De fato, ao amanhecer daquele dia, uma formação de veteranos Heinkel He 111 H-22 – do Grupo Aéreo III KG. 3 – disparou nove V-1 contra Londres antes de se retirar a toda velocidade em direção ao noroeste da Alemanha. Esse sério aviso obrigaria os britânicos a ampliar suas poderosas defesas antiaéreas na costa oriental de sua principal ilha.

Para conhecer melhor o *modus operandi* dos alemães em relação à sua arma secreta, voltamos para o livro de Félix Llaugé:

> As bombas voadoras lançadas dos bombardeiros Heinkel He 111, especialmente acondicionados para isso, eram mais difíceis de ser interceptadas que as disparadas de rampas, já que voavam a menos de 500 metros de altura, o que dava pouca probabilidade de detecção aos radares e pouco ângulo de tiro à artilharia antiaérea. Por outro lado, como elas eram lançadas por aviões, podiam surgir em qualquer ponto; portanto, não era possível posicionar um cinturão de artilharia antiaérea, o qual havia dado bons resultados contra a primeira ofensiva das V-1.
>
> O III KG. 3, que operava a partir dos aeródromos de Varrelbusch, Zwischenahn, Aalhorn e Handorf-bei-Münster, não interrompeu a ofensiva apesar de suas bases serem constantemente bombardeadas pela aviação Aliada e de os acidentes no momento do lançamento da bomba causarem mais baixas entre seu pessoal do que entre o inimigo. A Luftwaffe foi aumentando paulatinamente os efetivos do III KG. 3 com o restante de seus regimentos de bombardeiros. Além de Londres, essa unidade, graças à mobilidade que tinha, atacou outros alvos ingleses. Assim, ao anoitecer do dia 24

de dezembro de 1944, 50 aviões He 111 lançaram outras tantas V-1 contra Manchester, aproximando-se da costa leste da Grã-Bretanha, entre Skegness e Bridlington.

A escassez de combustível, unida às perdas de aparelhos (dos 41 He 111 derrubados do Grupo III KG. 3, pelo menos a metade explodiu com as V-1 no momento de se soltar do avião), fez com que a Luftwaffe suspendesse a ofensiva com a bomba voadora na madrugada de 14 de janeiro de 1945. A última V-1 explodiu às 2h33 desse mesmo dia em Horsney, um subúrbio situado ao norte de Londres. Era o fim de uma das armas secretas com que Hitler havia prometido fazer a Grã-Bretanha tremer.

Em quase quatro meses, o Grupo Aéreo III KG. 3 havia lançado aproximadamente 1.200 V-1, das quais 638 chegaram às costas do Reino Unido. Desses projéteis, 403 foram derrubados pelas defesas britânicas. Apenas 66 caíram em Londres e um em Manchester; os demais caíram no campo, em lugares ermos.

Já em território belga, e em um esforço desesperado para semear o terror na retaguarda inimiga, a Luftwaffe colocou todas as cartas na mesa no começo de 1945, depois que a ofensiva alemã por terra através das Ardenas fracassou. Uma autêntica avalanche de fogo e metralha encheu o ar, pois foram lançadas nada mais, nada menos que 11.988 V-1 das plataformas fixas. De acordo com a documentação alemã confiscada ao término da guerra, Amberes e seu importante porto foram o principal alvo com o disparo de 8.696 Fieseler Fi 103, seguindo-se, em ordem de importância, a cidade de Liège, com 3.141 e, finalmente, Bruxelas, a capital, com apenas 151 mísseis autoguiados dessa classe. Fontes Aliadas, por sua vez, assinalaram que 5.960 V-1 caíram em um raio de 13 quilômetros ao redor do centro de Amberes. Como resultado dessa espetacular ofensiva aérea, pagaram com a vida 3.470 civis belgas, bem como 686 militares Aliados.

O balanço de Londres superou o de Amberes, e é muito mais conhecido pela opinião pública. Dos 10.492 Fieseler Fi 103 disparados sobre a área metropolitana da capital britânica, nem um quarto deles atingiram o alvo, pois foram exatamente 2.419 os que caíram nessa ampla região. Desse modo, por um lado, os números revelam muito sobre os graves problemas que os alemães não puderam resolver, ainda que em um percentual aceitável; por outro, mostram a eficiência das medidas defensivas tomadas pelos britânicos.

Conheçamos numerosas cifras em detalhe. Um total de 1.100 V-1 explodiu no instante crítico do lançamento sobre as próprias plataformas de decolagem. A elas se somaram outras 2 mil, autodestruídas em pleno voo. Desse modo, quase 30% podem ser considerados como perdas definitivas por avarias graves.

Os números apresentados pelas defesas aéreas do Reino Unido são realmente espetaculares. Em ordem decrescente, temos que 1.788 Fieseler Fi 103 caíram sob o fogo dos caças da RAF, ou por ter sidos desviados com a tática de asa contra asa. Os canhões dispostos em terra tiraram 1.200 delas do ar, 400 foram derrubadas pelos cabos dos balões cativos, e a Royal Navy atingiu outras 12 com a artilharia antiaérea de seus barcos. Além disso, 873 bombas voadoras caíram longe do seu grande alvo urbano previsto às margens do Tâmisa.

No entanto, a Grã-Bretanha pagou em vidas um preço mais alto do que a Bélgica. De acordo com dados oficiais muito confiáveis, foram registradas 6.184 mortes em consequência direta de ataques alemães realizados com V-1, somando-se a isso 17.981 feridos por diversos motivos. O número de mortos pode ser ampliado com os 1.626 aviadores atingidos durante os ataques às instalações de concreto que serviam de plataformas de lançamento.

Se, por um lado, não se produziu o efeito de devastação material sobre o sul da Inglaterra, por outro, Hitler criou um importante estado de ansiedade com seu Fieseler Fi 103, sobretudo entre os londrinos. Estes, ingenuamente, por causa dos demolidores bombardeios que tanto os aviões da RAF quanto os da USAAF realizavam sobre o território alemão, um dia sim, outro também, chegaram a acreditar que a indústria bélica inimiga quase não existia mais. Erro crasso, pois depois se descobriu que, com mão de obra escrava, a Alemanha chegou a fabricar 29 mil bombas voadoras V-1, quase todas nas imensas oficinas subterrâneas de Mittelwerk, perto de Nordhausen.

Finalmente, cabe registrar o dado de que as perdas causadas por danos diretos e o custo das grandes medidas empregadas para contra-atacar as V-1 superaram em muito o desenvolvimento, a produção e o trabalho arcados pela economia alemã. De acordo com um informe oficial do Ministério da Defesa da Grã-Bretanha: "A conclusão principal é que o balanço da campanha é muito favorável ao inimigo. A relação entre nossos gastos e os dele é de quatro para um".

# Capítulo 18

## As bombas tripuladas V-1

A Alemanha também se colocou à cabeça da aviação mundial ao testar um estatorreator sobre um bombardeiro com dois motores de êmbolo, o Dornier Do 217. Depois da *première* de 1942, foi a vez de um dos muitos projetos macabros nascidos no seio da Luftwaffe dar uma mudança espetacular de rumo nas operações militares adversas. Tratava-se da versão tripulada da famosa bomba voadora V-1. Denominada Fieseler Fi 103R Reichenberg IV, esse engenho monoposto tinha uma envergadura de 5,715 metros, um diâmetro máximo na fuselagem de 0,832 metro e um comprimento de oito metros.

O Fi 103-IV podia transportar uma cabeça de guerra de 850 quilogramas e atingir, com ela, uma velocidade máxima ao nível do mar, de 650 quilômetros por hora em voo horizontal. Sua autonomia era calculada em cerca de 20 minutos, pois ficava reduzida pela vida útil da planta motriz. Seu alcance real foi calculado em 330 quilômetros, depois de ser lançada de uma altura de aproximadamente 2.500 metros.

Referimo-nos a uma bomba voadora tripulada que é muito menos conhecida que a V-1 e que foi projetada para lançar ataques precisos contra a navegação inimiga. A partir dessa ação, a sobrevivência do piloto foi considerada duvidosa, pois devia saltar de paraquedas depois de direcionar o foguete para o barco inimigo escolhido como melhor alvo. O maior problema era a absorção da capota da cabine, por causa da sucção provocada por um pulsorreator situado imediatamente atrás dela.

Desde o começo, Hitler opôs-se frontalmente à proposta macabra de se criar uma espécie de corpo camicase, apesar de haver muitos pilotos dispostos a sacrificar a própria vida pela sobrevivência do III Reich. Tampouco entusiasmava o *Führer* a proposta do marechal de campo Milch, mas, no final, acabou aprovando o projeto de modificação da V-1 para ver que resultado a nova experiência teria. A aprovação de Hitler foi conseguida pelo tenente-coronel Von Greim. Pôde-se estabelecer uma diferença sutil entre os chamados Selbstopfermänner – homens que se sacrificam – e os pilotos suicidas do Japão, que tinham a cabine do avião soldada antes da última decolagem.

*A produção total da bomba voadora monoposto Fi 103R-IV chegou a 175 unidades. Foram selecionados 68 voluntários para seguir o plano de treinamento correspondente, mas tudo isso não deu em nada diante da categórica negativa do Ministério da Aviação do Estado, quando este passou a considerar a questão seriamente.*

A produção total da bomba voadora monoposto Fi 103R-IV chegou a 175 unidades. A letra R se devia ao nome em código operacional que designava todo o Programa Reichenberg, o qual incorporava a fabricação de tão singular aparelho em diferentes versões. Foram selecionados 68 voluntários para o plano de treinamento correspondente, mas tudo isso virou fumaça diante da categórica negativa do Ministério da Aviação do

Estado, quando este passou a considerar a questão seriamente. De acordo com Brian J. Ford, em seu livro sobre essa versão tripulada:

> Não fora especialmente projetada para missões suicidas, como disseram vários comentaristas, mas como uma bancada de testes experimental para eliminar as dificuldades de controle. Uma versão mais potente da V-1, com mais alcance, foi levada em conta na última etapa da guerra, mas jamais foi realizada na prática.

## Hanna Reitsch

Chegaram até nós informações fidedignas que assinalam a simplicidade com que vários voos de teste foram realizados. Sabemos também da extrema dificuldade apresentada pela manobra de aterrissagem, toda vez que à alta velocidade de chegada se somavam os inconvenientes mostrados pelos sistemas rudimentares de controle instalados a bordo.

*Hanna Reitsch no comando dos controles do último protótipo do Focke-Achgelis Fa 61, o primeiro helicóptero completamente manobrável. Em meados dos anos de 1950, a indústria cinematográfica de Hollywood ocupou-se da vida e dos milagres dessa mulher sem igual, realmente única por muitas razões, entre elas sua paixão sem limites pelo voo.*

Em meados dos anos de 1950, a indústria cinematográfica de Hollywood ocupou-se da vida e dos milagres de uma mulher sem igual, realmente única por muitas razões, entre elas sua paixão sem limites pelo voo. Esse longa-metragem sobre a lendária figura de Hanna Reitsch seria protagonizado pela atriz Lili Palmer, em um trabalho que pretendeu refletir alguns dos momentos mais perigosos do Programa Reichenberg.

Mas o certo é que a verdadeira aviadora dessa história transformada em filme jamais pilotou uma V-1, tal como pode ser comprovado com veracidade se lemos seu livro de memórias *Flying is my Life*. Tampouco refletiria a realidade desses voos dramáticos, na década seguinte, a primeira parte do filme *Operation Crossbow* – em uma produção de Carlo Ponti para Metro Goldwyn Mayer –, com Sophia Loren e George Peppard nos papéis principais.

Acompanhando a história como de fato ocorreu, Hanna tinha ficado gravemente ferida em 1942, em seu quinto voo de teste com o protótipo do novo interceptador foguete monoposto Me 163 Komet, quando a planta motriz do novo jato falhou, fazendo com que o avião caísse no solo em meio a um difícil planeio de emergência. Hanna conseguiu salvar sua vida com sete fraturas, e foi condecorada por sua coragem pelo próprio *Führer* com a cruz de ferro de primeira classe.

## Experiências perigosas

Depois superar uma penosa convalescença por um ano, com indomável espírito de superação, essa mulher audaz recebeu a aprovação de Himmler – o todo-poderoso chefe da SS – para participar dos testes com as bombas voadoras V-1 tripuladas. Recomeçava assim esse programa, apesar dos dois acidentes com esse engenho já registrados em Gatow.

No segundo volume do meu livro *Hazañas y secretos de la II Guerra Mundial*, no capítulo dedicado a essa excepcional aviadora de testes, explico:

> Nessa base aérea, testaram-se duas V-1 pilotadas e lançadas por bombardeiros médios He 111 em pleno voo. Em vez de ser lançadas de uma rampa, as bombas-foguete foram postas em funcionamento a 2 mil metros de altitude. Mas os dois pilotos terminaram os testes com sérias lesões na coluna vertebral. As vibrações afetavam a coluna dos intrépidos aviadores, e não deixaram de ocorrer apesar de ter-se ampliado a fuselagem da V-1.

O major Otto Skorzeny chegou à base experimental de foguetes instalada em Peenemünde para ver *in situ* quais eram as possibilidades reais de se levar adiante a ideia terrível da Luftwaffe dos pilotos suicidas. Continuando com o que escrevi em meu livro:

> Hanna Reitsch especificou ao oficial da SS que a falta de experiência em aviões à reação tinha sido a causa determinante do fracasso; assegurou também que o novo protótipo pesava menos e, diferentemente do outro, alcançava os 700 quilômetros por hora.

Mas Skorzeny – segundo sua obra *La guerre inconnue* – rechaçaria totalmente essa opinião, alegando que já não era possível o uso de nenhum bombardeiro Heinkel He 111 para operações de reboque. Sem papas na língua, a excepcional aviadora de testes respondeu deste modo:

> – Eu achava que o senhor fosse mais audaz. Sempre é possível voar quando se quer. Meus colegas visitaram suas oficinas e examinaram suas primeiras V-1. Estou segura de que temos razão: são aviões estupendos. Voltaremos a falar disso juntos, o senhor, meus colegas e eu. Até amanhã.

Entretanto, o famoso libertador de Mussolini no Gran Sasso conseguiu, *in extremis*, uma autorização especial, dada pelo Reichsluftfahrtministerium, para realizar um terceiro e, talvez, último teste, se ocorresse mais uma vez um redondo fracasso. Mas leiamos o testemunho dado pelo próprio Otto Skorzeny em quatro parágrafos:

> Tenho de confessar que passei a noite em claro. Um terceiro acidente poderia ocorrer. Teria eu direito de lançar a fabulosa mulher-pássaro, com quem tantos jovens alemães sonhavam, em semelhante aventura? No dia seguinte, Hanna e seus dois colegas souberam mostrar-se tão convincentes que aceitei persuadir o comandante do aeródromo. Depois de ter explicado a ele, com ar despreocupado, que eu acabara de receber a autorização de prosseguir a Operação Reichenberg, pedi-lhe sua opinião perspicaz sobre alguns problemas e, em seguida, encarreguei dois de meus oficiais de não se afastarem um passo sequer dele, de acompanhá-lo à mesa dos oficiais e vigiá-lo para que não fosse, sob nenhum pretexto, telefonar para o Estado-Maior do marechal Milch.
>
> Mentiria se dissesse que não fiquei com o coração apertado quando vi o Heinkel soltar o V-1 pilotado por Hanna. Ela correra, sem pestanejar, todos os riscos, sabendo que ia tocar o solo a mais de 160 quilômetros por hora. No entanto (hoje sou capaz de dizer por quê!), no fundo de minha alma, estava eu seguro de que ela ia conseguir. E conseguiu: aterrissou como uma flor e começou de novo. Felicitei-a de todo o coração.

– É um avião maravilhoso! – me disse. – Graças a ele, muitas coisas boas serão feitas. O senhor verá!

Seus dois colegas também voaram no V-1 e aterrissaram sem dificuldades. Mas não pudemos ver nenhuma das coisas boas por que esperávamos.

No outono de 1944, todos os planos de Peenemünde em relação às bombas voadoras tripuladas já haviam mudado. A própria Reitsch quase morreu um dia depois de uma perigosa aterrissagem de emergência. Nesse estado crítico, apesar de haver centenas de voluntários no seio da Luftwaffe, a ideia dos camicases alemães foi por fim abandonada diante da cada vez mais preocupante penúria de meios aeronáuticos.

O projeto foi encerrado também porque, na realidade, jamais apareceram nessa base secreta de testes do Báltico os 500 metros cúbicos de combustível especial solicitados por Skorzeny. Serviriam para cobrir um número mínimo de testes com os pilotos suicidas.

Capítulo 19

# O Peenemünde A-4 (V-2)

Nenhuma outra nação como a alemã foi capaz de apresentar tal variedade de novas e avançadas armas em tão breve tempo, sobretudo entre 1944 e 1945. Adolf Hitler, consciente da clara inferioridade de seu país, tanto qualitativa como numérica na guerra convencional – sobretudo depois que os Estados Unidos da América, o gigante adormecido, entraram no conflito contra o lado do Eixo –, optou pelo fortalecimento de revolucionários tipos de armas, tanto ofensivas como defensivas. Entre os primeiros, sobressai-se muito a V-2, segunda arma de represália, como seu numeral indica.

Foi o primeiro foguete de propergol líquido construído em grandes séries no mundo, sendo praticamente invulnerável diante das defesas Aliadas. Seu nome técnico era Peenemünde A-4. Estamos falando agora de um engenho tão moderno que, em sua época, se mostrou como a maior pesquisa em direção ao desconhecido da história da tecnologia, a arma definitiva projetada de forma irrefreável para o futuro. Acabava de nascer um míssil balístico de longo alcance cuja influência no pósguerra mundial seria definitiva e que, além do mais, abriu caminho para mais projetos ambiciosos e para a corrida espacial.

Tudo começou em 6 de setembro de 1944, quando, como teste, dispararam-se duas V-2 sobre a já libertada cidade de Paris. A bateria experimental, cotrolada pelo comandante Wehbe – instalada em um dos bairros da Haia –, havia inaugurado uma nova e inquietante era na guerra mundial. Um dos mísseis caiu em um subúrbio da capital francesa. Sobre o outro míssil, ninguém sabe absolutamente nada até o dia de hoje...

Depois do teste realizado sobre Paris com o soberbo foguete alemão de longo alcance, o alvo seguinte, que tanto obcecava o *Führer*, seria a grande urbe do Tâmisa. Félix Llaugué Dausá nos dá uma extensa avaliação disso em sua obra capital, falando de um primeiro projétil que destruiu nove casas:

> A primeira V-2 lançada da Haia em 8 de setembro caiu em Chiswick, pequeno bairro londrino, às 18h43. Esse foguete deixou três mortos e dez feridos. A explosão dessa nova arma pegou os londrinos de surpresa, pois não se tinha ouvido a bomba chegar; isso porque ela caía a uma velocidade maior do que a do som. Os arquivos ingleses não falam nada da segunda. É provável que ela tenha explodido pelo caminho ou se precipitado no Mar do Norte. Não obstante, alguns técnicos identificam a segunda V-2 com uma explosão ocorrida 16 segundos mais tarde em Epping, onde destruiu alguns barracões de madeira. Outros autores têm a opinião de que esse segundo impacto deveu-se a uma V-1, coisa bastante improvável.
>
> De qualquer maneira, os ingleses já tiveram bastante com apenas uma para o compreender que uma nova arma de terror havia nascido para o seu desespero. Quando mal haviam conseguido dominar a V-1, já tinham um perigo maior e mais letal pela frente: o foguete, palavra destinada a figurar com grandes caracteres no futuro da humanidade, talvez tanto como a energia atômica e muito mais que o radar, outro engenho nascido das necessidades da guerra.
>
> Para esconder dos alemães a notícia da queda da primeira V-2, fez-se correr o boato que um gasômetro havia explodido. O povo inglês, com o humor que o caracteriza, chamou as próximas V-2 que caíram de bombas-gasômetro.
>
> Assim que a primeira V-2 explodiu, os ingleses se mobilizaram rapidamente para tratar de encontrar uma defesa contra a nova arma. E o temor que sentiam não era para menos, pois, assim como vários sistemas haviam sido idealizados para destruir as V-1, principalmente por causa da pouca velocidade que tinham, contra a V-2 não parecia haver defesa possível, já que a velocidade dela era superior à do som e não se ouvia quando ela chegava. Além do mais, caía de grande altura, por isso não podia ser interceptada pela barreira de balões.

A partir desse histórico 8 de setembro de 1944, a Alemanha manteve sua ofensiva contra Londres, ajustando o disparo dos A-4 para uma macabra estatística de dois por dia. Para a sorte da populosa capital do Reino Unido, os alemães haviam se deparado com um importante contratempo, pois seu formidável foguete precisava de combustível e comburente, e não era fácil nem barato produzir oxigênio líquido e, mais do que isso, quantidades incríveis de álcool metílico. Dessa forma, acabou o sonho aterrador de um Hitler que havia calculado o lançamento de 5

*A primeira V-2 foi lançada da Haia em 8 de setembro de 1944 e caiu em Chiswick, pequeno bairro londrino, às 18h43. Deixou três mortos e dez feridos. A explosão pegou os londrinos de surpresa, porque não ouviram o míssil chegar, uma vez que ele caiu a uma velocidade maior do que a do som.*

mil V-2 caindo da mesosfera em apenas um ataque, pensando que assim pudesse arrasar Londres. Não obstante, a fúria hitleriana também se centrou sobre o porto belga de Amberes, o qual, na realidade, recebeu o impacto de maior número de A-4, contabilizando-se em alguns dias até 26 unidades.

## O conceito do foguete

Os britânicos já sabiam, desde antes de estourar a guerra, das tentativas secretas da Alemanha nazista em desenvolver um grande foguete propulsado por propergol líquido. Mas consideravam que um artefato desse tipo era simplesmente "inexequível". Erro crasso, como depois foi demonstrado, com sangue e ruínas, entre 1944 e 1945.

O foguete era um artefato que não precisava ser disparado por nenhuma catapulta ou canhão. Tinha autonomia própria de lançamento e de voo até o alvo selecionado. Além do mais, tinha a vantagem de que era possível ser transportado a qualquer ponto escolhido, para depois ser lançado com um mínimo de instrumentos e equipamento auxiliar. Na obra *Armas secretas de la Segunda Guerra Mundial*, encontramos explicações técnicas básicas sobre ele:

> Como se sabe, o foguete foi definido como um engenho ou artefato que se desloca ou avança em sentido contrário ao do jato de gases que saem de sua tubeira, jato esse originado pela combustão do propergol contido nos depósitos protegidos por sua carenagem ou fuselagem. E denomina-se propergol o conjunto dos dois elementos que consome, ou seja, o combustível (redutor) e o comburente (oxidante). Como combustível, a V-2 utilizava álcool etílico e, como comburente, oxigênio líquido.
>
> Normalmente, nenhum dos engenhos que consomem combustível precisa ser dotado de um comburente, quer dizer, de uma substância ou produto que permita a combustão, já que utilizam o oxigênio do ar. Sem a presença de oxigênio, não é possível produzir a combustão, nem sequer acender um simples cigarro. Cada vez que se queima um material, seja gasolina, papel, carvão, madeira, etc., a combustão ocorre graças ao oxigênio que está na atmosfera. Logicamente, cada uma dessas operações exige um consumo de oxigênio, quer dizer, de uma substância que possibilite a combustão, e essa substância é denominada comburente.
>
> Têm necessidade de oxigênio os automóveis, aviões, etc., ainda que essa necessidade passe despercebida porque os veículos tomam o oxigênio diretamente do ar que os rodeia. O foguete é, portanto,

o único engenho ou veículo que carrega um depósito de oxigênio, já que, do contrário, não seria possível produzir a combustão. Não se deve esquecer que o foguete, apesar de sua aplicação bélica, foi projetado para mover-se pelo espaço, no qual não existe atmosfera. Daí ser o único veículo capaz de cruzar o vácuo que separa a Terra dos astros vizinhos.

Os primórdios do A-4 (V-2) remontam a princípios do século XX. Com efeito, foi em 1903 que um professor de escola elementar publicou um trabalho muito chamativo. Konstantin Tsiolkovsky se referia ao "foguete", um veículo novo capaz de percorrer, com grande velocidade, distâncias simplesmente impensáveis até então. De acordo com o livro de Brian J. Ford:

> Ninguém nunca havia pensado nesse assunto, exceto um prisioneiro político chamado Kibalchich, que escreveu um breve relato acerca de um engenho aéreo propulsado por cargas de pólvora; mas foi executado por delitos relacionados com a tentativa de assassinar o czar antes que suas ideias fossem expostas, ainda que estivessem apenas em fase preliminar. Na realidade, tratava-se apenas de uma fantasia passageira, de um capricho, mas Tsiolkovsky partiu daquele ponto e desenvolveu a teoria dos foguetes até convertê-la em um conceito minuciosamente elaborado que publicou, na forma de artigo, em um diário científico russo chamado *Nautchnoie Obozrenie*, em 1903. Nesse artigo, falava dos efeitos de um foguete impulsionado por oxigênio líquido/hidrogênio líquido, uma das combinações atuais de maior êxito.

Ele se aventurou até mesmo a prognosticar que, algum dia, os foguetes poderiam alcançar o espaço exterior. Naqueles tempos em que mandava o último dos Romanov, o autor de semelhante "atrevimento" foi apelidado de lunático. Mas Tsiolkovsky estava, na verdade, fazendo uma assombrosa menção a um foguete multietapa, isto é, que deveria ser impulsionado por combustível líquido. Se continuamos lendo *Germany's Secret Weapons*, descobriremos então o que ocorreu com esse foguete adiantado para sua época:

> Depois da revolução, Tsiolkovsky continuou a ganhar influência e, em 1919, foi eleito membro da Academia Socialista das Ciências. Mas os russos não apreciaram as implicações de suas detalhadas fantasias sobre viagens planetárias; consideraram-no um visionário em vez de um inovador. Depois dele, não houve russos especialistas em foguetes de importância militar.

Ainda que, em um plano teórico, um homem havia dado o primeiro passo. A semente da ideia estava plantada. Alguém a faria germinar para depois assombrar o mundo, no final do verão de 1944.

Mas, nesse meio-tempo, houve um cientista americano chamado Robert H. Goddard, que tomou o testemunho do russo. De fato, tal como relata Ford em seu livro incisivo sobre as armas secretas alemãs:

> Ainda antes de receber seu doutorado em Física, em 1911, Goddard havia trabalhado na teoria do foguete de combustível líquido. Depois, durante a Primeira Guerra Mundial, produziu dois foguetes pioneiros que poderiam ter sido úteis na prática, mas que foram ofuscados pelo final da guerra. No ano seguinte, solicitou uma bolsa de pesquisa para continuar seu trabalho; a declaração que justifica seu requerimento, intitulada "Método para alcançar a altitude extrema", foi a primeira de suas publicações com certa profundidade sobre o assunto. O voo do seu primeiro foguete, um engenho em forma de fuso que se manteve no ar por três segundos a partir do momento de seu lançamento de uma rampa de dois metros, foi registrado em 16 de março de 1926, em Auburn, Massachusetts. No mês seguinte, bateu seu recorde ao conseguir que um modelo se mantivesse em um voo durante mais de quatro segundos; ao fim de três anos, havia realizado, com sucesso, vários voos com foguetes pequenos que superaram os 96 quilômetros por hora em distâncias de aproximadamente 60 metros; no ano seguinte, 1930, foi testemunha de um teste de altitude de 610 metros a 804 quilômetros por hora. Ainda que Goddard tenha morrido quase ignorado pelo mundo inteiro, havia assegurado naquela época um lugar privilegiado na História.

Sua grande teoria jamais obteve o reconhecimento público que merecia. Faleceu em 1945, quando a Segunda Guerra Mundial já havia demonstrado amplamente a adequação de suas pesquisas. É justo recordar que foi o primeiro no mundo a fazer voar um foguete movido à combustível líquido.

## A Sociedade para Voos Espaciais

O alemão Hermann Oberth unificou as teorias de Tsiolkovsky e Goddard, apesar de relatar que elas tiveram início em 1917. Nesse ano, o Ministério da Guerra de seu país havia sugerido o emprego de foguetes propulsados por combustível líquido e de grande raio de ação com fins bélicos. Porém, sua proposta, como era de esperar, seria rechaçada de imediato.

Com uma grande vontade de trabalho e fé em suas teorias, Oberth continuou, ainda com mais afinco, suas pesquisas em foguetes. Era um fiel leitor dos romances de Júlio Verne e desde jovem desejava tornar realidade alguns dos sonhos antecipados do autor de Nantes. Em 1923, com 29 anos de idade, deu à imprensa sua tese de doutorado, com o título de *Los cohetes hacia los espacios interplanetarios*, que, em 92 páginas, mantinha muitas das ideias expostas anteriormente por Goddard. Como explica Ford a respeito:

> É muito provável que o trabalho de Goddard e o do russo atuassem como incentivos para as pesquisas de Oberth, mas os resultados que este último conseguiu foram muito mais prestigiosos. Com efeito, nesse primeiro trabalho, esboçou com grandes traços um foguete facilmente reconhecível e que, à primeira vista, não era muito diferente do V-2. Tratava-se do modelo B, que, embora nunca chegasse a ser construído, constituía uma clara premonição do que se podia alcançar.

Cinco anos mais tarde, em 1928, Hermann Oberth ofereceu sua ajuda técnica à filmagem do longa-metragem *A mulher na Lua*, com direção de Fritz Lang. Foi encarregado de construir um foguete pelo departamento de efeitos especiais. Retornando ao que afirma o autor de *Germany's Secret Weapons*, no capítulo "As armas de terror alemãs":

> Aquilo não deu em nada; realizaram-se uma ou duas ignições do motor em posição estática, porém, a construção do foguete foi um absoluto fracasso. No entanto, o simples fato de estar sendo realizado um filme sobre aquele assunto demonstrava o grau de interesse do público nisso. Hermann Oberth, ainda que provavelmente não tenha se dado conta disso na época, por meio de suas façanhas, às quais se deu muita publicidade, havia realizado um trabalho considerável para preparar as mentes dos militares no sentido da possível utilização dos foguetes na guerra. No curto espaço de dez anos, ver-se-ia o quanto essa ideia se tornaria extraordinariamente necessária para o empenho bélico alemão.

Antes da chegada de Hitler ao poder, desencadeou-se uma "febre" de construção de foguetes na Alemanha. Boa culpa disso foi da denominada Sociedade para Voos Espaciais, cujos experimentos com engenhos de propergol líquido encheram as páginas científicas de diversas publicações. Não obstante, os distúrbios políticos em que a instável República de Weimar vivia, assim como a grande depressão econômica, provocaram a rápida decadência da citada associação. Além disso, houve um cientista, Karl Poggensee, que, em março de 1931, teria conseguido elevar um foguete de combustível sólido a 457 metros de altitude. O artefato em questão transportava uma câmera fotográfica e um altímetro. De acordo com Brian J. Ford:

> No mesmo mês, Johann Winker e Hugo Hückel fizeram seu foguete subir a uma altura similar. Dessa vez, o foguete era impulsionado por metano e oxigênio líquidos, uma mistura difícil de manejar-se mesmo em condições ótimas. Mais para a frente, naquele mesmo ano, o grande pioneiro alemão Willy Ley fez com que um pequeno e forte foguete alcançasse a altura de 1,5 quilômetro propulsado por benzeno e oxigênio líquidos. A ciência dos foguetes, considerada no mínimo como uma façanha de exibicionismo inventivo, havia se tornado comum na Alemanha.
>
> Mas, então, veio o fracasso, e não se pôde fazer muita coisa para arrecadar fundos com destino às sociedades de foguetes e aos experimentadores aficionados. O Racketenflugplatz ou "campo de voos de foguetes", que vinha sendo utilizado por alguns entusiastas amadores, nos arredores de Berlim, voltou à sua missão original, um depósito de armas, e os muitos aficionados por foguetes, que tanto haviam contribuído para despertar o interesse acerca deles, se dispersaram. Enquanto isso, a Oficina de Testes do Exército continuou desenvolvendo seu centro de experimentação e testes de Kummersdorf com o objetivo de experimentar foguetes. A seu cargo estava o capitão Walter Dörnberger, que, mais tarde, chegaria a general; foi ele quem, desde aquele momento, se encarregou do desenvolvimento das armas secretas foguete.
>
> As instruções de Dörnberger eram muito simples: inventar, projetar e construir armas muito secretas de natureza inconcebível em tempos anteriores; realizar foguetes de grande velocidade, torpedos com apoio de foguetes; em suma, qualquer coisa que pudesse de alguma forma dar vantagem para a Alemanha quando começassem as hostilidades. Porém, a máquina de Hitler, embora quisesse resultados, nunca esteve disposta o bastante a pagar por eles; o programa de foguetes, portanto, esteve, desde o início, limitado em seus objetivos. Havia pouco espaço para uma expansão súbita, pouca oportunidade para a pesquisa fora do corrente.
>
> Existe um fator que não necessita de recursos prévios nem do financiamento mais limitado, que é a seleção de pessoal capacitado. Dörnberger não dispôs de muita gente quando começou a trabalhar com projetos de foguetes para o governo, mas convenceu um jovem estudante a doutorar-se com o propósito de participar diretamente no centro. Esse jovem, um garoto seguro de si mesmo, rechonchudo e de 20 e poucos anos, havia ajudado algumas vezes em experimentos sobre foguetes no Racketenflugplatz e era um entusiasta incondicional

dessa ciência. Foi-lhe concedido um lugar para trabalhar e um curso para fazer e foi-lhe permitido contar com um mecânico para ajudá-lo em trabalhos de construção de natureza experimental. Dörnberger pressentia que o garoto tinha um futuro promissor: seu nome era Wernher von Braun.

A leitura de alguns relatórios recentes sobre as atividades de Kummersdorf dá uma impressão muito excitante de atividade e liberdade criativa. Na realidade, não era tão excitante para todos os que trabalhavam ali. Graças a um comando um tanto ineficiente, pelo menos no setor de relações públicas, o Waffenforschungs nunca pôde firmar-se como a autoridade dirigente das armas secretas nesses primeiros dias tão importantes do esforço alemão. Mas os homens do capitão Dörnberger eram fanáticos pelo trabalho, e logo o laboratório de foguetes adquiriu importância em Kummersdorf. Dörnberger foi mais tarde promovido a general de divisão e, dessa posição superior, começou a estender e aumentar gradualmente todo o complexo. A guerra já pairava no ar, e, de 1932 a 1936, o pessoal foi aumentado até alcançar-se o número de 60 homens; quando a guerra estourou, já havia uns 300, os melhores técnicos e cientistas da Alemanha nesse ramo. Era uma nova raça e da mesma natureza eram as armas que produziram.

## Em direção à arma definitiva

Um antecessor direto do A-4 (V-2) foi o foguete Aggregate-1 (A-1), o primeiro testado pela equipe de Walter Dörnberger; tinha 1,21 metro de comprimento e 30 centímetros de diâmetro. Porém, se tratava apenas de um engenho de pouco tamanho, com propulsão de álcool e oxigênio. Se o motor-foguete propriamente dito teve êxito nas provas estáticas – apesar de gerar unicamente 300 quilogramas de empuxo durante 16 segundos –, não podemos dizer o mesmo do projétil. Sendo assim, comprovou-se que o giroscópio localizado na ponta dele se encontrava mal posicionado; além do mais, a mistura de combustível mostrou-se muito perigosa por ser altamente inflamável.

Depois de descartarem o Aggregate-1, os técnicos e cientistas coordenados por Dörnberger passaram para um foguete muito mais prático, o A-2. Nesse ínterim, seriam lançados, em voos verticais, dois foguetes da classe Max und Moritz. Levavam o giroscópio na parte central, como meio de evitar o excesso de peso da ponta. Os testes desses dois foguetes ocorreram em uma ilha do Mar do Norte chamada Borkum, um antigo centro de veraneio próximo à foz do Ems; realizados em dezembro de 1934, tiveram um êxito notável, pois tais artefatos alcançaram alturas de 2.400 metros. Quase dois anos depois, em 1936, o general Von Fritsch assistiu ao disparo estático de um foguete A-3 em Kummersdorf. Ficou tão impressionado que ofereceu todo o seu apoio ao programa ultrassecreto.

Depois desse passo importante, Dörnberger recebeu mais pessoal qualificado e um orçamento maior. O projeto de foguetes maiores tinha iniciado, e, diante da falta material de espaço nas instalações de Kummersdorf e garantias de estabelecer um férreo controle secreto sobre as novas e revolucionárias armas aéreas, o complexo foi transferido para Peenemünde, na ilha báltica de Usedom, durante a primavera de 1937. A ideia havia partido do general Kesselring, da Luftwaffe, e do coronel Becker, do Exército de Terra. Em setembro desse mesmo ano, foi realizado o primeiro dos lançamentos. O autor de *Germany's Secret Weapons* esclarece bem esse acontecimento:

> Foi o lançamento de um foguete ampliado, melhorado e modernizado, chamado A-3, que desenvolvia 1.600 quilogramas-força de empuxo de seu motor de oxigênio líquido/álcool. Cada foguete pesava 745 quilogramas e tinha uma altura superior a seis metros apoiado em sua plataforma de teste, de vigotas de aço. Diz-se que os testes estáticos foram impressionantes. Tratava-se também de uma visão histórica porque era o primeiro foguete grande de operações que se via.
>
> Mas ainda não era suficientemente bom. O sistema de controle do foguete era muito primitivo e propenso a falhas; o A-3 nunca voou com êxito. Mas, já nessa época, a Alemanha se dava conta da necessidade de armas secretas de longo alcance e diversas companhias privadas se dedicaram a vários aspectos da pesquisa. A Luftwaffe convidou o melhor cientista de foguetes da Áustria, o doutor Eugen Sänger, para instalar um laboratório em Trauen, onde triunfou na produção de motores para foguetes de combustível líquido impulsionados por óleo diesel e oxigênio comprimido, que podiam funcionar durante meia hora – o que para a época era um recorde incrível.
>
> O interesse no desenvolvimento de armas como essas chegou a ser tão grande que o dr. Steinhorr, um dos principais cientistas de foguetes de Peenemünde, está absolutamente seguro de que, em uma e outra ocasião, um terço de todos os cientistas alemães dos primeiros anos da guerra trabalhou em foguetes de longo alcance com grande capacidade; muitos deles, sem dúvida, sem saber o destino dos seus esforços. No que dizia respeito a eles, estavam apenas realizando uma pesquisa ordenada sobre sistemas de controle de navegação, telecomunicações, bombas de combustível, etc.

E assim, em Peenemünde, impulsionou-se o trabalho de pesquisa. Quando a guerra estava prestes a começar, o Ministério da Guerra pediu a "arma definitiva": devia ser um foguete capaz de saltar sobre Londres com uma tonelada de explosivos, ou talvez sobre Paris; mas, de qualquer maneira, com um alcance de mais de 240 quilômetros. Devia ser indetectável e de absoluta confiança, capaz de vencer todas as tentativas de contra-ataque do inimigo. Uma ordem espinhosa!

O resultado era óbvio: tinha de ser um novo e monstruoso foguete e, no entanto, não tão grande que fosse impossível transportá-lo. Era provável que qualquer lugar de lançamento grande e fácil de ser avistado fosse atacado com bombas ou (por que não, quem sabia então?) pelos próprios foguetes monstros dos Aliados; portanto, era necessário pensar na necessidade de que o foguete fosse transportável por rampas de lançamento semiportáteis instaladas em qualquer lugar. Era preciso que coubesse nos túneis ferroviários que então havia na Alemanha, conforme o caso, para poder ser transportado por trem; tinha de usar materiais de fácil aquisição, para o caso de dificuldades de abastecimento por causa de bloqueios; tinha de ser algo possível de ser produzido em massa e, sobretudo, tinha de ser de confiança.

Nisso havia problemas, porque o A-3, o melhor foguete inventado até então, era um "zumbi" mecânico, quase incontrolável e muito temperamental; necessitava de um novo sistema de direção e equipamento de controle e, além disso, energia. Nesse momento, inventar o foguete era algo urgente e, assim, o A-4 começou a tomar forma.

Logo ficou claro que existiam muitos problemas importantes para ser resolvidos e, por conseguinte, decidiu-se realizar as provas em um modelo de A-4 em pequena escala. Este era quase do mesmo tamanho que o A-3, mas tinha um sistema de direção muito simplificado, controles totalmente novos e um sistema modificado de construção mecânica. No final de 1938, foi disparado através do Báltico até uma altura de mais de dez quilômetros. No ano seguinte, foram testados mais 30, muitos deles dotados de recuperação subsequente por meio de paraquedas. Mas, no momento, mostrava-se de maneira convincente a viabilidade da ideia.

## A velocidade supersônica

Com os exaustivos trabalhos realizados em bombas de combustível e em sistemas de servomecanismo, os especialistas de Peenemünde apostaram definitivamente na construção do primeiro foguete A-4, cujo protótipo inicial já estava pronto em dezembro de 1941. Havia-se chegado a um míssil balístico de longo alcance, o qual apresentava proporções completamente inusitadas para a época.

Depois de numerosas revisões, o primeiro disparo do formidável A-4 ficou marcado para 13 de junho de 1942. De acordo com Ford:

> Puseram-se em funcionamento as bombas, deu-se a ignição e o foguete subiu inseguro de sua rampa de lançamento. Em meio a uma ondulante nuvem de fumaça e vapor, elevou-se e ganhou velocidade e, então... em um mau momento, a bomba do combustível falhou. O foguete continuou sua ascensão durante algum tempo, ainda que de maneira vacilante; depois, tombou para o lado e explodiu, enviando para o alto nuvens de fumaça procedentes dos tanques de combustível e oxigênio quebrados. Em 16 de agosto, foi disparado o segundo A-4, com mais sucesso, ainda que o motor tenha falhado prematuramente – possivelmente pela mesma razão que o primeiro –, a telemetria indicou que o aparelho havia ultrapassado a velocidade do som. Também esse foi um momento histórico.
>
> Porém, o terceiro foi um sucesso total. Em 3 de outubro de 1942, esse A-4 foi disparado da costa da Pomerânia. O motor funcionou durante aproximadamente um minuto, aumentando a altitude para uns 80 quilômetros, e caiu a 191 quilômetros de distância. Havia começado a era dos foguetes.

Mostrando resultados sem precedentes no mundo, o míssil A-4 havia superado amplamente a velocidade do som. Dessa forma, nenhum avião podia tentar se aproximar dele e tampouco derrubá-lo. Com tão excitante experiência sobre a mesa dos projetos, o governo alemão mostrou subitamente um enorme interesse pela nova arma secreta em desenvolvimento. Dörnberger e Von Braun viajariam para Berlim para convencer o próprio Hitler em pessoa e também o ministro Speer. Este havia sido o primeiro membro do gabinete nazista a ver *in situ* um teste do A-4, ficando muito impressionado com ele. Como resultado desses contatos com o nível máximo, o autocrata concedeu um novo impulso à fabricação em série, sempre dentro de sua obsessão por atacar a capital do Reino Unido.

Depois do grande ataque aéreo sofrido pelas instalações de Peenemünde, a produção piloto ali mantida foi interrompida. A construção maciça do A-4, já sob a denominação oficial de V-2, passou para uma colossal fábrica subterrânea preparada em Niedersachswerfen, próxima a Nordhausen, na Alemanha central, pois ocupava 100 mil metros quadrados. Ali aguardavam 2 mil técnicos alemães e 30 mil trabalhadores forçados estrangeiros, todos sob vigilância da SS e onde a mortandade desses escravos industriais era pavorosa. A ordem de Hitler era uma produção mensal de mil mísseis balísticos de longo alcance. Como aponta Félix Llaugé Dausá em seu livro:

> Desde que o foguete V-2 entrou em uma fase avançada de desenvolvimento, a SS passou a considerá-lo como uma arma própria, principalmente porque era uma arma de represália. Sua influência se deveu à transferência das tropas de instrução para Blizna, reduto da SS na Polônia, onde foram testadas em um campo de tiro real. De 15 de maio até fins de junho de 1943, foram lançadas umas 100 V-2 de Blizna contra a cidade polonesa de Sarnaki, de uns mil habitantes, os quais foram obrigados a permanecer em suas casas para observar os efeitos destruidores da nova arma. O alvo se encontrava a uns 270 quilômetros do ponto de disparo.
>
> O resultado foi realmente desanimador, já que as V-2 destruíram poucas casas, registrando-se apenas duas vítimas: um homem e uma mulher com feridas graves. Nenhum dos projéteis alcançou diretamente a pequena cidade. O mais próximo caiu a uns 270 metros do ponto previsto.
>
> O fato de que a V-2 padeceria de certas falhas de dirigibilidade e Sarnaki fosse um alvo demasiado pequeno para um foguete de longo alcance foi o que convenceu os militares de que serviria apenas para atacar grandes cidades como Londres, onde metros de erro no impacto não importariam. A falta de tempo para realizarem-se novas pesquisas de aperfeiçoamento desse foguete e a necessidade que a Alemanha tinha de novas armas tornaram impossível que a V-2 pudesse ser utilizada na frente de batalha.

Com um comprimento de 14,05 metros, essa nova arma de represália apresentava um diâmetro de 1,68 metro e uma envergadura de 3,57 metros em suas quatro aletas. Ao final, a ogiva prevista para uma tonelada ficaria com exatamente 910 quilogramas de explosivo convencional (solução de amatol). O peso total no momento do lançamento somava 12.870 quilogramas, sendo que 72,66% disso correspondia ao combustível.

O Peenemünde A-4 levava defletores de fluxo e derivados de controle aerodinâmico, assim como timões de grafite dentro da tubeira, giroscópios e instrumentos telemétricos. Estes últimos eram ativados por ondas de rádio e indicavam o momento em que se alcançava a distância preestabelecida; depois disso, mediante um sinal, o motor era desligado desde a base, e o míssil caía sobre o alvo. Cabe destacar que os telêmetros seriam logo modificados para compensar as contramedidas eletrônicas dos britânicos, que já as haviam posto em ação contra as V-1.

Continuando com seus números impressionantes, seu sistema de propulsão era um motor-foguete alimentado por bombas de 730 cavalos-vapor com álcool e oxigênio líquido, o que lhe proporcionava um empuxo de 26.000 quilogramas no nível do mar. Sua velocidade máxima no apogeu e de impacto chegava a 5.790 quilômetros por hora. Seu alcance máximo previsto foi de 320 quilômetros. Comportava guia inercial, com plataforma estável, acelerômetros e também corte do fluxo de propergóis. Era, sem dúvida, um dos avanços mais relevantes que se havia conseguido até então em tecnologia de armamentos.

Mais uma vez, recorremos a *Germany's Secret Weapons* para saber algo fundamental sobre a V-2:

> Levava 3.750 quilogramas de combustível e mais de 4.970 quilogramas de oxigênio líquido que eram consumidos na câmara de combustão na razão de quase 125 quilogramas por segundo. A velocidade do gás de escape era de dois quilômetros por segundo, e se afirmava que sua pontaria era (na opinião dos alemães) "superior em 4%". O segredo de seu controle estava em um servossistema cibernético que dirigia os cata-ventos do jato de escape; giravam de um lado para o outro, desviando ligeiramente o caminho do empuxo do foguete e produzindo efeitos laterais que alteravam ligeiramente sua trajetória. Dessa forma, o foguete se mantinha vertical durante o lançamento e, no momento apropriado, era dirigido para sua trajetória de alvo. Havia também estabilizadores nas aletas da cauda, mas estes eram de importância secundária.
>
> Durante os primeiros passos fundamentais do lançamento, quando a velocidade era demasiado reduzida para poder dar uma utilidade aerodinâmica aos estabilizadores, os escapes do foguete seriam a chave do sucesso. Era realmente o acessório do qual dependia o sucesso do foguete como um todo; imaginar que ele, ou sua frente de uma tonelada pudesse desviar-se sem possibilidade de controle e causar danos pouco depois do lançamento era claramente inadmissível. A ideia foi utilizada como um meio de controle de foguetes pelos alemães e, posteriormente, por outros.
>
> Por último, Hitler se sentiu fascinado pela ideia de um bombardeio de Londres em longa distância por meio de foguetes e solicitou uma pesquisa detalhada das implicações práticas que isso comportaria. A ideia de Hitler parecia basear-se em um ataque de uns 5 mil foguetes lançados em rápida sucessão ou simultaneamente, tão longe quanto possível. Mas Dörnberger se recusou. Milhares de foguetes podiam ser fabricados com facilidade, afirmou, desde que o *Führer* proporcionasse grandes reservas financeiras e de material, mas a questão do combustível não era tão simples. Por estar

bloqueada e muito isolada (apesar de tudo o que se falava de sua autossuficiência e espírito empreendedor), a Alemanha não podia simplesmente permitir-se o luxo de desperdiçar quantidades tão grandes de material.

## Transporte e lançamento

Se o Fi 103 (V-1), uma espécie de avião em miniatura, ficou a cargo da Luftwaffe, o míssil balístico de longo alcance – cuja influência no mundo do pós-guerra seria decisiva – foi qualificado como mais próprio da arma de artilharia, tornando-se de fato um programa do Exército de Terra alemão. No entanto, como analisa Llaugé em sua obra imprescindível:

> Foi em 6 de agosto de 1944, duas semanas depois do atentado contra Hitler, que o *Führer* designou Himmler como encarregado especial para todas as questões relacionadas com a V-2. Himmler retirou parte das operações da V-2 das mãos do general Heinemann, cujo maltratado LXV Corpo estava se agrupando naqueles dias. O comando das operações foi confiado ao general Kammler, da SS, o qual recebeu, em 29 de agosto, a ordem de iniciar a ofensiva contra Londres de uma área compreendida entre Gante, Tournai, Malinas e Amberes, plano que precisou ser abandonado diante da rapidez do avanço Aliado. Kammler dividiu suas tropas em dois grupos, de duas baterias cada um: o Grupo Norte, comandado pelo coronel Hohmann, que tomaria posições perto da Haia para atacar Londres; e o Grupo Sul, às ordens do comandante Jebe, isolado na Renânia para atacar alvos na França e Bélgica; no total, uns 6 mil homens equipados com cerca de 1.600 caminhões. Contava, além do mais, com uma bateria experimental, agregada ao Grupo Sul – com a missão específica de atacar Paris –, bateria esta responsável pelos primeiros lançamentos contra a Cidade Luz em 6 de setembro. Posteriormente, essa unidade experimental foi agregada ao Grupo Norte, e, de suas posições, na ilha holandesa de Walcheren, deu-se a ofensiva contra Londres.

É preciso ressaltar que o procedimento de disparo da V-2 era bastante complexo, em parte por causa da necessidade premente de manter em segredo as instalações e em parte pela própria sofisticação do engenho. Este, entre outros "detalhes", tinha câmara de combustão e tubeira com dupla parede para evitar danos, dado que, em seu interior, circulava o álcool antes de ser queimado.

Uma arma tão fantástica necessitava da afluência de todo um exército de apoio, desde o momento em que a V-2 saía do depósito até alcançar uma próxima zona de lançamento, e o transporte escolhido era o ferroviário. Instalado em uma plataforma ou em um vagão fechado, o míssil passava apertado pelos túneis. Nessa viagem, era levado o corpo do artefato sem a cabeça de guerra.

A decisão de converter o Peenemünde A-4 em uma arma móvel não era simples, dado que necessitava de uma fonte de oxigênio líquido com grande capacidade e a uma temperatura de 183 graus centígrados abaixo de zero, bem como numerosos e delicados equipamentos de manutenção e ajuste, grandes sistemas para carregar propergol, algumas instalações de guia que requeriam condições semelhantes a um laboratório, etc.

Os lançamentos de teste – realizados pela SS da antiga instalação do Exército polonês, nas cercanias de Blizna, entre janeiro de 1944 e fevereiro de 1945 – previam o gasto de uns 600 A-4. Aqueles testes tinham exigido o emprego de enormes guindastes apoiados nas bases de concreto e também grandes instalações para os propergóis. Agora, os artilheiros alemães deviam levar tudo consigo.

Para o lançamento dos primeiros mísseis balísticos de longo alcance a cargo da SS – que foi realizado em dezembro de 1944 das mesmas plataformas ferroviárias que transportavam os engenhos –, o transporte seria feito por Vidalwagen, que era um reboque simples ao qual era acoplada a ogiva de guerra. Depois, o míssil completo era levado para uma zona teoricamente livre do reconhecimento aéreo inimigo, de onde o formidável Peenemünde A-4 era transferido em Meillerwagen, reboque dotado de um grande suporte para a sua colocação em posição vertical. Tratava-se de um longo engradado de aço, montado sobre três grupos de rodas pneumáticas.

Se recorrermos à Internet, no site intitulado *Armas secretas y prototipos alemanes*, seção sobre mísseis e com referência ao Meillerwagen, vemos o seguinte:

> Enquanto esse último transporte se aproxima da zona de lançamento, as tropas da zona preparam o suporte inferior (Abschussplattform) sobre o qual o Meillerwagen colocava o míssil em posição vertical e continua a deslocar-se continuamente por quase um metro com a V-2 já na posição exata. Em seguida, são conectados os cabos para o controle de lançamento e realizados todos os ajustes necessários para deixar o míssil pronto para o lançamento, como a acoplagem dos frágeis defletores de fluxo. Durante esse processo, um caminhão, com um depósito especialmente fabricado para isso, recolhe o oxigênio líquido, também transportado em trem, e o leva diretamente até a zona de lançamento. Nela, havia outros caminhões-cisterna que drenavam suas cargas para a V-2 por meio de bombas. Primeiro ia o álcool, o que demorava uns 10 minutos. Depois, o oxigênio – sempre

em uma margem de menos de uma hora até o lançamento, para evitar o congelamento das válvulas –, com o peróxido de hidrogênio, finalmente, o permanganato de potássio que havia sido previamente aquecido para aumentar seu efeito catalisador. Depois de convenientemente abastecidos, todos os veículos se dirigiam para uma distância segura, exceto o carro de bombeiros, que se mantinha a uns 200 metros, e todo o pessoal entrava nas trincheiras de segurança. Então, o Meillerwagen recolhia o braço hidráulico e também se afastava. Os técnicos do lançamento e o oficial entravam no veículo de controle e, depois de verificar se estava tudo em ordem, começava-se a contagem regressiva de um minuto. Abriam-se as válvulas de combustível, que permitiam sua livre drenagem, e tinha início uma combustão controlada, depois da qual se ativavam as turbobombas e o motor alcançava o empuxo necessário para vencer a gravidade. Essa V-2 já era irrefreável.

Levando-se em conta que o motor das V-2 apenas as impulsionava durante aproximadamente um minuto, elas continuavam em voo balístico até o alvo. O procedimento era o seguinte: iniciavam um voo vertical que mantinham durante 50 segundos, depois dos quais se inclinavam 49 graus. Aos 68 segundos, o motor se desligava – o míssil contava com uma aceleração de 8 $g$ – e iniciava-se a trajetória balística, durante a qual a V-2 continuava subindo até alcançar os 96 quilômetros de altura. Uma vez atingida essa altura, o míssil começava a baixar até provocar o impacto a uma velocidade de 3.600 quilômetros por hora. A essa velocidade, não havia tempo para reagir. As vítimas apenas escutavam um forte assobio causado pela velocidade supersônica do míssil. Segundos mais tarde, eram sacudidas por uma potente explosão.

Dado que, na fase de decolagem, a velocidade do míssil era muito baixa, seu controle por meio de superfícies aerodinâmicas não era confiável, o que fazia com que tantos protótipos de foguetes se desviassem de seu caminho logo após deixar a rampa. Esse problema foi solucionado mediante a inclusão de pequenos defletores de fluxo de grafite – tinham de suportar todo o calor dos gases de escape e em poucos segundos ficavam destruídos – na saída da tubeira de escape, o que ajustava levemente a direção de saída de parte deles, corrigindo, assim, o rumo. Uma vez alcançada certa velocidade, o controle ficava por conta dos estabilizadores que guiavam a bomba na vertical até determinada altura para, então, iniciar a trajetória até o alvo.

Essa mobilidade no lançamento das V-2 fez com que nenhum dos disparos desses engenhos revolucionários fosse descoberto a tempo pelas forças aéreas Aliadas que dominavam por completo os céus; algo totalmente diferente do que aconteceu com a V-1, a qual era lançada

O Peenemünde A-4 (V-2)    299

*Míssil V-2 exposto no museu de Peenemünde em Usedom, Alemanha. Para os lançamentos de teste, efetuados da antiga instalação do Exército polonês (nas proximidades de Blizna, entre janeiro de 1944 e fevereiro de 1945), foi previsto o gasto de cerca de 600 A-4. Para a realização dos testes, empregaram-se enormes guindastes apoiados em bases de concreto e também grandes instalações para os propergóis.*

de posições fixas. No lançamento das V-2, os alemães mantiveram uma cadência de disparo de apenas seis horas para cada uma das plataformas móveis, buscando novas zonas de tiro por estritos motivos de segurança.

## Uma V-2 sobre a Suécia

Antes que o primeiro foguete supersônico caísse sobre Londres, a resistência polonesa havia contribuído com uma valiosa informação sobre o que a Alemanha preparava com armas de represália. Enquanto a SS disparava seus artefatos de teste, os camponeses da região de Sarnaki se importaram com eles, recolhendo os restos dos projéteis explodidos, que depois eram enviados para Varsóvia com mensageiros. Não levaram a sério o aviso dado pela SS, por meio de panfletos, explicando que os restos que podiam ser encontrados correspondiam, na realidade, a depósitos auxiliares de combustível que eram disparados... Sendo assim, foi uma descoberta vital, conforme explica Janusz Piekalkiewicz em seu livro:

> Um dia, no fim de maio de 1944, o camponês Jan Lopaciuk, vizinho da localidade de Klimczyce, junto ao Bug, apareceu no consultório do dr. Marian Korcik, em Sarnaki, declarando que, em um pântano da margem do rio, não longe de seu povoado, havia caído um foguete sem causar explosão.
>
> A proa estava submersa no barro, e a parte posterior estava destroçada. O dr. Korczak pediu que chamassem seu irmão, a quem o camponês acompanhou até o lugar onde estava o foguete. Depois de tirar várias fotografias, esconderam-no na água, cobrindo-o de junco e folhas.
>
> Enquanto isso, os alemães organizavam várias patrulhas em busca do foguete, mas tiveram de retirar-se sem conseguir nada ao cabo de três dias de esforços vãos. Na noite seguinte, a ogiva frontal do artefato, com os instrumentos de direção, foi colocada em um local seguro em um celeiro de Holowczyce, enquanto o resto era arrastado até um ponto mais fundo, no Bug.
>
> Dois especialistas vindos de Varsóvia começaram a desmontar as partes do foguete, as quais depois fotografaram, mediram e esboçaram. As peças em questão foram carregadas em três caminhões diferentes, entre sacos de batatas, e transportadas para Varsóvia para um exame posterior. A instalação de rádio foi levada para ser examinada pelo engenheiro dr. Janusz Groszkowski, o mais destacado perito polonês no assunto:
>
> "A primeira coisa que fiz foi investigar os osciladores de quartzo, para averiguar a frequência da instalação. Esse detalhe

poderia ser talvez a chave para se bloquear o voo de foguetes alemães. A parte elétrica do foguete estava muito bem montada, e os materiais eram de alta qualidade. Um excesso de precisão e eficiência."

Enquanto o professor Groszkowski chegava a essas conclusões, outro perito polonês se encarregava de analisar o combustível do foguete. Tratava-se do dr. engenheiro Marceli Struszynski, da Escola Superior Técnica de Varsóvia, a qual, durante a guerra, converteu-se em uma escola técnica comum. O professor Struszynski havia instalado no sótão um pequeno laboratório.

"No curso da guerra, os contatos do Exército nacional polonês me trouxeram vários materiais para análise: espoletas de bombas, produtos venenosos, etc. Nessa ocasião, apareceu uma jovem emissária com um frasquinho cheio do 'combustível' de um foguete alemão. Examinei com atenção o conteúdo do frasco e vi que se tratava de um líquido oleoso, incolor e denso. Por me haver dito que era um combustível, dispus-me a efetuar a destilação costumeira. Umas gotas do líquido respingaram em uma de minhas mãos; ao notar certa dor, desliguei em seguida o bico de Bunsen. Examinei a pele e vi manchas brancas, deduzi que me encontrava diante de uma substância química, o que eu não esperava de modo algum.

O resultado da análise foi uma grande surpresa, e não apenas para mim. Porque o líquido do frasquinho era água oxigenada, ainda que não a comum e corrente, que se apresenta em uma solução de 30%. A amostra objeto de meu exame tinha uma concentração de 80%. A comprovação de que os alemães haviam conseguido produzir água oxigenada a 80% era, por si só, um grande assombro científico."

O relatório das pesquisas foi transmitido a Londres por rádio. Os ingleses enviaram a Brindisi, no sul da Itália, um avião de transporte Dakota, que ali, e com prévio aviso da resistência polonesa, voaria para a Polônia com o objetivo de recolher as peças mais importantes da V-2.

Na noite de 25 a 26 de julho de 1944, esse bimotor chegou do citado aeródromo transalpino para aterrissar em um campo próximo a Wal Ruda, entre os rios Vístula e Dunajec, com a frente de guerra germano-soviética a uma centena de quilômetros. Depois de árduos esforços, o avião conseguiu realizar uma tensa decolagem com as patrulhas alemãs a 500 metros de distância. Segundo relata novamente Piekalkiewicz:

Dois dias depois, o avião aterrissava em um aeródromo londrino. As peças do foguete foram minuciosamente examinadas, ainda que não se encontrasse a relação entre o sistema de direção e o empuxo do projétil. Não obstante, estava claro que o voo do foguete não podia modificar-se por emissão de ondas perturbadoras, pois o giroscópio de proa levava o rumo. Além do mais, a velocidade superior à do som, com que o projétil se deslocava até o alvo, eliminava qualquer possibilidade de ser atacado em voo.

Houve um fato fortuito que favoreceria os britânicos, pois lhes ajudou a conhecer melhor as características do formidável míssil balístico de longo alcance que subia além da estratosfera para chegar, com muita facilidade, à mesosfera. Isso nunca fora alcançado com um engenho humano. Tudo começou em 13 de junho de 1944, após uma falha no lançamento de um A-4 da base de Peenemünde. O engenho havia sido equipado com um mecanismo de controle a distância, antes previsto para o novo míssil antiaéreo dirigido por rádio Wasserfall (Cascada) e também para os projéteis planadores que a Luftwaffe arremessava dos seus bombardeiros sobre a navegação Aliada. Vejamos o que nos mostra a obra *Armas secretas de la Segunda Guerra Mundial*:

> Esta experiência ia no sentido daquilo que os cientistas e militares queriam comprovar: se as V-2 poderiam guiar-se do mesmo modo. Chamou-se um operador especialista para realizar os experimentos, colocando-o em boa posição para observar o projétil desde sua partida. Os técnicos e engenheiros de Peenemünde já estavam acostumados a ver aquele grande foguete subir, e não haviam pensado que um especialista em bombas planadoras pudesse surpreender-se com aquele espetáculo. Mas o curioso é que ele se surpreendeu, pois, ainda que tivesse muita experiência no lançamento de projéteis a partir de aviões, esses projéteis não podiam ser comparados àquela segunda arma de represália que estava sendo preparada em Peenemünde. O resultado foi que, em meio ao seu assombro, empurrou a alavanca de controle muito para a esquerda e a manteve ali. O foguete girou obedientemente para a esquerda, e, quando o susto do operador passou, o foguete já havia saído do seu campo de controle e se dirigia para a Suécia.
>
> Essa V-2 que se desviou explodiu sobre o céu da Suécia, e seus restos caíram em um pântano da região de Baeckedo, próximo a Kalmar. A notícia chegou ao quartel-general de Hitler, e ele chamou Dörnberger – que já era general e havia sido nomeado chefe do programa de foguetes do III Reich –, perguntando-lhe, cheio de raiva, se, pelo exame daqueles restos, os Aliados poderiam deduzir o princípio de funcionamento e as características da V-2. Como ele respondeu afirmativamente, Hitler ordenou-lhe que se apresentasse com urgência a seu quartel-general de Rastenburg.
>
> Dörnberger viajou bastante preocupado, pois já conhecia os ataques de fúria de Hitler. No entanto, Jodl, que foi recebê-lo no

aeródromo, tranquilizou-o. O *Führer* se convencera de que, depois de tudo, não era nada mau dar a entender aos suecos que eles estavam ao alcance das armas alemãs. Isso faria com que continuassem se mantendo neutros.

O Serviço de Inteligência do Reino Unido logo recebeu notícias do incidente e avisou imediatamente sobre isso o embaixador em Estocolmo, que se apressou para atender ao Ministério de Assuntos Exteriores. Uma vez ali, o diplomático britânico venceu a resistência inicial sueca para entregar os restos do míssil balístico de longo alcance ultrassecreto. Na realidade, tudo não passou de um comércio, pois os suecos os trocaram habilmente por vários equipamentos de radar, que depois foram acoplados aos seus direcionadores de tiro antiaéreo.

Outra vez, um Dakota – ora pilotado por um ás norte-americano – chegou à Suécia, sobrevoando a Noruega ocupada, para levar os restos da V-2 para a Inglaterra. Uma vez em Farnborough, os técnicos da Royal Air Force dedicaram muitas horas ao seu estudo e reconstrução. Desse modo, antes que terminasse o mês de agosto de 1944, o governo de Churchill sabia que o esperava. O primeiro-ministro publicaria em suas excelentes *Memórias* umas tabelas comparativas feitas pelo Serviço de Informação Científica, com data do dia 26. Esses números se aproximam muito das características do formidável Peenemünde A-4 em relação ao peso total, ao alcance máximo, ao peso da carga explosiva, assim como às reservas totais de que dispunha e à produção colocada em andamento pelo inimigo com essa segunda arma secreta de represália.

Com os novos relatórios em mãos, Winston S. Churchill pôde apenas organizar uma rede de vigilância para, pelo menos, ser avisado da chegada de um míssil dotado de um sistema de navegação autônomo e que não podia ser detido de modo algum...

## O primeiro silo de mísseis

Depois do denominado Muro do Atlântico, a Organização Todt dispôs de 6 mil trabalhadores forçados – todos dos países ocupados – para empreender a construção do primeiro silo de mísseis do mundo. O lugar escolhido foi o bosque de Eperlecques, entre St. Omer e Calais, em Wizernes, sob a direção do engenheiro Werner Flos. Em agosto de 1942, ele visitou as instalações secretas de Peenemünde e ali Von Braun lhe pôs em dia sobre as "armas de represália" que deviam dar uma reviravolta espetacular à guerra. Por ordem expressa do *Führer*, havia-se fixado o mês de dezembro de 1943 como o mês para iniciar o bombardeio sistemático de Londres. Apesar de as V-2 ainda não estarem terminadas, calculou-se que a imediata construção do silo de lançamento daria uma margem de tempo suficiente para a chegada desses mísseis balísticos de longo alcance.

No entanto, a magnitude das obras não passou despercebida ao reconhecimento aéreo Aliado. Diante do temor de que aquilo fosse o depósito de uma nova arma secreta inimiga, os altos comandos militares de Londres consultaram a engenharia civil. Os melhores técnicos dali recomendaram um ataque imediato antes que o concreto instalado pudesse oferecer maior resistência ao secar-se. Assim, no dia 27 de agosto de 1943, 185 aviões B-17 da 8ª Força Aérea da USAAF arrasaram com suas bombas quase todo o complexo construído pelos alemães. Diante dessa tremenda destruição, abandonou-se em Berlim a ideia do *bunker* de lançamento de mísseis e optou-se por construir ali mesmo uma fábrica de oxigênio.

Com a permissão de Hitler, o engenheiro Flos mudou de planos e desenvolveu então uma inovadora técnica de construção ao instalar espessos blocos de concreto armado para depois passar a escavar o terreno sob essa formidável construção. Seria o telhado do formidável *bunker* Schotterwerke Nordwest. Porém, mais uma vez, a ação dos aviões inimigos havia atrasado os planos do *Führer*, dado que as obras de Wizernes não pudessem começar antes de outubro de 1943.

A nova obra foi erguida sobre um penhasco localizado ao final da galeria de uma mina abandonada. Contou com a formidável proteção de uma cúpula de concreto armado de cinco metros de espessura. Além disso, Werner Flos dispôs de uma série de blocos especiais para as rampas de lançamento dos Peenemünde A-4.

Como era de se esperar, os aviões Aliados voltaram ao ataque. Atacaram durante um total de 16 ocasiões e, em duas delas, com os Avro Lancaster Mk I do 617º Esquadrão da RAF, de Cheshire. Esses quadrimotores empregaram pela primeira vez as bombas terremoto Tallboy, com 5.440 quilogramas de peso unitário, em 17 de julho de 1944. O efeito conseguido seria devastador em torno da pedreira de Wizernes, porém, depois de todos os ataques conjuntos da Royal Air Force e da USAAF, somente uma dessas bombas colossais conseguiu danificar ligeiramente a sólida cúpula de concreto armado que protegia o grande silo.

Diante dessa tenaz ofensiva aérea, Hitler apostou definitivamente pelos deslocamentos móveis para seus V-2, deixando abandonados para sempre os pesados e resistentes *bunkers*. O silo de Wizernes pode ser visitado atualmente. Foi inaugurado como museu em 20 de junho de 1987. Na inauguração, apareceram dois antigos inimigos, o engenheiro Flos – na qualidade de sobrevivente de maior nível da Organização Todt – e o professor britânico R. V. Jones, que dirigira o departamento que estudava o desenvolvimento das armas de represália alemãs.

## "Uma impressionante conquista técnica"

Voltando à reportagem do coronel Armijo para a *Revista de Aeronáutica*, encontramos quatro parágrafos interessantes depois da sua breve revisão sobre a primeira arma de represália alemã, nos quais trata de outros engenhos:

> Depois – muito pouco depois – veio o V-2. Ele já chegava aos subúrbios londrinos. A coisa tomava graves características, pois, por sua alta velocidade, superior à do som, ainda não se havia encontrado o meio de defender-se dele antes de as tropas de invasão terem chegado às "plataformas de lançamento" nas costas do continente. Somente sua escassa precisão pôde evitar que seus efeitos fossem verdadeiramente catastróficos. Até agora, não se encontrou outra maneira de combatê-los além de fazer com que a RAF ataque sem cessar fábricas ou oficinas suspeitas de construí-los ou montá-los, coisa de eficácia questionável.
>
> Graças ao já citado informante, a intensidade do perigo que ameaçaria a Grã-Bretanha se ela tivesse demorado a invadir o continente, ou ainda se as forças de desembarque não tivessem libertado rapidamente a Bélgica, a Holanda e a zona francesa do canal pôde ser comprovada pessoalmente, visitando as fábricas subterrâneas dessas regiões,[1] resguardadas dos bombardeiros Aliados e nas quais eram produzidas V-2 a um ritmo de mil por mês.
>
> Também pôde inteirar-se de que os ataques dos V-2 eram acompanhados por outros de foguetes incendiários de longo alcance, preparados especialmente para o bombardeio de Londres e disparados por meio de canhões subterrâneos de grande comprimento. Os disparos vinham de locais protegidos contra os bombardeios, que estavam sendo construídos precisamente na costa por onde aconteceu a invasão.
>
> Outra nova arma, que estava em produção no momento da derrota, já fora experimentada contra os bombardeiros Aliados no curso

---

1. Aqui o autor comete um grave erro porque as fábricas de Peenemünde A-4 (V-2) não estavam nessas zonas, mas na Alemanha. De toda maneira, deve-se ressaltar que a reportagem foi publicada em maio de 1946, com informações ainda não comprovadas.

de alguns de seus ataques ao Reich. Tratava-se de um foguete controlado por um cabo que ia se desenroscando de uma bobina e que era transportado por um avião que o disparava em voo a uma distância compatível com a segurança do caça. Sua velocidade era de mil quilômetros por hora e levava uma carga de 50 quilogramas de explosivos; podia ser construído em dez horas a um custo de 250 marcos.

No que diz respeito ao balanço operacional do Peenemünde A-4, os cidadãos de Londres enfrentaram com controlada resignação os longos estrondos provocados pela queda de mísseis balísticos supersônicos no solo, os quais se apagavam como os relâmpagos. Com muito pesar, Hitler teve de admitir que os britânicos continuavam impassíveis em sua firme decisão de ganhar a guerra, suportando as repentinas e ensurdecedoras explosões provocadas pelas V-2 que deviam mudar o rumo das operações militares...

O moral do Reino Unido continuou alto apesar de episódios tão dramáticos como os vividos no cinema Rex, de Londres, que, às 15h20 de 16 de dezembro de 1944, recebeu o impacto direto de um Peenemünde A-4. Das 1.200 pessoas que abarrotavam o local, 567 morreram sob os escombros. Como escreve Félix Llaugé:

A população inglesa clamou para que se buscasse uma defesa contra essa nova arma de terror que assolava Londres e seus arredores, mas o Alto Comando britânico não podia fazer nada. Restava apenas o recurso de ganhar a guerra para que o bombardeio das V-2 cessasse, pois era até mesmo muito difícil que a aviação conseguisse destruir os pontos de lançamento, já que eram móveis, e não fixos, como ocorria com as V-1. Desesperados pelos criminosos e desnecessários bombardeios aos quais os Aliados submetiam suas cidades, os técnicos e peritos alemães encontraram uma arma de represália que não podia ser detida por nenhum meio. O próprio Churchill reconheceu que "o foguete era em si uma impressionante conquista técnica".

Felizmente para os Aliados, seu avanço pela Europa já era tão rápido que os alemães tiveram de transladar suas escoltas com esses mísseis de longo alcance para os Países Baixos, no limite do raio de ação desses foguetes sobre a capital britânica. Desse modo, o último lançamento de V-2 contra a grande cidade do Tâmisa esteve marcado para 27 de março de 1945.

Os alemães tomaram como campo de lançamento as ruas de Haia, variando sempre de posição em cada disparo. A RAF bombardeou a capital holandesa tratando de impedir esses lançamentos, mas só conseguiu transtornar o transporte inimigo e suas linhas de comunicação, como pontes, estradas e vias férreas. Apesar de não impedir um único lançamento sequer dos Peenemündes A-4, os aviões britânicos provocaram danos colaterais muito graves em 3 de março de 1945, quando lançaram por engano 60 toneladas de bombas sobre uma zona densamente povoada, acabando com a vida de centenas de civis.

Segundo números usados pelo ministério de Defesa do Reino Unido, os alemães lançaram 3.164 mísseis balísticos de longo alcance contra os Aliados, dos quais 1.403 foram dirigidos contra o solo britânico. Os números indicam que 517 alcançaram a região londrina de defesa civil, outros 537 caíram em outras cidades inglesas ou em campo aberto, 61, no mar. Os 288 restantes foram lançamentos malsucedidos. Em relação a baixas humanas, a Grã-Bretanha assumiu o que lemos em *Armas secretas de la Segunda Guerra Mundial*:

> O total de baixas causadas pela V-2 entre a população civil da Grã-Bretanha foi de 2.724 mortos e 6.467 feridos graves. Cada foguete provocava, em média, o dobro de baixas causadas pela V-1. Ainda que as cargas explosivas tivessem aproximadamente o mesmo tamanho, o ruído estridente da bomba voadora prevenia os habitantes, dando-lhes tempo de buscar refúgio. Mas a bomba-foguete, como já dissemos, aproximava-se em silêncio. A maioria das V-2 que atingiram a Inglaterra vinha de Haia.

Dos 1.761 A-4 lançados sobre alvos continentais, 924 caíram em Amberes no decorrer do rigoroso inverno de 1944 para 1945. Essa cidade belga sofreu muito mais que Londres por causa da concentração de disparos – em virtude de sua menor extensão –, pois a grande cidade britânica recebeu a visita de apenas 447 mísseis balísticos de longo alcance nesse mesmo período. Em um ajustado balanço, destacamos que a Alemanha disparou 1.610 V-2 contra Amberes e 151 sobre Bruxelas, sendo realmente anedóticos os dois lançamentos efetuados sobre a capital da França.

Por outro lado, a tenaz ofensiva aérea conjunta dos Aliados contra a V-1 e a V-2 não saiu de graça... A RAF e a USAAF perderam um total de 450 aviões e a vida de 2.900 tripulantes. Foi um preço muito alto por um lançamento de bombas calculado em 112 mil toneladas. Em uma das ações, um tenente de sobrenome Kennedy perdeu a vida, irmão mais velho do futuro presidente dos Estados Unidos.

## Nova York como alvo

O posterior desenvolvimento do Peenemünde A-4 levaria os engenheiros a uma nova e mais ambiciosa versão: esse míssil balístico de longo alcance dotado de asas. A ideia era triplicar a autonomia de voo fazendo com que o foguete planasse. Ao final, recebeu a denominação oficial de A-9. Assim nos conta Irving em seu livro:

> Nem o A-9 nem o A-10 de Pennemünde chegaram a entrar em ação. O primeiro, uma versão com asas do V-2, devia ricochetear ao entrar na atmosfera, o que lhe permitia planar até alvos tão distantes como o norte da Inglaterra. Foi lançado com êxito pela primeira vez em 24 de janeiro de 1945, porém, a evacuação de Peenemünde interrompeu os trabalhos.

Muitíssimo mais ambicioso era o projeto conjunto do A-9/A-10, realizado apenas como protótipo por falta de tempo. Falamos de um engenho monstruoso com 26 metros de comprimento e cem toneladas de peso, composto de duas fases e programado para alcançar sem problemas as cidades de Washington, D.C. ou Nova York. Fala-se que os norte-americanos tiveram muita sorte que a guerra na Europa acabasse em maio de 1945, quando esse grande míssil ainda não estava em funcionamento.

A primeira fase do colossal A-9/A-10 – um gigantesco *booster* – tinha de separar-se da segunda depois de um voo de aproximadamente 180 quilômetros. Atingido esse limite, entrava em jogo um A-9 que, na realidade, era um A-4 muito potente e provido de aletas bem pronunciadas, que lhe davam o aspecto de superfícies para planar colocadas justamente na metade da fuselagem. Uma vez na cimeira da trajetória – estimada em uma altitude de 370 quilômetros –, o gigantesco míssil devia iniciar uma longa descida, aumentando progressivamente a velocidade até atingir o alvo. O alcance máximo foi calculado em 4.800 quilômetros, e a carga útil de explosivos, em uma tonelada. Acredita-se que o sistema direcional fosse de navegação inercial, depois empregada em submarinos nucleares. Mas o projeto desse enorme míssil de duas etapas ainda se encontrava na fase apressada do protótipo quando os exércitos da Alemanha se renderam.

## A "bomba de alta pressão"

Os "canhões subterrâneos" de grande comprimento, a que se referia Jacobo de Armijo em sua reportagem, faziam parte da terceira série de armas de represália alemãs, as V-3, portanto. Pertenciam à bateria de longo alcance localizada em Mimoyecques, próximo a Calais. Causaram, desde o princípio, um grande entusiasmo em Hitler, que desejava bombardear Londres a partir do solo francês com mais artefatos. Eram canhões que deveriam disparar 600 projéteis de alta pressão, semelhantes a dardos, cada um com três metros de comprimento, em uma impressionante cadência.

Ford nos fala sobre a origem e evolução dessa arma, em *Germany's secret weapons*:

> Da mesma forma que a técnica de artilharia alemã se aproveitou da experiência em balística – como no caso do "Big Bertha" –, o caminho foi recíproco, dando assim origem ao emprego de obuses com forma de foguetes, que eram disparados de canhões. A ideia era simples: se as aletas de um foguete servem para estabilizá-lo no voo, por que não dotar um projétil convencional de asas que tivessem essa mesma função, em vez de estabilizá-lo por rotação?
>
> O resultado dessa ideia foi o Hochdruckpumpe ou HDP (apelidado indistintamente de Fleissiges, Leischen ou Tausendfussler). Esse supercanhão foi invenção dos estabelecimentos Saar Rochling e tinha a forma de um longo canhão dividido com umas ramificações laterais em intervalos que lhe davam o aspecto de uma enorme espinha dorsal. Nessas câmaras laterais eram colocadas cargas explosivas que explodiam automaticamente uma depois da outra, de forma que, quando o projétil passava por cada uma das câmaras, detonava a carga da seguinte, proporcionando-lhe assim uma aceleração cada vez maior, até sair disparado à formidável velocidade de 1.370 metros por segundo. O comprimento dos canhões era no total de uns 45 metros de um extremo a outro. Foram construídos dois, um em Amberes e outro em Luxemburgo. Havia um único inconveniente no uso dessa máquina sem igual: parte do canhão arrebentava!
>
> Dessa forma, o manejo do supercanhão, além de ser perigoso, representava um grande trabalho para o pessoal encarregado; por outro lado, por ser construído em seções, tinha a vantagem de que, quando uma delas arrebentava, uma nova lhe tomava o lugar, por conseguinte, seguiu-se adiante com o projeto.
>
> O maior HDP de todos foi construído próximo a Calais. Pretendia-se que fosse o primeiro de uma série dessas armas projetadas para destruir Londres – ou pelo menos o moral dos londrinos. No entanto, os especialistas do Serviço de Inteligência britânico foram alertados das intenções das forças alemãs por membros da resistência francesa, e as instalações acabaram bombardeadas pouco antes que o canhão fosse terminado e efetuasse

seus testes de disparo. A instalação da série projetada de cinco desses supercanhões – cada um com um alcance de 136 quilômetros – foi uma grande ameaça para a capital inglesa. Esse monstro de Calais tinha um comprimento de 136 metros e disparava projéteis de um calibre de 150 milímetros.

Os projetistas desse modelo tão longo do novo canhão fizeram um levantamento técnico muito original ao proporcionar aos projéteis um sistema de propulsão baseado em um sistema de cargas múltiplas.

David Irving dedicou-se devidamente a essa nova e espetacular arma de represália em seu *The mare's nest*. Leiamos, pois, o que escreve sobre essa incrível instalação que foi ocupada pelo Exército canadense antes de entrar em funcionamento:

> No final de agosto de 1944, os Exércitos Aliados se apoderaram das baterias de Mimoyecques, e um grupo de peritos engenheiros, entre eles Barnes Wallis, cujas Tallboys haviam deslocado as obras algumas semanas antes, começaram, fascinados, a inspecionar as enormes instalações e a explorar as ramificações de suas cavernas e galerias subterrâneas.
>
> O aperfeiçoamento da "bomba de alta pressão" prosseguia e se efetuavam testes em Misdroy. Não obstante, em finais de 1944, aquelas obras já haviam perdido grande parte de seu interesse. A situação da Alemanha parecia desesperada para todo o mundo, exceto para os mais fanáticos.
>
> Em meados de novembro, o general Dörnberger assistiu pessoalmente a testes de tiro em Misdroy e foi testemunha, como todo mundo, do estouro do tubo. "Quando me falaram sobre enviar uma arma como aquela para a frente de batalha – conta –, pude apenas mover a cabeça." Não obstante, durante as reuniões mantidas em Berlim nos dias 18 e 20 de novembro, recebeu a ordem do general Krammler, da SS, de preparar-se para assumir o comando de duas dessas "bombas de alta pressão", para verificar bombardeios sobre alvos ainda não assinalados. O ataque principiaria no mês de dezembro. O tenente-coronel Bortt-Scheller recebeu todo o pessoal necessário para consertar o canhão durante a semana, e foram adotadas medidas para que se fabricasse um número suficiente de munições para os testes de tiro e as operações em campanha (um total de uns 300 disparos), assim como mil disparos de reserva.
>
> Dörnberger recebeu, como representante extraordinário do Exército de Terra, a missão de preparar essa mísera ofensiva. As duas bombas abririam fogo em finais de dezembro contra Amberes e Luxemburgo, que estavam a pouco menos de 65 quilômetros. Havia-se

colocado um dos canhões sobre uma carroça de peça de artilharia em uma via férrea modificada para esse fim: ele foi disparado em dezembro de 1944 contra o 3º Exército americano. O segundo canhão fora montado no flanco de uma colina em ângulo de 40 graus, em Hermeskeil, de onde disparou contra Luxemburgo para apoiar a ofensiva das Ardenas. Os dois foram pelos ares durante a retirada.

De toda maneira, as esperanças de um *Führer* obcecado em arrasar Londres viram-se bastante frustradas pelos testes realizados com os HDP. Além de a precisão dos projéteis ser escassa, demonstrou-se que eles também oscilavam no transcurso de sua trajetória balística. A pouca confiabilidade do projeto foi discutida em 4 de maio de 1944 em Berlim, durante uma reunião da qual participaram cerca de cem técnicos em balística, cientistas e especialistas de guerra.

Capítulo 20

# Bombas guiadas antinavio

No amanhecer de 4 de maio de 1982, quando, nas frias águas do Atlântico Sul, a força aeronaval britânica tomava posições de combate para reconquistar as Ilhas Malvinas, um míssil ar-terra A.39 Exocet, de fabricação francesa, lançado por um dos caça-bombardeiro Super Etendard argentinos chegados à zona de conflito, atingiu o destróier *Sheffield*. Essa moderníssima unidade da Royal Navy – que, junto a outras, escoltava os porta-aviões – teve de ser abandonada em questão de minutos porque um incêndio voraz havia se apoderado de suas partes mais vitais.

A notícia desse espetacular ataque de um avião da Armada argentina e suas consequências imediatas impressionaram a opinião pública mundial, mas o certo é que não representava exatamente nada de novo. De fato, a potência dos mísseis já era bem conhecida 15 anos antes de iniciar as hostilidades entre o Reino Unido e a República Argentina.

No dia 21 de outubro de 1967 – quando a chamada Guerra dos Seis Dias ainda era uma lembrança recente com a derrota dos países beligerantes diante do Estado de Israel –, um barco egípcio da classe Komar, construído na União Soviética, afundou o destróier israelense *Eliat* com o disparo de três mísseis Styx, fato ocorrido a 14,5 milhas marítimas ao norte de Port Said. Era outra notícia para impressionar o mundo, que já se avisava sobre o perigo que os artefatos explosivos dirigidos por radar representavam e que punham termo à artilharia clássica como armamento básico de um navio de guerra convencional ou nuclear.

O naufrágio do *Eliat* surpreendeu de forma incompreensível os Estados navais do Ocidente, pois eles só davam valor a barcos velozes de ataque armados com mísseis antinavio. Quatro anos depois, durante outro conflito armado entre a Índia e o Paquistão, as pequenas unidades de fabricação soviética voltariam a demonstrar sua eficácia excepcional.

Tudo começou quando a Marinha indiana lançou ataques devastadores – em 4 e 8 de dezembro de 1971 – sobre o Mar de Omã, no porto de Karachi. Utilizando também mísseis Styx, as oito lanchas Osa I – compradas da União Soviética pelo governo de Nova Délhi, nesse mesmo ano – afundaram o destróier Khaibar, o draga-minas Muhafiz e dois navios mercantes, causando consideráveis danos em outro draga-minas e até meia dúzia de embarcações auxiliares da Armada paquistanesa.

Por mais espetacular que pudesse ser o afundamento dos dois destróieres mencionados, também não eram novidade alguma, começando pelo fim do *Eliat*. Devemos remontar a 1943, em plena Segunda Guerra Mundial, para refrescar nossa memória histórica. No verão desse ano, as bombas guiadas antinavio da Luftwaffe inauguraram uma nova era com a destruição da corveta britânica *Egret* e do encouraçado italiano *Roma*, em duas ações letais, das quais trataremos depois com mais detalhes. Cinco destróieres, mais corvetas, alguns avisos, vários transportes e diversos navios de escolta Aliados teriam o mesmo destino.

Do *Sheffield* e do *Eliat*, temos de ressaltar que – com seus respectivos deslocamentos com carga plena de 4.100 e 1.700 toneladas – eram navios sem nenhuma proteção blindada, constituindo-se em um alvo bastante fácil de ser perfurado pela energia que desenvolvia a massa do míssil e a própria velocidade de impacto. Por outro lado, e é aí que devemos comparar, o *Roma* era um navio colossal que a plena carga deslocava 46.215 toneladas. Além do mais, como correspondia a um navio de linha de sua categoria, estava dotado de excelente proteção. De mais a mais, a couraça máxima das barbetas principais (costado) e das torres de 15 polegadas era da ordem de 350 milímetros; a ponte de comando dispunha de 250 milímetros de proteção; no convés principal, variava de 204 a cem milímetros, etc.

A Alemanha foi o único país que, durante o transcurso da última guerra mundial, usou os mísseis de forma sistemática, anunciando assim o início de uma nova e terrível era de destruição de alvos navais, com extraordinária precisão. Ainda que as descobertas tecnológicas dos cientistas de Hitler não tenham servido para mudar o curso dos acontecimentos, repassemos aqui a história final do *Roma* para entender que a ação demolidora dos mísseis ar-terra já é uma história muito antiga, algo que muitos leitores talvez não conheçam com exatidão.

## Os mísseis do *Führer*

Ainda que possa parecer incrível, o desenvolvimento dos mísseis ar-terra remonta ao ano de 1916, no qual a empresa alemã Siemensschuckert iniciou os primeiros testes com várias bombas planadoras previstas para ser lançadas de aviões ou dirigíveis, as quais deviam ser controladas a certa distância por meio de cabos. Com a chegada do armistício de novembro de 1918, o desenvolvimento de armas tão assustadoras já se encontrava muito avançado.

Não há nada de estranho, então, que, duas décadas mais tarde, o Ministério do Ar alemão solicitasse à companhia Blohm und Voss o estudo de uma série de torpedos aéreos. Pouco depois, a Henschel Flugzeugwerke AG começava seus próprios desenvolvimentos sobre bombas e mísseis guiados. As pesquisas se centraram sobretudo no Hs 293, uma ogiva com asas, cujos primeiros testes de voo foram realizados com todo o sigilo em dezembro de 1940, sobre a zona de Peenemünde. O engenho tinha receptor de rádio, sistemas de guia e detonador de proximidade. Porém, logo se descobriu que a referida bomba antinavio devia receber ar quente do avião-tanque para impedir que ele se congelasse nas elevadas altitudes em que o lançamento era feito. Isso foi sanado em parte ao se adaptar um conduto que direcionava os gases do motor do avião-tanque diretamente sobre a fuselagem da bomba voadora. O engenho começou a ser produzido em novembro de 1941 e, um ano depois, quando foi considerado plenamente operacional segundo os técnicos da Luftwaffe, esta passou a recebê-lo.

Com a Segunda Guerra Mundial já avançada e depois de numerosos testes, os alemães tinham preparado outras surpresas para os Aliados, agora na forma de mísseis ar-terra. A massa de submarinos alemães destacados no Golfo de Biscaia lutava em inferioridade de condições contra os navios e aviões britânicos, e isso obrigou o almirante Doenitz a montar mais armas antiaéreas em seus "lobos cinzas". Ao mesmo tempo, pediu a Goering que a Luftwaffe intensificasse sua potência para atacar os navios Aliados nessa ampla zona de caça. O grupo aéreo III/KG40, que já contava com quadrimotores Focke Wulf Fw 200C-6 – o denominado "Condor" –, foi equipado às pressas com as novas armas dirigidas Henschel Hs 293A-1, providas de uma potente ogiva denominada Triten HE, de 295 kg de amatol.

Com um peso total de 1.045 quilogramas, essa bomba antinavio de propulsão por foguete tinha uma envergadura de 3,14 metros, um comprimento de 3,58 metros e um diâmetro de fuselagem de 0,48 metro. Podia alcançar uma velocidade máxima de 900 quilômetros por hora graças a uma planta motriz composta por um motor-foguete Walter 109-507B, suspenso sob o corpo principal, que lhe proporcionava um empuxo de 800 quilogramas. Dispunha de asas e timões conjugados.

O engenho deveria ser lançado de um avião-tanque que percorresse uma rota em paralelo com o alvo selecionado, ou pela esquerda dele, caso a rota paralela não fosse possível. Contava com um giroscópio para a estabilidade do voo. Tinha duas bobinas de fios situadas nas pontas das asas, que se desenrolavam durante a queda, com o propósito de manter a ligação com o avião-tanque e a recepção dos indispensáveis impulsos elétricos de guia. Sobre essa nova arma secreta destruidora, Félix Llaugué explica:

> Essa bomba voadora era dirigida por rádio, visualmente, até seu alvo. Uma vez que ele era alcançado, o piloto do avião portador iniciava o sistema propulsor, assim como um aparelho receptor que ia ser mandado a distância por um membro da tripulação. Esse receptor estava equipado com um sistema de relês que transmitia as ordens recebidas para os ailerões e para o timão de profundidade.
>
> O especialista que a dirigia do avião não podia perdê-la de vista; para isso, ela tinha, na parte posterior, pequenos foguetes que, de dia, emitiam colunas de fumaça e, à noite, deixavam um rastro luminoso. Dessa forma, o operador podia dirigi-lo facilmente contra o alvo selecionado. Essa bomba era lançada de uma altura que ia de 400 a aproximadamente 5 mil metros. Seu raio de ação era de uns 15 quilômetros.

Mas o ponto fraco sempre foi que o avião-tanque era obrigado a manter uma rota fixa e nivelada, sem nenhuma opção de escapar do fogo antiaéreo inimigo, para poder dirigir a bomba por meio de uma pequena alavanca de comando instalada sobre a caixa de controle. Por causa disso, projetou-se uma versão melhorada, a Hs 293D, dotada de um revolucionário sistema de pontaria por meio de TV, embora não tenha podido ser usada a tempo porque a guerra acabou.

Logo os bombardeiros He 177A-3 também foram equipados com esse revolucionário engenho destruidor. Não obstante, dada sua menor capacidade destruidora em relação ao F.X. 1.400, do qual trataremos a seguir, ficou restrito ao ataque a navios de guerra rápidos sem blindagem e a navios mercantes. Sobre esse pequeno planador de duralumínio e com reforço de tubo de aço, Luis Carrero Blanco escreveu em seu *España y el mar*:

> [...] o combustível era peróxido de oxigênio concentrado com catalisador de permanganato de sódio que produzia um jato gasoso de oxigênio e vapor de água. Uma vez que a bomba solta do avião que a levava, ela podia ser manobrada a partir de seus aileirões e elevadores até o alvo.

Em 25 de agosto do mesmo ano, os Dorniers Do 217E-5 do II Gruppe do Rakampfgeschwader 100 (grupo de combate) que operavam do aeródromo francês de Cognac, tiveram seu batismo de fogo com as bombas dirigidas eletromagneticamente. Doze bombardeiros desse modelo da Luftwaffe, cada um levando dois engenhos Hs 293, um em cada meia asa, atacaram uma pequena força naval britânica que esquadrinhava a área à procura do U-Boote. Essa força era composta pelos avisos* Landguard, Waveney e Bidedorf, além de algumas corvetas. Vejamos novamente o que diz Carrero Blanco:

> Os navios, pensando que iam ser atacados por voo horizontal em alta altitude, começaram a reagir com uma barreira de fogo. No entanto, os aviões continuaram em rumo paralelo e, de repente, deles se destacou um pequeno avião com propulsão a jato que se adiantou e, pouco depois, virou em direção aos navios, dirigindo-se para eles em grande velocidade, caindo e explodindo a poucos metros da popa do Landguard. Um segundo engenho com as mesmas características explodiu ao lado do Bideford, causando-lhe algumas avarias.

Os bimotores da Luftwaffe atacaram com mísseis Hs 293A-1, mas a ação acabou não se concluindo. Isso ocorreu não só pela clara falta de experiência dos pilotos alemães, mas também pelo fato de que os técnicos da Royal Navy de pronto aprenderam a enfrentar a nova arma com um fogo antiaéreo concentrado em curta distância. De momento, a corveta Egret havia saído ilesa...

O primeiro êxito da técnica alemã antinavio chegou dois dias depois a cerca de 50 quilômetros de Vigo. Nesse dia, uma formação de 13 bimotores Dornier Do 217E-5 – também de posse das bombas radiodirigidas Henschel –, do II/KG 100 – um destacamento da X Fliegerkorps, também com base na França –, atacou com esses novíssimos mísseis as unidades do Primeiro Grupo de Escolta da Royal Navy. Este estava formado pela corveta *Egret*, nave capitã, pelas fragatas *Jed* e *Rother* e pelos destróieres *Athabaskan* e *Grenville* e se encarregava da proteção de um comboio. O *Athabaskan* sofreu danos em seus costados e teve cinco mortos e 12 feridos, depois de ficar envolto em uma nuvem de fumaça e vapor. O *Egret*, de 1.200 toneladas de deslocamento normal, teve pior sorte, pois foi afundado à altura do Cabo Ortegal. Um total de 239 tripulantes perdeu a vida porque, após produzir-se o impacto brutal, a corveta se incendiou e explodiu pouco depois.

---

* N.T.: Aviso era, originalmente, um tipo de embarcação pequena, com pouco ou nenhum armamento, utilizado para reconhecimento e para o transporte de correspondência, ordens e outros documentos.

Uma testemunha dessa tragédia foi o tenente de navio John Waterhouse, um dos 28 sobreviventes da tripulação do *Egret*. Como oficial de maior posição ainda vivo, escreveu o relatório do sucedido ao Almirantado, do qual vamos conhecer o fundamental:

> Com o inimigo a bombordo, que acabava de alcançar o alvo, fiz com que o *Egret* virasse a estibordo para cobrir essa coluna e continuei fazendo frente a sete ou oito aviões [...]. Várias bombas vinham em direção ao *Egret*, e ordenei toda a força avante, virando o timão inteiro para estibordo em uma tentativa de ficar de frente para os aviões e proporcionar-lhes o menor alvo possível. Duas bombas passaram muito perto da popa e uma terceira foi atingida pelo fogo dos Oerlikons ou caiu no mar, a uns dez metros do costado de estibordo, para o centro do casco.
> 
> [...] Com o rumo do barco momentaneamente estabelecido na direção oeste-noroeste, fomos informados da aproximação de outras duas bombas, pela proa e pela popa do costado de estibordo. Não vi a que vinha de trás, que me pareceu errar o alvo, porém, pude observar atentamente o comportamento da que vinha pela proa. Virando em grande velocidade, com toda a força a estibordo, o barco, em condições normais, teria conseguido desviar-se da bomba – que voava nivelada a uns cinco metros sobre a água, a uns 30 metros da proa do barco –, e ela deveria ter passado por estibordo. Porém, como aconteceu depois, ela se inclinava com desenvoltura e girava com facilidade a estibordo como um avião de caça bem pilotado, e continuou se dirigindo diretamente para a ponte.
> 
> De fato, a bomba atingiu o costado do barco por cima da linha de flutuação, em algum lugar situado entre a chaminé e o Oerlikon número 3 (a estibordo e por trás dos botes), feito testemunhado tanto pela observação como pela sobrevivência de um dos operadores do Oerlikon número 1 (na asa estibordo da ponte).
> 
> A explosão foi tremenda, a julgar de qualquer critério, e tudo tende a sustentar a teoria apoiada por testemunhas de outros barcos de que havia explodido um paiol de munições (que só pode ter sido o depósito de cargas de profundidades); todas as espoletas das cargas de profundidade que estavam no convés haviam sido retiradas antes do início da ação.
> 
> [...] Uma vez que os estilhaços pesados que voavam por causa da explosão pararam de cair, e eu pude ficar de pé, vi que a ponte estava destroçada e queimando. Não restava nada, exceto a bússola, a mesa das cartas de navegação, que ardia em chamas, e outras partes de madeira, além dos cambaleantes sobreviventes; as telas haviam desaparecido, as cabines de direção de tiro e o sonar

estavam destruídos, e tudo estava coberto pelos cabos do mastro principal. Atrás da ponte não se via nada, exceto uma crista de fumaça amarela e ocasionais línguas de fogo.

Nesse momento, o barco adernou para bombordo de tal forma e com tal rapidez que não tive a menor dúvida de que ia virar. Assim, dei ordem de abandonar o navio aos homens que estavam na ponte e no tombadilho do canhão "B", para que pudessem me ouvir. Depois que todos eles desapareceram, atirei-me à água pelo bombordo, quando ela já alcançava a borda. Estimo que o tempo transcorrido entre a explosão e o momento em que o barco esteve com a quilha para o ar não foi mais do que 40 segundos. Esse desastre naval foi tão rápido quanto completo.

O navio flutuou invertido com a popa e uns 25 metros de quilha para o ar até aproximadamente 14h30, quando afundou rapidamente. Havia poucos sobreviventes na água e estavam muito perturbados. Creio que muitos deles foram arrastados para o fundo com os restos que se desprenderam do barco ao virar. Nenhum meio de salvamento surgiu entre os escombros, mas havia muitos pedaços de madeira que ajudavam a flutuar. Os sobreviventes foram recolhidos pelo *Grenville* e pelo *Jed* assim que o ataque aéreo terminou, completando-se a operação até as 14h15.

A partir dessa demonstração do que as armas dirigidas antinavio realmente eram capazes de fazer, a Luftwaffe de Goering realizou centenas de ataques com diferentes tipos de mísseis ar-terra: Hs 293 e F.X. 1.400. Existiram outros projetos de mísseis ar-terra alemães, porém, não chegaram a tempo ou foram abandonados. Deve-se mencionar também os Hs 294, Hs 295, Hs 296, Bv 143, BV 246 H, GT 1.200 e Rheinhote.

O Henschel Hs 295 era um Hs 293 melhorado, equipado com dois motores em vez de um e com uma nova cabeça de guerra perfurante. Embora fosse projetado para atacar grandes navios de guerra blindados, não chegou a entrar em serviço. A Blohm und Voss preparou dois mísseis ar-terra. O primeiro foi o Bv 143, antinavio. O Bv 246 Hagelkorn (Granizo), como os atuais mísseis antirradiação HARM, seria projetado para atacar os radares inimigos. Era dotado de um sistema de guia passivo com um receptor de onda ultracurta, que o guiava até a fonte emissora das radiações. Como comenta Brian J. Ford:

> Duas armas secretas muito interessantes, à base de combustível sólido, foram o Bv 143 e o Bv 246, usados contra a navegação inimiga. A intenção era que o míssil voasse até as proximidades do mar e, então, a uma altura da ordem de três metros, se dirigisse ao alvo voando rente às ondas. Não deram o resultado esperado e

*O Henschel Hs 293 foi um míssil antinavio alemão da Segunda Guerra Mundial. Era, basicamente, uma bomba planadora guiada por rádio, com um motor-foguete pendurado debaixo dela. Foram construídos mais de mil mísseis de 1942 até o fim da guerra.*

foram abandonados. O 143 tinha um raio de ação de 16 quilômetros, com um comprimento de seis metros; o 246 tinha um alcance ligeiramente superior, porém, media apenas 3,35 metros.

O GT 1.200, com dois motores e que não chegou a ser desenvolvido, deveria ser um torpedo de propulsão foguete. Depois de ser lançado de um avião, entrava na água e se desprendia do primeiro motor; em seguida, acionava o segundo motor para ser impulsionado até o alvo. Finalmente, devemos salientar que o Rheinhote, um foguete de propulsante líquido, tinha quatro fases. Em janeiro de 1945, foram lançados 60 desses engenhos contra Amberes, embora com resultado escasso.

O Henschel Hs 296 era uma versão experimental que não chegou a ser testada nem em protótipo. Do Hs 294, sabe-se que foi denominado Zitteroschen (peixe-torpedo), e tudo indica que tenha sido o primeiro míssil guiado com asas e supersônico do mundo. Da mesma forma que o Hs 293, estava baseado na bomba normalizada SC500, mas tinha 2,42 metros de comprimento. Apesar de os dados sobre ele serem muito escassos, sabe-se que, em outubro de 1944, se encontrava pronto para ser produzido em série, quando todo o projeto foi cancelado. Entre os poucos autores que se ocupam dele, encontramos um comentário feito pelo almirante Carrero Blanco:

> Para poder atingir a parte submersa do casco dos navios desde aviões, fora do alcance de sua artilharia antiaérea, os alemães idealizaram um artefato misto de bomba autopropulsada e teledirigida e torpedo. Essa arma, também construída por Henschel, denominada Hs 294, era uma bomba como a Hs 293, que, ao final de sua trajetória, e já nas proximidades do alvo, entrava na água e, desprendendo-se de seus planos de cauda, convertia-se em um torpedo que ia ferir o alvo na parte submersa, onde os navios têm maior vulnerabilidade.

A título de resumo, devemos destacar que a ação com os mísseis antinavio que estiveram em operação, o Hs 293 e o F.X. 1.400, conseguiria afundar ou deixar gravemente avariados quase 500 navios de guerra e mercantes Aliados de diversos tamanhos. O Hs 293 começou a ser questionado no seio da Luftwaffe diante das falhas produzidas nos lançamentos. Posteriormente, descobriu-se que muitos exemplares haviam sido sabotados ao cortar-se o cabo que unia o receptor à antena. Também se detectou que o míssil funcionava na terra, mas que, por causa da lógica vibração produzida pelo avião-tanque, aquela se separava de forma imprevista e logo se perdia todo o controle.

No seu quarto livro, intitulado *Enigmas y misterios de la Segunda Guerra Mundial*, o historiador e jornalista Jesús Hernández dedica algumas linhas à bomba voadora da qual tratamos. Ele cita o desastre de um navio de 8.602 toneladas de registro bruto, com 195 tripulantes do Reino Unido e 1.981 militares americanos, ocorrido em 26 de novembro de 1943:

> A façanha mais importante do Hs 293 foi o naufrágio do navio de transporte britânico Rohna nas costas da Argélia, causando a morte de 1.117 homens. Por razões de segurança nacional, os pormenores dessa tragédia foram mantidos em segredo durante muitos anos, por não se considerar conveniente reconhecer que os alemães estivessem de posse de uma arma desse tipo.

Essa ação letal – que custou a vida de exatamente 1.015 soldados do US Army e 102 marinheiros britânicos – foi empreendida pelo piloto Hans Dochterman, que lançou um Hs 293A-1 de um He 177A-3 contra esse transporte de tropas, em Bugia, fazendo frente com sucesso à sangrenta defesa conjunta da caça Aliada, composta pelos Bells P-39 do 350º Grupo de Caça da USAF, os Spitfires da unidade francesa GC 1/7 e os Bristols Beaufighter da 153ª Ala da RAF.

Contudo, o mais espetacular do conflito, em matéria de mísseis antinavio, foi o naufrágio de um colosso do mar como o moderno encouraçado *Roma*, que ocorreu pouco depois da primeira ação contra a corveta *Egret*. A do navio italiano era uma ação impossível de ocultar à opinião pública, ainda que tenha encobrido a do *Roma*. Além disso, o trágico naufrágio deste foi mantido no mais absoluto segredo até finais do século XX, apesar das lógicas reclamações dos familiares dos falecidos e dos sobreviventes.

## Orgulho da Marinha Real

Remonta aos anos 1928 e 1929 a primeira ideia da Armada italiana de substituir seus velhos encouraçados por novos navios de batalha, já que as unidades então em serviço se encontravam obsoletas. Com o peso máximo de 35 mil toneladas determinadas pelo Tratado de Washington – que depois não foram respeitadas –, foram postas em 1934 as quilhas do *Vittorio Veneto* e do *Littorio*, da série inicial que levava o nome do primeiro. Três anos mais tarde, decidiu-se ampliar o crédito naval para a construção de mais duas unidades, o *Roma* e o *Imperio*.

Apesar da ação dos mísseis radiodirigidos alemães, que acabaram com o navio que levava o nome da capital da Itália, dessa segunda série, os três encouraçados finalmente recrutados – o Imperio não chegou a sair do estaleiro – eram navios que demonstraram excelentes qualidades para suportar o impacto de bombas de aviação, torpedos e granadas pesadas de artilharia. A desgraça não teve compaixão do *Roma*, atingindo-o em um ponto insuspeitadamente frágil para a potência de alguns mísseis ar-terra que ainda não existiam quando o navio foi terminado. Era o orgulho da Marinha Real, com os outros dois encouraçados entregues antes, pois, nesses navios de batalha, apresentou-se melhor do que nunca na Itália o equilíbrio entre proteção, velocidade e potência de fogo, ainda que a autonomia desses navios fosse um pouco reduzida.

O encouraçado *Roma* foi lançado em 15 de novembro de 1939 nos estaleiros Cantieri Riuniti dell'Adriatico, de Trieste, e foi recrutado em 14 de junho de 1942. Era o tempo em que o conflito bélico mundial havia entrado por completo em um inquietante equilíbrio de forças para as potências do Eixo. O deslocamento do *Roma* era maior que o de seus dois predecessores, pois, com sua carga normal, chegava às 44.050 toneladas, baixando para 41.650 como padrão. Suas dimensões apresentavam extensão total de 240,7 metros, largura de 32,9 metros e calado de 10,5 metros. A velocidade máxima em testes alcançou os 30 nós, com uma autonomia de 4.560 milhas a 16 nós, consumindo assim 4 mil toneladas de óleo combustível.

O armamento do *Roma* era composto de três grandes torres triplas com canhões de 381 milímetros; então tinha outras quatro torres, cada uma com um trio de peças de 152 milímetros. Para defesa antiaérea, dispunha de 12 canhões independentes de 90 milímetros, 20 canhões de 37 milímetros e 24 metralhadoras de 30 milímetros. Completavam sua formidável artilharia quatro peças de 120 milímetros destinadas apenas a lançar projéteis de iluminação. Uma catapulta, situada na popa, possibilitava a decolagem de seus três hidroaviões Ro. 43, ou, em vez deles, caças terrestres Re. 2000 FN. Sua tripulação constava de 1.920 homens, distribuídos em 120 chefes e oficiais e 1.800 suboficiais, cabos e marinheiros.

## Um armistício inesperado

A falta de reservas de óleo combustível deixou os grandes navios da Marinha Real praticamente paralisados desde as batalhas de meados de agosto de 1942. Um ano depois, nas bases navais de La Spezia, Trieste e Taranto corriam certos rumores sobre os graves acontecimentos em vista. Na manhã do dia 8 de setembro de 1943, o grosso da frota italiana se encontrava concentrado em La Spezia, e, de forma pouco usual, todos os navios de guerra ali concentrados haviam recebido combustível para encher seus depósitos sem restrições. Porém, já era o último fornecimento disponível nos grandes tanques de armazenamento, visto que, com isso, se esgotavam as últimas reservas da base principal. Isso significava para as tripulações o alerta de uma investida desesperada. Todos os marinheiros acreditavam que iam ao encontro final com o inimigo, para morrer com honra antes que a ferrugem do abandono acabasse constituindo uma vergonha para os maiores navios de linha da Armada fascista.

O almirante Carlo Bergamini – chefe da frota italiana desde abril de 1943 – havia recebido, às dez horas, a ordem da Supermarina* para esquentar as caldeiras e preparar uma intervenção a partir das 14 horas na zona onde se esperava um iminente desembarque Aliado: Salerno. No entanto, a confirmação dessa ordem de intervenção contra os britânicos e os norte-americanos não chegava, e Bergamini começou a ficar nervoso. Na realidade, esse almirante e todos os seus chefes e oficiais ignoravam por completo que, cinco dias antes, ocorrera um acontecimento transcendental de ordem político-militar. Com efeito, na localidade siciliana de Cassibilie, o general Giuseppe Castellano, em nome do marechal Badoglio, havia assinado a capitulação incondicional da Itália; e o fez, é claro, pelas costas dos militares fascistas mais fanáticos do regime autoritário de Benito Mussolini. Os integrantes da Armada foram informados do histórico armistício por rádio, às 19h45 desse dramático 8 de setembro pela boca do próprio Pietro Badoglio.

A primeira ideia que os marinheiros italianos tiveram foi afundar os próprios navios antes de entregá-los ao inimigo. Deve-se destacar que, se no Exército de Terra houve uma verdadeira debandada por falta de chefes e oficiais responsáveis, na Marinha Real, a força naval permaneceu lado a lado com seus superiores, em um destino comum, ao verem que essas autoridades não abandonavam suas obrigações em um salve-se quem puder. Bergamini manteve uma conversa telefônica de urgência com o ministro de Marinha e chefe do Estado-Maior, o almirante De Courten, e chegaram, assim, a uma solução transitória: a esquadra italiana chegaria a Malta sem depor as armas e abaixar a bandeira de combate.

Esperava-se modificar, dentro do possível, a disposição estabelecida no armistício que significava o fim da fase operacional de todos os navios de guerra que se entregassem. Assim, conseguiu-se que os navios com pouca autonomia ou com pouco combustível se dirigissem ao porto de Palermo, na Sicília. Segundo ordens do chefe Aliado da

---

* N.T.: Comando superior da Marinha Real italiana durante a Segunda Guerra Mundial.

Mediterranean Fleet, as naves italianas deveriam zarpar ao anoitecer de 9 de setembro e, protegidas pela escuridão, se aproximar, a todo vapor, da costa do norte da África antes do alvorecer. Temia-se que a falta de proteção aérea para a frota rendida provocasse ataques violentos por parte dos bombardeiros da Luftwaffe. No entanto, a operação não foi realizada de acordo com o horário previsto e as consequências foram desastrosas para o navio-almirante e para a maior parte de sua tripulação.

## A caminho de Malta

Os homens corriam pelos cais da grande base naval de La Spezia. Em meio à extraordinária agitação dominante, nas primeiras horas da noite de 8 a 9 de setembro de 1943, os últimos fornecimentos eram carregados a bordo dos navios de armas, pelos caminhões da Armada fascista. As naves que se preparavam para sair a alto-mar eram os encouraçados *Roma* – no qual o almirante Bergamini hasteava sua insígnia –, *Vittorio Veneto* e *Italia* – este era o novo nome do *Littorio* desde 25 de julho desse mesmo ano; seis cruzadores ligeiros: *Eugenio di Savoia*, *Duca d'Acosta*, *Duca Degli Abruzzi*, *Garibaldi*, *Montecuccoli* e *Regolo*. Por último, devemos mencionar a presença de oito destróieres, dos quais três se encontravam inúteis para o combate. De Trieste e Tarento, saíram, ao mesmo tempo, três encouraçados, dois cruzadores, 22 destróieres, 40 submarinos e mais de uma centena de navios leves e auxiliares.

Às três horas do dia 9 de setembro, a esquadra partiu de La Spezia, iniciando, desse modo, uma navegação que podia terminar muito mal para um ou outro navio se os aviões de bombardeio alemães resolvessem enfrentar a inexistente defesa aérea da esquadra.

Entre nove e dez horas, foram avistados os primeiros aviões da RAF, mas se tratava de simples aparelhos de reconhecimento. Sua presença, previamente autorizada, era para comprovar se nos navios italianos estavam colocados os sinais característicos do armistício, formados por dois grandes discos negros e um pano enorme da mesma cor no mastro principal. Depois de passar várias vezes, os antigos inimigos se distanciaram sem mais complicações. A bordo dos navios, milhares de olhos ansiosos examinavam incansavelmente o horizonte, sobretudo quando navegavam ao sul da Sardenha, temendo ver a silhueta e os aparelhos da Luftwaffe.

Por volta das 10h10, apareceu, bastante distante, um avião que nenhuma torre de observação conseguia identificar, já que não pôde ser classificado como Aliado ou alemão. O caso é que seu piloto seguiu por bastante tempo o rastro da esquadra, assegurando-se do número de barcos que a integravam e da importância de cada um, tomando o cuidado de manter-se longe da artilharia antiaérea pesada. Isso já era um sinal inequívoco de que pertencia à Luftwaffe do marechal Goering.

Às 13 horas, a esquadra italiana alcançou a altura da Ilha de Asinara. Uma vez nessa zona, dirigiu-se a todo vapor, sobre um mar tranquilo, até a entrada oeste do Estuário de Magdalena. Mas, pouco tempo depois, chegou a Bergamini, na ponte de comando do *Roma*, uma mensagem urgente da Supermarina prevenindo que os alemães já haviam ocupado a Ilha da Magdalena e que, além do mais, preparavam uma contundente ação surpresa. O comunicado ordenava inverter imediatamente o rumo e dirigir-se a Bona, um porto da Argélia.

Dessa forma, os navios italianos voltaram a passar à altura de Asinara, para depois mudar de destino. A espionagem aérea alemã deu o alerta oportuno sobre essa manobra evasiva dos 17 navios de guerra, e assim se decidiu colocar em prática a segunda parte do plano, deixando à Luftwaffe a possibilidade de afundar vários navios.

## Primeiro ataque alemão

Os raios solares brilhavam nas águas azuis e serenas de um Mediterrâneo ainda em guerra, enquanto a esquadra do almirante Bergamini levantava montanhas de espuma com as tropas dos navios abrindo caminho a 30 nós em direção a um porto Aliado seguro. Às 15h10 desse fatídico 9 de setembro, a tensa vigilância dos homens encarregados de olhar o céu deu aviso da chegada de uma formação de bombardeiros alemães Dorniers 217K, capazes de voar a uma velocidade máxima de 515 quilômetros por hora e de carregar quatro toneladas de bombas. A defesa antiaérea das unidades da Marinha Real não lançou a torrente de fogo que os pilotos alemães esperavam e, assim, se aproximaram os aviões dos que há pouco tempo eram amigos...

O que estava acontecendo? O almirante Bergamini desejava seguir ao pé da letra uma das cláusulas contidas na declaração de Badoglio, em que se prometia que o conjunto das Forças Armadas italianas apenas atuaria em defesa própria diante de ataques de qualquer procedência. No entanto, enquanto os Dorniers do III Reich buscavam posições apropriadas de ataque, o comandante-chefe da esquadra ordenou que se abrisse fogo à vontade, pois já não precisavam mais economizar munição. Surpreendentemente, apesar da facilidade com que os aviões se aproximavam dos 17 navios da Marinha Real, todas as bombas lançadas pelos aparelhos da Luftwaffe erraram o alvo, e um deles foi até mesmo abatido pelo tiro defensivo de um dos três encouraçados. Poucos minutos depois, a formação aérea inimiga se perdia no horizonte de volta à sua base na Provença, já que a autonomia deles de 2.300 quilômetros lhes permitia um longo voo. Diante dessa retirada, houve um enorme entusiasmo entre os ex-marinheiros de Benito Mussolini.

## Novas bombas dirigidas

Aproximadamente 40 minutos depois, outros aviões, nesse caso nove Dorniers 217K procedentes de Istres, próximo a Marselha – pertencentes ao III/KG 100 de Bernhard Jope –, assumiram posição ofensiva. Nesse novo ataque, cada avião alemão levava duas bombas planadoras, uma debaixo de cada meia asa, situadas exatamente entre um dos motores e a cabine. O chamado Lápis Voador – por causa da sua linha reta e delgada – ia testar em combate, pela primeira vez, as bombas teledirigidas F.X. 1.400, que logo ficaram mais conhecidas entre os pilotos como Fritz X.

Nessa segunda ocasião, os navios italianos armaram um fogo de barragem apenas para distinguir os bimotores da Luftwaffe; estes, porém, mantinham-se em torno dos 5.500 metros de altitude sobre a esquadra – depois de ter voado ao longo do Mediterrâneo Ocidental a uma altitude muito baixa durante uma hora, para burlar os radares inimigos –, conscientes de que as peças antiaéreas de maior calibre, as de 90 milímetros, alcançavam apenas os 4 mil metros. Essa tática deixou apreensivos os comandantes dos 17 navios, que sentiam o peso da sua manifesta impotência diante dos fatos. Na realidade, a única opção que tiveram foi dar a ordem para que se iniciasse imediatamente a navegação em zigue-zague com o propósito de desviar de bombas que acreditavam cair em queda livre, como no caso anterior. Ninguém imaginava o que a assombrosa técnica militar alemã havia preparado, já que era o teste, na guerra, de uma nova arma secreta...

Diante da inutilidade do fogo de barragem de quase 250 canhões e metralhadoras pesadas, 12 Dorniers Do 217K lançaram suas bombas perfurantes dirigidas por rádio. Eram equipadas com uma espoleta de retardo capaz de provocar a explosão depois de atravessar espessas placas de aço. Graças à sua precisão extraordinária, o míssil F.X. 1.400 podia ser lançado de grande distância, o que o colocava em posição de

*Fritz X foi o nome em código que os Aliados deram a este projétil, que pode ser considerado o precursor mais importante dos modernos e precisos mísseis antinavio em serviço nas Forças Armadas de todo o mundo.*

vantagem sobre barcos desprovidos de caças de escolta. Abria-se uma nova dimensão no campo bélico com esses engenhos ar-terra.

Eram 15h30 quando o primeiro Fritz X acertou o encouraçado *Italia*. Apesar da espetacular fumaceira, não conseguiu causar danos importantes, pois o disparo atingiu o casco do antigo *Littorio* em um ângulo muito deficiente. Dezessete minutos mais tarde, duas bombas planadoras do mesmo tipo conseguiram acertar *Roma*, quase uma em seguida da outra, provocando um inferno de fogo e terror entre os assombrados tripulantes do barco.

## A agonia do colosso

Depois de ter atingido o *Italia*, os mísseis secretos de Hitler mostraram, em questão de segundos, sua autêntica força destruidora para o mais moderno dos encouraçados da Marinha Real. A primeira bomba teledirigida atravessou o casco no ponto em que a couraça tinha, no máximo, 350 milímetros e explodiu debaixo da linha de flutuação. Até esse momento, a artilharia antiaérea de 90 milímetros só conseguira disparar seis salvas do estibordo. A Fritz X caiu a um metro da água na amurada do estibordo do grande navio, causando o mesmo efeito que uma mina magnética; mas, nesse caso, foi nas próprias entranhas do navio, quase no centro, para trás. Perfurou o convés de bombordo do mastro da popa, seguindo depois uma irrefreável trajetória ao longo do navio. Isso provocou a parada dos motores das duas hélices internas, quando as turbinas de estibordo arrebentaram, baixando a velocidade dos 30 nós de máquinas forçadas ao máximo para apenas 16. Porém, ainda restava o golpe de misericórdia, dado por outro dispositivo ar-terra no histórico dia de sua contundente estreia.

A segunda bomba teledirigida que se chocou contra o navio causaria danos irreparáveis, pois caiu a bombordo, à esquerda do Roma, entre a torre de comando e a torre tripla de 15 polegadas nº 2, a elevada, mais próxima da proa. Como resultado do tremendo impacto, a sala de máquinas que controlava as duas hélices externas foi inundada, provocando, além disso, a paralisação total do barco, quando esta última força impulsora cessou.

Contudo, o mais trágico foi a explosão em cadeia, como em uma queima de fogos de artifícios, de todos os depósitos de munições da zona de proa. Foi algo que deixou com o coração na mão os tripulantes dos outros navios que contemplavam alucinados a cena dantesca, pois viram subir ao céu uma coluna de fumaça preta de uns 2 mil metros de altura como resultado da explosão do paiol de munições. O almirante Bergamini e os membros de seu Estado-Maior morreram quando a ponte de comando blindada voou pelos ares, ficando irreconhecível. Por outro lado, em vários compartimentos, o fogo se alastrou de tal forma que não podia ser apagado em meio àquela indescritível confusão reinante a bordo do navio-símbolo da esquadra, confusão esta que aumentou no interior do navio por falta de energia elétrica.

À 16h12, o encouraçado *Roma* já se encontrava bastante adernado para estibordo, com o tombadilho do convés de popa ao rés da superfície da água. A enorme torre blindada nº 2, com canhões de 381 milímetros, fora arrancada pela raiz pela explosão das granadas. A parte do convés de bombordo, ao lado da chaminé de proa, era um caos de explosões e chamas por causa do estouro dos projéteis de seis polegadas.

Bragadin, autor de um livro detalhado sobre as atividades da Marinha Real no último conflito bélico mundial, dedica pouco espaço ao desastre desse navio-almirante de que tratamos aqui. Este é o parágrafo que contém todo o seu comentário:

> O mais doloroso acontecimento foi a perda do encouraçado *Roma*. Às 15h50, a esquadra (que havia apontado em Magdalena, passando pelo oeste da Córsega), nas proximidades da ilha de Asinara, foi

objeto de um violentíssimo ataque aéreo, contra o qual reagiu tardiamente por considerar que pudesse tratar-se de aviões Aliados. Mas, pelo contrário, era a aviação alemã que, procedente da Provença, atacava com todas as suas forças, empregando, além do mais, pela primeira vez, bombas planadoras de um novo modelo. O encouraçado *Roma* foi atingido na proa, perto do paiol de munições, produzindo-se um incêndio muito perigoso. Depois de lutar contra o fogo, por cerca de 20 minutos, o depósito explodiu com violência inigualável, e o navio afundou rapidamente. O almirante Bergamini, todos os oficiais de seu Estado-Maior, quase toda a oficialidade do *Roma* e a imensa maioria de sua tripulação desapareceram com o barco. O encouraçado *Italia* também foi atingido, embora não gravemente, de modo que pôde seguir navegando.

Pouco tempo depois, e em meio a um rangido penetrante, partiu-se a quilha e o grande encouraçado-insígnia chegava, assim, à situação-limite que os sobreviventes mais temiam. Instantes mais tarde, os dois grandes pedaços do navio se colocaram verticalmente e afundaram ao mesmo tempo nos abismos marinhos, deixando como última trilha dois terríveis redemoinhos que engoliam centenas de homens aterrorizados. Foi um espetáculo inesquecível, angustiante, para as testemunhas assombradas que, dos outros 16 navios de guerra, contemplavam impotentes a agonia do moderníssimo navio.

Não foi possível fazer nada para salvar o orgulho da Marinha Real, sua mais bela nave de batalha. Dos 1.920 tripulantes, um total de 1.392 perdeu a vida nesse desastre, entre eles, todos os comandantes importantes. Depois de as águas recuperarem a calma anterior, era possível ver longas manchas de óleo na superfície, assim como restos de lanchas salva-vidas, tambores e balsas vazias, tudo isso como testemunho fiel do trágico destino do *Roma*.

Os marinheiros que haviam se salvado do espetacular naufrágio permaneceram bastante tempo agarrados a qualquer objeto que flutuasse, à espera de uma ajuda que demorava a chegar, pois a esquadra temia uma terceira incursão por parte da Luftwaffe e suas novas armas secretas. Muitos dos sobreviventes seriam atendidos na Ilha de Minorca.

Um engenho secreto havia deixado temporariamente inutilizado o timão principal do outro encouraçado danificado, fato ocorrido aproximadamente às 15h30. Vejamos o que Félix Llaugé diz sobre isso em seu livro: "O *Italia*, irmão gêmeo do *Roma*, recebeu o impacto de uma Fritz X na proa, que o deixou avariado. Suportou um lastro de umas 900 toneladas de água e conseguiu chegar a Malta".

Os Do 217K da ainda temida Luftwaffe, não conformados com o êxito do *Roma* e os danos provocados no *Italia*, redobraram seus esforços nesse dia histórico. Prevendo que as unidades leves da Marinha Régia ajudariam os náufragos do navio-símbolo, esperaram pacientemente pela sua oportunidade. Essa chegou com os destróieres *Pegaso* e *Osa* imobilizados para recolher os sobreviventes. No entanto, os novos mísseis ar-terra não conseguiram acertar aqueles alvos muito menores. Depois, ambos os destróieres se dirigiram para as Ilhas Baleares navegando em zigue-zague.

## Seis versões da "Fritz X"

Com projeto da Ruhrstahl/Kramer, a F.X. 1.400 era um modelo mais potente do que o míssil Hs 293, pois, em vez de 1.045 quilogramas, seu peso total chegava a 1.570 quilogramas, com uma ogiva de 320 quilogramas de amatol. A versão X-1, que afundou o encouraçado *Roma*, tinha as seguintes dimensões, contando as derivas: envergadura de 1,352 metro, comprimento de 3,262 metros e diâmetro de corpo de 0,562 metro. Podia atingir uma velocidade máxima de 1.035 quilômetros por hora no momento do impacto – quase supersônica –, sendo seu raio de ação de 15 mil metros. Era a adaptação da bomba antiblindagens PC 1.400 "Fritz", de queda livre, empregada pelos aviões alemães contra os grandes navios de guerra Aliados. Apresentava paredes grossas de aço especial para suportar o choque contra o navio a ser alvejado e ponta perfurante. O controle devia ser feito por meio de defletores aerodinâmicos ativados por indução por sinais de rádio transmitidos pelo avião – quase sempre se tratava de um Dornier Do 217K. Depois de lançar a bomba planadora, esse bimotor devia reduzir o número de revoluções de sua planta motriz e elevar-se a uma altura para situar-se de forma quase perpendicular ao navio escolhido como alvo; assim, o observador podia seguir o voo da "Fritz X" graças a uma Lotfe 7, que era uma mira de bomba convencional.

O almirante Carrero Blanco também tratou da "Fritz X" em seu livro, destacando o seguinte: "Sendo mais simples que a Hs 293, tinha o inconveniente de que obrigava o avião ofensivo a passar por cima do alvo".

Os testes haviam começado na Alemanha durante o mês de setembro de 1942, prosseguindo, mais tarde, na Itália. Na ocasião, demonstrou-se que o avião-tanque devia atuar de uma altura de 6 mil metros e fazer uma perseguição visual no transcurso dos 42 segundos de queda da bomba guiada. Conseguiu-se uma produção mensal média de 66 desses revolucionários engenhos ar-terra e para seis versões distintas: X-1, X-2, X-3, X-4, X-5 e X-6, todas com quatro aletas curtas que eram montadas na metade de seu comprimento. Mas era uma fabricação muito inferior à prevista inicialmente.

Os depósitos dessa nova e espetacular arma aérea secreta ficavam situados no amplo arco europeu que vai da Noruega à Itália, ficando predeterminado que os destacamentos da KG 100 iriam de aeródromo em aeródromo, para atender, assim, às necessidades bélicas em cada momento e lugar.

O programa desses mísseis ar-terra de ponta reforçada – feitos para penetrar profundamente no casco de um barco escolhido antes de detonar – não foi concluído, não porque a produção em série fosse escassa, mas porque a Luftwaffe não pôde sustentar as elevadas perdas de aviões lançadores. Por ter de voar a uma velocidade relativamente baixa, os bimotores se tornavam muito vulneráveis à artilharia e aos caças inimigos, além de ser obrigados a voar em linha reta e sem poder efetuar mudanças de altitude enquanto eram feitas as correções do rumo do artefato lançado.

## Mais navios Aliados alcançados

A cabeça de desembarque dos Aliados em Salerno – ao anoitecer do dia 8 de setembro de 1943 –, ao sul de Nápoles, para pisar com forças terrestres na "bota" italiana, imaginou um novo e ainda maior desafio para os bombardeiros da Luftwaffe. Ali se concentraram nas praias, como força de apoio, cinco porta-aviões, três cruzadores e dez destróieres. A isso se somava uma força de proteção em alto-mar composta por seis encouraçados, dois porta-aviões, quatro cruzadores e seus destróieres de escolta correspondentes.

Os bimotores alemães, desafiando corajosamente a manifesta superioridade aérea adversária, lançaram repetidos ataques contra a grande frota de desembarque. Como resultado dessa espetacular ofensiva com bombas de queda livre e radioguiadas, os homens do marechal Goering conseguiriam afundar quatro transportes e sete meios de desembarque.

Uma concentração de navios de todos os tipos e portes era o tipo de alvo adequado para o emprego das "Fritz X"; na semana seguinte ao desembarque Aliado, conseguiram atingir os destróieres *Loyal* e *Nubian*, além dos cruzadores *Philadelphia, Savannah* – com fogo em uma de suas torres triplas de seis polegadas – e *Uganda*. Apesar do intenso fogo antiaéreo e da grande cobertura de caças, os alemães conseguiram fazer pontaria com 30 por cento de seus F.X. 1.400.

Porém, no dia 16 de setembro, os novos e mais potentes mísseis ar-terra alcançaram seu maior êxito diante de Salerno ao atingir repetidamente um veterano encouraçado britânico – de 31.372 toneladas de deslocamento normal, primeiro navio importante modernizado no Reino Unido nos anos de 1930 – que, com sua artilharia pesada, castigava algumas posições alemãs próximas à costa. Ainda que o encouraçado viesse a ficar completamente inutilizado por um período de nove meses, foram registradas apenas nove baixas mortais e 14 feridos. Para mais detalhes sobre o ocorrido com o navio-símbolo da Frota do Mediterrâneo, recorremos ao *Armas secretas de la Segunda Guerra Mundial*:

> O Warspite foi o que sofreu maiores danos, pois foi atingido por três mísseis. Um deles perfurou o convés antes de explodir e abrir um buraco no fundo duplo. Os outros penetraram nos compartimentos laterais. Uma sala de caldeiras foi completamente destruída e quatro de suas outras cinco foram inundadas. Esse navio suportou um volume de 5 mil toneladas de água e teve de ser rebocado [a uma velocidade de 4 nós] até Malta para efetuarem-se reparações. Não entrou em serviço novamente até junho de 1944.

Para concluir a história da "Fritz X", cujas operações se viram severamente restringidas depois das perdas aéreas em torno de Salerno, vejamos novamente o que diz Luis Carrero Blanco:

> O segredo das F.X. 1.400 foi, de certo modo, descoberto pelos Aliados graças ao cuidadoso exame dos restos de um avião Dornier que, antes de lançar sua arma contra o porto de Ajaccio, em setembro de 1943, foi derrubado por um caça e caiu em terra.

# Capítulo 21

# Mísseis antiaéreos e ar-ar

Entre as prodigiosas armas alemãs que não chegaram a entrar em operação – porque a guerra terminou antes de os problemas de concepção totalmente nova serem solucionados –, encontramos uma lista de dispositivos terra-ar. Eram mísseis destinados a mudar a estratégia das futuras guerras a limites realmente imprevistos. Desse modo, quando a necessidade de sobreviver exigia um incentivo extra ainda maior do que o desmedido afã de lucro, a Segunda Guerra Mundial foi a gênese de muitos dos sistemas que, nas décadas seguintes, dominaram a concepção da guerra moderna, sobretudo por parte da Alemanha.

A excepcional capacidade dos cientistas e técnicos do III Reich permitiu a Hitler afirmar – nos primeiros meses de conflito bélico com o Reino Unido e a França, durante um discurso ameaçador – que estavam sendo desenvolvidas novas armas secretas. Não obstante, ao homem comum Aliado, aquilo parecia mais uma bravata do autocrata, uma fantasia sem fundamento partindo de alguém que vivia em um mundo de quimeras heroicas. Logicamente, não eram da mesma opinião os dirigentes de Londres e Paris que, bem advertidos pelos chefes militares que manipulavam informações ultrassecretas, ordenaram redobrar os esforços contra as novas armas inimigas.

No entanto, parte da assombrosa amplitude e variedade que a pesquisa armamentista controlada pelos nazistas havia alcançado não viria a público antes do fim do maior conflito armado de todos os tempos. Na Alemanha ocupada, foram vistos desde de mísseis antiaéreos guiados – alguns, como o Wasserfall W-5, com espoleta de proximidade e com a vantagem de que se orientava de forma automática em direção ao avião escolhido mediante um dispositivo de raios infravermelhos –, balísticos e intercontinentais, até mísseis antitanque e incríveis armas portáteis, passando por aviões de projeto "impossível", até mesmo naves discoidais e submarinos autenticamente revolucionários. De fato, os cientistas e técnicos alemães haviam ultrapassado com sobra, na maioria dos casos, os limites da tecnologia disponível, deixando boquiabertos seus colegas dos Estados Unidos, do Reino Unido e da União Soviética.

## Situação-limite

O maior erro cometido por Hitler e seus assessores militares foi acreditar que tinham a guerra ganha. Por isso também deram pouca ou nenhuma importância às excepcionais armas antiaéreas que diversas equipes de pesquisa haviam apresentado em Berlim, ainda na forma de esboços e cálculos. Para o *Führer*, o que primava era o armamento ofensivo, nunca o destinado à defesa, à manutenção de posições estáticas à espera do ataque inimigo, porque simplesmente nunca seria necessário... Foi uma decisão adotada no verão de 1941, e poucas foram tão custosas ao longo de tantos séculos de conflitos bélicos. Mais uma vez, havia prevalecido a vontade de castigar a Grã-Bretanha sobre a necessidade de defender a Alemanha. Mas chegou o ano de 1943, e a situação começou a adquirir contornos muito preocupantes.

Efetivamente, com a entrada da gigantesca maquinaria militar dos Estados Unidos da América na guerra, os comandos da Royal Air Force decidiram submeter as cidades alemãs a um castigo tão brutal como desumano para dobrar a capacidade de resistência do povo que continuava fiel ao Nazismo. A esses ataques noturnos massivos, somar-se-iam, à claridade do dia, os bombardeiros da cada vez mais pujante USAAF. A Conferência da Casablanca – celebrada de 15 a 25 de janeiro de 1943, entre Roosevelt e Churchill, acompanhados dos generais franceses De Gaulle e Giraud – marcou diretrizes concernentes "à destruição e ao deslocamento progressivo do sistema econômico e industrial alemão".

A denominada Batalha de Hamburgo marcou um antes e um depois no indiscriminado terror aéreo Aliado ao provocar um número de vítimas mortais que jamais se saberá com exatidão, mas que, segundo as estimativas oficiais, oscilou entre 43 mil e 50 mil, no verão de 1943, depois de vários ataques. Em um deles, ocorrido na noite de 27 a 28 de julho, os bombardeiros britânicos provocaram a primeira tempestade de fogo na história da Segunda Guerra Mundial. Segundo relata o sempre polêmico David Irving em seu *The Destruction of Dresden*, essa ação:

> ...deixou claro o fato de que toda a cidade, ainda que nela houvessem sido tomadas medidas mais rigorosas contra as incursões aéreas, nunca estaria suficientemente protegida contra as incursões incendiárias

em grande escala se a defesa antiaérea não fosse capaz de impedir os atiradores de despejar sua carga de bombas com precisão sobre o alvo [...]. Nas quatro incursões principais da batalha, foram lançadas sobre a cidade 7.931 toneladas de bombas, quase a metade delas incendiária. Assim, mesmo a cidade estando preparada para suportar incursões aéreas em massa, a catástrofe não pôde ser evitada.

Ainda que os aviões norte-americanos tenham colaborado nos ataques contra Hamburgo, durante a Operação Gomorra, o peso da ação foi suportado pelos aparelhos do Bomber Command da RAF. Seu chefe, Arthur Harris, em seu livro *Bomber Offensive*, analisa o horror de destruição que se abateu sobre a maior cidade portuária da Alemanha. Para isso, o citado marechal traz à luz um documento alemão bastante esclarecedor:

> O bombardeio alternativo com *blockbusters* (literalmente, "arrasa quarteirões" de 1.800 quilogramas, de grande capacidade explosiva) e bombas incendiárias impossibilitou qualquer tentativa de combater os incêndios, já que os incêndios menores se uniam em seguida às grandes conflagrações, e estas, por sua vez, produziam verdadeiras tempestades de fogo. Para se ter uma ideia do que isso significava, é preciso considerá-lo de um ponto de vista sísmico ou meteorológico. Pela união de muitos incêndios, o ar adquire uma temperatura tão elevada que, em virtude da grande diminuição em seu peso específico, chega a provocar um vácuo que, por usa vez, absorve o ar que o rodeia com uma força centrípeta que não pode ser contida. Por efeito dessa absorção ou sucção, combinada com a enorme diferença de temperatura (de 600 a mil graus centígrados), ocorrem tempestades que superam sua contrapartida meteorológica (20-30 graus centígrados). Em uma zona edificada, a força de absorção não pode seguir o caminho mais curto, mas o ar superaquecido irrompe tempestuosamente na rua com uma força imensa, arrastando consigo não apenas centelhas, mas também madeiras incandescentes e vigas dos telhados. Dessa forma, os incêndios estendem-se cada vez mais e se propagam em tão curto espaço de tempo que formam um verdadeiro furacão de chamas, de uma violência jamais vista e diante da qual toda resistência por parte do homem é praticamente inútil.

Se os britânicos haviam colocado 700 aviões de bombardeio em cada ataque realizado sobre Hamburgo, em Colônia, esse número chegou a mil. Enquanto isso, os caças da Alemanha, muito inferiores em número, ao presenciarem semelhante avalanche de fogo e de tiro, queriam pelo menos "incomodar" seus autores. Mas não era suficiente. Era necessário fazer mais, muito mais.

A queda de um bombardeiro Avro Lancaster sobre Roterdã revelou aos alemães que a RAF usava um equipamento de radar mais avançado que o deles para efetuar bombardeios às cegas. Enfurecido ao saber da novidade técnica, Adolf Hitler convocou uma conferência de chefes militares em caráter de urgência. Tomou-se a decisão de criar várias comissões para desenterrar os velhos projetos sobre mísseis terra-ar, levando em consideração suas equipes de pesquisa. Mas já não era possível exigir milagres por falta material de tempo, visto que haviam perdido mais de três anos no aparelho dos novíssimos sistemas de defesa antiaérea, algo irrecuperável.

Com a guerra irremediavelmente perdida, em dezembro de 1944, Hitler ordenou o reforço resoluto das defesas antiaéreas. No entanto, a Alemanha tinha os meses contados com os inimigos em suas fronteiras ocidentais e orientais. Em uma luta desesperada contra o relógio, os cientistas e técnicos do III Reich começaram a desenvolver diversos projetos, os quais, já no pós-guerra, formariam a base sobre a qual se apoiaria grande parte do desenvolvimento dos mísseis terra-ar.

É bem certo que, entre os surpreendentes projetos alemães – ainda que muitos tenham existido apenas no papel –, houve mísseis antiaéreos supersônicos e subsônicos, com combustível líquido e sólido, baseados em sistemas que eram transportados em navios de superfície, em submarinos ou à mão, assim como um número assustador de espoletas de infravermelhos, eletromagnéticas, de TV e acústicas. Ademais, foram preparados mísseis dirigidos por radar ou por rádio, bem como foguetes de fogo de barragem sem guia.

## Uma V-2 em escala reduzida

Por seu tamanho e por ser, de longe, o mais ambicioso entre os programas alemães de mísseis antiaéreos, trataremos primeiro do Wasserfall (Catarata). De fato, ele tinha funções que seriam muito eficazes 15 anos depois. Seu emprego em combate nunca foi reconhecido pelos Aliados, já que suas características eram "incômodas" para a história oficial da Segunda Guerra Mundial, a escrita pelos vencedores. É engraçado ler o que a imensa maioria dos historiadores afirma sobre formidável míssil superfície-ar, no sentido de que o projeto foi cancelado entre janeiro e fevereiro de 1945.

O Wasserfall W-5 era uma derivação clara, em miniatura, do Peenemünde A-4, com um motor projetado pelo dr. Thiel, que faleceu no decurso de um dos ataques aéreos sofridos pela base secreta da ilha báltica de Usedom. Essa planta motriz, ao contrário do que ocorreu com o míssil balístico supersônico terra-terra, já devia estar abastecida de combustível e comburente a fim de disparar o míssil contra um bombardeiro Aliado a qualquer momento. Depois de ser testada uma combinação de álcool/oxigênio líquido, finalmente, foram adotados o Visol como combustível e SV-stoff – ácido nítrico e sulfúrico – como comburente. Essa combinação entrava em ignição ao se misturar, quando o sistema de hidrogênio à pressão impulsionava ambos os componentes. Com isso, conseguiu-se um empuxo de 800 quilogramas e que tanto o combustível como o comburente permanecessem várias semanas sem degradar suas características; exatamente o contrário do que ocorria com a V-2, como já sabemos, que era abastecida no momento do uso.

Como características fundamentais, esse revolucionário dispositivo terra-ar apresentava quatro aletas de estabilização na parte média da fuselagem e outras quatro no extremo inferior. Media 7,765 metros de comprimento, com uma envergadura de 1,944 metro e um diâmetro máximo de 0,864 metro. Com um peso de 3.810 quilos no momento da decolagem, sua cabeça de guerra era de 306 quilogramas, sendo formada por uma mistura de explosivos que aumentavam a força expansiva. Ao menos em teoria, calculou-se que poderia derrubar mais de um bombardeiro pesado B-17 ou B-24 voando a 385 quilômetros por hora porque estes chegavam com formação em "caixa". Podendo alcançar uma velocidade máxima de 2.736 quilômetros por hora, a altura máxima atingida por ele foi calculada em 18.300 metros, e seu raio de ação efetivo em 26.400 metros. Além disso, pensando que se podia produzir uma falha na carga explosiva principal, foi dotado de uma segunda carga para que fizesse o trabalho de autodestruição do míssil e evitar, assim, riscos às forças amigas da DCA em terra.

Esse míssil terra-ar era disparado como o Peenemünde A-4, verticalmente. Na versão W-10, seu tamanho foi reduzido em 27% para economizar alguns materiais estratégicos que começavam a escassear, ficando, portanto, com um comprimento de 6,128 metros. A velocidade máxima do voo chegou então aos 2.885 quilômetros por hora. Segundo relata o autor de *Armas secretas de la Segunda Guerra Mundial*:

> Partindo do extremo superior, o Wasserfall continha os seguintes dispositivos e equipamentos: um percussor, controlado por rádio a partir do solo, que mais tarde seria substituído por um sistema que

fazia a carga explodir nas proximidades do avião atacado. Em seguida, vinha a mencionada carga de amatol. O compartimento superior do foguete propriamente dito, que tinha um diâmetro de quase um metro, consistia em um tanque esférico cheio de ar comprimido para o funcionamento dos mecanismos auxiliares. Em seguida, encontravam-se os tanques do propergol líquido e, finalmente, a câmara de combustão e a tubeira de saída do jato de gases.

Esse foguete se dirigia ao alvo sendo guiado do solo mediante o emprego de um sistema operado por rádio; mas, para o projeto final, havia sido previsto um dispositivo de infravermelho para orientá-lo até o alvo, levando um sistema de direção completamente automático. O sistema de direção por rádio terminou de ser desenvolvido em fevereiro de 1945 pela empresa Telefunken.

[...] O primeiro teste do Wasserfall ocorreu na base de Peenemünde no último dia de fevereiro de 1944, cerca de dois anos depois de ter sido iniciado o programa de pesquisa. Nesse ano, foram realizados mais 24 lançamentos, seguidos de outros dez no princípio de 1945. Sessenta por cento dos disparos foram considerados bem-sucedidos, ou seja, que os protótipos lançados voaram segundo os cálculos previstos. Os restantes se espatifaram pouco depois de abandonar a plataforma de lançamento.

De acordo com suas características, o Wasserfall W-5 parecia muito promissor. Berlim deu ordens para que ele ficasse plenamente operacional em tempo recorde, dada a necessidade de tê-lo de forma massiva na primeira linha de defesa diante das incursões aéreas dos Aliados.

É preciso esclarecer que o uso do Wasserfall contra as grandes formações de aviões Aliados de bombardeio da USAAF e da RAF – que, de dia e de noite, trituravam o solo pátrio alemão – tem sido negado sistematicamente. Não é o caso de Karsten Porezag, autor de uma obra reveladora, *Geheime Kommandosache. Geschichte der V-Waffen*, pois, entre as páginas 220 e 222 de seu livro, assinala que, em 9 de outubro de 1944, foi disparada meia centena de mísseis antiaéreos da variante W-5 contra uma massa norte-americana de 384 quadrimotores B-24 Liberator, que contavam com a escolta de 295 caças P-51 Mustang, ressaltando que "se obteve uma vitória decisiva contra os bombardeiros inimigos".

No entanto, dado que o olho reconhece apenas o que na realidade está acostumado a ver, os aviadores da US Air Army Force não se deram conta do que realmente sucedia, tal como comprovaram seus inimigos ao escutarem as conversas que aqueles mantinham de avião para avião. Sucedeu que os mísseis que falharam não foram visíveis apenas em razão de sua extraordinária velocidade. Apenas se observaram "misteriosas trajetórias de fumaça vermelha", desse modo, não puderam descrever a nova e fabulosa arma antiaérea. Dois Liberadors explodiram no ar com uma potência jamais vista em um impacto aéreo, e nenhum tripulante dos bombardeiros nem dos caças pensou sequer em mísseis, já que o desenvolvimento destes estava apenas engatinhando nos Estados Unidos. Eram os trabalhos realizados para a American Rocket Society por Alfred Africano e seus colaboradores, até então sem nenhum resultado ideal. A pesquisa posterior da USAAF determinou que os B-24 haviam explodido por alguma falha em sua própria carga de bombas.

Quase dois meses depois de se produzir esse duplo "acidente" e de se repetir outros do mesmo tipo – apesar do ainda elevadíssimo índice de erros no lançamento dos Wasserfalls –, em 5 de dezembro e antes que a censura Aliada enterrasse para sempre o assunto dos mísseis superfície-ar – quando os *foo fighters* antirradar, de que trataremos com suficiente detalhe no capítulo 25, reivindicassem já um inusitado protagonismo –, o prestigiado jornal *The New York Times* teve o "atrevimento" de publicar em sua sexta página uma nota de imprensa que era muito reveladora e se intitulou assim: "Foguetes em defesa do Reich. Tripulações de bombardeiros americanos veem 'montes' deles, além de aviões à reação nazistas".

Nessa mesma nota se mencionavam "as pequenas V-2" antiaéreas que os alemães haviam lançado para fazer frente a uma formação de bombardeiros pesados da USAAF que atacava Mainz. Um dos pilotos, o tenente Robert Dams, comentava a respeito: "Encontramo-nos com muito mais foguetes do que normalmente".

O Wasserfall W-5, que não falhou em sua trajetória durante a etapa de experimentação bélica, era capaz de fazer uma perseguição tenaz ao avião inimigo na noite mais fechada. Os instantâneos da época, tirados desse míssil revolucionário, que chegaram a conhecimento público, ainda que muitos deles o tenham confundido com os *foo fighters*, dão-nos a prova de que seu motor criava uma vistosa "bola" de luz e, colada a esta, uma cauda luminosa.

É um fato constatado que o Alto Comando Aliado conjunto da USAAF e Royal Air Force nunca admitiu de forma oficial a derrubada de um só de seus aviões de reconhecimento, caça ou bombardeiro, por ação direta dos *foo fighters* ou dos Wasserfalls. Analisando essa conduta, é lógico chegar-se à conclusão que quiseram evitar o terror entre os membros das tripulações dos quadrimotores que lançavam bombas sobre a Alemanha. Sobretudo pelo fato de aqueles dispositivos secretos ainda se encontrarem em fase de teste e necessitarem de considerável aprimoramento, calculou-se que a indústria de guerra de Hitler não seria capaz de produzi-los em grandes quantidades diante do rumo muito negativo das frentes bélicas abertas e da cada vez mais preocupante falta de materiais estratégicos. Por isso, em Londres, optou-se por dar um ponto final ao assunto e suportar as perdas aéreas por causa das novas armas antiaéreas. Sendo assim, durante o dia, os aviadores Aliados tinham de enfrentar esporádicos ataques de mísseis terra-ar e, pela noite, de *foo fighters*.

Em seu livro *German secret weapons of the Second World War*, Hogg conta que a assombrosa forma de dirigir o Wasserfall W-5 ou o W-10 era totalmente inconcebível para os inimigos do III Reich. Adiantando-se décadas em sua tecnologia, o disparo desse míssil antiaéreo era controlado por um operador situado diante de um simulador de voo, pois se sentava em uma plataforma móvel que era capaz de imitar as evoluções do dispositivo no ar. Era uma espécie de *joystick* para controlar o míssil, idêntico ao usado hoje em dia nos computadores. Obviamente, os melhores operadores foram os pilotos da Luftwaffe.

Ao mesmo tempo em que o Wasserfall, em sua variante mais sofisticada, a W-10, recebia a informação básica de um radar localizado no solo, a fim de que não abandonasse seu objetivo, dispunha de outro radar independente no próprio míssil, que era o que lhe permitia estabelecer bem sua trajetória. Contudo, o mais assombroso para a época era sua cabeça infravermelha de localização. Chegada à fase final do ataque sobre o avião selecionado, ela se encarregava do controle automático para conseguir um impacto total na fuselagem.

Os sistemas infravermelhos do míssil terra-ar Wasserfall acabaram sendo um mistério técnico totalmente indecifrável para os Aliados, da mesma maneira que a transmissão de som em suas variantes de visão noturna. Depois da guerra, os técnicos alemães os reproduziram nos Estados Unidos, evitando que os soviéticos chegassem a esses avanços. Posteriormente, tratou-se de esconder sua origem. Tanto que a informação chegou a fins do século XX da forma mais grosseira, com a deturpação produzida pelos autores de *Day after Roswell*, Philip J. Corso – tenente-coronel do US Army – e William J. Birner, que se atreveram a afirmar que os sistemas infravermelhos, entre outros muitos avanços da tecnologia alemã na época final do Nazismo, se deviam ao material encontrado na suposta nave extraterrestre que se espatifou em 3 de julho de 1947 no deserto do Novo México. Toda uma manipulação, mais uma, orquestrada pelo Pentágono para deslumbrar os que sonham com as civilizações espaciais, feita para negar que o armamento do III Reich havia alcançado níveis inimagináveis e que se a guerra chegasse a durar apenas seis meses mais...

Voltando a ela, os números manipulados, correspondentes à produção do Wasserfall, não levavam em conta o desastroso desenvolvimento das operações terrestres e a falta material de tempo que ele acarretava. Ainda assim, calculou-se uma produção de 900 exemplares para fins de 1945, e depois seria necessária uma fabricação de 5 mil por mês para finalmente garantir a liberação do espaço aéreo alemão. Tal como lemos no livro *Enigmas y misterios de la Segunda Guerra Mundial*, assinado por um especialista como Jesús Hernández:

> O objetivo do Wasserfall era derrubar vários bombardeiros de uma só vez graças à sua grande onda expansiva. O plano era colocar em serviço três baterias de 200 foguetes protegendo todas as grandes cidades.

Seguindo agora o que analisa Félix Llaugé em seu livro sobre um míssil que poderia ser uma arma perigosíssima:

> Se o Wasserfall e muitos outros dispositivos secretos alemães pudessem ter sido utilizados em grande escala, ou seja, se os nazistas tivessem contado com um pouco mais de tempo para suas experiências – talvez tão somente mais um ano –, a sorte do III Reich teria sido bem diferente da que relatam os livros de História.

Entretanto, mais uma vez, a Alemanha da cruz gamada havia chegado tarde demais com essa arma secreta antiaérea de efeitos demolidores e com dispositivo de direção de tipo misto. Finalmente, cabe estabelecer o dado revelador proporcionado por certos informes extraoficiais, no sentido de que o Wasserfall W-5 entrou em combate real, em um dia de abril de 1945, ao ser lançada meia centena de exemplares contra uma sólida frota aérea Aliada de bombardeiros e com resultados realmente bons.

## Outros mísseis antiaéreos

A partir do espetacular projeto do Wasserfall, surgiria outro míssil terra-ar de menor tamanho e muito mais veloz, o Taifun (Tufão), que não contava com nenhum dispositivo de guia nem de navegação. Esse artefato, do tipo de fogo de barragem em voo livre e dotado de 30 foguetes de combustível líquido de 100 milímetros de diâmetro por projetor, foi desenhado em Peenemünde em colaboração com a firma berlinense Elektro-Mechanische, e Llaugé também trata dele em seu livro:

Media 1,92 metro de longitude e seu peso era de 30 quilogramas. Apesar do seu pequeno tamanho, tinha um raio de ação de cerca de 12 quilômetros e alcançava a fantástica velocidade de 4.500 quilômetros por hora. Era dotado de espoletas de retardo ou de proximidade, alternativamente. Foi testado com motores-foguete a propergol sólido e líquido, e a ideia consistia em lançá-los contra os aviões como se fossem uma barreira de fogo antiaéreo. Quando se encontrava em plena produção, chegou o fim da guerra, e os Aliados se aproveitaram de todas as experiências acumuladas pelos peritos germânicos.

Também o Fohn era do tipo de barreira de fogo de voo livre, projetado para a utilização de coronhas de canhão Flak 88 modificadas. Esse dispositivo dispunha de 35 mísseis de 73 milímetros de diâmetro por lançador, estabilizados por giroscópio.

Houve outros projetos de mísseis antiaéreos. Da mesma maneira que outros, o Enzian (Genciana), obra do dr. Wurster, estava previsto para ser lançado a partir da coronha de um canhão Flak 88, deslizando por uma estrutura metálica que fazia as vezes de rampa. Tratava-se de um sistema para dotar esse míssil de certa mobilidade, mas essa montagem dependia seriamente dos sistemas fixos de radar para o controle do míssil a ser disparado. A série 4 do portal da Internet portierramaryaire.com explica essa arma feita de madeira plastificada para economizar os materiais estratégicos:

> Desenvolvido pela Messerschmitt e derivado do Me 163 Komet, o Enzian, conhecido como E-4 (as três versões anteriores eram protótipos de teste), pretendia garantir uma defesa antiaérea mais eficaz baseando-se em uma maior precisão ao poder guiar o míssil até o alvo, em vez do clássico sistema de cálculo de altura e deflexão empregado pela artilharia antiaérea.
>
> Com um aspecto um tanto rechonchudo, esse míssil, dotado de asas, tinha uma envergadura de 3,7 metros e pesava 1.800 quilogramas, dos quais 500 pertenciam à cabeça de guerra e 550 ao combustível. Pensando no futuro, o dr. Konrad (seu projetista dentro da Messershmitt) utilizou materiais de fácil obtenção tais como madeira para a fuselagem ou uma mistura combustível/comburente que quase não era utilizada em outros foguetes com motores de foguete. Sua unidade de propulsão consistia em um motor foguete Walter RI-203 que funcionava durante 72 segundos, apoiado na fase de decolagem por quatro foguetes de combustível sólido que lhe davam 6 mil quilogramas extras durante quatro segundos, depois dos quais

se desprendiam para aliviar o peso. Após abandonar a rampa de lançamento, acelerava até alcançar os 1.080 quilômetros por hora proporcionados pelos 2 mil quilogramas de empuxo de seu motor principal. Seus alcances práticos eram de 15.700 metros na vertical e 25 quilômetros de raio de ação horizontal.

O funcionamento do E-4 consistia em ser lançado de uma rampa móvel de 6,8 metros de comprimento em direção ao seu objetivo (também estava prevista uma versão ar-ar), sendo guiado por um operador que, mediante um transmissor, enviava ordens ao Enzian para corrigir seu rumo até a proximidade do alvo, visualmente ou por meio de uma miniestação de radar. Uma vez dentro do raio de ação da cabeça de localização (na qual, naquela época ainda se trabalhava e poderia ser do tipo infravermelho, acústico ou de radar), o controle do Enzian era transferido para ela e o guiava ao avião até atingir o raio do fusível de detonação, previsto em 45 metros. Essa foi a distância que se estimou como ótima quanto à relação precisão/raio de destruição, já que a grande cabeça de guerra que levava garantia-lhe bastante potência, com três tipos previstos para equipá-lo: uma formada por explosivo rodeado de bolas de aço de 30 milímetros de diâmetro e cápsulas incendiárias, outra, por foguetes R4M e outra, somente por explosivos.

Finalmente o Enzian, do qual foram fabricadas 60 unidades, foi cancelado em favor do Schmetterling, ainda que fosse um projeto perfeitamente viável (alguns testes foram completados com êxito), pedindo ao RML que se concentrasse na fabricação de caças como o Me 262, embora a Messerschmitt tenha continuado trabalhando no Enzian em segredo.

Uma arma secreta revolucionária para fazer frente à avalanche aérea Aliada foi, sem dúvida, um lança-foguetes portátil munido de nove canhões, chamado Flieger Faust (Punho Voador), que era disparado do ombro. No entanto, seu uso estava restrito a aviões inimigos voando em baixa altura, o que evidentemente excluía todos os quadrimotores da RAF e da USAAF. Esse novo engenho tinha como fundamento a instalação de pequenos tubos de combustível sólido de projéteis de 20 milímetros normalizados em um canhão antiaéreo.

Para substituir o Enzian como míssil terra-ar surgiu o Rheintochter, de combustível sólido de duas etapas. Leiamos o que Brian J. Ford disse em seu *Germany's secret weapons* sobre o míssil Filha do Reno:

> O Rheintochter foi produzido em duas versões: uma primeira de seis metros de comprimento e a segunda, de apenas 5,18 metros. Foram

disparadas mais de 80 unidades da primeira versão, umas 20 delas controladas por rádio e a maioria com grande êxito. Em quase todos os casos empregou-se o radar para seguir o dispositivo, o qual recebia os impulsos de rádio diretamente da estação de radar. Uma terceira versão também foi testada às vezes com foguetes auxiliares de decolagem acoplados em seu exterior; no entanto, o míssil se encontrava ainda na etapa de desenvolvimento quando as hostilidades acabaram.

Esse míssil tinha um teto operacional de 6 mil metros, especificando uma alta velocidade subsônica de 1.100 quilômetros por hora. Dotado de duas etapas ou fases em seu voo, cada uma delas estabilizada por quatro longas aletas, era lançado a partir de uma rampa inclinada. Há outro míssil antiaéreo muito importante, o Henschel Hs 117 Schmetterling. Tinha a aparência de um torpedo com asas como a famosa V-1 e foi produzido em Breslau de acordo com o projeto do professor Herbert Wagner, da Junkers. Esse inventor, que começou seus trabalhos em 1941, assegurou que seu míssil era tão preciso que poderia destruir tantos bombardeiros inimigos quantos fossem os projéteis disparados. Sobre esse míssil, escreveu o coronel Jacobo Armijo para a *Revista de Aeronáutica*, na reportagem "A verdade sobre as 'armas secretas' alemãs":

> Ainda mais interessante era o Schmetterling ou Borboleta, que seria conhecido como o "V-3". Era um projétil-foguete disparado da terra e que deveria ser usado na defesa de alvos de extraordinária importância contra os ataques aéreos. Tinha uma forma alongada, com aletas posteriores em ângulo (parecido com as bombas aéreas) e dois metros de comprimento. Sua velocidade era de 900 e 1.000 quilômetros por hora. No começo, era controlado por rádio, mas estava sendo equipado com um "ouvido" fotoelétrico, que permitiria a ele seguir automaticamente os bombardeiros em voo e alcançá-los, graças à sua maior velocidade, atingindo-os. O controle a partir do solo o colocava perto das formações ofensivas, entrando em jogo então seu automatismo.

Mais uma vez, a história "oficial" dos vencedores não reconheceu a utilização em combate do Schmetterling. Mas aqui devemos mencionar que, ao longo de novembro de 1944, até 60 localidades de grande valor estratégico foram protegidas por essa nova arma secreta que ainda se encontrava em fase experimental. O silêncio Aliado é hoje ainda mais incoerente, uma vez que o próprio RAF Museum considera esse fato incompreensível, dado que, em sua importante coleção de mísseis, aparece o Hs 177 Schmetterling.

*O Henschel Hs 117 Schmetterling foi um dos mísseis antiaéreos de maior destaque. Como se pode ver, tinha a aparência de um torpedo com asas, como a famosa V-1, e foi produzido em Breslau de acordo com o projeto do professor Herbert Wagner, da Junkers.*

É preciso indicar ainda o projeto Feuerlilie (Fogo de Lírio), cuja única finalidade era experimental. Não devia ser um míssil terra-ar operacional, mas um dispositivo por meio do qual fosse possível analisar os sistemas de propulsão. Preparou-se para ele uma primeira variante, denominada F-25, número que indicava o diâmetro em centímetros. Com um comprimento de 1,82 metro, voava em velocidade subsônica e tinha um raio de ação de aproximadamente 5 mil metros. Em seguida, surgiu uma versão muito mais ambiciosa, a F-55, impulsionada por um foguete de duas etapas, com 4,4 metros de comprimento e o dobro de autonomia de voo. Para a primeira variante, utilizou-se combustível sólido e, para a última, da qual apenas duas chegaram a ser testadas, líquido.

Quanto às outras armas terra-ar, os motores dos bombardeiros Aliados foram objeto de atenção especial por parte dos alemães, já que seus melhores químicos desenvolveram projéteis carregados com gases. Deviam explodir depois de penetrar nos carburadores dos motores de êmbolo inimigos. Ademais, houve engenheiros que trabalharam no estudo dos denominados "canhões sem projétil", projetados para abater quadrimotores britânicos e norte-americanos mediante violentas correntes de ar à pressão.

## Dispositivos ar-ar

Para defender seu espaço aéreo com as maiores garantias possíveis e o menor risco para seus aviões de caça, os projetistas alemães pensaram na possibilidade de usar mísseis ar-ar. Com esses dispositivos, os aviões da Luftwaffe poderiam atacar de uma distância muito maior, fora, até mesmo, do alcance das numerosas metralhadoras defensivas que os quadrimotores britânicos e norte-americanos portavam.

Na Internet, encontramos, em portierramaryaire.com, informações suficientes sobre o Ruhrstahl X-4, a surpresa que a Alemanha preparava para os aviões mais pesados da RAF e da USAAF; e com um avanço tecnológico de mais de duas décadas:

> Esse míssil começou a ser desenvolvido em 1943 pelo dr. Max Kramer com o objetivo de combater, de forma eficaz, os bombardeiros inimigos. Impulsionado por um motor de combustível BMW 109-448, que queimava uma mistura de S-stoff e R-stoff, tinha um alcance eficaz que chegava a cerca de três quilômetros. No entanto, começou-se a trabalhar na substituição desse motor por outro de combustível sólido, já que o S-stoff era muito agressivo e um míssil tão pequeno não podia dispor dos sistemas necessários para sua contenção.
>
> O X-4 era guiado por fios e apontado manualmente pelo piloto. Para maior estabilidade, como no caso do míssil X-7 [que havia sido idealizado como arma guiada para destruir, sobretudo, veículos blindados, de menor tamanho, e dos quais foram construídas cerca de 300 unidades], o X-4 girava sobre seu eixo a 60 rotações por minuto; as ordens de comando eram transmitidas com o atraso adequado para tornar possível seu controle, se bem que sua detonação ocorria por meio de um detonador acústico baseado no efeito Doppler. Um dado curioso é que esse detonador foi ajustado para o som dos motores de um B-17. Funcionava da seguinte forma: à medida que o detonador se aproximava do B-17, iria captando o som do míssil de forma mais aguda do que se tivesse em modo estacionário. No momento em que o míssil ultrapassasse em alguns centímetros os motores, passaria a estar se afastando em vez de aproximar-se, e então o som que chegaria até ele seria mais grave, e esse era o sinal da detonação. A cabeça de guerra do X-4 era formada por 20 quilogramas de explosivos que lhe garantiam um raio letal de oito metros.
>
> Um problema imprevisto com esse míssil consistia no fato de que era impossível ser controlado enquanto o piloto conduzisse o avião. Por isso, foi retirado dos caças para equipar aviões como os Ju 88. No entanto, não chegou a ser usado em massa, já que houve

problemas com as entregas dos motores por parte da BMW, embora tivessem sido fabricadas muitas carcaças para ele.

Como características fundamentais, o Ruhrstahl X-4 tinha um raio máximo de ação de 3,5 quilômetros, um peso total de 60 quilos – 20 relativos à cabeça de guerra – e uma velocidade máxima de 1.130 quilômetros por hora. Tinha um comprimento de 2,01 metros e uma envergadura de 0,726 metro.

Também foi projetada a versão ar-ar do Hs117 Schmetterling, o míssil Henschel Hs 298, que tinha quase as mesmas características que o outro, com exceção de um tamanho drasticamente reduzido e ao qual foi acrescentada uma nova cauda com dois planos verticais em posição paralela e nos extremos dos planos horizontais. Além disso, deu-se um giro de 90 graus em sua fuselagem central com o objetivo de alcançar a verticalidade no eixo de sensores/gerador. Apresentava um comprimento de 2,16 metros, uma envergadura de 1,22 metro, um peso total de 45 quilogramas e era capaz de voar a um máximo de 882 quilômetros por hora.

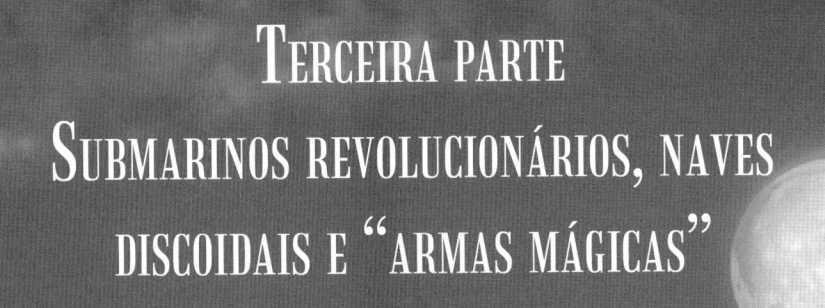

# Terceira parte
# Submarinos revolucionários, naves discoidais e "armas mágicas"

# Capítulo 22

# Os submarinos do Tipo XXI

A construção dos submarinos do Tipo XXI pela Alemanha pode ser classificada como uma autêntica revolução da guerra naval, uma necessidade surgida da insuportável perda de unidades subaquáticas sofrida pela Kriegsmarine a partir de 1942.

Os submarinos do Tipo XXI se encontravam muito mais próximos de nossos submarinos convencionais atuais que dos submergíveis que operaram no decurso da Segunda Guerra Mundial. Os submergíveis tinham um tempo de imersão limitado e por isso deviam realizar longas navegações na superfície, submergindo unicamente em manobras de ataque. Por isso eram uma presa cada vez mais fácil para os hidroaviões inimigos de longo alcance.

Os novos submarinos alemães do Tipo XXI representaram um avanço enorme e são as naves das quais descendem todos os submarinos atuais. De acordo com os especialistas, até a metade da década de 1950, os submarinos lançados no mundo foram, na realidade, cópias do formidável Tipo XXI. Essa construção alemã teve grande influência até os submarinos de propulsão nuclear entrarem em serviço. Destacando uma de suas qualidades mais surpreendentes, devemos recordar o que aparece no livro *Kampf und Untergang der Kriegsmarine*, uma interessante monografia sobre a Marinha de Guerra alemã entre 1939 e 1945. Segundo seu autor, Cajus Bekker, e referindo-se ao U-2511:

> Ele desliza em marcha silenciosa. Nem mesmo a bordo se percebe o ruído das máquinas. As naves do Tipo XXI possuem um motor especial que aciona o eixo da hélice por um sistema de embreagem completamente silencioso. Por outro lado, as hélices foram calculadas com tanta precisão que, com a marcha proporcionada pelo motor, não formam redemoinhos na água, o que contribui para que a navegação seja inaudível.

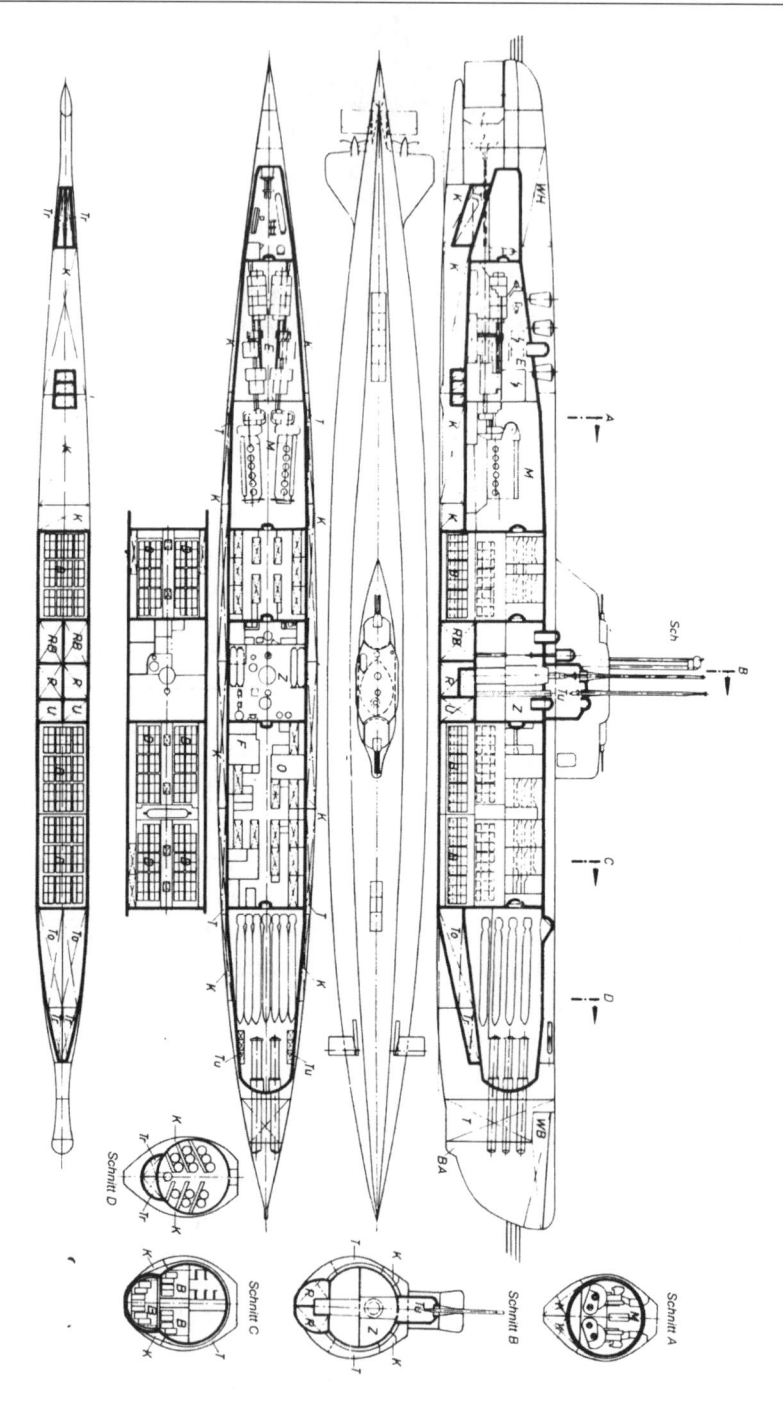

*Fachada, planta e secções do submarino Tipo XXI.*

Deslizando a essa marcha silenciosa, a nave pode alcançar a velocidade de cinco nós, ou seja, a que os antigos submarinos conseguiam forçando suas baterias ao máximo. O que nenhum comandante se atrevera a fazer até então, para não descarregá-las em uma hora, se torna extremamente fácil com o Tipo XXI. Na prática, os novos submarinos podem navegar vários dias submersos, à marcha mencionada, sem se verem obrigados a carregar de novo sua bateria.

Se as circunstâncias o exigem, o motor silencioso é desengatado, e as hélices são acionadas com os motores elétricos principais. O submarino pode então desenvolver toda a sua potência: 17 nós durante uma hora, 15 durante quatro e 12 durante dez.

Dotado de turbinas de circuito fechado, o Tipo XXI seguia a tendência de construção de unidades subaquáticas providas de motores elétricos mais potentes, aproveitando os avanços tecnológicos já alcançados. Munidos de um casco inferior embutido resistente, com baterias de alta densidade de energia, os submarinos do Tipo XXIA, de que a Kriegsmarine dispunha, desenvolviam o que nunca havia sido visto até então, pois apresentaram mais potência em imersão que em superfície. Um sonho tecnológico transformado em realidade.

Antes de continuar, devemos esclarecer bem o conceito dos termos submergível e submarino. Antes de aparecer o revolucionário Tipo XXIA, tudo o que pomposamente se denominava submarino era, na realidade, um submergível. Como nave subaquática, o submergível somente se encontrava otimizado para navegar na superfície e submergir unicamente pelo tempo que as cargas de suas baterias permitissem; nunca mais de 48 horas seguidas.

Pelo contrário, o Tipo XXIA era um submarino em toda a extensão da palavra, sobretudo tratando-se do primeiro modelo mundial preparado para uma navegação em imersão prolongada. Foi construído para poder atravessar as defesas inimigas sem ser localizado, sempre submerso, já que o submergível tradicional havia se mostrado incapaz de penetrar com plenas garantias de êxito as defesas aéreas e navais Aliadas que protegiam os comboios atlânticos.

## Do Plano Z à dura realidade

Por paradoxal que ainda possa parecer a esta altura, a declaração formal de guerra entre Alemanha, de um lado, e França e Reino Unido, do outro, pegou desprevenida a arma submarina do III Reich. Após a assinatura do convênio naval germano-britânico de 18 de junho de 1935 – pelo qual a Kriegsmarine sob nenhuma hipótese podia passar de 35 por cento do total de tonelagem da Royal Navy, com a exceção dos submergíveis, limitados a 45 por cento –, a Alemanha reconhecia de fato a preocupante superioridade marítima da Grã-Bretanha. No entanto, quatro anos mais tarde, a situação mudaria radicalmente com as invasões alemãs da Áustria e da Tchecoslováquia.

No dia 3 de setembro de 1939, o comodoro Doenitz, comandante superior da frota submarina alemã, dispunha somente de um total de 63 submergíveis de diversos tipos, ainda que apenas 46 estivessem em condição de entrar em combate imediatamente, e destes tão só 22 eram oceânicos. Isto é, aptos para enfrentar operações em alto mar. De acordo com Bekker:

> A experiência demonstrou que era preciso manter um terço das naves no porto e outro terço no caminho, dirigindo-se aos setores de operações ou regressando. Portanto, nas melhores condições, são sete os submarinos que ele pode esperar manter na frente de batalha. Impossível fazer a guerra seriamente com semelhante efetivo!
>
> No que diz respeito aos encouraçados, cruzadores e porta-aviões, a situação é ainda pior, pois o programa de construções, previsto para desenvolver-se ao longo de dez anos, encontra-se apenas no começo. Esse programa deve, em determinado momento, dar à Alemanha uma frota muito equilibrada de navios modernos, capaz de representar dignamente os interesses marítimos do país e valorizar novamente a aliança com ele. Essa frota homogênea, que deve continuar proporcionalmente muito inferior à britânica, demonstra, por sua própria concepção, que não foi prevista para fazer guerra à Inglaterra. Teria sido fácil, efetivamente, construir mais submarinos – a arma mais eficaz contra tal adversário –, descuidando da construção de outras espécies de navios. No entanto, nem sequer as possibilidades que o acordo naval oferece precisamente nesse aspecto são utilizadas. E, contudo, é o resultado da guerra contra a Inglaterra o que decidirá o novo conflito.

Em não poucas ocasiões, Adolf Hitler havia assegurado aos seus principais chefes militares que, até o ano de 1944, não ia necessitar do concurso das Forças Armadas para apoiar seus objetivos políticos de "espaço vital" para a alardeada "Grande Alemanha". Nesse intervalo de tempo, com uma confiança cega que adiaria ostensivamente o denominado Plano Z, o rearmamento naval alemão contemplava o batimento de quilha de uma grande frota dissuasiva, algo que contemplava a entrada em serviço de 233 submergíveis costeiros e oceânicos.

Entretanto, no dia em que Londres e Paris declaravam guerra ao III Reich, este tinha apenas 18 submergíveis no mar. Com eles em linha de combate, constituía um mito a ideia de causar danos consideráveis à navegação comercial do Reino Unido, menos ainda a pretensa ideia de isolar as Ilhas Britânicas por mar.

Diante da política hitleriana de fatos consumados, com a invasão da Polônia, o grande almirante Raeder, chefe da Kriegsmarine, ordenou o estudo imediato de um novo programa de construções navais que deixaria o famoso Plano Z reduzido a nada. Agora, com os pés no chão, foi proposto ao *Führer* algo mais concreto e realista, concentrado sobretudo na entrada em serviço de 20 a 30 submergíveis por mês. Sendo assim, devia renunciar por completo à custosa construção de novos encouraçados, cruzadores e porta-aviões. A Alemanha teria de ganhar a guerra no mar sob a superfície das águas...

## A Batalha do Atlântico

Com apenas 15 mil toneladas de registro bruto, no que se refere a submergíveis, a Kriegsmarine devia fazer frente à maior potência naval do planeta e a uma colossal frota mercante. A primeira vítima dos "lobos cinzas" de Karl Doenitz sobre aquela ocorreu em 3 de setembro de 1939, quando o U-30, do comandante Lemp, afundou o mercante britânico *Athenia*, de 13.581 toneladas de registro bruto (trb), o que inaugurou uma interminável lista de vítimas. Desde essa data histórica até o final das hostilidades, em maio de 1945, a frota submarina alemã afundaria mais de 2.800 naves com 14,5 milhões de trb.

A Batalha do Atlântico – tal como a batizaram depois em Londres – havia começado alcançando seu ponto decisivo entre dois e três anos mais tarde. Nesse mesmo intervalo, os estaleiros alemães haviam multiplicado sua produção mensal de submergíveis ao passar de apenas três em junho de 1940 – ano em que Hitler levantou todas as restrições – a 23 em outubro do ano seguinte. Os analistas navais perguntaram-se então se a Alemanha seria capaz de arrancar o Reino Unido do seu tradicional domínio dos mares, que remontava aos tempos de Nelson e Trafalgar. O maior esforço subaquático da Kriegsmarine se concentrou em cortar as fontes de provisões que, procedentes dos Estados Unidos e do Canadá, chegavam às Ilhas Britânicas. Se conseguisse, o governo de Sua Majestade deveria optar pela rendição incondicional por carecer das imprescindíveis provisões alimentícias e bélicas em seu território metropolitano.

Os primeiros tempos pareciam augurar o triunfo marítimo do III Reich, pois a quantidade de afundamentos em seu favor aumentava de forma progressiva. Vejamos os números iniciais. Ao final de 1939, os "lobos cinzas" de Doenitz haviam mandado para o fundo do mar um total de 114 naves Aliadas em troca da perda definitiva de nove submergíveis próprios.

A guerra naval continuava de forma cada vez mais impiedosa, fracassando todos os esforços britânicos por desmembrar o sistema operante inimigo. Os números o provam, dado que a armada submarina de Hitler afundou 471 naves Aliadas em 1940 e apenas 432 em 1941. No entanto, um dado a ser levado em conta é que as perdas alemãs iam aumentando, com 24 e 33 unidades subaquáticas, respectivamente, no cômputo desses dois anos. Desse modo, apesar do fato de pelo segundo ano consecutivo a frota de submergíveis da Kriegsmarine haver conseguido superar os dois milhões de trb, teve de suportar a morte de seus melhores ases, quando os *U-Boote* destes foram destruídos.

## Preocupantes perdas próprias

O ano de 1942 marcaria o zênite dos submergíveis do almirante Doenitz, especialmente em águas atlânticas. No conjunto de seus 12 meses, os Aliados – com os Estados Unidos já em guerra – sofreram a perda de milhões de toneladas ao serem torpedeados mais de 1.100 navios de diferente porte. Por sua vez, a Kriegsmarine atingiu perdas realmente proibitivas com 87 unidades subaquáticas que jamais regressaram a suas bases e cerca de 4 mil tripulantes mortos. Tudo isso decorre do crescente poderio norte-americano e da melhora dos meios de detenção e destruição por parte Aliada. Tal como aponta Cajus Bekker em sua citada obra naval:

> Na realidade, as razões do êxito da defesa inimiga são muito mais profundas. Elas residem no aperfeiçoamento de redes de segurança que tornam cada vez mais difícil aos submarinos o desimpedimento das múltiplas linhas de naves de escolta para chegar até os navios comerciais. Residem sobretudo na proteção do adversário mais terrível do submarino: o avião. Este dispõe de uma velocidade considerável; não cessa de estender seu raio de ação ao longo das costas das Ilhas Britânicas, da Irlanda, Groenlândia e América do Norte. Os *U-Boote* se veem obrigados a retroceder cada vez mais frente a essas costas, dirigindo-se a lugares onde – momentaneamente – os aviões ainda não podem persegui-los.

No ano de 1946, durante uma das sessões do Julgamento de Nuremberg, Karl Doenitz declarou sobre o primeiro período crítico que teve de enfrentar:

Foi caracterizado pelo aumento geral e rápido da vigilância exercida pela potente aviação anglo-americana. Encontrava-me então no apogeu de meus triunfos. No entanto, um detalhe me deixava extremamente inquieto: a partir do verão de 1942, a quantidade de submarinos destruídos pelas bombas de aviação aumentou bruscamente cerca de 300%, segundo creio.

Em junho desse último ano, a Alemanha parecia poder fazer a balança da guerra no Atlântico pender a seu favor. De fato, o almirantado britânico reconheceu nesse mês a perda completa de 145 mercantes, a maioria deles fretada com valiosas cargas. E a isso se somava o conjunto de afundamentos sofridos pela navegação Aliada, que já ultrapassava o milhão de toneladas de registro bruto, enquanto as novas construções dos estaleiros norte-americanos alcançavam precisamente a metade desse número. Em contrapartida, está o que Bekker escreveu:

> Mas, apesar de os novos submarinos serem lançados à luta e sua tática para atacar os comboios adversários não parar de aperfeiçoar-se e dar resultados cada vez mais importantes, o inimigo aperfeiçoa da mesma forma, como é natural, seus meios e procedimentos de defesa. A curva que representa as perdas experimentadas pelos *U-Boote* ascende lentamente, porém, de forma constante. Até 24 de agosto de 1942, 105 das 304 naves que operavam até então jamais voltaram à sua base. Alguns comandantes efetuam seis, sete, oito travessias improdutivas. Inevitavelmente, chega aquela da qual não regressam... A luta é dura, impiedosa: os grandes comboios têm um preço altíssimo.

O Estado-Maior da Kriegsmarine começou a suar frio quando, no mês mencionado pelo autor de *Kampf und Untergang der Kriegsmarine*, um total de 12 submergíveis foi afundado. Por sua vez, as defesas inimigas se fortaleciam semana a semana. Somava-se a isso a violação do sistema de comunicações alemão, baseado até então na lendária máquina cifradora *Enigma*. As capturas de várias delas e também de seus códigos, em submergíveis como os U-33, U-110 e U-559, em 1940, 1941 e 1942, respectivamente, ao que se uniu um ou outro navio de menor superfície, permitiram aos Aliados conhecer de antemão as posições e os futuros movimentos dos "lobos cinzas" do almirante Doenitz.

Para a derrota destes na Batalha do Atlântico, não seria menos importante o surgimento do radar, em maio de 1943, mês em que a Kriegsmarine perdeu 30 por cento dos submergíveis de operações! Um olho esverdeado localizava as naves subaquáticas alemãs, que já haviam deixado de ser caçadores para se tornarem caça. Nesse estado crítico, o inimigo contava com a ajuda de um grande disco, um pouco curvado e de cristal transparente, que era percorrido por uma inquietante luz verde. O sinal chegava mediante uma antena que girava 360 graus.

## Até 25 nós em imersão

Em finais de novembro de 1942, Karl Doenitz recebeu em Paris a visita de três engenheiros enviados pelo Estado-Maior da Kriegsmarine. Tal como o próprio chefe dos "lobos cinzas" indicou com precisão aos técnicos e que incluiu em *Zehn jahre und zwanzig tage* seu livro de memórias:

> Eis aqui nossa lista de perdas. Estas aumentaram de 24 naves em 1940 para 33 em 1941. Durante o primeiro semestre de 1942, tais cifras se mantiveram dentro de limites aceitáveis se considerarmos o constante aumento dos submarinos empregados nas operações. Mas observem como, a partir de então, a curva ascende rapidamente. Julho de 1942: nove submarinos perdidos; agosto: 12; setembro: nove; outubro: 14. E a este número se havia chegado em novembro, faltando ainda dias para terminar o mês. Oitenta por cento dessas perdas se produzem na superfície. Nossos barcos, senhores, não são verdadeiros submarinos; isso os senhores sabem tão bem quanto eu. E é preciso que cheguem a ser. Não posso esperar até que a turbina Walter fique pronta.

Diante disso, os engenheiros explicaram a Karl Doenitz o projeto ultrassecreto que já estava em andamento. Já se trabalhava em uma nave subaquática maior, de formato aerodinâmico, para oferecer a mínima resistência de avanço na água, dotada de baterias três vezes mais potentes e com qualidades de imersão jamais vistas, uma vez que devia ser mais rápida submersa que na superfície, com uma velocidade máxima estimada em 17 nós horários. Tratava-se de construir, afinal, um autêntico submarino em toda a extensão da palavra.

Esse revolucionário projeto deslanchou em 1º de outubro de 1942, baseado em um submarino experimental, chamado Wa.201, propulsado por uma turbina Walter, ainda em estudo. Cabe ressaltar aqui que os submarinos alemães do tipo Walter são os grandes desconhecidos da Segunda Guerra Mundial, já que foram perfurados nos portos antes da chegada das tropas britânicas. Na seção de cartas da revista *Historia y Vida*, fez-se esta pergunta: "O que aconteceu com os submarinos Walter?", a que o especialista naval José Luis Alcofar Nassaes respondeu com sua habitual precisão, nestes termos:

Em 1932, o professor alemão Walter iniciou seus estudos sobre a contribuição do oxigênio às máquinas térmicas convencionais para que pudessem funcionar independentemente do oxigênio do ar. Utilizou-se o peróxido de hidrogênio – água oxigenada – mediante um motor projetado para a propulsão de submarinos. Em 1935, foi iniciada a construção do primeiro barco desse tipo – o V-80 –, de apenas 80 toneladas, alcançando uma velocidade em imersão de 25 nós. Depois, construiu-se o U-791 (ex-V-300) de 300 toneladas, com duas turbinas que desenvolviam uma potência de 4.360 cavalos-vapor, o que lhe proporcionava uma velocidade de 24 nós em imersão. Posteriormente, realizaram-se os projetos XVII-A e XVII-B (U-792, U-793, U-794 e U-795) e os XVII-G e XVII-K (U-796, U-797. U-798, U-799 e U-800), submarinos costeiros de cerca de 900 toneladas, dotados de um motor elétrico complementar e, finalmente, do Tipo XXVI, de 1.485/1.652 toneladas, com três turbinas que proporcionavam 7.500 cavalos-vapor e uma velocidade de 25 nós em imersão, o qual devia estar armado com dez tubos lança-torpedos – sem torpedos de reserva –, que não chegou a ser completado.

A água oxigenada constituía o principal combustível desses motores, mas devia ser empregada em grande concentração, produto que Walter chamou de "Ingolin" (em homenagem ao seu filho mais velho) e que também recebeu o nome de "Substância T". Quando o oxigênio se dissociava da água – graças a um catalisador que chamou de "Helman", em homenagem a seu segundo filho –, produzia grande quantidade de calor que, com o originado pela combustão do oxigênio que ficava livre com um combustível secundário – decaleno –, e a injeção de água produzia vapor com uma pressão suficiente para mover uma turbina que chegava a alcançar as 1.400 rotações por minuto e desenvolver 7 mil cavalos-vapor.

Os técnicos britânicos conseguiram recuperar em Kiel três dos submarinos Tipo Walter, concretamente os numerados como U-792, U-793 e U-795. O capitão de mar e guerra Logan McKee conseguiu reunir todas as peças de um dos motores e as enviou ao Reino Unido. Anos depois, foram apresentados os submarinos Excalibur e Explorer, ambos com motores Walter, entregues à Royal Navy em 1956. No entanto, logo seriam retirados do serviço ativo diante da quase ilimitada autonomia, tanto em superfície como em imersão, do primeiro submarino nuclear do mundo, o USS Nautilus.

## Lentos, cegos e pesados

Em maio de 1943 – mês em que a Kriegsmarine perderia 43 submergíveis, quantidade recorde –, Doenitz convocou uma reunião de peritos e técnicos em Berlim para colocar todos a par da tremenda eficácia demonstrada pela defesa antissubmarina dos Aliados. Desde o princípio, ficou claro que o uso do Meteox jamais poderia devolver aos *U-Boote* sua decisiva eficácia.

Desde o verão do ano anterior, descobrira-se que os aviões britânicos surgiam entre as nuvens para atacar de surpresa, tanto de dia como de noite. Os comandantes dos "lobos cinzas" estavam acostumados a buscar a proteção dos céus nublados e, sobretudo, da escuridão noturna. Por ser invisível, um submergível qualquer podia emergir com toda a tranquilidade para carregar suas baterias ou atacar qualquer comboio inimigo. Mas tudo isso terminou bruscamente desde o dia em que se comprovou que os aeroplanos do Reino Unido dispunham de um novo dispositivo de detecção para atacar objetos navais com visibilidade nula. Desse modo, os aviões podiam se dirigir até os confiantes *U-Boote* com todos os dados sobre sua exata localização e distância, caindo sobre eles para destruí-los com o decisivo fator-surpresa do seu lado.

Para contra-atacar a eficácia letal dos dispositivos de detecção radioelétricos, chamados de A.S.V., dos aeroplanos britânicos – que no norte do Golfo da Gasconha empregavam propulsores de alta frequência –, o almirante Doenitz solicitou a imediata instalação de dispositivos similares em seus submergíveis oceânicos. Por uma causalidade, soube-se da existência deles em uma fábrica de Paris, e imediatamente foram enviados às bases da Kriegsmarine. Receberam o nome de "Meteox" como reconhecimento à empresa que os havia construído.

Verificado o segredo do radar inimigo e descoberto afinal o comprimento de onda com que operava, assim como seu próprio funcionamento, o uso do Meteox deu aos submergíveis do III Reich a possibilidade de saber quando eram detectados e de buscar rapidamente a segurança das profundidades marinhas. Mas essa nova tática defensiva havia acabado de fato com todos os êxitos. Tal como escreve Cajus Bekker:

> Doenitz, como comandante-chefe da Marinha [depois de ter substituído o almirante Erich Raeder, em janeiro de 1943], deve tomar uma difícil decisão. Renunciará à guerra submarina e lançará ao ferro-velho as naves que de um ano a outro se tornam antiquadas? Diante das enormes perdas sofridas, vê-se obrigado a retirar seus comandantes das zonas mais perigosas. Isso faz com que os comboios circulem livremente daqui em diante entre a Grã-Bretanha e a

América e que os *U-Boote* se limitem a operar nas regiões restantes, que, embora se encontrem menos vigiadas, acabam por ser também muito menos importantes.

O comandante-chefe se preocupa dia e noite em melhorar a sorte de suas tripulações. Não as envia despreocupadamente para prosseguirem sua luta desigual. Sente inquietude pessoal pelo destino de cada submarino. Seus oficiais sabem que não podem lhe causar maior prazer que o de anunciar o regresso de algum submarino considerado como perdido durante vários dias.

No entanto, vê-se obrigado a tê-los no mar constantemente. É inevitável, enquanto não chegam dias melhores. Qualquer destruição causada à frota inimiga tem sua importância, mesmo que não seja tão decisiva como se esperava. Isso obriga o adversário a manter no mar um imenso dispositivo de proteção, mantendo ocupados milhares de aviões que, de outro modo, estariam participando da ofensiva aérea contra a Alemanha. Além disso, existe outra razão imperiosa: se Doenitz permite que a armada submarina fique mofando nos portos, ela perderá rapidamente sua eficácia e já não será capaz de conhecer o "renascimento" que ele e seus oficiais esperavam da entrada em serviço do Tipo XXI.

Por outro lado, ninguém fica de braços cruzados esperando a chegada desses novos submarinos. São construídos dispositivos de detecção que indicam aos comandantes quando a nave deles é localizada por um radar. Inventa-se e utiliza-se o *Schnorchel*, que permite navegar com os motores a diesel mesmo em imersão. Trata-se de uma mangueira de ar cujo extremo superior aparece precisamente em cima da superfície. Esta permite que o submarino volte a carregar suas baterias sem se ver obrigado a emergir. No entanto, não acaba com o maior defeito dos submergíveis: sua escassa velocidade em imersão.

Só o fato de ter de permanecer submersos no limite de suas capacidades retira todo o poder ofensivo dos navios subaquáticos da Kriegsmarine. Sob as águas, temendo que as baterias afetadas se esgotem, os *U-Boote* são lentos, cegos e pesados nos seus movimentos. A prática demonstrou que só podem manter uma velocidade constante de sete nós por um prazo de 60 minutos aproximadamente, até a bateria ficar descarregada. Como não há mais energia de reserva a bordo, ao chegar a esse limite, nenhum comandante dos "lobos cinzas" pode apressar muito o passo. O habitual é prosseguir a uma velocidade de dois, três ou, no máximo, quatro nós, anulando desse modo qualquer possibilidade de encontrar uma posição de lançamento de torpedos para comboios inimigos de transporte, os quais navegam sempre entre sete e dez nós horários.

A Alemanha havia chegado a uma encruzilhada no mar quando a ponta de lança ofensiva da sua Kriegsmarine, formada pelos submergíveis, devia atacar em superfície ou ir submersa em ocasiões pontuais. Diante das defesas Aliadas, tão demolidoras, sobretudo por ar, não restava aos *U-Boote* outra opção além da navegação quase permanente sob as águas salgadas. Alcançado esse extremo, Doenitz compreendeu que estavam perdendo irremediavelmente a Batalha do Atlântico, quando suas unidades subaquáticas foram quase completamente eliminadas da superfície. Impunha-se a revisão de um modelo autêntico de submarino.

## Revolução na guerra naval

O projeto definitivo para a construção do submarino elétrico do Tipo XXIA foi concluído em junho de 1943. O grande almirante Doenitz deu sua aprovação depois de consultar o *Führer* e o Estado-Maior da Kriegsmarine, mas os técnicos, ainda que houvessem marcado prazos de entrega bastante curtos, não podiam garantir a entrada em serviço do primeiro submarino de verdade até fins de 1944. Karl Doenitz ficou muito preocupado diante de um intervalo de tempo em que seus submergíveis continuariam na defensiva, sofrendo perdas insuportáveis e dando já por perdida a batalha em águas atlânticas.

O Tipo XXIA ou *elektro-boote* estava ainda no papel quando aconteceu de fato o colapso da arma submarina alemã. Dado que o tempo urgia, foi usado como ponto de partida o projeto do Tipo XVIII, que estava previsto para utilizar um motor Walter de ciclo fechado como meio de propulsão. No enorme depósito inferior, destinado pelo professor Walter para receber combustível "Ingolin", foi colocada uma grande quantidade de baterias que deviam dar energia suficiente ao submarino sob a água, para que navegasse em alta velocidade.

Os requerimentos formulados pelo Estado-Maior da Kriegsmarine para o Tipo XXIA assinalavam recordes impensáveis no início da guerra. Pediu-se um modelo de submarino que fosse capaz de alcançar 18 nós horários em imersão e com uma autonomia de 90 minutos. Outras referências falavam em manter entre 12 e 14 nós durante um mínimo de dez horas. A imersão silenciosa constituía um capítulo à parte, uma vez que se solicitava uma média de marcha de cinco nós, sempre em regime reduzido, e por um espaço de 60 horas. Além disso, a potência dos motores elétricos devia ser o triplo das que até então haviam sido instaladas nos obsoletos submergíveis alemães.

O casco deveria ter um desenho especial, com um alto coeficiente de segurança e adaptado a velocidades muito altas. Como consequência disso, era preciso apostar em um modelo bastante hidrodinâmico. Em seu empenho por verem, enfim, um verdadeiro submarino oceânico, os técnicos da Kriegsmarine estabeleceram uma relação de massa, superfície e velocidade nos timões para garantir uma imersão de 135 metros em apenas 20 segundos. Era algo nunca visto. Além disso, a altura máxima de imersão foi fixada em 330 metros.

## Características principais

A transformação do Tipo XVIII no histórico Tipo XXIA resultou em um magnífico submarino de tamanho médio, tanto por suas dimensões externas como pelo seu deslocamento. Seus responsáveis diretos foram os engenheiros Deliken, pai do Tipo XVIII, e Heep.

Suprimindo protuberâncias desnecessárias, havia-se obtido uma notável melhora do perfil. A isso se juntou um casco resistente com secção transversal de "bolha dupla", dotado de um total de oito elementos pré-fabricados em várias cidades alemãs e, mais tarde, montados nas arquibancadas de cada estaleiro.

Para melhorar a linha hidrodinâmica com relação aos modelos de submergíveis anteriores, no Tipo XXIA, suprimiu-se o canhão de coberta. Foi feito assim porque, segundo os projetistas, o principal meio de ataque de um submarino tinha de estar sob a superfície e jamais sobre ela. Desse modo, além de reduzir o grau de ruído, havia-se aumentado sua discrição e dificultado a localização inimiga a partir de seus navios de superfície.

O conjunto das estruturas de casco duplo estava composto por seções soldadas entre si, pré-fabricadas por terceiros e levadas em barcos aos diferentes estaleiros. Cabe ressaltar que as estruturas externas de direção, não resistentes, haviam aumentado o volume disponível, conferindo assim ao casco uma forma muito apropriada do ponto de vista aerodinâmico.

As ambiciosas pretensões do Estado-Maior da Kriegsmarine sobre o novo Tipo XXIA haviam solicitado uma nave que devia operar sempre em imersão. Desse modo, este tinha de utilizar o *Schnorchel* com o propósito de manter em marcha os motores a diesel que recarregavam as baterias. Ademais, as condições de habitabilidade foram muito melhoradas com um novo sistema de refrigeração do ar que aliviava a tripulação e outro mais de condicionamento.

Os revolucionários submarinos do Tipo XXIA representavam, no que se refere ao deslocamento, 1.819 toneladas na superfície e 2.114 em imersão. Suas dimensões externas foram fixadas pelos projetistas em um comprimento total de 76,7 metros, uma largura de 6,7 metros e um calado de 6,3 metros. Seu aparelho propulsor se compunha de dois motores diesel MAN MGV 40/46 (4 mil cavalos-vapor), dois motores elétricos principais SSW GU (5 mil cavalos-vapor) e dois motores elétricos silenciosos SSW GV (226 cavalos-vapor).

Os testes oficiais de navegação do Tipo XXIA marcaram uma velocidade máxima em imersão de 17,9 nós; em superfície, de 15,5 nós; em profundidade de *Schnorchel*, 10,4 nós. Com 240 toneladas de gasóleo em seus depósitos, esse autêntico submarino – cuja tripulação era composta de 57 homens: um comandante, cinco oficiais, 18 suboficiais e 33 cabos e marinheiros – era capaz de alcançar uma autonomia de 15 mil milhas marítimas a dez nós; com *Schnorchel*, esta baixava para 9 mil milhas, em uma marcha de oito nós; em imersão, 170 milhas em idêntica velocidade, sendo de apenas 30 milhas a 15 nós.

A vela merece um comentário à parte. Diferentemente dos submergíveis clássicos da Kriegsmarine, era de estrutura notavelmente alongada, em forma elíptica. Tinha 2,35 metros de altura, uma largura de 2,16 metros e comprimento de 3,54 metros.

O armamento de ataque era constituído por seis tubos lança-torpedos de proa – repartidos equitativamente a bombordo e estibordo –, com uma reserva de 23 torpedos de 533 milímetros ou, como alternativa, 17 torpedos e 12 minas magnéticas. Além do mais, os engenheiros de projeto haviam aperfeiçoado consideravelmente o sistema de recarregamento de torpedos por meio de um inovador sistema hidráulico, já que este permitia um recarregamento total de todos os tubos lança-torpedos na metade do tempo que antes era necessário para recarregar um único tubo. Os torpedos do submarino de Tipo XXIA eram de duas espécies. O Geier (Abutre) atuava por localização acústica e o Lerche (Calandra) era guiado por fios. Contra alvos, mais de 60 metros de comprimento, proporcionavam uma efetividade de 95 por cento sem apontar diretamente. Nas variantes Tipo XXIB e Tipo XXIC, que nunca ficaram prontas, foi projetado o embarque de um número maior de torpedos. Além disso, os sistemas hidrofone (sonar passivo) e ecogoniômetro (sonar ativo) forneciam ao Tipo XXIA todos os dados necessários para realizar o disparo dos torpedos sem ter de utilizar o clássico periscópio de ataque como nos submergíveis em uso. Segundo conta Botaya, em seu livro *Antártida 1947. A guerra que nunca existiu*, no capítulo que dedica a esse formidável submarino:

Dispunha de um sistema para enganar os barcos de superfície, chamado Pillenwerfer, que secretava uma substância que provocava bolhas na superfície e confundia os sistemas de detecção dos inimigos [...]. Dispunha de ar-condicionado, geladeiras para as provisões, três banheiros e um purificador de água, o que aumentava, sem dúvida, a higiene e o conforto da tripulação.

O único armamento defensivo era constituído por quatro canhões antiaéreos de 20 milímetros em duas montagens duplas, com uma cadência teórica de tiro máxima de 480 disparos – mas, na prática, não passavam de 220 –, e uma reserva de 16 mil cartuchos no total. Esses canhões, situados na parte dianteira e traseira da vela, podiam girar 240 graus, metade a bombordo e metade a estibordo.

Mas a melhor resposta possível para enfrentar os ataques vindos do ar era a própria rapidez de imersão a partir da posição de profundidade zero. Os tempos-padrão de resposta obtidos nos treinamentos com o Tipo XXIA variaram sempre entre 18 e 20 segundos, ainda que em uma única ocasião se tenha alcançado a incrível marca de 13 segundos. Vale ressaltar que um tempo médio de resposta diante do alarme aéreo, estimado em 19 segundos, representava quase a metade do alcançado pelos submergíveis tradicionais da Kriegsmarine.

O casco resistente – fabricado em aço naval St52, com 1,6 por cento de manganês e 0,16 por cento de carbono – permitia uma profundidade real de 220 metros, estimando-se que os 330 metros necessários representavam em si o limite antes da fratura. De qualquer modo, os técnicos nunca se excederam nos testes de profundidade do novíssimo submarino, cujo perfil havia sido otimizado para alcançar rendimentos espetaculares de imersão, ignorando-se realmente o que se podia obter com possibilidade de retorno à superfície. Como exemplo, no U-3001, o profundímetro apresentava um círculo com escala de 0 a 400 metros.

Quanto aos demais, as unidades do Tipo XXIA foram divididas internamente em oito seções. Da proa à popa: sala de torpedos, alojamento de proa, sala de controle, cozinha – com placas vitrocerâmicas muito modernas em vez de resistências elétricas – e depósito, alojamento de popa, quarto de motores térmicos, quarto de motores elétricos e quarto de máquina de popa.

## Números da produção

Com o procedimento de montagem no estaleiro das partes subcontratadas, a construção dos submarinos do Tipo XXIA foi consideravelmente reduzida sobre os planos escritos, ainda que, na prática, nunca tenham se cumprido diante dos ataques aéreos Aliados. Valha como exemplo ilustrativo o ocorrido com o U-2501, cujo aperfeiçoamento foi estimado em 152 mil horas de trabalho e que, ao final, chegou a 255 mil, felizmente. As expectativas melhoraram com o U-2507 que, das 101 mil horas calculadas, ficou em 169 mil. O caso concreto do U-2540 estabeleceu um recorde excepcional, pois, das 65 mil horas estimadas, demorou 110 mil. Tudo isso é um avanço considerável, já que um submergível Tipo VII-C gastava, em 1943, não menos do que 215 mil horas, o que, no caso do Tipo IX-D2, subia para 415 mil.

Com respeito ao Tipo XXIA, que nos interessa, os cálculos mais otimistas dos engenheiros navais haviam determinado que eram necessários 126 dias para aprontar um exemplar do extraordinário submarino de que o grande almirante Doenitz tanto precisava. Para consegui-lo, a programação foi dividida em sete etapas, a saber:

16 dias para a elaboração do aço para a construção;
40 dias para a construção das seções;
5 dias para o transporte das seções ao estaleiro;
50 dias para equipar as seções;
4 dias para o transporte ao local da montagem;
6 dias para o equipamento final antes de ser lançado na água;
5 dias para ensaios e testes finais.

Três estaleiros foram selecionados para a montagem e posterior lançamento à água dos elementos que faziam parte de cada exemplar do Tipo XXIA: Deschimag AG, de Bremen; Blohm und Voss, de Hamburgo; e F. Schichau, de Dantzig. Ao longo do ano de 1943, foram colocadas as primeiras quilhas para um lote inicial fixado em 200 unidades, que depois foi ampliado para as 1.300 previstas até o final da guerra.

Além dessa colossal produção teórica, a prática se concentraria em três séries iniciais e parcialmente prontas. Foi o caso dos U-2501 aos U-2564, dos U-3001 aos U-3063 e também dos U-3501 aos U-3695, o que, na realidade, dava um total de 321 submarinos oceânicos. Sabe-se que as partes a ser montadas posteriormente, em uma segunda fase, como era o caso dos U-2565 aos U-2643, nunca chegaram aos três estaleiros previstos. Depois, como séries programadas e nunca colocadas em prática, sobraram os U-2644 aos U-3000, os U-3064 aos U-3500 e, finalmente, os U-3696 aos U-4000.

Mas, em janeiro de 1945, os Aliados já "tocavam" as fronteiras alemãs por todos os pontos cardeais, com exceção do norte. No mês seguinte, no decurso da Conferência de Yalta, britânicos e norte-americanos exigiram dos soviéticos a imediata ocupação do estaleiro de

Dantzig (Prússia Oriental), onde eram produzidos 30 por cento dos novos e temíveis submarinos elétricos.

Churchill reconheceu, em suas memórias impressas da Segunda Guerra Mundial, que a entrada em serviço das unidades do Tipo XXIA teria revolucionado a guerra no mar se tivessem chegado a tempo...

Falamos de um projeto de submarino tão extraordinário que superou com sobras as esperanças que Karl Doenitz e seu Estado-Maior tinham nele. Por outro lado, os bombardeios aéreos inimigos sobre fábricas e estaleiros estavam retardando além da conta a produção do tão esperado Tipo XXIA. A esse grave problema, juntaram-se as diversas mudanças no projeto original da nave para, desse modo, corrigir erros e obter melhoras fundamentais; isso sem mencionar o longo tempo que era necessário para instruir as tripulações e os indispensáveis testes de mar. Sendo assim, apenas duas unidades conseguiram sair em missão de guerra quando esta se aproximava a passos de gigante do colapso total do III Reich e do suicídio de seu líder no *bunker* de Berlim.

Nesse intervalo de tempo, a Kriegsmarine vira-se obrigada a abandonar a estratégica costa da França e seus grandes refúgios de concreto armado, em uma retirada tática até portos próprios, dinamarqueses ou noruegueses. Assim nos é relatado em *Kampf und Untergang der Kriegsmarine*:

> A Península Escandinava constitui daqui em diante a única base de partida. As escolas em que se formam os Estados-Maiores e tripulações, no Báltico, terão de evacuar, um depois do outro, seus pontos de apoio: Pillau, em seguida, Dantzig e Gotenhafen. Mas continuam funcionando, preparando-se para o momento em que as novas naves, que se multiplicam, voltem a tomar a palavra... esse momento que adiantará e anulará o termo fatal.

## O cruzeiro do U-2511

Dos únicos exemplares do Tipo XXIA que conseguiram sair para alto-mar em missão de guerra, o U-3008, comandado pelo tenente de navio Helmuth Mansecks, não tem nada relevante a oferecer. Outra história bem diferente é a do U-2511. Esse submarino foi o primeiro a zarpar, no final de abril de 1945, com a guerra a ponto de terminar no Velho Continente. Zarpou tendo o capitão de corveta Adalbert Schnee como comandante e o tenente de engenheiros Suhren como responsável direto pelas máquinas.

O U-2511 abandonou o porto norueguês de Bergen para estabelecer sua zona de caça em águas do Atlântico ocidental. Sua tripulação era o que a Kriegsmarine podia oferecer de melhor nessa época. Além disso, todos os seus membros esperavam com muita expectativa o que sua nave seria capaz de fazer diante de um inimigo confiante que dominava os mares a seu capricho.

Seu experiente comandante, que ostentava o comando direto de navios desde 1940, tinha protegido 17 afortunados cruzadores de guerra com diferentes submergíveis. Já possuía a cruz de ferro palmada por haver afundado mais de 200 mil toneladas mercantes de registro bruto. Sendo um dos mais destacados à frente dos "lobos cinzas", no início de 1943, Schnee havia sido selecionado na qualidade de agregado para o novo programa de construções navais. Por isso, conhecia perfeitamente cada centímetro das naves de Tipo XXIA e esperava muito de um submarino de verdade. Também Suhren, o chefe de máquinas, sabia o que tinha nas mãos e estava em posse de uma cruz de ferro. Como exceção, ambos os oficiais foram destinados por Doenitz ao mesmo navio subaquático, porque foram considerados os mais indicados para tirar da nave todo o rendimento possível.

Quando chegou à zona considerada perigosa, a nave ligeira de escolta virou em direção ao porto, deixando o U-2511 diante do seu próprio destino. O comandante deste último ordenou a imediata imersão para penetrar nas águas cada vez mais profundas do Atlântico. Depois de amanhecer, o cabo encarregado da escuta detectou a inconfundível presença de rumor de hélices. Schnee ordenou imersão periscópica e, desse modo, descobriu uma esquadrilha britânica de caça-submarinos – composta por traineiras e *trawlers* armados – em atividade permanente nas proximidades de suas costas. Outro membro da tripulação avisou ao comandante que haviam sido localizados, e muitos homens prenderam o fôlego diante do primeiro teste de verdade. Cajus Bekker descreve muito bem o que aconteceu em seguida:

> Os ingleses, portanto, descobriram o submarino com seus aparelhos *asdic* (detecção sob a água). Utilizados já na Primeira Guerra Mundial, tais aparelhos operam com ondas curtas audíveis, de forma análoga à sonda por eco, e revelam a presença dos submergíveis, ainda que sem possuir a eficácia ampla do radar, alcançando resultados seguros somente em pequena distância. Não obstante, constituem, com os microfones, um meio de localização de submarinos em imersão.
>
> O comandante comprova, com efeito, por meio de seu periscópio, que os *trawlers* se precipitam em sua direção com a proa ornada

pela espuma, ou seja, em grande velocidade. Sabe, pela experiência de comandar um dos antigos submarinos, que tudo isso seria para ele um combate desesperado. Ver-se-ia obrigado a se esconder nas profundezas para tentar a fuga às cegas, confiando unicamente na intuição, em qualquer direção, avançando a no máximo cinco nós. Seus perseguidores não teriam nenhuma dificuldade em seguir atrás dele. Depois, mandariam uma rajada de bombas, lançadas aos montes, a fim de conseguir uma zona de ação dez ou 15 vezes maior do que a de uma granada isolada.

"Faz dois anos que empregam com êxito esse método – pensa Schnee. Em 1943, foram perdidos 231 U-Bootes e, em 1944, 204. Realmente, os Aliados dominam o mar; os submarinos não são mais do que uma peça ferozmente encurralada. Mas e agora?"

Schnee olha para seu contramestre.

– Logo veremos, não é?

– O senhor propõe atacá-lo, comandante?

– Em absoluto, meu amigo. Todos eles não valem sequer um de nossos torpedos. Temos ordens de perseguir algum grande comboio no Atlântico ocidental.

As ordens se sucedem. O periscópio é recolhido. O U-2511 muda de rumo e efetua uma profunda imersão. Mas não o faz a qualquer custo, não avança às cegas sob a água, mas sim enxergando. Pode seguir perfeitamente todas as manobras do inimigo que se encontra na superfície. Além de seu olho ótico, o periscópio possui um olho elétrico, o S-Gerät, que funciona com a gama de ondas ultracurtas. A intervalos regulares, emite um único "tic" que se propaga na água, a qual, uma vez que se reflete no casco dos adversários, retorna traçando a imagem sobre uma tela em uma fração de segundo, indicando a direção e a distância dos *trawlers*. Essas indicações são traduzidas em uma carta em que se inscrevem automaticamente o rumo e a velocidade do submarino. O "tic" seguinte parte depois de um ou dois minutos. O processo já descrito volta a começar e basta unir os pontos para se obter um esboço muito preciso do desenrolar dos acontecimentos.

O comandante tem a situação verdadeiramente diante dos olhos. Já não anda às cegas. Controla seu rumo e velocidade em função do que os adversários fazem. Se se aproximam demais, nada mais fácil que se separar deles à velocidade de oito, 12 ou até 16 nós, conforme as circunstâncias exigirem.

Afastar-se à vontade! Como soam harmoniosas essas palavras aos ouvidos dos submarinistas, antes incapazes de iniciar a perseguição por causa da escassa velocidade da nave!

Dessa vez nem sequer é necessário forçar a marcha. Os *trawlers* logo renunciam a entrar no mar, enquanto o U-2511 desce muito tranquilamente, graças às suas formas aerodinâmicas, até a profundidade de 40 metros. Os ingleses se distanciam tão rapidamente que, em seguida, o S-Gerät deixa de fornecer informações. Apenas durante certo tempo, os ruídos das hélices continuam sendo percebidos pelos microfones.

– Já não se ouve nada – anuncia por fim o operador.

– Perfeito! – disse Schnee, sorrindo. Faz uma pausa e, olhando para seus homens, prossegue: – Mas o que acontece com vocês? A que se deve esse ar radiante?

– Meu comandante – responde um dos marinheiros –, é que esse cruzador é completamente diferente dos outros!

## A postos!

Quatro dias depois do episódio com os caça-submarinos costeiros da Royal Navy, a tripulação do U-2511 estava muito confiante depois de superar sem nenhuma consequência um primeiro encontro com navios inimigos de superfície. Vale ressaltar que, em todo esse intervalo de tempo, o submarino da Kriegsmarine não havia subido nem um segundo à superfície. Mas o operador dos microfones anunciou novos ruídos produzidos por hélices, ainda a uma distância considerável.

Nesse preciso instante, o U-2511 navegava a uma profundidade de 80 metros. Dessa posição, o capitão de corveta Schnee ordenou subir à posição de periscópio para utilizar seu "olho ótico" com as devidas precauções. A visão que descobriu o fez engolir a saliva com certa dificuldade. Pela amurada de bombordo, avançando com velocidade moderada, tinha diante de si um cruzador pesado da classe Norfolk, de 14.600 trb e 192 metros de comprimento, escoltado por três destróieres, dois aos lados e um atrás. O comandante do submarino advertiu sua tripulação da presença inesperada dos navios de combate da Royal Navy e imediatamente ordenou que todos ficassem a postos.

Tal como relata o autor de *Kampf und Untergang der Kriegsmarine*, no capítulo XVIII:

> A manobra se desenrola na forma habitual como se se tratasse de um exercício no báltico e tivesse diante de si, como um alvo, um velho navio. Mas, dessa vez, enfrentavam um cruzador e três destróieres britânicos. Em menos de um minuto, o submarino voltou a descer aos 80 metros. Passou a navegar então com seu "olho elétrico", o S-Gerät. Foram emitidos quatro ou cinco "tics", não mais, para não despertar a

atenção do adversário. Era suficiente, por outro lado. Aqueles ruídos proporcionam uma representação fiel da rota seguida pelos ingleses.

– Se não mudarem de rumo, alcançaremos a posição de lançamento em marcha silenciosa – anuncia o auxiliar.

Não há nada que indique que o inimigo tenha percebido a presença do submarino. Se não fosse assim, os destróieres já teriam manobrado para atacar. Pois bem, nada semelhante ocorreu.

O U-2511 estava agora muito próximo. As hélices britânicas produzem um barulho infernal nos microfones. Schnee passou sob o destróier que escolta o cruzador por estibordo, sem que este se dê conta.

Imediatamente depois, Schnee ordenou a imersão periscópica. O cruzador desfila em pequena distância. Pertencia ao tipo Suffolk. Sua roda passa diante da lente do periscópio, seguida depois pela torre de proa.

– Olhem – disse Schnee, colocando-se de lado.

O primeiro a olhar pelo periscópio foi Suhren, o chefe de máquinas. Detrás dele estavam o auxiliar, o contramestre e dois ou três marinheiros.

Ao se retirarem, todos se olham com uma expressão estranha, movendo a cabeça.

– Este é meu décimo oitavo cruzador – disse Schnee. Nunca havia tido um cruzador diante de meus tubos. E quando o consigo... é precisamente agora.

– "Agora"? O que quer dizer com isso?

– Lembro-me desses últimos anos – prossegue o comandante.

– Como poderíamos imaginar então que chegaríamos a nos aproximar tanto de um cruzador sem que este nos descobrisse nem seus barcos de escolta nos atacassem?

– Não nos ouviram – disse alguém.

Mas o comandante do moderníssimo U-2511 não ordenou o lançamento de dois torpedos contra o cruzador pesado britânico, pois era 7 de maio de 1945 e apenas dois dias antes havia chegado uma mensagem cifrada que revelou em seu diário de navegação:

> 5 de maio. Três horas. Recebido o seguinte telegrama: "Armistício entra em vigor a partir de 5 de maio, 8 horas. Ordem de não atacar os submarinos que se encontrem no mar. Interromper o cruzeiro imediatamente. Retornar aos portos noruegueses. Comandante Supremo de submarinos".

Era o armistício acertado com o marechal Montgomery para o nordeste da Alemanha. A guerra havia terminado para os "lobos cinzas" do grande almirante Doenitz. Este, além de ressaltar o quanto a navegação sob a água do *Elektro-boote* era extraordinariamente silenciosa, assinala em seu *Zehn Jahre und Zwanzig Tage* o seguinte:

> O raio de ação do Tipo XXI era tão grande que podia chegar a todas as zonas marítimas do Atlântico, por exemplo, até mesmo à Cidade do Cabo, permanecer ali operando durante três ou quatro semanas e retornar depois à pátria sem reabastecer. Com novos aparelhos e dispositivos de disparos, esse submarino podia mirar às cegas, disparando a uma profundidade de 50 metros.

## A curiosidade dos Aliados

Continuamos como U-2511 conforme o escrito por Bekker:

> No dia seguinte, o submarino emerge muito próximo do ponto em que, várias jornadas antes, havia penetrado em seu elemento para iniciar a nova fase da guerra submarina. Toda a viagem havia sido efetuada em imersão. Outra surpresa os espera em Bergen.
>
> Aqui se encontra o cruzador, o mesmo cruzador que tivera diante de seus tubos de torpedo! Todos os seus homens sobem a coberta para contemplá-lo. Uma ocasião como essas não se apresenta todos os dias... e, daqui em diante, não se apresentará nunca mais.
>
> – Se soubessem – murmuram os marinheiros alemães – do que se livraram...
>
> Os ingleses não demoram a saber. No dia seguinte, é divulgado que, nesse cruzador, se encontra uma comissão encarregada pelo Almirantado de estudar *in loco* as características dos novos submarinos alemães. Um avião transportou essa comissão até Kiel no próprio dia da capitulação para que interrogasse o almirante Godt, chefe do Estado-Maior da armada submarina. Este informa que as naves do Tipo XXI não foram empregadas na frente de batalha. Os homens que integram a citada comissão se dirigem a Bergen.
>
> Instalam-se a bordo do cruzador e notificam o comandante do U-2511. Schnee se encontra em presença de um almirante e vários oficiais superiores da Marinha britânica. Acima de tudo, querem conhecer o comportamento de sua nave em alto-mar, a forma com que operou e se alguma vez tomou contato com os navios Aliados.
>
> – Sim – responde Schnee a esta última pergunta.
>
> Os ingleses aguçam os ouvidos.

– E com que unidade da Marinha britânica o senhor se encontrou?

– Com este cruzador a bordo do qual nos encontramos neste momento.

– É impossível, senhor – disse o comandante do cruzador dirigindo-se ao seu almirante. – Não esbarramos com nenhum submarino. Tampouco os destróieres detectaram nave alguma dessa classe.

– Eu sei – responde Schnee, sorrindo. – Tive os senhores na mira dos meus tubos, sem que suspeitassem. Não disparei porque havia recebido a ordem de cessar as hostilidades depois da capitulação.

Uma conversa animada revela a surpresa dos oficiais ingleses. Chegam a um acordo. O almirante diz, por fim, ao comandante alemão:

– Comandante Schnee, meus oficiais consideram suas declarações inaceitáveis. O senhor possui alguma prova?

– Uma indiscutível: meu diário de operações. Bastará comparar as anotações efetuadas nele com as que figuram no seu.

Um ordenança traz o livro. Todos os olhos comprovam atentamente as horas e as posições. Já não resta dúvida: o grupo britânico se encontrava, dois dias antes, exatamente no ponto do Mar do Norte, onde o comandante do submarino declara ter esbarrado com ele. É uma afirmação que parece inacreditável.

– Mas a guerra havia terminado – disse o almirante, encolhendo os ombros.

Depois agradece o comandante alemão, quase, segundo parece, com um pouco de pesar!

Os Aliados descobriram rapidamente que a nova ameaça subaquática alemã era muito mais letal do que o calculado por eles a princípio. Um total de 86 tripulações dos submarinos elétricos do Tipo XXIA tinha terminado seu período de instrução quando houve o armistício com o vencedor de Rommel. Além disso, nesse tempo já estavam disponíveis 120 navios idênticos para sua primeira singradura de guerra.

Posteriormente, no final desse mesmo mês, agora em Flensburg-Mürwik, foi a vez do capitão de fragata Hessler, chefe da Seção de Operações do Estado-Maior da frota submarina. Um capitão de mar e guerra britânico o interrogou a fundo, a bordo do *Patria*, da Royal Navy. Quando lhe perguntaram o que esperavam dos submarinos do Tipo XXIA, o marinheiro de guerra alemão respondeu assim:

A melhor forma de responder ao senhor, comandante, é resumindo as próprias palavras do seu primeiro-ministro. Tivemos a oportunidade de ler as declarações feitas por ele, há alguns dias, perante a Câmara dos Comuns. Se não me equivoco, ele disse: "Atualmente sabemos que os alemães estavam a ponto de levar adiante a guerra submarina com naves completamente novas. Creio que, apesar de nossos eficazes meios de defesa, teríamos voltado a nos encontrar diante de uma luta que em violência e perdas não teria sido menor que a do ano de 1942".

A réplica do capitão de mar e guerra da Royal Navy foi mais contundente: "O senhor Churchill, em minha opinião, se equivoca. A luta de 1942 não teria sido mais que uma brincadeira de criança em comparação com a nova".

Sendo assim, os Aliados procederam à divisão dos exemplares que encontraram do Tipo XXIA, estudando detalhadamente seus mecanismos e inovações. Várias unidades seriam reabilitadas para servir como navios de teste sob bandeiras inimigas. Entre 1945 e 1946, no decurso da Operação Deadlight, um total de 119 submergíveis e submarinos da Kriegsmarine acabaram afundados em práticas de tiro ou mediante explosões controladas, em um ponto situado a 160 quilômetros ao nordeste da Irlanda.

O U-3503 foi analisado pela Armada sueca. A Royal Navy incorporou em suas fileiras o U-3017, agora como N-41, prestando serviço ativo até 1949. Os Estados Unidos contaram com o U-2512 e o U-3008 até 1954. A Marinha soviética dispôs de quatro exemplares: U-3515, U-2529, U-3035 e U-3041, renomeados em suas listas de B-27 a B-30, mantendo-os em atividade até 1963. A França não quis perder a oportunidade e contou com o U-2508 para convertê-lo no Roland Morillot, que se manteve navegando até 1958.

Um caso especial seria o do U-2540, que foi terminado em 24 de março de 1945. Com o casco perfurado no dia 4 desse mesmo ano, encontrou seu destino no fundo do Mar Báltico. Foi recuperado 12 anos mais tarde, para ser enquadrado na nova Bundesmarine da República Federal da Alemanha, que o manteve em atividade com o nome de Wilhelm Bauer. Em 1970, foi convertido em nave civil como bancada de testes e também participando de manobras como alvo. Finalmente, a fadiga da célula e o dano sofrido, depois de várias colisões, tornaram-no pouco seguro e decidiu-se acabar com sua carreira em 1982. O Wilhelm Bauer foi muito popular entre as tripulações. Chegado o dia do maçarico, um grupo de entusiastas salvou a nave do desmanche por pouco e foi fundada uma associação sem fins lucrativos, criando o Technikmuseum Wilhelm Bauer para preservá-la. Em 1983, foi restaurada à sua configuração original da Segunda Guerra Mundial e se converteu em um barco museu como parte do Museu Marítimo alemão em Bremerhaven. Hoje em dia, permanece conservado em muito bom estado como o único exemplar que há no mundo do primeiro submarino autêntico em toda a extensão da palavra.

# Capítulo 23

# Chegaram tarde demais...

O desenvolvimento do Tipo XXI, com versões A, B, C, etc., previa um compartimento especial para bombas guiadas e mísseis. A ideia era atingir a costa atlântica norte-americana com armas aéreas de represália. Assim, desenhou-se um contentor hermético para cobrir as V-1 que iriam sobre a coberta, procedendo-se ao lançamento delas mediante o emprego de uma catapulta a vapor.

Ainda mais espetacular era o uso programado do míssil V-2, que devia ser transportado em um contentor que pudesse ser rebocado de forma hidrodinâmica e estabilizado com aletas. Para proceder ao disparo a partir dos três contêineres previstos para cada submarino do Tipo XXI, estes deviam ser parcialmente inundados até ficar na posição vertical. Depois do lançamento, cada V-2 seria guiado por rádio na trajetória correta até o alvo escolhido. Mais uma vez, o final da guerra interrompeu o que se supunha uma resposta contundente aos arranha-céus de Nova York ou suas zonas portuárias.

## Uma pipa de asas giratórias

Um desenvolvimento aéreo que chegou muito mais longe, causando bastante surpresa entre os Aliados, foi o Focke-Achgelis FA-230 Bachstelze (Lavandeira), a pipa de asas giratórias que qualquer U-Boote oceânico podia rebocar para ampliar de forma bastante considerável o campo de visão de seus observadores.

De desenho fino, essa espécie de autogiro que devia ser puxado por um submarino como uma pipa pesava apenas 82 quilogramas e tinha 7,31 metros de diâmetro no circuito do rotor. Em versões posteriores, a medida chegaria aos 8,53 metros. Sua construção foi muito simples e eficaz. Em *Germany's secret weapons*, seu autor descreve os detalhes:

o corpo principal consistia em um único tubo de aço ao qual iam soldadas todas as demais partes. O pequeno painel de instrumentos, situado na parte dianteira, contava com um equipamento completo, até mesmo tacômetro elétrico, bússola e telefone para a comunicação entre o piloto e o comandante do submarino. À frente, ficavam os controles: pedais de borracha e a alavanca de controle de inclinação e altitude da pipa em voo. Pequenas saliências laterais suportavam uns patins que permitiam ao aparelho posar sobre a cobertura do submarino.

As três pás do rotor estavam situadas à frente do centro de gravidade da pipa. O controle do aparelho era efetuado por meio de cabos que uniam a alavanca de câmbio com o cubo do rotor, passando pelo interior do mastro principal. Dessa forma, não eram danificados na operação de reboque da pipa e permitia que esta fosse completamente dobrada quando não fosse utilizada. O próprio cubo do rotor era formado de tubos de aço perfeitamente soldados e levava um freio no centro, utilizado para imobilizar as pás quando fosse necessário recolher a pipa em condições de emergência.

Sob o cubo do rotor, levava uma polia à qual se aplicava uma corda para pôr as pás em movimento. Na prática, comprovou-se, no entanto, que o piloto podia alcançar o rotor e colocá-lo em marcha com um rápido movimento de mão. A polia era necessária somente quando soprasse pouco vento de frente.

As pás do rotor foram construídas seguindo os mais modernos métodos americanos e ingleses daquela época. Foram fabricadas sobre a base de costelas de madeira separadas entre si 127 milímetros, montadas por meio de uma fina lâmina de madeira nos extremos longitudinais e recobertas por um tecido fino colado a todos os elementos.

Um dispositivo engenhoso permitia inclinar as pás a fim de alterar seu ângulo de incidência – daí suas propriedades de voo tão aerodinâmicas. Entre as pás, havia cabos de aço fortemente esticados que evitavam seu movimento irregular, assim como o que "caísse" desnecessariamente por efeito de seu próprio peso.

A máquina contava com um procedimento de saída de "emergência" se o submarino se visse obrigado a efetuar uma imersão precipitada. Todo o conjunto rotor se desprendia do resto do aparelho quando o piloto acionava uma pequena alavanca situada acima de sua cabeça; um paraquedas, situado na parte posterior do mastro, se abria automaticamente no mesmo instante. O piloto soltava então seu cinto de segurança e toda a fuselagem caía no mar.

Para lançar a "giro-pipa", o submarino saía à superfície e colocava a proa ao vento. A máquina era então desembalada e montada rapidamente. Os elementos a montar eram o plano de cauda e leme

*O Focke-Achgelis FA-230 Bachstelze podia atingir em pleno voo uma velocidade máxima de 45 quilômetros por hora. O cabo de aço que o unia ao U-Boote permitia uma elevação de uns 150 metros sobre o nível do mar. Todos os aparelhos colocados em serviço atuaram no Oceano Índico, onde os britânicos o batizaram de Wagtail, equivalente a pássaro das águas.*

de direção, o assento e o telefone. A máquina era lançada com uma ligeira inclinação frontal, e o rotor já se punha em movimento, fosse usando a corda sobre a polia ou, mais frequentemente, fazendo-o girar com a mão.

A velocidade mínima para um lançamento seguro era de 30 quilômetros por hora, e as pás começavam a girar a cerca de 200 rotações por minuto, fazendo com que o aparelho decolasse da coberta do submarino. O cabo de arraste ia se soltando à medida que a pipa ganhava altura e, enquanto isso, o piloto mandava informação pelo telefone. O propósito era que a operação de retorno fosse efetuada recolhendo o cabo, mas, não obstante, foram muitas as vezes que foi preciso empregar o procedimento de emergência.

A velocidade máxima que o Focke-Achgelis FA-230 Bachstelze podia atingir em pleno voo era de 35 quilômetros por hora. O cabo de aço que o unia ao U-Boote permitia uma elevação de uns 150 metros sobre o nível do mar. Todos os aparelhos colocados em serviço atuaram no Oceano Índico, onde os britânicos o batizaram de Wagtail, equivalente a pássaro das águas ou alvéola-branca.

A firma Wesser Flugzeugwerke, de Bremen – que atuava como contratista do governo alemão –, desenvolveu e fabricou em Hoykenhamp 200 FA-230, uma pipa de asas giratórias que, dado seu sistema de controle elementar, foi utilizada com muito êxito por alguns submarinistas que rapidamente aprendiam a pilotar esse artefato voador. Tudo foi feito com o máximo segredo até que, nos primeiros dias de 1945, a imprensa do Reino Unido assinalou a existência desse curioso invento, depois de um exemplar ter sido avistado com toda nitidez.

## Submarinos elétricos costeiros

Uma forma apropriada para lutar contra o tráfico marítimo Aliado teria sido o emprego massivo de pequenos e ágeis submarinos costeiros, e, para consegui-lo, os alemães tinham de ter feito isso nos pontos cruciais de chegada e partida do Reino Unido. Tinha de ser feito dessa maneira, apesar da mais que provável concentração de navios antissubmarinos nas águas pouco profundas, antes de partir atrás dos navios mercantes em pleno Atlântico com os submergíveis oceânicos.

Para empregar essa tática com bons resultados, o grande almirante Doenitz pensou nos submarinos elétricos costeiros que Hellmuth Walter estava preparando. Este – que havia estudado engenharia mecânica no Instituto Técnico de Hamburgo – desejava revolucionar a base de projeto

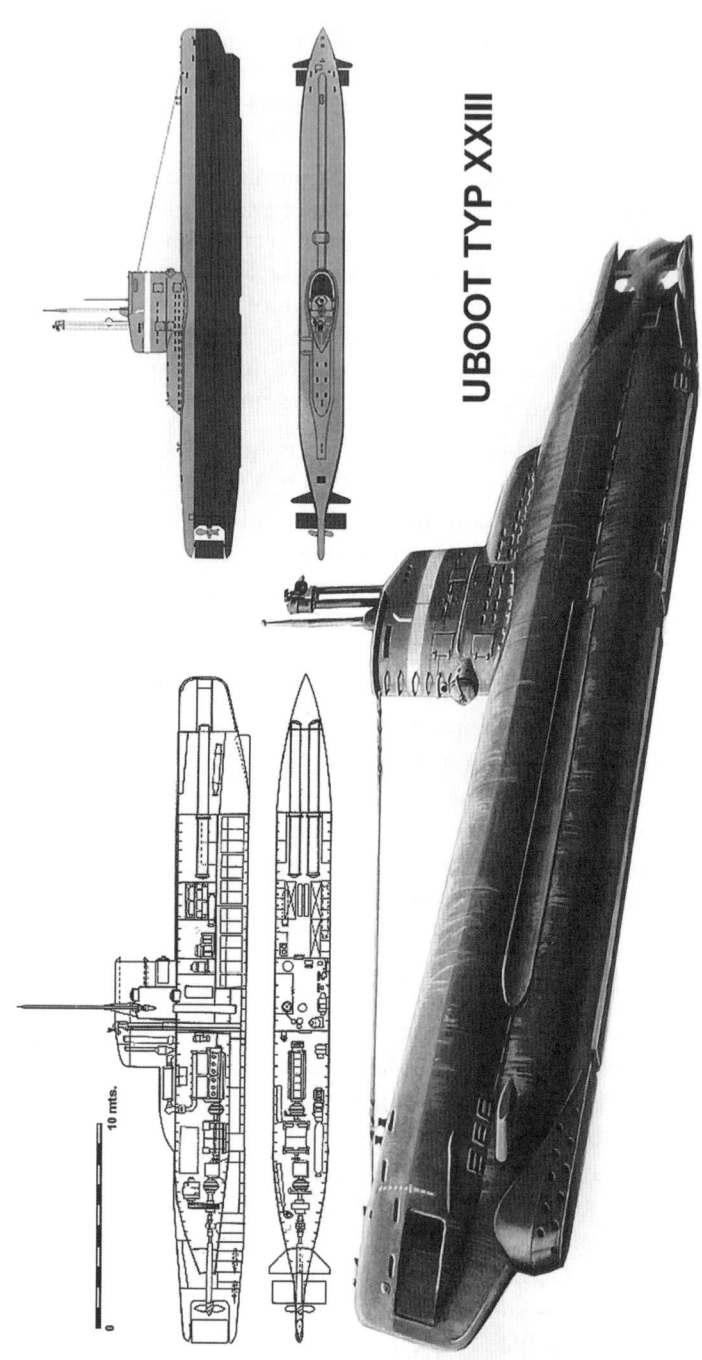

*Seções e vistas do submarino Tipo XXIII.*

e construção de submarinos de verdade com um novo sistema de propulsão.

Walter estava realmente obcecado pela ideia de eliminar para sempre as limitações impostas pela premissa de ter de alimentar as plantas principais de qualquer submergível com oxigênio. Por isso, esse técnico genial – que iria ampliando seu campo de pesquisa do projeto integral de submarinos ao de foguetes, torpedos e aviões –, que também desenhou o motor-foguete do caça Me 163, foi capaz de criar um sistema sensacional de propulsão subaquática. Ele seria utilizado pela primeira vez com o protótipo Wa.201 – que já foi mencionado no capítulo anterior –, antecessor direto também do submarino de Tipo XVIIB.

Tratava-se basicamente de decompor peróxido de hidrogênio mediante um catalisador, resultando assim vapor de água e oxigênio, que eram misturados com água e combustível diesel para depois entrar em combustão. Obtinha-se assim vapor em temperatura muito alta e dióxido de carbono em alta pressão, ambos capazes de mover uma turbina. Os resíduos gerados eram eliminados, e a água restante voltava a entrar no circuito criado. Esse novo sistema de propulsão funcionou de forma realmente extraordinária, e o primeiro submarino experimental Wa.201 – cujo prefixo fazia referência ao próprio dr. Walter –, equipado com ele, conseguiria atingir, submerso, uma velocidade máxima de 26 nós, algo assombroso. No entanto, sua habilidade para manobrar na superfície deixava a desejar.

Se a Blohm und Voss ficou responsável, em seus estaleiros, pelo Wa.201, o protótipo seguinte, chamado WK.202, ficou a cargo da Germaniawerft. Quatro unidades foram terminadas, os U-792 e U-793, pela Blohm und Voss, e os U-794 e U-795, pela Germaniawerft. Não obstante, nunca foram mais do que unidades de teste, mostrando-se superiores em qualidade aos construídos pela Blohm und Voss. Contudo, as quatro unidades sofreram sérios problemas de desenvolvimento associados ao seu desenho revolucionário e foram finalmente colocados fora de serviço na primavera de 1945.

O denominado Tipo XVIIB, de 280 toneladas de deslocamento em superfície, era maior que os protótipos Wa.201 e WK.202 e, além disso, era equipado com dois tubos lança-torpedos na popa e um *Schnorchel*. Apenas três unidades, as classificadas como U-1405, U-1406 e U-1407, foram construídas pela Blohm und Voss e chegaram a ser lançadas à água. Mas nunca chegaram a entrar em serviço, e a última delas passou a fazer parte da Royal Navy, sendo batizada de Meteorite.

O Tipo XXIII – um pouco menor que o Tipo XVIIB –, que foi um dos melhores projetos de submarinos realizados no decurso da Segunda

Guerra Mundial e talvez o menos conhecido de todos, merece menção à parte. Ideal para operar em águas pouco profundas, tinha o casco compartimentado, ainda que como uma única estrutura unida por soldagem, pré-fabricado como o Tipo XXIA, sendo de "bolha dupla". Em sua metade inferior dianteira, estavam alojadas as baterias – de elevada capacidade para o desenvolvimento de alta velocidade em imersão –, junto aos depósitos de combustível e tanques de regulação e nivelação.

Desenvolvido no ano de 1943, o Tipo XXIII nasceu, na realidade, como um substituto para o obsoleto Tipo II – de curta autonomia e dotação de torpedos muito limitada – em operações em águas costeiras e, por insistência direta de Karl Doenitz, nas relativamente pouco profundas águas do Mediterrâneo e do Mar Negro. O novo submarino costeiro foi projetado para ser construído em seções, com diferentes partes que deveriam ser preparadas por diferentes contratistas. Não obstante, a falta de materiais estratégicos e a tremenda ofensiva de bombardeio Aliada contribuíram para que, finalmente, a construção desses submarinos do Tipo XXIII se concentrasse nos estaleiros de Deutsche Werke, em Hamburgo, e Germaniawerft, em Kiel.

Como especificações fundamentais, temos um deslocamento de 234 toneladas em superfície e 275 submerso. O comprimento era de 34,7 metros, a largura de 3 metros e o calado de 3,7 metros. Em testes oficiais, a velocidade máxima da nave foi calculada em 12,5 nós submerso e 9,7 em imersão. Dispunha de uma considerável autonomia de 4.450 milhas marítimas submerso, a uma velocidade de seis nós em e de apenas 285 em superfície, a uma marcha de quatro nós. Era propulsado por um motor a diesel de MWN de seis cilindros e 630 cavalos-vapor, além de um motor elétrico e 35 cavalos-vapor. Seu armamento era composto por dois tubos lança-torpedos de 533 milímetros sem possibilidade de recarga. Era tripulado por 14 homens.

Sua pequena torre era a única parte do submarino visível em superfície. Por não dispor de escotilha de carga para os torpedos na coberta – já que tampouco havia coberta –, o sistema de carga que foi preparado era bastante engenhoso. Com o submarino em superfície e devidamente lastreado na popa para que a proa sobressaísse da água o suficiente, os dois torpedos eram introduzidos nos tubos de forma manual a partir do exterior, de trás para a frente.

Os submarinos do Tipo XXIII foram projetados para operações de patrulha de curta duração e obviamente dotados de um *Schnorchel*, pois se dava por certo que deviam passar a maior parte de sua navegação sob a superfície. A potência do motor diesel era bem mais modesta, mas, como ocorria nos exemplares do Tipo XXIA, a capacidade de suas baterias melhoradas e o uso do *Schnorchel* tornavam possível a navegação submersa por longos períodos de tempo, algo realmente impensável apenas dois anos antes.

Esses submarinos costeiros tinham padrões de navegabilidade particularmente bons, sendo, para seu tamanho, rápidos e muito manobráveis. O tempo de imersão era também muito curto. No entanto, se este não fosse bem controlado, podia converter-se em um sério problema caso a manobra não fosse realizada com a precisão necessária. De fato, os U-2365 e U-2331 afundaram por acidentes desse tipo. Outro problema acrescentado, não menos importante, era que a teórica profundidade máxima operacional era de 250 metros, quando, na realidade, não era de modo algum seguro ultrapassar os 80 metros.

Com exceção de uma passarela, e diferentemente de outros tipos, as estruturas externas não resistentes foram eliminadas quase em sua totalidade. Tal sistema, além de uma flutuabilidade muito baixa – dado que a diferença entre o deslocamento em superfície e em imersão era de apenas 41 toneladas –, era o que permitia ao Tipo XIII completar a imersão em tempo recorde de entre nove e dez segundos.

Outra das inovações apresentadas pelos submarinos costeiros do Tipo XXIII consistia no fato de que foram os primeiros U-Bootes operacionais em que os torpedos eram lançados com propulsão própria, ou seja, em vez de utilizar uma carga de ar comprimido.

O primeiro Tipo XXIII, o U-2321, foi lançado à água em 17 de abril de 1944, nos estaleiros da Deutsche Werke. Finalmente, um total de 62 unidades entrou em serviço na Kriegsmarine até os primeiros dias de maio de 1945, dos quais unicamente seis tiveram a oportunidade de realizar alguma patrulha de combate, retornando todos sem novidade.

O primeiro a efetuar uma missão de guerra foi o U-2324, que partiu do porto de Kiel em 18 de janeiro de 1945, mas, embora tenha sobrevivido ao conflito, não conseguiu afundar nenhum barco inimigo em sua curta vida operativa. A carreira do U-2322 teve mais êxito, saindo de sua base norueguesa em 6 de fevereiro desse ano, conseguiu afundar o pequeno cargueiro Egholm ao atacar um comboio Aliado em águas da Escócia, no dia 25 do mesmo mês. O primeiro submarino do Tipo XXIII que conseguiu pôr a pique os barcos inimigos foi o U-2336, que, no dia 7 de maio, também em águas costeiras escocesas, afundou os cargueiros Sneland, de 1.790 toneladas de registro bruto, e Avondale Park, de 2.880 trb. Como dado mais relevante, deve-se assinalar que ambos foram os últimos barcos mercantes afundados por um U-Boote na Segunda Guerra Mundial.

Já na década seguinte, dois submarinos Tipo XXIII, o U-2365 e o U-2376, foram restaurados e postos em serviço, rebatizados com os nomes Hai e Hecht. Os dois formariam o núcleo do segundo renascimento da frota submarina alemã, esta vez na modesta Bundesmarine da RFA.

## Os do Tipo XXVI

Depois da capitulação alemã, os serviços secretos dos Estados Unidos, da União Soviética, do Reino Unido e da França iniciaram uma corrida contra o relógio para encontrar o paradeiro do engenheiro Helmuth Walter. Junto ao Reichführer da SS, Himmler, o nome de Walter figurava na lista principal, com prioridade absoluta. No entanto, ninguém o procurava como um criminoso de guerra, apenas como inventor e construtor de submarinos incríveis. Os norte-americanos acabavam de encontrar em Blankenburg um exemplar do Tipo XXVI, os britânicos, outro, o U-1407, do Tipo XVIIB, diante de Cuxhaven. Tal como escreve Brennecke em *Jäger – Gejagete!*:

> O capitão de corveta Chapman era um dos oficiais encarregados de encontrar os submarinos Walter. Diante de Cuxhaven, descobriu um que havia sido afundado pelo tenente Grumpelt. O submarino foi elevado à superfície e transferido para a Inglaterra pelo capitão John Hardey. A tripulação do mercante alemão que o trasladou foi ameaçada com a pena de morte se acontecesse algo ao submarino. O velho capitão do mercante, que não navegava há muitos anos, guiou o barco e o submarino entre os campos de minas colocados diante do porto inglês. Grumpelt foi detido pelos Aliados e condenado a sete anos de prisão por haver afundado os dois submarinos Walters.
>
> O capitão Heller não foi condenado, mas se viu submetido a contínuos interrogatórios. Não sabia nada. Encolhia os ombros cada vez que um oficial inglês lhe falava dos submarinos do Tipo XXVI para fazê-lo entender que os Aliados estavam a par de todos os detalhes graças ao professor Walter, que, enquanto isso, tinha sido transferido para a Inglaterra, e aos desenhos encontrados em Blankenburg.
>
> – Menos mal que esses submarinos já não possam entrar em ação – comentou um dos oficiais ingleses. Não poderíamos ter feito nada contra eles. Se tivessem entrado em ação dois anos antes, a invasão teria sido impossível, e os alemães teriam voltado a atacar, dessa vez, de maneira decisiva na Batalha do Atlântico. Tarde demais.

Menos mal. É preciso agradecer a Deus. Uma pergunta mais, Sr. Heller. O que me diz da localização? O senhor era o chefe do grupo de experimentação, não?

Isso tinha sido tempos atrás. Heller não havia descansado até saber por que os detectores não funcionavam nos testes de uma milha com o U-793. Era impossível, que os dois submarinos, colocados em ambos os extremos do percurso, tivessem estado em ponto morto. No decorrer dos testes, haviam feito uma viagem com o U-793 a Nexö, partindo da Ilha Bornholm, onde eram examinados todos os submarinos com relação aos ruídos no fundo do mar, sobretudo em marcha lenta. O U-793 percorreu a zona de testes. Os detectores não perceberam em absoluto sua presença. Escutaram apenas por um breve período um levíssimo ruído asmático, mas não o típico ruído das hélices.

Heller examinou o submarino a todas as velocidades possíveis. A localização falhou em todas elas. Os ruídos eram tão fracos e indistintos que não se poderia falar em uma localização utilizável. Era algo incompreensível. Algo que nem sequer se havia sonhado. Havia apenas uma explicação: graças à esbelta forma da popa, a água chegava às hélices sem fazer redemoinhos e, por conseguinte, não se ouvia seu típico ruído. À grande velocidade, a mistura de CO fazia esses ruídos emudecerem na água. O CO deixava o submarino pela parte de proa da torre, através de grandes filtros, e envolvia a parte de popa, ou seja, o lugar de onde se originavam os ruídos, em uma mistura de gás e água que fazia diminuir a sonoridade, pois os gases são piores condutores de som do que a água. Continuou sendo comprovado que o novo Tipo XVII se mostrava também menos sensível à localização do sonar graças àqueles colchões gasosos. A maior parte dos raios do sonar era absorvida. Os impulsos eram mais fracos que de costume.

No que diz respeito ao submarino de Tipo XXVI – do qual já havia tratado Alcofar Nassaes –, pode-se assinalar que tinha 56,2 metros de comprimento, 5,45 metros de largura e um calado de 5,95 metros. A cota máxima de imersão foi fixada em 330 metros, sendo a normal de 133 metros. Como sistemas de direção, a popa contava com um timão vertical e outros horizontais detrás da hélice, abaixo dela, além de estabilizadores. A singularidade de seu armamento residia em quatro tubos lança-torpedos à proa e seis laterais em diagonal, apontando para trás, situados no centro. Não levava torpedos de reserva; por isso, uma vez lançados os dez dos tubos, o submarino devia voltar ao porto, já que carecia de outro armamento.

Com motores a diesel, navegava em imersão a 11 nós; com motores elétricos, a dez; com turbinas (motor Walter), rondava os 25 nós, sempre sob a água. A autonomia com motores a diesel alcançava 7.200 quilômetros em velocidade sustentada de dez nós. Podia percorrer 150 milhas marítimas na velocidade máxima. Toda a sua potência diesel chegava a 580 cavalos-vapor, a elétrica a 80 cavalos-vapor, com a turbina Walter a 7.500 cv. A tripulação era de 33 homens.

O Tipo XXVI devia ser uma evolução lógica do Tipo XXI. Idealizou-se também uma versão, a XXVIW, impulsionada por turbinas Walter. No entanto, nenhum dos cem programados (U-4501 ao U-4600) chegou a ser terminado. No final da guerra, diferentes seções de quatro deles (U-4501 a U-4504) foram encontradas ainda em fase de construção nos estaleiros Blohm und Voss.

Tudo isso serve para constatar de modo fidedigno que são os alemães os pais do submarino moderno, os que desenharam os primeiros submarinos feitos para permanecer mais tempo dentro da água do que fora. Pode-se considerar o tipo XXI como o primeiro submarino autêntico, projetado para navegar submerso e emergindo unicamente para carregar baterias, e, até mesmo sem nunca emergir, era possível recarregar as baterias mediante o uso do *Schnorchel*. A Armada da União Soviética se inspirou diretamente nos Tipos XXI e XXVI para seus submarinos a diesel da classe Foxtrot – no código da OTAN –, assim como a França para seus "Daphné", dos quais a Espanha construiu quatro, sob licença, em Cartagena, e hoje estão desativados.

## Torpedos com motor

Com todas as frentes bélicas em franco retrocesso depois do colossal desembarque Aliado na Normandia, o esforço da Alemanha nazista para evitar o colapso final já abarcava todos os campos que iam da química à engenharia metalúrgica, passando pela televisão e pelo rádio. Assim se descobriram novos plásticos e se alcançaram níveis surpreendentes com os meios de detenção navais e aéreos.

Como se necessitava com urgência de torpedos de grande eficácia, a engenharia alemã criou um modelo com motor. A firma Heinkel começou a superar a dificuldade que apresentava uma unidade impulsora graças ao conceito de válvula giratória desenvolvido pela companhia Wankel, que, anos mais tarde, tornaria-se célebre com um motor de gasolina que era completamente giratório. Segundo relata Brian J. Ford:

O projeto era em si muito ambicioso e requeria toda a experiência e técnica alcançadas até o momento nesse terreno para dar solução aos muitos problemas que ele gerava. Em primeiro lugar, um motor de combustão interna havia de ser a resposta, por razões de economia e em virtude do tamanho e peso do torpedo. Mas tinha de funcionar sob a água e, portanto, não podia receber ar para o seu funcionamento: tinha de alcançar o rendimento máximo no menor tempo possível e bastante automaticamente; tinha de ser capaz de deslocar um volumoso torpedo a 75 quilômetros por hora ou mais e, por limitações de tamanho, tornava-se impossível o uso de sistemas de válvulas convencionais.

As bielas, os rolamentos, mecanismos de transmissão, etc. teriam de ser bastante robustos para suportar o grande esforço representado por um rápido arranque partindo do frio – digamos que do arranque até o funcionamento pleno do motor deviam transcorrer apenas dois segundos –, e a situação do motor tinha de permitir acesso fácil para as revisões em questão de minutos. A resposta a esses problemas foi o motor Jumo KM 8. Em vez de ar, aproveitava seus próprios gases de escape para a combustão, mais oxigênio e gasolina; em vez de válvulas e balancins convencionais na culatra dos cilindros, levava placas planas que abriam os orifícios de admissão e escape sincronizados com o giro do motor.

O motor tinha oito cilindros dispostos em V, refrigerados com água, com uma razão de compressão 6,6 para 1 e uma capacidade de 4,34 litros. A unidade completa pesava 204 quilogramas, e seu rendimento máximo em banco de testes era de 25 cavalos-vapor a 4.360 rotações por minuto. Era munido de um ímã duplo Bosch ZI 8, um par de bugias Bosch em cada cilindro – bugias padrões de aviação W 240 – e um carburador simples de injeção única. Levava uma bomba dupla de combustível Graetz AG tipo ZD 53 com um rendimento máximo de 46 litros por hora. A carcaça era de uma revolucionária liga de alumínio com pequenas quantidades de silicone, manganês, magnésio, cobre, zinco e titânio.

O bloco do motor era de uma única liga, e, como na maioria dos motores modernos em V, havia uma pequena almofada principal entre cada uma das moentes do virabrequim. Usava-se água pressurizada proveniente de uma bomba capaz de impulsionar 292 litros por minuto para refrigerar as superfícies altamente aquecidas pela ação explosiva do oxigênio sobre o combustível, e as válvulas demonstraram ser capazes de suportar o grande esforço desenvolvido apesar da simplicidade do seu projeto e construção. O motor funcionou na área de testes – com ar no lugar do oxigênio e gases de escape por um espaço de mais de 50 horas sem que se apresentasse nenhuma anomalia, de onde se deduz que o engenho alcançou um êxito maior do que se esperava a princípio.

Era uma obra-prima de engenharia, e é certo que teria se constituído em uma arma secreta perigosíssima se o torpedo houvesse sido terminado. Mas, como tantas outras vezes ocorreu na organização nazista, o desenvolvimento foi abandonado. A princípio, fez-se um pedido de cem dessas unidades para entrega no início de 1945, mas foi cancelado de última hora. Dessa forma, o governo pôs fim a oito anos de trabalho. E alguém poderia dizer, para grande benefício dos Aliados.

Contudo, os progressos da tecnologia alemã em tempo de guerra não se detinham, já que foram estudados torpedos impulsionados por foguetes em uma empresa onde o capitão de corveta Walter – irmão do célebre engenheiro – era diretor comercial; mas o projeto foi abandonado por causa do rastro muito considerável deixado pelo engenho destruidor e por ser incompleta a combustão. Mais êxitos obteve a firma Raegerwek, de Lübec, que preparou paraquedas equipados com oxigênio e fluidos contra embaçamento para os para-brisas dos aviões, em meio a uma impressionante gama de invenções tecnológicas.

# Capítulo 24

# A bomba "desagregadora"

Enquanto nas ruas da Alemanha se falava das maravilhosas armas "V" que provocariam uma reviravolta espetacular nas operações militares, a boataria popular mencionou aviões mais rápidos que os próprios projéteis que disparavam e que, por causa disso, tinham de ser disparados por trás... Também se falava de bombas tão colossais que seriam capazes de dispersar de um só golpe divisões blindadas inteiras ao explodir sobre elas o ar comprimido contido nas carcaças daqueles artefatos. Este último era fantasia ou realidade?

O jornalista italiano Luigi Romersa, do diário *Il Corrieri Della Sera*, que será testemunho direto de um teste espetacular, oferece uma pista. Esse jovem correspondente fora enviado por Mussolini para estudar os avanços alcançados pelas armas secretas alemãs. É o que conta seu livro *Le armi segrete di Hitler* – no qual, apesar do título, dá muito mais importância ao armamento italiano que ao alemão – entre as páginas 48 e 50, que a seguir é transcrito na íntegra:

> De todo modo, o ponto forte do novo arsenal bélico germânico era a denominada "bomba desagregadora", ou seja, a bomba atômica, da qual, muito por cima, Hitler havia falado com Mussolini por ocasião do seu encontro em Klessheim. Esse mesmo instrumento, com uma carga colocada na terra, foi testado em Rügen, uma ilha do Mar Báltico, na qual um "nebuloso" grupo italiano, que, depois de 8 de setembro, havia optado pela República Social Italiana, tinha a missão complicada de ocultar a base ultrassecreta.
>
> O plano alemão em questão era elementar; na frente russa, produzia-se uma grande ofensiva aérea de aligeiramento; em seguida, seria lançada uma "bomba desagregadora" sobre as linhas soviéticas como sinal de aviso para os Aliados ocidentais enviados para lá e, desse modo, se abririam as negociações de paz.

Na noite entre o dia 11 e 12 de outubro de 1944, acompanhado por dois oficiais, parti em direção a Rügen, no norte de Berlim, entre Stettin e Hamburgo, zona onde se realizavam experimentos especiais. Os dois oficiais me comunicaram que, quando voltasse daquela viagem, o ministro Goebbels me receberia em pessoa. Chovia intensamente, e o céu estava carregado de nuvens.

Rügen, situada na costa báltica, era um centro experimental, onde se testavam as novas armas; um local muito vigiado, ao qual era proibida a entrada de toda pessoa que não apresentasse um salvo-conduto especial. Na ilha, havia oficiais e técnicos, que nos levaram até uma região cheia de árvores. Em uma encosta ampla, encontravam-se construções de pedra e alguns *bunkers* de cimento. Por uma porta metálica, tivemos acesso a uma pequena torre blindada que estava meio enterrada.

– Agora vamos assistir a um teste de bomba desagregadora – disse um dos meus acompanhantes. É o explosivo mais potente já descoberto.

Olhava o relógio e esperava impaciente a hora do experimento. Meio-dia. Nossa atalaia se encontrava a alguns quilômetros da zona onde ocorreria a explosão.

– Teremos de permanecer aqui dentro – disse um dos oficiais – até o entardecer. A bomba, depois de explodir, emana radiações que podem provocar danos muito graves. Seu raio de ação é muito mais extenso que o das bombas normais. A destruição é total em pelo menos dois quilômetros...

A chuva caía com veemência. Através do vidro que cobria a ranhura do refúgio, só se viam árvores, erva, terra e folhas em decomposição. De repente, uma voz vinda de um alto-falante posicionado em cima do teto nos comunicou a hora exata para que acertássemos nossos relógios. Dali a um instante, um estrondo repentino fez tremer as paredes do esconderijo, depois se estendeu pela campina uma densa nuvem de fumaça acompanhada por um resplendor deslumbrante que nos ofuscou. Olhávamos o comportamento da nuvem, que avançava densa, com os olhos grudados às seteiras. Engoliu-nos. Depois do grunhido de outras explosões, cessou todo tipo de ruído... Um silêncio profundo, amedrontador, nos deu a sensação de termos sido arrancados do mundo pela raiz.

Um dos oficiais, um coronel do Heerswaffenamt, ou seja, o serviço encarregado da preparação dos armamentos, rompeu o silêncio e disse, elogiando a potência da bomba recém-explodida, que, uma vez lançada a arma sobre as tropas de invasão ou sobre uma cidade inimiga, por meio de seu sopro de fogo, ela obrigaria os inimigos a considerar se não seria mais conveniente pôr fim à guerra de uma forma razoável do que continuar se matando em vão.

– Depois de longas e duras experiências, conseguimos criar uma arma que, com intervenções científicas adequadas e conscienciosas, poderá ser lançada de um determinado avião. A arma foi terminada por um conjunto de cientistas pertencentes a diferentes estabelecimentos que o inimigo, consciente da importância deles, havia bombardeado repetidas vezes, mas sem conseguir causar danos ao de Peenemünde. Dentro de seis ou sete meses, disporemos das primeiras bombas construídas em série e prontas para ser empregadas de acordo com um plano de contra-ataque estudado nos mínimos detalhes...

Ao longo de 1947, Luigi Romersa relatou suas experiências a várias revistas militares europeias, ainda que se desse pouca credibilidade a essa suposta "bomba desagregadora" do III Reich.

Nesse mesmo ano, foi publicado em Paris *Les armes secrètes allemandes*, obra de Albert Ducrocq, cientista, jornalista e escritor que recebeu a Legião de Honra e as máximas condecorações científicas da França. Falamos de alguém que, em 1943, foi encarregado pelo governo dos Estados Unidos de espiar as novas armas secretas do III Reich. Quatro anos depois, era lançado o livro que escreveu sobre esse tema, mas desapareceu das livrarias depois de ser reeditado uma vez em 1948. Vale ressaltar que, hoje em dia, é um livro "maldito" para os historiadores da Segunda Guerra Mundial.

Em *Les armes secrètes allemandes*, o autor assinalou que a Alemanha dispunha de várias bombas atômicas no inverno de 1944 a 1945. Mais ainda, que as tinha prontas para ser lançadas, por meio de bombardeiros à reação e mísseis, sobre os Estados Unidos, o Reino Unido e a União Soviética. A única coisa que deteve Hitler, sempre segundo Ducrocq, foi o temor de uma apocalíptica resposta Aliada com gases. O ataque químico massivo podia custar a vida de não menos que 30 milhões de alemães, segundo os cálculos mais aproximados que foram feitos em Berlim.

Muitos anos depois, em janeiro de 2005, um homem de trajetória acadêmica sólida – autor de diversos livros sobre a mineração de urânio e a indústria petrolífera –, o físico alemão Rainer Karlsch, publicava seu controvertido ensaio *Hitlers Bombe*, que uma editora de Munique colocou nas livrarias com muito alvoroço ao anunciar que continha grandes revelações sobre Adolf Hitler e a bomba atômica. O também historiador berlinense afirmou em suas páginas que o *Führer* chegou a dispor de uma "minibomba atômica", o que ocupou manchetes, não apenas sensacionalistas, na imprensa alemã.

Apesar de diversos entendidos na matéria terem reconhecido nessa obra do catedrático da Universidade de Berlim dados interessantes e até agora realmente desconhecidos, a maioria carece de provas que avalizem essa tese revolucionária. Não faltou quem afirmasse que não se tratava de outra coisa além do afã de causar sensação e boas vendas; tudo isso em um ano no qual o mundo inteiro olhava para a Alemanha pelas efemérides do 60º aniversário do fim da Segunda Guerra Mundial.

O incansável Karlsch assegurou que o grupo de físicos formado em torno de Karl Diebner teria realizado até três testes nucleares com bombas atômicas. Tais ensaios causaram cerca de 500 vítimas e ocorreram no fim da guerra, o primeiro no outono de 1944, na ilha báltica de Rügen – onde Romersa foi a testemunha excepcional –, e os outros em março do ano seguinte, na Turíngia, perto do campo de concentração de Buchenwald. Além disso, chamava a atenção a mudança na terminologia empregada pelo próprio Karlsch; se no início se falou de uma bomba, depois era uma minibomba e, na apresentação do livro, "granadas atômicas".

Sabemos que os físicos alemães de maior destaque interrogados pelas forças Aliadas ao chegar o armistício, Werner Heisenberg e Carl Friedrich von Weizsäcker, deixaram claro que seu país estava muito longe de poder usar uma bomba atômica e que eles jamais construíram para Hitler algo semelhante à bomba de Hiroshima. No entanto, Karlsch sustentava, em seu *Hitlers bombe*, que o primeiro reator nuclear nazista ficou pronto no início de 1945 nas redondezas de Berlim. Uma explicação possível seria que não era o grupo em torno do eminente Heisenberg, que, na realidade, encarregou-se do assunto, mas outro menor e muito menos conhecido.

A tese formulada por Karlsch entreteve toda a imprensa por uma semana. Como exemplo, deve-se assinalar como o *Der Spiegel* sustentou que o único problema do *Hitlers bombe* era que seu responsável "não pode provar suas teses espetaculares". Ainda de acordo com esse semanário, as testemunhas a que Karlsch se referia não eram confiáveis ou o que contavam não era de primeira mão. Para essa bem-sucedida revista, os "supostos documentos-chave" que o físico berlinense apresentava podiam ser interpretados de diferentes maneiras, além do que os cálculos elaborados por encargo do autor do polêmico ensaio nos lugares de testes não eram de nenhum modo conclusivos.

Na outra face da moeda, Dieter Hoffmann – pesquisador do Instituto Max Planck de Berlim para História da Ciência – defendeu abertamente a costumeira seriedade de Karlsch e reconheceu de passagem o minucioso trabalho deste na revisão de fontes documentais soviéticas. E, embora tenha ressaltado que a fusão de urânio fosse de conhecimento dos físicos a serviço do regime hitleriano, não acreditava que tivessem chegado a utilizar uma bomba atômica, nem sequer algo muito menor como uma granada nuclear. A essa opinião somou-se a de Gerd Fussmann – físico da Universidade Humboldt de Berlim –, que colocava em dúvida a existência da bomba atômica em poder da Alemanha nazista. Também ressaltou que a tese de Rainer Karlsch se baseava única e exclusivamente em documentos suscetíveis a diversas interpretações. E mais ainda, pois Fussmann diminuiu a importância das declarações dos testemunhos, carentes de maior conhecimento de causa. No entanto, o autor de *Hitlers bombe* teimou em reafirmar que a Alemanha nazista fabricou pelo menos protótipos de bombas atômicas.

E, falando de outro tema sobre o qual, em Washington, D.C., ainda não deram explicação satisfatória, está a questão de como os Estados Unidos puderam dispor de tanto plutônio e urânio enriquecido para fabricar três bombas atômicas: a que foi testada em Alamogordo e as posteriormente lançadas sobre Hiroshima e Nagasaki. Carter P. Hydrick, um americano, expôs sua teoria sobre isso no livro *Critical mass: the real story of the atomic bomb and the birth of the nuclear*. Amparado em documentação cabal, conta a derradeira história do submergível U-234, do Tipo VII (XB).

Esse U-Boote – de 1.763 toneladas de deslocamento em superfície – havia zarpado em segredo do porto norueguês de Kristiansand rumo ao Japão, cumprindo assim ordens diretas de Heinrich Muller, chefe da Gestapo, e também do próprio Hitler. Devia transportar as novas tecnologias bélicas da Alemanha e especialmente o material que permitiria ao Exército nipônico dispor da arma definitiva, a bomba nuclear. Quando o III Reich assinou a rendição incondicional, o submergível se encontrava no Atlântico Norte. Como passageiros excepcionais, além de vários oficiais da Lutwaffe, figuravam dois oficiais japoneses que se suicidaram quando o capitão Fehler lhes comunicou a histórica notícia em 10 de maio.

Depois de manter ásperas discussões a bordo do U-235, porque sua tripulação não sabia o que fazer, esse submergível foi capturado dois dias mais tarde por dois destróieres da US Navy. Em 16 de maio de 1946, seria obrigado a entrar no porto de Portsmouth, em New Hampshire, Estados Unidos. Pouco mais tarde, a notícia de que essa unidade subaquática transportava armas secretas apareceu na imprensa da Nova Inglaterra. Não

*À esquerda, a fotografia mostra o U-234 depois de se render, sendo escoltado até Portsmouth, em New Hampshire. A foto da direita mostra o destino do submergível.*

podia ser de outro modo, pela carga que levava. Esta pôde ser conhecida graças à rede de televisão CNN, que divulgou, em 1983, um documento secreto do arquivo da United States Naval. A bordo do U-234 ia parte do que havia de mais sofisticado na ciência alemã, começando por um caça à reação Me 262A-1 Schwalbe, espoletas de proximidade, mísseis de diversos tipos – até mesmo componentes da V-2 –, radares, equipamentos eletrônicos, além de medicamentos para combater a malária. Mas o mais importante era que, entre as 240 toneladas de carga, havia algo muito relacionado com a energia atômica: 560 quilogramas de óxido de urânio enriquecido, além de outros componentes destinados à incompleta bomba atômica de Hitler. Como meia tonelada desse material contém apenas quatro quilogramas do isótopo explosivo do urânio de peso atômico 235 (U-235), seriam necessários entre 50 e 60 quilogramas para criar uma bomba bastante similar à que destruiu Hiroshima.

Sabe-se que, em maio de 1945, o desespero mais profundo invadia os responsáveis máximos pelo Projeto Manhattan e que há meses tinham renunciado à construção de uma bomba de urânio 235 com a falha do sistema de enriquecimento, e isso apesar de ter sido produzida quantidade suficiente de plutônio 239 – em torno de 15 quilogramas –, mas não encontravam uma forma de fazer a bomba de plutônio explodir. Como resultado dessa situação crítica, muitos políticos exigiram o fim imediato dos gastos exorbitantes que aquela pesquisa interminável provocava. Não obstante, como se se tratasse de uma brincadeira do destino, os Estados Unidos da América dispunham de improviso de tecnologia e de urânio suficiente para fabricar as bombas que arrasariam as duas cidades japonesas. Sendo assim, os norte-americanos nunca explicaram de que forma encontraram a quantidade necessária de urânio enriquecido para fabricar a bomba de Hiroshima – a denominada *Little Boy* – e tampouco revelaram como completaram a de Nagasaki – a denominada *Fat Man* –, de plutônio. Mais, ainda hoje em dia, continuamos sem saber o destino dos outros dez submarinos da Kriegsmarine que, carregados com tecnologias de última geração, zarparam até o coração do Império do Sol Nascente.

# Capítulo 25

# "Bolas de fogo" sobre a Alemanha

Beirando o terreno da ficção científica, o jornal britânico *The South Wales Argus* publicou – pelas mãos de Marshall Yarrow, correspondente da agência Reuters no supremo quartel-general Aliado em Paris –, em 13 de dezembro de 1944, uma reportagem interessante sobre as insólitas "bolas de fogo". Nessa reportagem, entre outros detalhes, afirmava-se o seguinte:

> Os alemães fabricaram outra arma secreta, o que parece uma arma defensiva aérea, similar às bolas de cristal que adornam as árvores natalinas. Foram suspensas no ar sobre o território alemão, umas isoladas e outras em grupo, de cor prateada e, às vezes, transparentes.

Por sua vez, a Associated Press afirmou, em 2 de janeiro de 1945, nas páginas do jornal *The New York Herald Tribune:*

> Parece que os nazistas projetaram uma novidade pelo céu noturno da Alemanha: os misteriosos *foo fighters* que correm pelas asas dos bombardeiros que sobrevoam a Alemanha. Há mais de um mês que os pilotos, em seus voos noturnos, se encontram com essas armas fantásticas que, ao que parece, ninguém sabe o que são. Os balões de fogo aparecem repentinamente, acompanham os aviões durante quilômetros, provocam interrupções elétricas e de radar nas aeronaves e depois desaparecem tão rapidamente quanto chegaram.

Muitos anos depois, a mitologia óvni considerou durante muito tempo que essas "bolas de fogo" tinham origem extraterrestre. Mas nada podia estar mais distante da realidade. Ocorreu em fins de 1944, quando a campanha Aliada de bombardeio sistemático de cidades e indústrias alemãs era mais violenta. Os *foo fighters*, ou combatentes de fogo, apareceram para perturbar os aviões inimigos de observação.

Sendo assim, no princípio, os tripulantes desses bimotores falaram dessa novidade como chamativas cargas de eletricidade estática. Mas essa teoria exótica foi imediatamente refutada ao ser comprovado que as estranhas "bolas de fogo" se erguiam da terra até o avião de reconhecimento.

Os especialistas britânicos e norte-americanos em armas aéreas acreditaram que se tratava de artefatos de origem alemã ou japonesa, preparados para obstruir os sistemas de ignição dos aviões Aliados. À parte disso, certos informes – não confirmados oficialmente em Londres e Washington, D.C. – insinuavam que aqueles objetos haviam sido fabricados pelo inimigo para a guerra psicológica. Um aspecto incompreensível dos *foo fighters* era que os radares situados em terra não os detectavam.

O certo é que tanto o comando supremo da 8ª Força Aérea dos Estados Unidos – com aeródromos à sua disposição no Reino Unido para lançar ataques devastadores à Alemanha – como os da Royal Air Force viram-se impotentes para explicar coerentemente o extraordinário caso das "bolas de fogo", até reconhecer oficialmente que, mais uma vez, eram armas secretas alemãs. O quartel-general conjunto de Londres – que concedia uma entrevista à imprensa – resumiu taxativamente o tema como uma "alucinação coletiva", em abril de 1945, pondo um ponto final no assunto. Com essa justificativa antológica, passou por cima dos depoimentos dos próprios aviadores e dos numerosos instantâneos obtidos.

Nenhum chefe do Alto Comando Aliado desejava admitir que se enfrentava uma tecnologia tanto superior como desconhecida. Mesmo assim, ninguém da USAAF nem da RAF quis comentar depois que, no início de maio, pouco antes da capitulação do III Reich, produziu-se a última visão noturna das "bolas de fogo", fato ocorrido na margem oriental do Pfälzerwald, quando os pilotos, assombrados, viram uma formação triangular composta por cinco balões alaranjados.

No entanto, Ralph Blum incluiu em seu livro, *Beyond Herat: Man's contact with UFOs*, um informe do Departamento Técnico de Inteligência dos Estados Unidos do ano de 1944, no qual se pode ler:

> Recebemos notícias alarmantes de diferentes fontes sobre os bombardeiros que retornam da Alemanha queixando-se de misteriosas paradas em seus motores... Depois de uma discussão entre especialistas de Inteligência, concluímos que os alemães estavam usando uma nova arma secreta que transtornava os sistemas elétricos de nossos bombardeiros.

Sabia-se que os *foo fighters* subiam do solo em direção ao avião de observação inimigo e costumavam danificar o sistema de ignição da aeronave. Em um informe confidencial da USAAF – nunca reconhecido oficialmente –, foi dito que a ação havia provocado a queda de alguns aviões de reconhecimento. A partir daí, começaram a surgir diversas teorias com o propósito de dar tranquilidade aos pilotos Aliados. Dessa forma, ainda que, na imprensa Aliada, tenham aparecido repetidamente notícias sobre os *foo fighters*, a maioria delas se limitou a destacar, com suspeita insistência, a aparência de luzes inofensivas daquelas estranhas "bolas de fogo", que tantas vezes se aproximavam dos aviões da USAAF e da RAF.

O tamanho das chamadas "bolas de fogo" costumava variar. Segundo os aviadores britânicos e norte-americanos que as observavam com surpresa, às vezes, eram como uma bola de basquete, outras vezes, chegavam ao tamanho de um balão gigantesco. Todas eram mesmo muito velozes, e sua cor costumava variar. Em algumas ocasiões, eram de um vermelho intenso, passando para o alaranjado, branco, prateado ou azul. Os depoimentos dos pilotos Aliados entrevistados falam de um comportamento desconcertante para essa época, dado que os *foo fighters* pareciam se enganchar a qualquer avião e segui-lo sem problemas. Mais ainda, realizavam manobras impossíveis para qualquer avião de então, e os aeroplanos Aliados nunca conseguiam escapar de seus rápidos movimentos.

Os *foo fighters* começaram a ganhar fama depois que foram avistados em novembro de 1944. Um bimotor do 415º Esquadrão de Caça Noturna da USAAF decolou do aeródromo francês de Dijon às 22 horas. Era tripulado por três tenentes: Ed Schlueter, piloto; Donald J. Meiers, observador de radar; e Fred Ringwald, da Inteligência. Já perto da cidade de Estrasburgo, ao norte do Reno, o último oficial distinguiu de longe entre oito e dez luzes alaranjadas que voavam com extraordinária rapidez. Acreditando que se dirigissem ao seu aeroplano, Ringwald deu voz de alarme, e todos se prepararam para entrar em combate. Mas as estranhas luzes, as quais todos tomaram por uma nova arma antiaérea alemã, se desvaneceram por completo, de modo que aquilo virou uma anedota. Para a história das "bolas de fogo", é preciso ressaltar que o radarista Meiers foi o primeiro a chamá-las de *foo fighters*.

Essa denominação surgiu nos Estados Unidos, por um quadrinho muito famoso chamado *Smokey Stover*, no qual o protagonista conduzia um automóvel voador batizado desse modo. Além disso, ao referir-se ao fogo, usava a expressão *foo*. Por isso, em uma tradução correta, ainda que não literal, podemos chamar os *foo fighters* de "combatentes de fogo".

Em dezembro de 1944, a imprensa internacional repercutiu a existência dos *foo fighters*. A notícia foi crescendo nas páginas dos jornais, como o londrino *The Daily Mail*; o *Sydsvenska Dagbladet Snällposten*, de Estocolmo; e *The New York Times*, este no dia 14. Justamente uma semana depois o mesmo periódico afirmou que não haviam sido detectados efeitos nas estranhas esferas de prata.

A revista *American Legion Magazine* recolheu vários depoimentos – publicados na edição de dezembro de 1945 –, apontando na reportagem que os *foo fighters* eram uma nova máquina alemã teleguiada para desorientar o radar dos aviões inimigos. Em sua reportagem "O mistério dos *foo fighters*", Jo Chamberlin, que havia reunido as descrições de vários pilotos, assinalou que estes haviam observado estranhas luzes voadoras com as mais surpreendentes características.

Segundo escreveu Chamberlin – que cometeu o erro de misturar diversos elementos voadores sob o termo comum *foo fighters*, fazendo com que os primeiros ufólogos iniciassem um caminho de pesquisa errado –, as "bolas de fogo" haviam sido vistas na Itália, na Tunísia, na Noruega, na China, no Japão e também em diversas áreas do Pacífico, exatamente onde atuavam as forças do Eixo Berlim-Roma-Tóquio em defesa de seu espaço aéreo. Isso é algo do qual os ufólogos de todo o mundo tratam sempre de se esquivar, porque não lhes convém a origem humana dos lendários *foo fighters*.

Os mais fanáticos "profetas" dos óvnis quiseram nos convencer do boato de que os *foo fighters* eram capazes de atravessar a fuselagem dos aviões Aliados, oferecendo assim mais uma prova da suposta origem extraterrestre daqueles. A realidade era muito mais simples que isso, dado que alguns pilotos, ao sentir que eram objeto de uma tenaz perseguição por parte dessas surpreendentes "bolas de fogo", tentaram desviar delas. Na gíria particular usada pelos aviadores, empregava-se a expressão *through the gate*, que quer dizer "atravessar a porta", e sempre em referência à manobra de evasão levada a cabo quando o motor atinge o limite de suas forças. No entanto, os ufólogos, ignorantes desse jargão militar, tomaram-no pela ideia de que os *foo fighters* eram bem capazes de realizar aquele incrível prodígio.

Para desencanto dos ingênuos que bebem nas fontes mais inverossímeis da ufologia, devemos destacar que as chamadas "bolas de fogo" de modo algum podiam atravessar as fuselagens dos aeroplanos, porque eram de metal. Leiamos, pois, Chamberlin, quando explica o caso de um piloto que havia descoberto um *foo fighter* a oeste de Neustadt: "uma bola dourada, com uma extremidade metálica, que parecia se mover lentamente pelo ar".

Outro jornalista, Andy Roberts, encontrou-se com um atirador de metralhadora dos B-17 da USAAF, que disparou uma rajada de balas contra uma "bola de fogo". Os restos dela passaram muito perto de seu aeroplano. Há muitos aviadores que foram testemunhas de que aquilo era algo material. O capitão Frank Robinson foi quem descreveu o *foo fighter* que se elevava do solo como "bolas de Kraut" e também como "uma lata de cerveja furada".

Na *American Legion Magazine*, Jo Chamberlin reuniu principalmente os depoimentos dos aviadores que haviam combatido nos céus do Velho Continente, deixando muito claro, desde o princípio, que as "bolas de fogo" eram uma arma secreta alemã, e o que ocorreu ao final: "Os *foo fighters* simplesmente desapareceram quando as forças de terra Aliadas tomaram a área leste do Reno. Esta era conhecida como a localização de muitas estações experimentais alemãs".

Adiantando-se à férrea censura militar, esse jornalista anunciou que a verdade oficial "pode ser ocultada com êxito por muitos anos, possivelmente para sempre".

Com efeito, pois ainda estamos esperando que o Pentágono e o Ministério de Defesa do Reino Unido publiquem os documentos depois de tantos anos.

*Duas estranhas bolas de fogo em ação durante uma incursão aérea Aliada sobre a Alemanha.*

Naquele dia, foi dito que somente os próprios alemães poderiam esclarecer o mistério das "bolas de fogo". No momento, sabemos apenas de uns microfilmes – rolos numerados como A-1.007-1.652 e A-5.729-

2.040 – da US Air Force que estão guardados na base aérea de Maxwell, no Alabama, com o título de *An evaluation of german capabilities in 1945*. Ali podemos ver o depoimento direto dos aviadores, dos fugitivos e dos prisioneiros de guerra. Assim, as *foo bombs* foram descritas como uma nova arma secreta que era lançada a partir dos aeródromos da Luftwaffe. Era controlada da terra, por rádio, e o mesmo a partir de aeroplanos com motor à reação. A missão desses artefatos consistia em fazer os motores dos aviões inimigos parar mediante interferências. Não obstante, afinal nunca se mostraram suficientemente efetivas, dado que eram necessárias de 100 a 200 *foo bombs* para atacar com garantias de êxito uma formação compacta de quadrimotores de bombardeio. Mais uma vez, a Alemanha ficou sem margem de tempo para produzir um número suficiente dessas espetaculares "bolas de fogo".

Se restava alguma dúvida, a revista *Waffen-Revue* – no número de janeiro de 1983 – publicou uma grande reportagem sobre os últimos anos da Segunda Guerra Mundial. Em um trabalho muito documentado, sob o título geral de *Die geheimste Waffedes 2. Weltkrieges: Motorstoppmittel*, ficou demonstrado que a Alemanha estava pesquisando e desenvolvendo interruptores bloqueadores para alterar a ignição dos motores de aviação inimigos.

Em 30 de dezembro de 1998, dois pesquisadores espanhóis, José Lesta e Miguel Pedrero, conseguiram entrevistar um antigo cabo da SS: A. Haberstroh. As conclusões saíram no livro *O enigma nazista. O segredo esotérico do III Reich*, de autoria do primeiro deles e de Iker Jimenez. Referindo-se às instalações ultrassecretas de Peenemünde, o militar nacional-socialista disse:

> [...] tudo o que vi foram os foguetes V em diversas versões, cada vez maiores, e alguns testes dessas bolas que os caças carregavam... Sim, os aviões à reação levavam essas bolas na barriga... Lançavam-nas contra as esquadrilhas inimigas, incendiando-se como bolas de fogo no ar.

## A *Feuerball* da Luftwaffe

O serviço de Inteligência da Luftwaffe não havia informado aos seus próprios pilotos de caça noturna sobre esses voos secretos das estranhas "bolas de fogo", e assim estes as tomaram sempre por uma arma secreta Aliada. Mas o engenheiro aeronáutico italiano Renato Vesco – que, em 1968, trouxe à tona seu clássico livro *Intercettateli senza sparare*, expondo a questão de que os óvnis são, na realidade, aeronaves terrestres secretas –

enfrentou o escabroso assunto dos *foo fighters*, expondo alguns casos de aparições e desenvolvendo sua tese sobre as armas secretas do III Reich. Leiamos, pois:

> Em 27 de novembro de 1944, nos arredores da cidade de Speyer, os pilotos Giblin e Clerry cruzaram com uma enorme e ardente luz alaranjada que voava a uma velocidade de cerca de 800 quilômetros por hora, a algumas centenas de metros por cima da vertical do caça [...]. "Às 6 horas do dia 22 de dezembro, a 10 mil pés de altitude, perto de Hagenau, duas luzes alaranjadas muito grandes e brilhantes se elevaram rapidamente do solo até nós. Já no alto, seguiram nosso aeroplano com um controle perfeito (de operadores terrestres). Ao se afastar, seu fogo pareceu extinguir-se."

O resto do parecer tinha sido censurado. Obviamente, mencionava a imprevista "doença" do radar de bordo. Apenas duas noites mais tarde, os mesmos pilotos, depois de ter atravessado o Reno, foram assaltados por um flamejante balão avermelhado que, de súbito, segundo seu depoimento, "se converteu em uma espécie de aeroplano que, na parte superior, estava construído como uma asa. Então, voltou-se de lado, planando, e desapareceu". Ali também havia outros parágrafos vetados pela censura militar.

Partindo de informes de voo oficiais como os expostos e do fato de que os Aliados tivessem encontrado peças que indicavam a construção das *Feuerball*, Vesco negou em seu livro que tais casos, ao menos em sua maior parte, tivessem explicação natural, eletrostática ou eletroatmosférica, tal como fogos de santelmo, raios globulares, etc. Tampouco podia valorizar a hipótese de que fossem os novos caças à reação alemães, porque nenhum deles deixava o rastro luminoso observado em algumas das "bolas de fogo". Pelo contrário, esse transalpino identificava diretamente os *foo fighters* como a única coisa que podia ser, na realidade, isto é, uma assombrosa arma secreta antirradar cuja história serviu para ocultar segredos técnicos e militares:

> No outono de 1944, em Oberammergau, na Baviera alpina, um centro experimental patrocinado pela Luftwaffe, em O.B.F., teria concluído uma série de pesquisas relacionadas a aparelhos elétricos capazes de interferir no funcionamento dos motores, até a um máximo de 30 metros de distância, mediante a produção de intensos campos eletromagnéticos. Danificando o circuito de ignição dos motores de um aeroplano, provocaria infalivelmente a queda deste. Para tornar a invenção eficaz na prática, os técnicos alemães se propunham, no entanto, a pelo menos triplicar o raio de ação da arma; mas, quando

o conflito terminou, os experimentos em tal sentido tinham sido apenas esboçados. Entretanto, como subproduto dessas pesquisas para seu imediato emprego bélico, outro centro, regido em conjunto pelo Ministério de Speer e pelo Estado-Maior Técnico da SS, havia adaptado a ideia do "estorvo radiofônico de proximidade" à interferência sobre os muito mais delicados e vulneráveis dispositivos eletrônicos dos caças noturnos norte-americanos.

Assim, havia nascido uma máquina voadora original, redonda e blindada, mais ou menos semelhante ao casco de uma grande tartaruga. Seria movida com um motor especial de reação, também aplanado e circular, que lembrava como princípio físico a famosa eolípila heroniana e gerava um vasto halo de chamas muito luminoso. Por isso, havia sido chamada *Feuerball* (bola de fogo). Não levava armas nem pilotos. Teleguiada no ato de decolar, depois seguia automaticamente os aparelhos inimigos.

A *Feuerball* que Vesco analisa foi construída pela primeira vez em uma fábrica aeronáutica localizada em Wiener Neustadt e, sobre ela, esclareceu mais coisas:

> A auréola vermelha que a rodeava – consequência de uma mistura de combustível muito custosa – e os aditivos químicos que interrompiam o fluido elétrico ao ionizar excessivamente a atmosfera em torno do avião – geralmente junto às pontas das asas ou na superfície da cauda – submetiam o radar H2S do avião à ação de poderosos campos elétricos e de impulsos eletromagnéticos.

A Alemanha conseguira dominar a tecnologia de propulsão eletrogravitacional, obtendo assim maior possibilidade de manobra e velocidade nos artefatos voadores desenvolvidos para interferir no voo dos bombardeiros Aliados. Sob controle severo de tropas muito especializadas da SS, foi preparado em Neustadt, distrito da Baviera, o projeto de construção das *Feuerballs*. Eram guiadas por meio de ondas de rádio até chegar a uma centena de metros das fechadas formações aéreas inimigas. Depois se guiavam sozinhas até os sensores de ondas infravermelhas que buscavam a fonte de calor emitida pelos motores dos aeroplanos norte-americanos ou britânicos. Sua função de ataque destruía de forma automática o radar contrário, deixando os tripulantes de cada quadrimotor sem orientação operacional e, diríamos, quase à deriva.

De acordo com Renato Vesco, os princípios básicos da "bola de fogo" foram sendo aplicados depois a uma nave muito maior, circular e simétrica. Batizada de *Kugelblitz* ("bola relâmpago"), devia se elevar de forma vertical graças a um motor à reação.

Além disso, um jornal de tendência social-democrata de Estocolmo, o *Aftontidningen,* anunciou, em 6 de dezembro de 1944, o nascimento de uma nova arma secreta alemã. Era do tipo antiaéreo e foi chamada de "congelador". De fato, era calculada para frear, com o frio que produzia, os motores dos bombardeiros norte-americanos e britânicos, mas seu uso efetivo não passou dos testes iniciais.

# Capítulo 26

# As primeiras naves discoidais

Esses incríveis engenhos voadores do III Reich merecem uma consideração especial, embora os Aliados, de certa forma, tenham manipulado a informação, ao incluí-los no mesmo grupo dos *foo fighters*; isso produziu, no decorrer das décadas seguintes, uma confusão intencional. Não estamos falando de ficção científica nem tampouco de absurdos como que Hitler teria recebido ajuda de extraterrestres, como diziam e ainda dizem os ufólogos mais fanáticos para iludir as mentes mais ingênuas. Nada está mais longe da realidade do que isso. O caso é simples: as tropas que ocuparam a Alemanha encontraram assombrosos planos e esquemas de armas secretas que ultrapassam a imaginação da época. É preciso, então, que nos concentremos em aeronaves de decolagem vertical e minas voadoras com aparência de disco. Isso demonstrou que o salto dado pela tecnologia alemã era simplesmente extraordinário, décadas à frente do resto do mundo.

Calic nos mostra, em seu excelente livro *Himmler et son empire*, a operação psicológica preparada pelo sinistro Reichsführer da SS, baseada nas armas secretas mais revolucionárias, para elevar o moral dos alemães, quando o III Reich sofria uma derrota atrás da outra:

> Ao final da guerra, um oficial, cujo espírito guerreiro foi colocado em dúvida e mandado para Sachsenhausen por "desmoralização do exército", contou que panfletos lançados por aviões anunciavam aos combatentes alemães uma notícia sedutora: a visão profética de um pastor sueco. O desconhecido descrevia armas fantásticas: grandes plataformas redondas, que voarão sem tripulação, lançarão fogo sobre as cidades inimigas e projetarão ao redor delas o raio da morte. "Que Deus proteja a Alemanha para que o *Führer* não seja obrigado a utilizar essas armas que os engenheiros alemães acabam de fabricar", afirmava Goebbels. Não era mais questão de Nostradamus nem da "Operação Março", nome em código da reunião dos videntes em

Wannsee, mas de verdadeiros "discos voadores" que a Alemanha produzia. O que não se sabe bem é que Himmler queria, com as últimas forças dos prisioneiros, forjar armas do Apocalipse para garantir o êxito da Waffen SS. Os soldados, na frente de batalha, liam a notícia emocionados. A população falava de "Vergeltung" (represálias). Essa propaganda tinha dois propósitos: levantar o moral das tropas por meio da Suécia e influenciar os Aliados. A SS procurava convencer o inimigo, por via indireta, de que as tropas alemãs recebiam uma preparação psicológica e técnica com vistas à grave decisão do *Führer* de utilizar armas atômicas.

É um fato constatado que a Alemanha tinha alcançado o sonho de Leonardo da Vinci, assombroso precursor de diversas conquistas da técnica moderna que, com um entusiasmo místico, havia projetado diversas máquinas voadoras. Entere os desenhos do gênio do Renascimento, encontramos esboços que apresentam os perfis das naves circulares.

Uma referência documental sobre as naves discoidais do III Reich surgiu em Bonn, capital da então República Federal Alemã, no ano de 1958, graças ao livro *Militarisches taschenlexikon – fachausdrucke der bundeswehr*, apresentado por Karl Heinz Fuchs. Na seção intitulada "Flieger", esse pesquisador mostrava os planos e as características principais dos incríveis *Unbekannte Fliegende Objekte*. Eram eles que poderiam dar uma reviravolta espetacular à guerra aérea, graças às suas extraordinárias características e capacidade de manobra, antes impossíveis.

Vinte anos mais tarde, em 1978, o único exemplar editado da revista *Brisant* dava maior credibilidade aos "discos voadores" de Hitler, que não eram uma ilusão de ótica dos pilotos Aliados ou uma mentira grosseira montada pelos ufólogos. Ali foram apresentados os planos de uma estranha nave em forma de disco, embora depois tenha sofrido modificações por parte da autoridade militar de Bonn. Em tal projeto, que, desse modo, não permitia uma aplicação direta, viam-se radares a *laser*, computadores e turbinas eletromagnéticas. A sensacional reportagem ampliava também a informação acerca dos modelos de naves discoidais inventadas por Rudolf Schriever, engenheiro e piloto de provas da Luftwaffe, do qual trataremos mais adiante.

Essa tecnologia foi mantida em segredo pelos alemães, mas os Aliados, uma vez que tiveram conhecimento dela, guardaram o mais absoluto silêncio antes e depois da vitória. Baseando-se na filosofia ocultista de sociedades como a Thule e a Vril, os cientistas de Hitler haviam alcançado avanços científicos – sobretudo nos terrenos da aeronáutica e da astronáutica – de uma magnitude inimaginável.

O conhecimento das misteriosas naves discoidais do III Reich, propulsadas por motores antigravitacionais com os nomes em código de Vril e Haunebu – desenvolvidas não com base na técnica convencional, mas sim em uma nova que havia nascido da filosofia ocultista NS, algo sempre negado pelos vencedores da Segunda Guerra Mundial.

Entretanto, em 1956, um capitão da US Air Force, chamado Edward J. Ruppelt, que então era chefe do projeto *Blue Book,* afirmou com toda a honestidade:

> – Quando a Segunda Guerra Mundial acabou, os alemães possuíam vários modelos completos de aviões e mísseis guiados ainda sem terminar. A maioria se encontrava nas fases preliminares de construção. No entanto, eram as únicas naves conhecidas que poderiam alcançar alturas parecidas com as dos objetos chamados de óvnis.

*Fotografia de um disco voador da Luftwaffe, obtida pelos Aliados.*

Em 1997, Dominique Weinstein – autor de um dossiê intitulado *Los OVNIs y la defensa* e do documentário *Encuentros en el cielo* – apresentou um catálogo com observações de objetos voadores não identificados. Além dos famosos *foo fighters*, esse perito deu destaque para as naves discoidais que brilhavam no escuro.

Em ordem cronológica, podemos assinalar o que aconteceu no ano de 1943, pois, em 25 de junho, sobre o estuário do Elba, os pilotos norte-americanos descobriram 12 objetos planos. Isso foi reconhecido pelo *Unusual Objects & Missiles Encountered on Missions,* da 8ª Força Aérea, de fevereiro a maio de 1945. A mesma zona registrou outra aparição presenciada pelos Estados Unidos, no dia 26 de novembro, sendo esta mais espetacular ainda por tratar-se de uma formação de anéis "ardentes" voando em espiral, como se flutuassem no ar. Tal como consta no arquivo do 115º Esquadrão da RAF, durante dezembro, foram vistos numerosos discos de prata e de cor vermelha sobre as formações de quadrimotores britânicos que sobrevoavam Bremen.

Além do mais, em 11 de dezembro, os aviadores Aliados detectaram um estranho objeto voador, tão veloz como um raio, que deixou um rastro de vapor no céu. Em 6 de junho de 1944 – dia do desembarque da Normandia –, três caças P-38 da USAAf viram-se surpreendidos pela repentina aparição de um disco de prata que literalmente "brincou" com eles sobre o Mar Adriático. O incidente foi registrado pelo Center for UFO Studies.

## Um velívolo em Praga

Em 1959, uma editora de Munique publicava a terceira edição de *Die deutschen waffen und geheimwaffen des 2. Weltkrieges und ihre weiterentwicklung*. O autor desse manual alemão sobre armas secretas era o major Rudolf Lusar, o qual dedicava um espaço especial de seu ensaio ao desenho dos "discos voadores" nazistas. Entre outras coisas, dizia que, "já durante a guerra, pesquisadores e cientistas alemães deram os primeiros passos rumo aos tais 'discos voadores'; chegaram até a construir e testar semelhantes aparelhos voadores, que beiram o maravilhoso".

Segundo dados confirmados por peritos e colaboradores da Luftwaffe, os primeiros projetos denominados "discos voadores" tiveram início em 1941. Dessa forma, os planos para tais projetos vinham de três especialistas alemães: Schriever, Habermohl e Miethe, e do italiano Giuseppe Bellonzo. Tal como relata Lusar:

> Habermohl e Schriever escolheram um aeroplano que girava em torno de uma cabine de pilotagem fixa em forma de cúpula. Consistia em umas asas de discos direcionáveis que possibilitavam, segundo a orientação, a decolagem ou o voo vertical. Miethe desenvolveu uma espécie de disco de 42 metros de diâmetro, ao qual foram acopladas tubeiras orientáveis. Schriever e Habermohl, que tinham trabalhado em Praga, decolaram, em 14 de fevereiro de 1945, com o primeiro "disco voador". Alcançaram em três minutos uma altitude de 12.400 metros e uma velocidade horizontal de voo de 2 mil quilômetros por hora. Estava previsto que alcançaria velocidades de 4 mil quilômetros por hora. Foram precisos longos ensaios prévios e trabalhos de pesquisa, antes de se poder chegar à confecção do projeto. Em

função da elevada velocidade e das extraordinárias temperaturas, foi preciso procurar materiais especialmente indicados para que resistissem aos seus efeitos. O desenvolvimento do projeto, que custara milhões, encontrava-se praticamente finalizado nos últimos dias da guerra. Quando ela terminou, os modelos existentes foram destruídos. Mas a fábrica de Breslau, onde Miethe havia trabalhado, caiu nas mãos dos soviéticos, que levaram todo o material e pessoal técnico para a Sibéria, onde continuam a ser desenvolvidos com êxito esses discos voadores. Schriever conseguiu escapar de Praga a tempo; mas Habermohl deve encontrar-se hoje na União Soviética, já que não se tem notícia dele. O antigo construtor alemão Miethe encontra-se nos Estados Unidos e desenvolve, segundo se sabe, tais "discos voadores" na A. V. Roe Comp. para a América do Norte e o Canadá.

As ousadas afirmações do major Lusar – escritas, é preciso dizer, em plena paranoia dos "discos voadores" que acometeu a Europa na década de 1950 – dispararam a imaginação de muitos ufólogos até limites grotescos. No entanto, peritos em história da aeronáutica submeteram o conteúdo de seu livro a uma crítica severa, tal como a aparecida em um número da revista *Luftfahrt International*, de maio-junho de 1975, porque os relatos sobre aeronaves revolucionárias baseavam-se em um autêntico descobrimento alemão: a decolagem vertical.

As maravilhas oferecidas à Luftwaffe estavam na ordem do dia. Outro exemplo válido foi o do engenheiro Schauberger, que deu seu nome a diversos *Flugelrad* de sua criação exclusiva. Os primeiros protótipos de teste fizeram o voo inaugural em 1941 e 1942, mostrando-se muito instáveis como consequência de suas fortes vibrações. Apesar de tudo, chegariam a cobrir voos verticais consideráveis. Cabe ressaltar que o modelo experimental mais futurista atingia sem problemas os 2 mil quilômetros por hora, e outro *Flugelrad* não emitia sons nem lançava fumaça. Com esse projeto revolucionário, ficou demonstrado que o disco ou prato era a melhor forma aerodinâmica possível para voar e decolar em grande velocidade, por cauda da escassa resistência e atrito que o ar podia exercer sobre a aeronave.

Voltamos para Rudolf Schriever, porque Romersa se ocupa dele e também daquilo que ele presenciou sobre as naves discoidais no verão de 1943. Eis o que relatam as páginas 139, 140, 143 e 144 de seu livro *Le armi segrete di Hitler*.

Em Bremen, vi o "marciano" daquela época, o capitão Schriever, um dos inventores dos misteriosos discos voadores.

Naquela famosa reunião ocorrida na Chancelaria de Berlim, Hitler, Goering, Ribbentrop, Keitel, Bormann, Doenitz, Raeder e Guderian trataram dos aviões em forma de prato. Pouco depois, no quartel-general de Rastenburg, na Prússia Oriental, o *Führer* recebeu alguns técnicos e, entre os diversos relatos, escutou também o de Albert Scholz, que falava de um veículo, de forma circular, capaz de alcançar em voo uma velocidade de 2 mil quilômetros por hora. Ainda existem construtores e inventores de máquinas como essas, dirigidas por rádio ou pilotadas por homens, e um deles é, precisamente, o aviador Schriever, cujo projeto pode ser cotejado com o do engenheiro Richard Miethe. O relato de Schriever não tem nada de fantástico, já que é a exposição feita por um técnico sobre um veículo que realmente existiu.

Naquele agosto, na periferia de Praga, havia um aeroporto onde eram testados os motores fabricados nas oficinas BMW. Em um lugar do campo, encontrava-se um coberto rodeado por sentinelas, protegido e cercado por uma barreira. Apenas Schriever e três de seus colaboradores tinham acesso a ele. Naquele esconderijo, longe de olhares indiscretos, nascia e era testado um "Flugkreisel", ou seja, um "pião voador". Schriever teve a ideia de construir esse velívolo em 1941, dois anos antes, quando trabalhava como mecânico para a sociedade Heinkel em Eger, na zona dos Sudetos. Depois de muitos esboços, chegou por fim ao projeto de uma máquina que se aproveitava, ao mesmo tempo, das características do avião e do helicóptero. No centro, havia uma cabine esférica e, ao redor, pás giratórias em formas de pequenas asas. Em um primeiro momento, graças à propulsão, o projetista pensou em recorrer às mesmas turbinas utilizadas no Heinkel He 178.

Na parte traseira, colocou o depósito e, nos dois lados do "disco", uma coroa de reatores; pôs um por baixo do centro: serviria para a decolagem vertical. Schriever pôs-se a trabalhar em seguida, mas logo se deu conta de que os motores escolhidos não eram suficientemente potentes. De acordo com os planos, o aparelho deveria alcançar uma velocidade ascensional de dez metros por segundo; depois da decolagem, o "pião" parava no ar por um instante; em seguida, acionados os reatores, iniciava-se o voo horizontal.

– A velocidade prevista e depois testada – disse-me Schriever – superava a do som, e isso decorria do fato de que o "disco" encontrava uma resistência do ar insignificante...

No dia 1º de junho de 1942, o protótipo do "disco" fez um voo inicial. Depois, Schriever foi transferido para Praga, para a BMW, onde, em parte, foram fabricados os primeiros Messerschmitt com turbina e com foguete. O motor daqueles aparelhos era o que fazia falta à sua máquina. Foi assim que as instalações da zona leste se transformaram na oficina dos "Fliegende Untertasse", onde foram submetidos a contínuas modificações mecânicas estruturais. Em outubro de 1944, o "pião" estava pronto para a decolagem.

– Tinha o aspecto de um monstro – contou-me o piloto. Parecia um polvo gigantesco daquela cabine central transparente. Subi a bordo e testei os motores. Funcionavam perfeitamente. A coroa começou a rodar. Mas, nesse momento, soaram as sirenes de alarme. Parei as turbinas, e o velívolo foi levado de volta para a oficina. Era preciso fazer alguns outros retoques para diminuir o excesso de vibrações. Depois de uma semana de trabalho febril, o "disco" conseguiu, por fim, decolar. Voou. O fim da guerra, no entanto, era iminente. A pressão do inimigo era insuportável. A BMW de Praga interrompeu o trabalho; o campo foi destruído com cargas de dinamite e o "pião" voou pelos ares, com o resto do material. A duras penas, consegui escapar pelo meio do país, que estava em revolta, até alcançar o norte da Alemanha...

O centro de pesquisas escolhido para o teste dos aviões-disco ou *Diskoplan*, além de outras armas secretas, foi o território de Sedlcan, uma superfície de uns 500 quilômetros quadrados próximos a Praga, limitados pelos rios Sázava e Moldávia. Tropas de assalto da SS tomaram a zona, expulsando dali, sem contemplações, todos os habitantes. Os presos, que foram transferidos dos campos de concentração para lá, ficaram encarregados de preparar um polígono para o teste do novo armamento, um campo de manobras de artilharia, espaços subterrâneos e um aeroporto. As peças para a primeira nave discoidal foram preparadas nas fábricas aeronáuticas de Jinonice e Cakovice, assim como em túneis de estrada de ferro da zona, cujas vias ficaram fechadas.

De acordo com algumas fontes, os protótipos de aeronaves discoidais que eram preparadas na Boêmia, três no total, foram denominadas V-7, e todas apresentavam cabine em forma de lentilha. A primeira prova ocorreu em 14 de fevereiro de 1944, e Rudolf Schriever comandava um aparelho que tinha entre sete e oito metros de diâmetro. O aparelho conseguiu elevar-se a 12 mil metros e superar com folga a velocidade do som.

Os testes diante de testemunhas se multiplicavam com o passar do tempo. Em fevereiro de 1989, a publicação *Flugzeug*, pouco dada a sensacionalismo barato, surpreendia seus leitores com uma reportagem especial sobre as naves discoidais do III Reich. O trabalho jornalístico centrava-se naquilo que tinha sido redigido havia muitos anos por um oficial da Luftwaffe, que descobriu um "disco voador" guardado no aeródromo onde servia.

Era um protótipo pequeno, e a equipe de profissionais da revista mostrou-se bastante cautelosa em relação ao tema, pois, segundo suas palavras, "o aparelho descrito por esses observadores é a antítese dos descritos por Schriever, Habermohl, Miethe e Bellonzo por suas grandes dimensões fundamentais".

Tudo indica que o pequeno protótipo de forma circular foi destruído pelos alemães na iminência da invasão soviética, para impedir que o inimigo se aproveitasse deles. Mas continuemos com a leitura do polêmico informe:

> Lugar de observação: Escola de Voos C14 no aeroporto de Prag-Gbell.
>
> Data do acontecimento: agosto ou setembro de 1943, supostamente um domingo (creio recordar que não havia serviço). Tempo bom, seco e ensolarado.
>
> Tipo de observação: estava com meus companheiros de voo no campo e, mais concretamente, perto dos edifícios da escola. A uma distância de uns 2 mil metros do arsenal (situado completamente à esquerda). Ver plano anexado. O aparelho está no hangar, um disco de cinco a seis metros de diâmetro. Debaixo do corpo, quatro pernas altas e finas. Cor: alumínio.
>
> Altura: quase a de um homem.
>
> Espessura: de 30 a 40 centímetros, com uma borda de ligação externa; talvez fossem orifícios quadrados.
>
> A parte superior do corpo (quase um terço da altura total) encolhia-se sobre a metade superior do disco, era plana, arredondada. Para a parte inferior, ver croqui anexado. Vi, com meus amigos, como o aparelho saía do hangar. Ouvimos então o estrondo dos motores; vimos o lado externo do disco girar e o aparelho se encaminhou lentamente e em linha reta até a parte sul do campo; então, elevou-se quase um metro. Depois de avançar a essa altura uns 300 metros, parou de novo. A aterrissagem foi bastante acidentada.
>
> Enquanto alguns guardiões empurravam o aparelho até o hangar, tivemos de abandonar o lugar. Mais tarde, a "coisa" voou de novo, conseguindo, dessa vez, alcançar o final do aeródromo.
>
> Em seguida, anoto no meu livro de voo o nome das pessoas do FSS ali presentes: Gruppenfluglehrer (professor de voo de grupo) Ofw Michelsen, Fluglehrer (professor de voo) Uffz Kohl und Buhler; Flugschüller (alunos de voo) Ogefz Klasmann, Kleiner, Müllers, Pfäffle, Schenk, Seifert, Siebert, Squarr, Stahn, Weinberger, Zöbele, Gefr, Hering, Koza, Sitzwohl, Voss e Waluda.

## O "disco voador" de Sack

Sempre se disse que era impossível para os alemães desenvolverem uma técnica aeronáutica tão fabulosa em tão curto espaço de tempo. Boa prova disso foi o fato de os arquivos britânicos, norte-americanos e soviéticos serem repartidos depois da vitória, quando foram encontrados planos de estranhas aeronaves circulares cujo desenho superava tudo o que se previra. No entanto, muitos analistas afirmam que a história é de muito tempo antes. Além disso, esquecem-se, talvez premeditadamente, de que várias das fabulosas aeronaves discoidais não se basearam nos princípios científicos clássicos em uso, mas na filosofia ocultista de sociedades germânicas como a Thule e a Vril, de que trataremos mais adiante.

É preciso remontar ao século XIX para encontrar um cientista peculiar, o matemático e teórico da aviação August Wilhelm Zacharias, hoje injustamente esquecido pela aeronáutica. Ele conseguiu realizar experiências com modelos de avião de asa circular. Esses modelos eram uma espécie de premonição daquilo que se tornaria uma assombrosa realidade várias décadas depois na forma dos "discos voadores" do III Reich. Foram eles os que tanto atiçaram a imaginação dos ufólogos que estudam a Segunda Guerra Mundial, a ponto de formular a absurda teoria da origem extraterrestre dessas máquinas.

Menção à parte deve ser feita, sem dúvida alguma, a Arthur Sack, um agricultor residente em Machen – localidade próxima a Leipzig – que conseguiu projetar aeronaves de planta circular ainda mais relevantes que as apresentadas por Zacharias. Não sabemos o que inspirou Sack, mas o primeiro "disco voador" desse persistente aficionado pelo aeromodelismo passaria à posteridade como obra de um gênio visionário.

A apresentação pública do estranho ocorreu durante o Primeiro Certame Nacional de Aeromodelos com motores de combustão, celebrado no final de junho de 1939, em Leipzig-Mockau. O modelo de Sack, denominado A.S.1., media 1,25 metro de comprimento e pesava 4,5 quilogramas; era impulsionado por um motor Kratmo-30 que ia embutido, de 0,65 cavalos-vapor de potência e 4.500 rotações por minuto.

Tratava-se de um avião de forma circular plana, com os emblemas da Luftwaffe. Desse aparelho, restam hoje apenas dois instantâneos, sem mais dados. O disco apresentava uma cúpula bastante semelhante à do antigo Me 109, a estrela dos caças alemães nos primeiros anos da guerra. A existência de um rígido esporão, além de uma hélice de madeira, faz supor que essa aeronave tão revolucionária tenha sido planejada como sério oponente aos caças inimigos.

*O projeto final de Arthur Sack foi chamado de A.S.6. e foi concluído nas oficinas de Brandis, em janeiro de 1944. O primeiro protótipo estava equipado com um motor Argus 10C de 140 cavalos-vapor.*

Os participantes desse concurso tinham de cobrir um percurso de ida e volta utilizando o mecanismo de direção mais simples possível. No entanto, essa primeira tentativa de utilização dos pequenos modelos, agora com fins táticos de reconhecimento, transformou-se em um fracasso total e marcante. A maioria dos modelos, equipados com o chamado "aparelho autoguiado", bem como seus respectivos motores, mostraram suas piores qualidades, em dois dias que deveriam ser apagados da memória. Arthur Sack não se livrou da má sorte, pois sua aeronave discoidal não foi capaz sequer de sair do chão e, finalmente, teve de ser lançada ao ar com seu próprio inventor servindo de catapulta. Após essa solução desesperada, o A.S.1. realizou um voo estável por aproximadamente cem metros lineares, alcançando a meta prevista a duras penas. Depois dessa humilhante experiência, seu criador aperfeiçoaria o chamativo projeto para conseguir voos mais rápidos e longos.

Apesar de todos os contratempos, Sack teve muita sorte, visto que, entre os que assistiam ao certame – realizado a portas fechadas – se encontrava Ernst Udet. Este diretor-geral de material da Luftwaffe tinha ficado muito mais impressionado pela ideia em si do que pelos pobres resultados alcançados. Ele, que fora ás de caça na Grande Guerra, converteu-se, desde esse dia, em um grande partidário da utilização bélica das naves discoidais, embora atribuindo a elas a mesma função defensiva consignada até então aos balões cativos. Realmente entusiasmado, Udet prometeu solenemente ao pai do A.S.1. "aplanar-lhe o caminho para pesquisas futuras". E cumpriu a palavra, já que Arthur Sack pôde desenvolver com ajuda oficial alguns outros modelos aéreos de "discos voadores", cada um deles mais avançado do que o anterior; tudo isso antes que a construção de uma aeronave tripulada tivesse início, na metade do conflito bélico, ora nas oficinas da Mitteldeutsche Motorwerke, em Leipzig.

O projeto final, denominado A.S.6., seria concluído nas oficinas de voo de Brandis, em janeiro de 1944. O primeiro protótipo do A.S.6. a ser testado estava equipado com um motor Argus 10C de 140 cavalos-vapor e, além disso, apresentava uma asa circular com perfil Göttinger de 6,4 metros de envergadura. O peso dela, em voo, era estimado entre 750 e 800 quilogramas, e a carga alar devia ser de 25 a 30 quilos por metro quadrado. A revista alemã *Luftfahrt International* e as de língua inglesa, *RAF Flyiing Review* e *Air Internacional*, as três de prestígio, muitos anos depois, voltariam a atenção para aquelas naves batizadas literalmente de "discos voadores" de Arthur Sack, mostrando as duas únicas fotografias existentes do primeiro exemplar apresentado por esse grande aficionado do aeromodelismo, o A.S.1.

Capítulo 27

# A energia implosiva e os óvnis

Antes da guerra, os sucessos tecnológicos da Alemanha nazista abrangeram as primeiras tentativas sérias de TV com a transmissão dos Jogos Olímpicos de 1936 em Berlim. Além disso, o país tinha a indústria farmacêutica mais adiantada do mundo, os automóveis mais velozes, os aviões mais rápidos e de maior alcance. Mas ainda faltava algo que, na realidade, se aproximava da ficção científica. Fundamentados na filosofia ocultista do III Reich, certos cientistas alemães realizaram avanços aeronáuticos e astronáuticos inimagináveis para a época.

Em meados dos anos de 1990, os documentários de televisão sobre "discos voadores" alemães fizeram estremecer as bases da comunidade ufológica internacional. Com o efeito de um movimento telúrico, um dos vídeos, *OVNIs: el arma secreta de Hitler*, vinculava a existência de assombrosos protótipos discoidais projetados na Alemanha do entreguerras às próprias tradições esotéricas que tanto influíram na singular gestação do III Reich. Não se está falando de fantasias científicas quando o primeiro tomo da obra *Deutsche flugscheiben und U-Boote überwachen die weltmeere,* de O. Bergmann, nos mostra os esquemas dos "discos voadores" alemães.

Mas os Aliados que venceram a Segunda Guerra Mundial sempre negaram a possibilidade de a Alemanha desenvolver aviões circulares dotados de motores antigravitacionais, sobretudo os mais extraordinários, conhecidos em código como "Haunebu" e "Vril". Isso porque os seus inimigos conseguiram fazer decolar os mais extraordinários aviões à margem da técnica convencional; e essa era uma informação ultrassecreta, pois seria impossível reconhecê-la, oficialmente falando.

As naves discoidais mais sofisticadas de Hitler empregavam uma energia proveniente da filosofia ocultista. No entanto, diversos especialistas chegaram a afirmar que de forma alguma a Alemanha desenvolveria uma técnica tão fabulosa como aquela, em tão pouco tempo, mas isso ocorreu graças às sociedades germânicas Thule e Vril, e sempre à margem dos princípios científicos clássicos. Isso se torna particularmente atraente hoje em dia, quando se buscam energias alternativas que nos ajudem a deter a destruição do ambiente pela queima de combustíveis, resíduos letais, gases tóxicos, etc.

Havia rumores, nos anos de 1930, que os alemães buscavam uma "nova ciência", que tivesse uma "técnica diferente e renovadora". De fato, os círculos esotéricos do III Reich consideravam a ciência tradicional destrutiva e afirmavam que ela devia ser substituída por motores à implosão. Como resultado, chegar-se-ia a um efeito nocivo completamente nulo. Temos o exemplo do cientista alemão Viktor Schauberger, um convicto defensor da "implosão em vez da explosão", pois condenava a destruição provocada pela explosão, baseando-se na hipótese de que a criação divina é sempre construtiva. Portanto, uma técnica baseada unicamente na destruição seria contrária às leis de Deus e até mesmo poderia ser chamada de "técnica satânica". Em vez dela, esse cientista propôs os motores à implosão. E esse foi apenas um exemplo da filosofia desses cientistas das duas sociedades germânicas. Como resultado dessa escolha singular, os alemães avançaram tecnicamente em poucos anos o que os Aliados não avançariam em muito mais tempo.

Desse modo, nos planos tecnológicos mais bem guardados e mantidos fora do conhecimento público, encontravam-se as aeronaves denominadas Vril e Haunebu, baseadas na energia proporcionada por motores antigravitacionais. Era algo inédito e de uma impressionante dimensão futurista.

## Energia antigravitacional

Em 1919, foi criada, na Alemanha, uma sociedade secreta denominada Thule, que, com a Vril, dedicava-se à ideia de alcançar o espaço cósmico com uma proposta que ninguém jamais se atrevera a mencionar. Era a propulsão de uma aeronave por meio da levitação. Muito tempo depois, em fevereiro de 1933 – com a chegada de Adolf Hitler ao poder –, ambas as sociedades passariam à mais absoluta clandestinidade. Em outras palavras, desapareceram.

Thule integrou-se cada vez mais à SS por ordem direta de Heinrich Himmler, chefe supremo da ordem da cavalaria, formando-se então uma organização ultrassecreta denominada Sol Negro. A Vril, por sua vez, continuaria com suas importantes pesquisas científicas. De fato, deu um salto qualitativo ao desenvolver, em princípios de 1934, sua primeira aeronave discoidal em forma de protótipo e já movida com energia gravitacional. Era a RFZ-1, que teve, como responsáveis diretos, o professor Schumann, o capitão Hans Kohler e um engenheiro de voo.

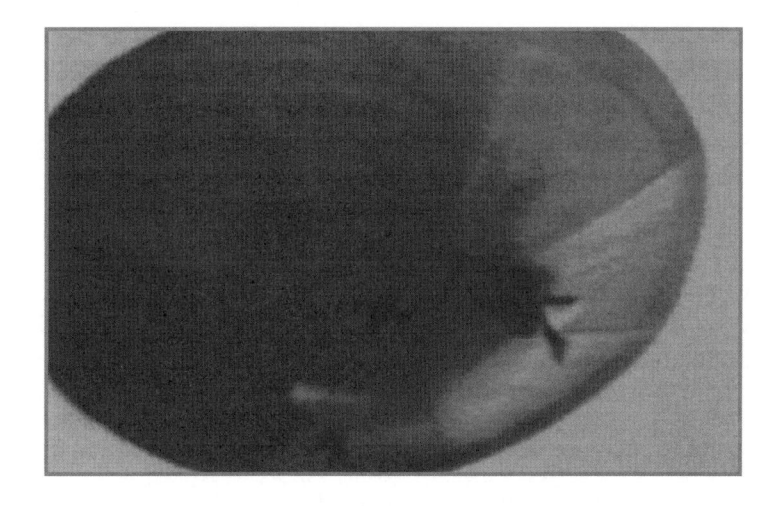

*Imagem do RFZ-2. Contava com um sistema de propulsão muito aprimorado em relação ao modelo anterior, o RFZ-1. Além disso, o protótipo continha um sistema de direção que funcionava por impulsão magnética.*

Visto assim, parece um absurdo que o III Reich deixasse isoladas entre si as duas equipes de pesquisa aérea dessas sociedades esotéricas, mas Himmler calculou que era preferível que cada uma delas trabalhasse em sua própria linha. Dessa forma, se uma equipe fracassasse ou se simplesmente atrasasse, escolhia-se o projeto aeronáutico da outra. Entendemos, pois, que, se ao final de 1934 a sociedade Vril tinha conseguido pôr em funcionamento seu modelo experimental seguinte, o RFZ-2, os especialistas da Thule, dois anos depois, ainda se encontravam "enroscados" com sua aeronave circular. No final, essa nave só sairia do chão em princípios de 1939, mas graças apenas a um motor Otto.

Por meio da sociedade Vril, a SS conseguiu, com o RFZ-2, um sistema de propulsão muito aprimorado em relação ao modelo de numeração anterior. Além disso, o protótipo continha um sistema de direção por impulsão magnética. Em *Operación Hagen*, de Felipe Botaya, lemos:

O diâmetro era cinco vezes maior que o do modelo anterior e possuía a peculiaridade da desaparição ótica de seu contorno por causa de sua tremenda aceleração. Sua cor também variava segundo o nível de potência aplicada, podendo passar de vermelho a laranja, amarelo, verde, azul, branco ou roxo. Apesar da sofisticação técnica apresentada por essa nave revolucionária, as naves circulares em geral chamaram pouca atenção dos políticos daquela época, que as consideraram apenas uma brincadeira técnica, em vez de naves com amplas possibilidades de todo tipo.

No final de 1938, depois de combinar diversas tecnologias, foi fabricada uma aeronave circular, de dimensões reduzidas e propulsada por hélices, a RFZ-4. O passo seguinte foi decisivo, pois a sociedade Vril começava a dominar a levitação eletrogravitacional e também a propulsão por terriões, que eram as forças cósmico-telúrico-terrestres. Esse era o núcleo fundamental da "outra técnica" de propulsão de naves discoidais, a definitiva. Os departamentos E-4 e U-13 da SS – que estavam instalados em um povoado chamado Hauneburg, na província de Hessen, no noroeste da Alemanha –, especializados em "armas milagrosas", trabalharam duro para aperfeiçoar essa tecnologia revolucionária, algo inconcebível para o resto dos homens. Assim, surgiram os piões voadores de Viktor Schauberger, que funcionavam graças a forças de levitação que não poluíam nem produziam ruídos. De acordo com Felipe Botaya, em *Operación Hagen:*

*Duas fotografias antigas que mostram os modelos
RFZ-3 (esquerda) e RFZ-4 (direita).*

Os protótipos investigados faziam usos dos levitadores magnéticos descobertos pelo dr. W. O. Schumann, da Universidade Tecnológica de Munique. Em 1939, testou-se o revolucionário motor de gravidade eletromagnética que utilizava o conversor de energia livre de Hans Coler. Esse motor ia acoplado a um gerador de frequência Van der Graaf e a um dínamo de vórtice Marconi (um tanque esférico de mercúrio). Tudo isso gerava poderosos campos rotatórios eletromagnéticos que afetavam a gravidade. As fábricas AEG e Siemens foram as encarregadas de desenvolver esses levitadores.

Para os céticos desse assombroso avanço tecnológico, cabe lembrar que a revista *Life* publicou a fotografia do encontro casual de um caça da USAAF, um P-51 Mustang, com uma aeronave discoidal Haunebu. Além desse sensacional documento gráfico, chamou muito a atenção o fato de que o "incidente" ocorrera apenas dois dias depois da capitulação oficial da Alemanha nazista! Daí surge a inevitável pergunta de quantas dessas naves de tipo circular ou "voador puro" escaparam ao controle dos vencedores da Segunda Grande Guerra. E mais: onde foram parar essas "armas milagrosas" da SS?

## Outras aeronaves fantásticas

Sob fortes medidas de segurança, a SS lançou, aos céus de Hessen, o primeiro protótipo do H-Gerät RFZ-5 – que passaria a ser chamado de Haunebu I –, em agosto de 1939, às vésperas da invasão à Polônia. Na metade da guerra, as instalações ultrassecretas de Hauneburg foram abandonas em favor de uma fábrica subterrânea mais segura que a empresa Arado Flugzeugwerke GmbH tinha em Brandenburgo. Para compreender o extraordinário desenvolvimento tecnológico dessas aeronaves discoidais, nada melhor do que ler mais uma vez o que se afirma em *Operación Hagan*:

> O Haunebu I, que contou com dois protótipos, tinha 26 metros de diâmetro, nove metros de altura, uma tripulação de oito homens e podia alcançar a incrível velocidade de quase 5 mil quilômetros por hora. O problema era que só atingia essa velocidade em baixa altitude. Os aprimoramentos técnicos aplicados ao segundo protótipo possibilitaram-lhe atingir os 17 mil quilômetros por hora, sem a limitação anterior de altitude. A duração em voo era de 18 horas. Para resistir às elevadas temperaturas produzidas por essa velocidade, que eram em torno de 3 mil graus, os pesquisadores metalúrgicos da SS desenvolveram um novo material chamado Victalen. Esse modelo tinha uma fuselagem simples de Victalen e, sobre ela, foi testada uma nova proteção dupla chamada KSK (Kraftstrahlkanone) de 60 milímetros. O problema desse sistema é que desestabilizava a nave

em voo, pois esses modelos levavam metralhadoras MG e canhões MK mais ligeiros. Os dois protótipos completaram 52 voos de testes.

Em 1942, o Haunebu II, uma nave maior que a anterior, com um diâmetro de 30 metros e uma altura de dez metros, estava pronto para o voo de teste. A tripulação era composta de nove homens e podia alcançar uma velocidade várias vezes maior do que a do som, entre 6 mil e 21 mil quilômetros por hora, podendo permanecer em voo por até 55 horas. Sua fuselagem tinha chapa dupla de Victalen. Sete dessas aeronaves foram fabricadas e realizaram 106 voos de teste entre 1942 e 1944.

Paralelamente, no inverno de 1942, uma nova nave circular atravessou o campo de testes da sociedade Vril. Chamou-se Vril-1. Com apenas um tripulante e 11 metros de diâmetro, estava equipada com dois canhões MK 108, calibre 30, e duas metralhadoras MG 17. Esse novo projeto não teve o mesmo nível de desenvolvimento técnico que o Haunebu, mas já se dispunha de planos muito avançados para a construção de uma nave muito maior, a Vril-2. O final da guerra paralisou todo o projeto.

Em meados de 1944, testou-se um modelo aperfeiçoado do Haunebu II, do tipo DoStra (Dornier Stratosphären Flugzeug). Foram construídos dois protótipos. Essas imensas máquinas eram tripuladas por 20 homens. Alcançavam velocidades de mais de 21 mil quilômetros por hora. A SS, diante dos bons resultados, solicitou a construção de mais naves como essa por meio de concurso público, para o qual concorreram as empresas Junkers e Dornier, em março de 1945. A Dornier foi selecionada. No entanto, a proximidade do fim da guerra impediu que esse fabricante desse continuidade à produção desejada.

Construiu-se também um Haunebu maior, o modelo Haunebu III. Deste só foi fabricado um protótipo antes do final da guerra, que tinha um diâmetro de 71 metros. A tripulação dele era de 32 homens e podia alcançar velocidades entre 7 mil e 40 mil quilômetros por hora. A fuselagem era tripla e de Victalen; dizia-se que podia permanecer de sete a oito semanas no ar. Essa nave realizou 19 voos de teste. Depois da derrota, membros das sociedades secretas Thule e Vril fugiram nela com destino desconhecido.

Em 1945, fizeram-se planos para construir o Haunebu V, que superaria em muito o modelo anterior. O fim da guerra não permitiu que fosse totalmente desenvolvido, embora os Aliados tenham se apropriado dos planos, dos detalhes de construção e do material existente.

O Haunebu III foi um projeto realmente assombroso, idealizado pela SS; seus cientistas se superaram com o desenho de uma base espacial de

A energia implosiva e os óvnis 423

*O Haunebu II, em 1942. Tinha um diâmetro de 30 metros, uma altura de dez metros e estava pronto para o voo de teste. A tripulação contava com nove homens e o disco podia atingir velocidades várias vezes superiores à do som, entre 6 mil e 21 mil quilômetros por hora, podendo permanecer em voo por 55 horas seguidas. Sete dessas aeronaves foram fabricadas e realizaram 106 voos de teste entre 1942 e 1944.*

apoio, chamada inicialmente de Andromeda-Gerät, algo nunca sequer sonhado. Podia transportar um Haunebu II e dois discos Vril 1/2. Os planos das duas versões previstas, de cerca de cem toneladas de peso unitário, caíram nas mãos dos Aliados. Além do mais, foi bastante casual que, depois, fossem avistados no céu óvnis com forma de "charuto". Há quem pense que essas aeronaves colossais foram construídas depois em New Schwabenland (Nova Suécia), no refúgio alemão da Antártida, em meio a cordilheiras de 4 mil metros de altura. A isso se referiu em certa ocasião o grande almirante Doenitz, que não costumava fantasiar, por meio de um telegrama – enviado em dezembro de 1943 e que passou quase despercebido na época – que dizia o seguinte: "A frota submarina alemã sente-se orgulhosa por ter construído um paraíso terreno, uma fortaleza inexpugnável para o *Führer* em alguma parte do mundo".

Ninguém explicou ainda por que 124 submarinos foram dados por desaparecidos ao final da guerra – já que não consta terem sido afundados pelos navios da US Navy e da Royal Navy –, entre eles, a maioria do Tipo XXI.

Hoje em dia, sabemos que houve uma discreta expedição alemã à Antártica, no final de 1938, realizada sem o conhecimento das diferentes sociedades científicas da época, algo totalmente incomum. Dessa forma, a surpresa foi grande no mundo inteiro quando, no dia 12 de abril do ano seguinte, um capitão chamado Alfred Ritscher declarou, no porto de Hamburgo, a bordo do *Schwabenland,* que havia cumprido ordens de Goering, líder da Luftwaffe, que não tinha nada de cientista e preparava seus aviões para a guerra que estava para começar.

Acredita-se que a base secreta de submarinos alemães no continente antártico tenha ficado pronta depois de três anos de trabalho. Pouco depois, chegou o telegrama de Karl Doenitz. Três anos antes, em agosto de 1940, ocorreu uma surpreendente convocação feita pelo diretor do Instituto Alemão do Reich para o Metal aos técnicos especializados em metalurgia. O dr. Wohlwill anunciou projetos de construção de refúgios com metais não ferruginosos, capazes de suportar temperaturas de até 160 graus abaixo de zero e ventos de furacão. Além das geladas estepes da União Soviética, havia apenas um território com clima tão extremo: a Antártida.

A partir daí, tem mais lógica a expedição militar montada pela US Navy em dezembro de 1946, com um porta-aviões e um encouraçado à frente de um grupo de combate com 4 mil homens para o desembarque. Era algo absurdo, pois a Segunda Guerra Mundial havia terminado quase um ano e meio antes, ao menos oficialmente, com a derrota total

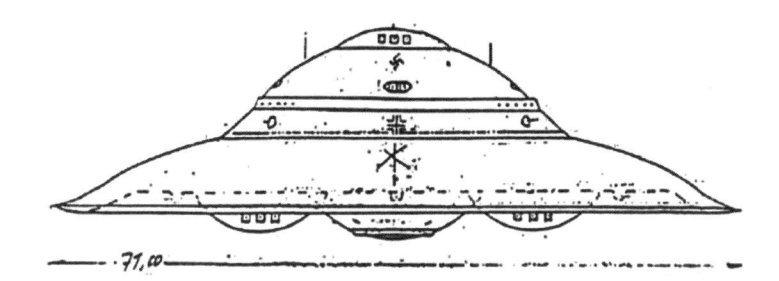

*O Haunebu III foi um projeto realmente excepcional. Como prova este desenho, apresentava um desenvolvimento importante em relação aos modelos anteriores da série.*

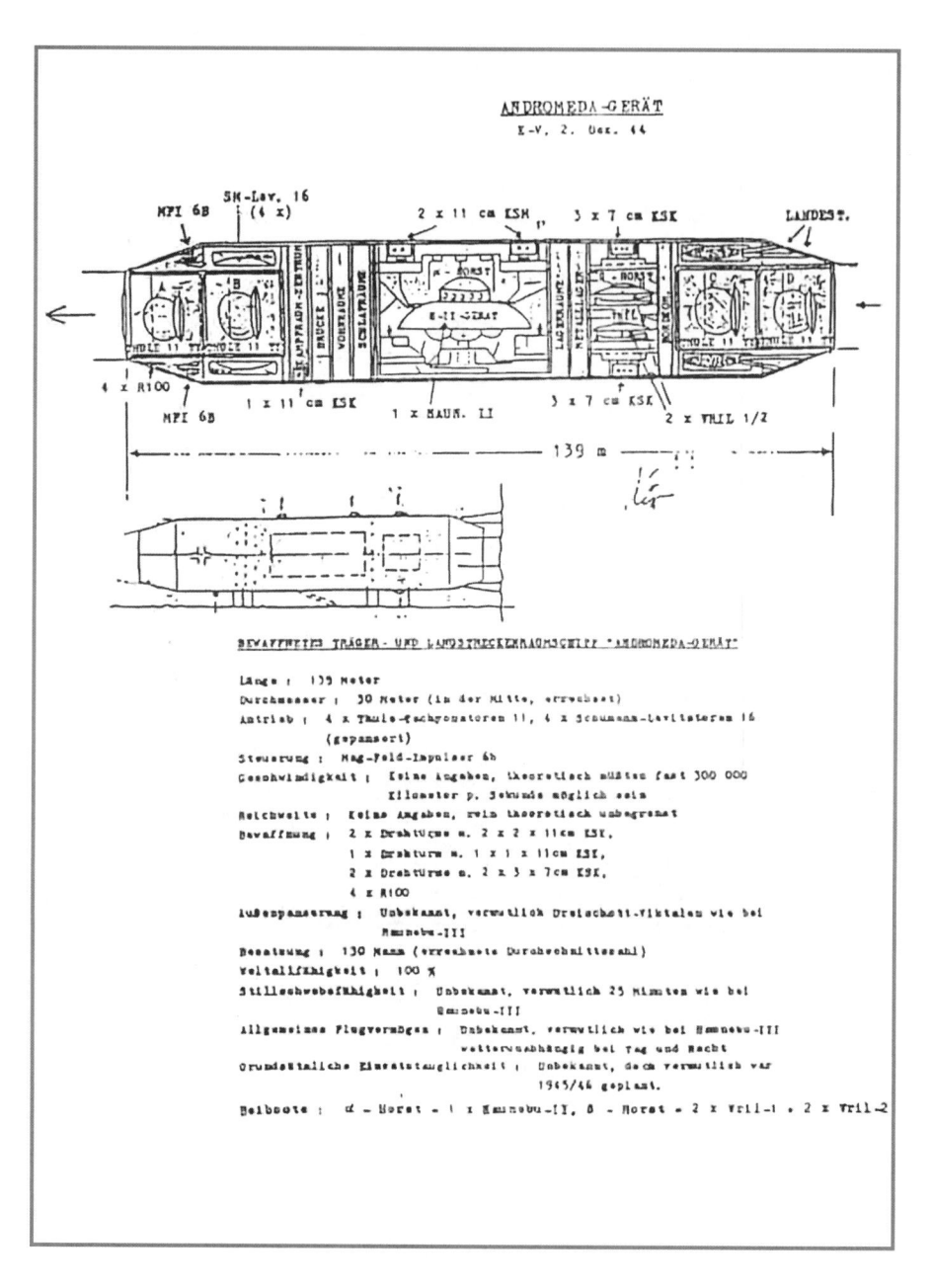

*Os cientistas da SS se superaram com o projeto de uma base espacial de apoio, chamada inicialmente de Andromeda-Gerät. Podia transportar um Haunebu II e dois discos Vril 1/2. Os planos das duas versões previstas, de cerca de cem toneladas de peso unitário, caíram nas mãos dos Aliados.*

do Japão, e o local atacado só tinha interesse geofísico e geológico. Para que o almirante Byrd e seus homens foram até lá, no marco da chamada Operação Highjump? Quem lutou contra eles e os derrotou, para o maior pesadelo do presidente Truman? Por que não divulgam os documentos da Armada norte-americana se não há nada estranho para esconder?

Enquanto os navios norte-americanos regressavam a suas bases de San Diego e Norfolk, o almirante Byrd concedeu uma entrevista, a bordo do navio Mount Olympus, que deu muito o que pensar. Foi feita ao jornalista Lee Van Atta e seria publicada em 15 de março de 1947 no *El Mercurio*, periódico de Santiago do Chile. De acordo com esse jornalista:

> O almirante Byrd declarou que é imperativo para os Estados Unidos da América tomar medidas de defesa imediatas contra as regiões polares hostis. O almirante não quer assustar ninguém, mas é uma verdade amarga que, no caso de uma nova guerra, o contingente norte-americano seria atacado por objetos voadores que podem voar de um polo a outro a velocidades incríveis.

Byrd persistiu em sua opinião mais tarde, em uma conferência patrocinada pelo International News Service; depois disso, foi hospitalizado. Jamais voltaria a falar em público ou com a imprensa. Voltou ao serviço ativo em 1955, dessa vez com a Operação Deepfreeze de ataque ao continente antártico. Corre rumores que foram utilizadas três bombas atômicas contra uma suposta base inimiga.

Quase sete anos antes, o antigo secretário de Defesa, James V. Forrestal, tinha mencionado essa base subterrânea como sendo alemã, herdeira direta do Nazismo armado; uns meses mais tarde, foi dado o informe oficial do seu suicídio no Hospital Naval de Bethesda, Maryland – para onde havia ido por esgotamento nervoso e depressão, sendo-lhe proibido receber visitas, até da família –, porque sofrera um colapso mental. No entanto, afirma-se que, na realidade, foi ajudado a saltar de seu quarto, que ficava no 16º andar, pois dizia coisas pouco convenientes para a segurança do país da bandeira de listras e estrelas.

A partir de 1947, começou-se a montar nos Estados Unidos o circo da origem extraterrestre, cunhando-se então a expressão "discos voadores" com tripulantes de cabeça grande e cor verde. Qualquer coisa era válida para não ter de reconhecer, em Washington, D. C., que a Segunda Guerra Mundial não havia terminado com as bombas nucleares lançadas sobre Hiroshima e Nagasaki; menos ainda que as origens das aeronaves discoidais remontavam ao III Reich; que seus pilotos falavam perfeitamente o alemão; que era impossível defender-se de semelhante tecnologia; que algo incontrolável voava livremente pelos céus do planeta, etc.

Enquanto grupos de pessoas falavam de supostos encontros com marcianos ou seres de outros mundos, a grande história para consumo público recebia a ajuda de Hollywood para encher as telas de alienígenas invadindo o planeta azul. A Força Aérea norte-americana colaborou criando incidentes para aumentar a credibilidade de ufólogos, que surgiam como fungos, ajudando inconscientemente na montagem de semelhante mentira. Nesse meio-tempo, com provas falsas e homens de preto fazendo visitas a supostas testemunhas de seres de outras galáxias, com a CIA e o FBI colaborando como podiam, as mentes incautas foram levadas a criar a grande mentira da segunda metade do século XX; contavam, para isso, com a descarada colaboração dos donos de importantes meios de comunicação escritos e audiovisuais. A razão de Estado estava acima de tudo para não ter de admitir que os alemães continuavam agindo e possuíam uma técnica muito superior.

O povo norte-americano não estava preparado para outra notícia que não fosse a derrota do regime demoníaco de Adolf Hitler, do qual se teve de continuar afirmando que nada trouxe de positivo para a humanidade. E esta, certamente, jamais estará preparada para ver esses extraterrestres tão esperados, enquanto a colonização da Lua foi abandonada sem uma explicação coerente e a de Marte ainda está por acontecer... Mentiras e mais mentiras para abafar essa vergonhosa montagem.

# Capítulo 28

# A um passo da ficção científica

Desde meados de 1944, a confiança na vitória começou a se consolidar na Alemanha graças às novas e extraordinárias "armas milagrosas" que deviam provocar perdas catastróficas entre os Aliados. Mais tarde, porém, viu-se que esses projetos excepcionais, alguns realmente fantásticos, só conseguiram atrasar o que parecia inevitável. Era uma luta contra o relógio para ganhar tempo diante da falta do armamento convencional necessário ou inferior ao do inimigo. Os Estados Unido e a Rússia produziam armas em quantidades colossais, o que deixava meridianamente claro que as moderníssimas armas desenvolvidas não seriam capazes de substituir as tradicionais para definir o maior conflito bélico de todos os tempos quando, depois do desembarque da Normandia, a hora havia soado para Berlim.

Apesar de o III Reich não conseguir reverter o rumo das hostilidades, diante da impossibilidade de produzir o mais revolucionário armamento em grande quantidade, é preciso admitir que a engenhosidade alemã esteve à altura das circunstâncias e até pôde superar, em diversas situações, todos os limites imagináveis da tecnologia. Isso porque suas criações armamentícias quase alcançaram o nível da ficção científica.

Um dos primeiros exemplos de "armas mágicas" pode ser encontrado na pesquisa de princípios dos anos de 1940, quando os técnicos iniciaram o desenvolvimento de visores com capacidade para proporcionar ao combatente uma visão efetiva em meio à mais completa escuridão. Quase ao final da guerra, no inverno de 1944-1945, séries completas de carros de combate Tigre foram equipadas com radares infravermelhos. Graças a eles, o oficial de tiro podia localizar os veículos contrários com assombrosa precisão. Modelos mais ligeiros foram instalados nos fuzis de assalto Std-44; a ideia era preparar pelotões de caçadores noturnos. Estes eram equipados com jaquetas de camuflagem criadas pelo professor Schick, pai da arma alemã portátil antitanque por excelência, o Panzerfaust. Assim, equipados com esse "olho mágico", os *Nachtjäggers* puderam eliminar muitos alvos humanos no meio da noite. Além disso, o modelo portátil de radar infravermelho podia ser recarregado com energia solar em apenas 15 minutos de exposição em pleno dia.

Em meio a tanta genialidade, surgiram, como não podia deixar de ser, protótipos de armas anedóticas como o fuzil de cano curvo – produzido em pequena escala –, uma arma capaz de disparar pela esquina sem que seu portador arriscasse o pescoço. A proposta para criar esse estranho artefato – o que foi possível graças ao acréscimo de um pedaço de cano curvo à boca de um fuzil de assalto Stg-44 – surgiu na Itália durante as lutas de rua travadas ali pelos granadeiros e fuzileiros do exército alemão. O atirador podia permanecer oculto enquanto abria fogo em um ângulo de 30 graus. A pontaria era feita por meio de uma volumosa mira telescópica dotada de um jogo de espelhos, e os orifícios existentes no início da curva do canhão permitiam o escape dos gases. Contudo, a cada disparo, a arma produzia um movimento estranho de retrocesso, dado que a bala saía a 30 graus da linha original do canhão.

Uma arma de poder considerável foi uma bomba projetada para ser lançada em pleno voo, em grande distância, sobre uma formação de quadrimotores inimigos de bombardeio. Com um dispositivo de ignição acústica que devia funcionar com ruído máximo, comportava 250 quilogramas de explosivos. Os aviões selecionados para usar essa arma eram os reatores Me 262, e seus testes foram marcados para 21 de março de 1945. Entretanto, essa prova de fogo nunca foi realizada por causa de um atraso ocorrido nos últimos preparativos.

## Canhões insólitos

Não é exagero algum afirmar que o canhão elétrico de tiro rápido foi uma arma definitiva e de autêntica ficção científica. Com o título de "o canhão metralhador de 250 quilômetros de alcance", a *Signal*, revista oficial de Wehrmacht, assinalava no número 22, de novembro de 1941:

> Setecentos e cinquenta disparos por minuto é algo impossível para o canhão de pólvora: a grande elevação da temperatura durante o fogo e o problema da carga, que não pode ser dominado tecnicamente, tornam impossível uma cadência de fogo tão grande. Apenas a eletricidade daria ao construtor os meios de transferir às granadas a velocidade inicial necessária.

Seria possível construir um canhão automático que aumentasse de forma gigantesca os rendimentos das metralhadoras? Um canhão maravilhoso de grande calibre, de alcance máximo e de máxima cadência de tiro?

O técnico balança a cabeça. "Impossível! Imagine o senhor que..." e passa a enumerar uma quantidade verdadeiramente estremecedora de dificuldades técnicas.

*Esquema que mostra o "canhão-metralhadora elétrico de 250 quilômetros de alcance".*

De repente, ocorre a ele um pensamento. No entanto, já faz algum tempo que surgiu a ideia de um canhão elétrico em que os projéteis são acelerados magneticamente. O problema poderia ser resolvido desse modo? Que alcance deveremos estabelecer para ele?

Duzentos e cinquenta quilômetros.

E que calibre?

Quinze centímetros deveriam bastar.

E a cadência de tiro?

De quinhentos a mil disparos por minuto.

E começa a meditar, a desenhar, a calcular e a colocar no papel fórmulas e curvas. O que, a princípio, parecia ainda uma brincadeira, uma utopia bastante audaciosa, começava a tomar corpo. As ideias somavam-se lentamente umas às outras.

Surgem dificuldades, pois nem o construtor de uma utopia pode ultrapassar os limites da razão. Soluções são desfeitas, e outras surgem no lugar. Aqui se pode ver o resultado de tal trabalho: um supercanhão de longo alcance sem detonação nem fogo, do qual partem projéteis a velocidades incríveis por meio da corrente elétrica. O projétil permanece no tubo por apenas 1/10 de segundo aproximadamente. São desnecessários o cartucho e a carga propulsora.

Enquanto o projétil fica suspenso no canhão e recebe eletricamente a rotação, tornam-se supérfluos os anéis de condução e as ranhuras do canhão.

Para obter esse rendimento de tiro, é preciso uma carga de algo mais do que 1 milhão de quilowatts, conduzida por linhas de alta tensão. Isso é mais do que a maior central elétrica alemã pode produzir. Mas, na estação coletora de várias centrais, essa corrente podia ser gerada durante as horas da noite.

A corrente necessária para uma carga de dez minutos de duração, tempo em que seriam disparadas 7.500 granadas, custaria 5.014 Reichsmark.

Citemos, a título de conclusão, ainda que brevemente, os dados de um canhão normal de 15 centímetros. Seu canhão tem seis metros aproximadamente; o projétil sai com uma velocidade de 750 metros por segundo. Uma equipe de artilharia bem preparada consegue efetuar quatro disparos por minuto, mas durante pouco tempo.

Outro projeto de arma revolucionária foi o canhão sônico, chamado na Alemanha de Luftkanone ou Stichhaltiger Kanone. Desenvolvido pelo dr. Richard Wallauschek no início da década de 1940, era constituído por dois refletores parabólicos, em forma de disco de uns três metros de diâmetro. Eram montados conectados a uma câmara de disparo composta por vários tubos. Através deles, penetrava uma mistura de metano e oxigênio que era detonada de forma cíclica ao ser queimada. Desse modo, as ondas de som produzidas por conta da explosão geravam uma onda de choque de tal intensidade que criava um raio sônico de amplitude extraordinária. A quase cem metros de distância, a nota aguda que o canhão sônico enviada era superior a mil milibares. Essa fonte de som mataria qualquer ser vivo que se encontrasse por perto depois de uma explosão de meio minuto. A 250 metros, a dor deveria ser insuportável, deixando fora de combate até mesmo o inimigo situado a um quilômetro de distância. Os experimentos realizados em laboratório demonstraram veementemente que o conceito era bom e que o aparatoso equipamento funcionava. Depois, só sabemos que foram feitos testes de campo com animais e que foi construído um único exemplar, que acabou capturado pelas tropas americanas ao final da guerra.

## O "raio vórtice"

Essa arma secreta merece maior atenção de nossa parte. Referimonos ao canhão de vórtice ou Turbulenzgewehr projetado pelo austríaco dr. Zippermeyer e construído depois em uma fábrica da Floresta Negra, bem protegida da aviação Aliada, na Hermann Göring Sthal Werke. Sobre isso, Botaya relata em seu livro *Antártida 1947. La guerra que nunca existió*:

> Era um canhão de forma estranha, que estava semienterrado e que parecia um L enorme, com o extremo curto na vertical, que lançava uns "pacotes" de ar de altíssima pressão em enorme distância, tanto aérea como terrestre, podendo destruir qualquer objeto. Foi construído para enfrentar as revoadas de bombardeiros Aliados que infestavam os céus da Alemanha. O canhão estava dotado de uma câmara de combustão que gerava explosões que se dirigiam até o alvo. Labaredas enormes, de até quatro metros de comprimento, saíam da boca dessa arma, que costumava ser montada em uma plataforma de trem e podia ser usada na defesa de terrenos montanhosos ou colinas, a partir da boca de um túnel, onde estaria protegido dos ataques aéreos.

Alguns anos antes, Zippermeyer tinha dedicado muito tempo ao estudo dos acidentes aéreos produzidos pelas turbulências atmosféricas e outros fenômenos do clima. Ele procurava uma aplicação prática para o vórtice artificial durante o período do rearmamento alemão, optando pela defesa aérea. No entanto, os primeiros testes foram malsucedidos, e a nova arma parecia condenada ao fracasso por causa da precária sincronização entre o detonador e o momento ótimo do carvão, muito pulverizado, lançado ao ar, já que aquele, além do mais, não ardia com a potência requerida nos cálculos teóricos. Além disso, sendo tão grande a quantidade de carvão necessária, podia-se dizer que era completamente impossível transformar a teoria em algo prático. Outros materiais inflamáveis tampouco proporcionavam uma saída para o problema, e pensou-se então em abandonar a ideia. O que aconteceu depois é muito bem explicado por Felipe Botaya:

> Durante o verão de 1944, uma série de explosões consecutivas destruiu totalmente uma refinaria de gasolina sintética em Ludwigshafen. O motivo foi um escape descontrolado de gás de etileno, embora os americanos dissessem que havia sido um novo tipo de bomba de ar líquido. Membros da T.A.L. (Technische Akademie der Luftwaffe), depois de investigar o acidente, chegaram à conclusão que esse seria o componente ideal para o canhão do dr. Zippermeyer. No entanto, continuava sendo muito complicado usá-lo como arma antiaérea, já que era muito difícil conseguir dele a precisão necessária. Mas, como arma ar-ar e de ataque terrestre, era praticamente perfeita. Foi projetada e usada uma pequena bomba de 34 quilos de óxido de etileno que, no momento da explosão, lançava ao ar uma nuvem mortífera; depois, um detonante interno provocava a inflamação, produzindo uma onda devastadora de pressão que alcançava 210 toneladas por metro quadrado que destruía qualquer coisa a seu alcance.

Como era de esperar, o Alto Comando da Wehrmacht interessou-se bastante pelo desenvolvimento dessa nova arma secreta, a qual foi batizada de "bomba de ar líquido". Segundo se sabe pelas declarações do dr. Kurt Creutzfeldt – um dos cientistas da equipe de Zippermeyer – ao departamento de Inteligência do Reino Unido, a espetacular bomba era composta de 59 por cento de carvão pulverizado, e os 41 por cento restantes eram de ar líquido. Tudo isso era feito nas instalações vienenses da empresa Nobel GMBH. Mas prossigamos até o final com o relatado pelo autor de *Antártida 1947. La guerra que nunca existió*:

> A situação cada vez pior do curso da guerra fez com que o dr. Zippermeyer e sua equipe fossem transferidos para a fábrica de giroscópios Horn, na cidade de Plauen, Vogtland, na Saxônia, durante o mês de setembro de 1944. Não se sabe o paradeiro do cientista, mas os ingleses sempre acreditaram que ele fora capturado pelos soviéticos, embora também pudesse ter escapado. Durante o interrogatório a que foi submetido, o dr. Creutzfeldt afirmou que, no primeiro teste da bomba plenamente desenvolvida, tudo foi destruído em um raio de 500 a 600 metros e se produziram danos muito sérios em um raio de até dois quilômetros. Em outro

teste posterior, e com um projétil de carga maior, a explosão cobriu e devastou uma zona de quatro quilômetros, produzindo danos a mais de 12 quilômetros. Esse último teste foi fotografado e registrado com diversos aparelhos de acompanhamento pelo Standartenführer da SS, Klumm, e todo o material foi remetido para o general da SS, Kammler, e para o conselheiro pessoal de Himmler, Brandt. Suspeita-se de que a arma tenha sido usada em várias ocasiões contra alvos terrestres inimigos e, em especial, na defesa de uma ponte sobre o Rio Elba, na Alemanha. Mas o segredo sobre essa arma aterrorizante ainda persiste. Os documentos relativos ao dr. Zippermeyer e seu canhão serão algum dia colocados à disposição do público? Por que continuam ocultos?

Não se tratava de uma arma fantástica ou lendária, pois o US Army encontrou um exemplar do "raio vórtice". Isso foi feito no dia 28 de abril de 1945 e contou com a ajuda de membros do Intelligence Technical Branch, vinculados ao 12º Batalhão do Exército norte-americano. O lugar designado foi o campo de testes de Hillersleben, situado a aproximadamente 120 quilômetros de distância a oeste da capital alemã.

Para concluir essa impressionante demonstração de tecnologia bélica alemã, a qual apareceu muito tarde, temos uma arma incrível da qual há informações confiáveis. Trata-se da bomba endotérmica. Era um artefato projetado para ser lançado por aeroplanos de grande raio de ação. Depois de detonar, devia formar uma zona de frio intenso, congelando em um raio de um quilômetro toda forma de vida por um espaço de tempo que ignoramos. Assim, a bomba ecológica tinha sido planejada para não produzir nenhuma radiação e não prejudicar o lugar nem tampouco as propriedades.

Até onde chegaram as pesquisas sobre alteração climática nos territórios dominados pelo III Reich é algo que desconhecemos, porque todas as provas foram destruídas. Pensa-se que não foi por acaso que a última unidade militar alemã entregue no Velho Continente tenha sido a que ocupava a estação meteorológica da ilha ártica de Spitsbergen, na Noruega, em setembro de 1945, cinco meses depois da capitulação oficial. Teriam sido realizados ali os últimos testes com as armas climáticas de Hitler? É esse mais um dos mistérios da Segunda Guerra Mundial que ainda hoje em dia faltam ser desvendados.

Não é mistério, entretanto, a clara falta de capacidade demonstrada pelo regime nazista na hora de dotar recursos materiais fundamentais para alcançar a vitória final. Isso seria consequência direta de uma concepção arcaica e, ao mesmo tempo, totalmente alheia à racionalidade instrumental e burocrática dos Estados modernos. Além disso, Hitler teve o triunfo ao alcance das mãos, mas não pôde programar com coerência as prioridades da corrida armamentista e das pesquisas derivadas dela, até que fosse muito tarde e não houvesse mais tempo para voltar atrás. As vitórias da primavera de 1940 não permitiram que o *Führer* visse além da perspectiva de uma guerra curta na Europa e, dessa forma, uma cega prepotência acabou com ele e seu sonhado "Reich de mil anos".

# Arquivos e coleções

Bachem Werke GmbH
Bundesarchiv
Fieseler Flugzeugbau GmbH
Ernst Heinkel AG
Gothaer Waggonfabrik AG
Henschel Flugzeugwerke AG
Messerschmitt AG
National Air and Space Museum
Paul E. Garber
Reimar Horten
Von Braun Center

# Bibliografia

Aly, Götz. *Hitlers Volksstaat Raub. Rassenkrieg und Nationale Sozialismus.* Stuttgartt: Verlag Fischer, 2005.

Biddle, Wayne. *Barons of the Sky.* New York: Simon & Schuster, 1991.

Bekker, Cajus. *Lucha y Muerte de la Marina de Guerra Alemana.* Barcelona: Luis de Caralt Editor, 1959.

____. *Das Bildbuch der Deutschen Kriegsmarine: 1939-1945.* München: Verlag Heyne, 1979.

Bergmann, O. *Deutsche Flugscheiben und U-Boote Überwachen die Weltmeere.* Wetter: Hugin e.V.S., 1988.

Blum, Ralph. *Beyond Herat: Man's Contact with UFOs.* New York: Bantam Books, 1974.

Botaya, Felipe. *Operación Hagen.* Madrid: Ediciones Nowtilus, 2005.

____. *Antártida 1947. La Guerra que nunca Existió.* Madrid: Ediciones Nowtilus, 2006.

Bragadin, Marc' Antonio. *La Marina Italiana en la II Guerra Mundial.* Madrid: Editorial Naval, 1962.

Brennecke, Jochen. *Jäger — Gejagete!* Biberach an der RiB: Kochlers Verlagssgesellschaft Riberach Riss, 1956.

Breuer, William B. *Secret Weapons of World War II.* Hoboken: Wiley, 2000.

Brown, Eric. *Wings of the Weird and Wonderful.* Blue Ridee Summit:Tab Books, 1987.

Broszat, Martin. *Der Saat Hitlers.* Müchen: *Grundlegung und Entwicklung Seiner Inneren Verfassung,* 1992.

Calic, Edouard. *Himmler et son Empire.* Paris: Stock, 1966.

CARRERO BLANCO, Luis. *España y el Mar* (vol. II). Madrid: Instituto de Estudios Políticos, 1963.

CHURCHILL, Winston S. *The Second World War.* London: Cassell Ltd., 1948.

CORSO, Philip J. & BIRNER, William J. *Day After Roswell.* New York: Hardcover, 1987.

DABROWSKI, Hans-Peter. *Flying Wings of the Horten Brothers.* Atglen: Schiffer Publishing Ltd., 1995.

____. *The Horten Flying in World War II.* Atglen: Schiffer Publishing Ltd., 1996.

DOENITZ, Karl. *Zehn Jahre und Zwanzig Tage: Erinneruhgen 1935-1945.* Bonn: Bernard & Graefe Verlag Gmb & Co., 1997.

DRESSEL, Joachim. *"Natter" Bachem Ba 349 & Other German Rocket Planes.* Kempton: Schaffer Military History, 1994.

DRESSEL, Joachim & GRIEHL, Manfred. *The Luftwaffe. Album. Bomber and Fighter Aircraft of the German Air Force 1933-1945.* Leicester: Brockhampton Press, 1999.

DUCROCQ, Albert. *Les Armes secrètes Allemandes.* Paris: Éditions Berger-Levrault, 1947.

EISENHOWER, Dwight D. *Crusade in Europe.* New York: Doubleday, 1948.

FARRELL, Joseph P. *Reich of the Black Sun: Nazi Secret Weapons & the Cold War Allied Legend.* Kempton: Adventures Unlimited Press, 2004.

____. *The SS Brotherhood of The Bell: The Nazi's Incredible Secret Technology.* Kempton: Adventures Unlimited Press, 2006.

FORD, Brian J. *Germany's Secret Weapons.* New York: Ballantine, 1969.

FRIEDRICH, Christof. *Secret Nazi Polar Expeditions.* Toronto: Samisdat Publishers, 1978.

FRIEDRICH, Mattern. *UFOs — Nazi secret weapons?* Toronto: Samisdat Publishers, 1975.

FUCHS, K. H. *Militarisches Taschenlexikon — Fachausdrucke der Bundeswehr.* Frankfurt am Main: Athenaeum Verlar, 1958.

GALLAND, Adolf. *Die Ersten und die Letzten.* Würzburg: Flechsig Verlag, 1953.

GONZÁLEZ, Eugenia. *Los Nazis y los OVNI.* México, D. F.: Editorial Posada, 1991.

HAARMANN, D. H. von. *Geheime Wunderwaffen... und Sie Fliegen Doch!* Unversicherter Versand, 1983.

HAMLIN, Benson. *Flight Testing Conventional and Jet-Propelled Airplanes.* London: MacMillan, 1946.

HARRIS, sir Arthur. *Bomber Offensive.* London: Collins Ltd., 1947.

HERNÁNDEZ, Jesús. *Enigmas y Misterios de la Segunda Guerra Mundial.* Madrid: Ediciones Nowtilus, 2005.

HERVIG, Dieter & RODE, Heinz. *Luftwaffe Secret Projects. Strategic Bombers 1933-1945.* London: Midland Publishing, 2000.

HILLGRUBER, Andreas. *Hitlers Strategie Politik und Kriegführung 1940-1941.* Frankfurt am Main: Bernard Graefe Verlag fur Wehrwesen, 1965.

HOGG, Ian V. *German Secret Weapons of the Second World War.* Barnsley: Greenhill Books, 2002.

HÖLSKEN, Dieter. *V-Missiles of the Third Reich: The V-1 and V-2.* Boylston: Monogram Aviation Publications, 1994.

HYDRICK, Carter P. *Critical Mass: The Real Story of the Atomic Bomb and the Birth of the Nuclear.* La Vergne: Lightning Source Inc., 2004.

IRVING, David. *The Destruction of Dresden.* London: William Kimber & Co. Ltd., 1963.

____. *The Mare's Nest.* London: William Kimber & Co. Ltd., 1964.

JIMÉNEZ, Iker & LESTA, José. *El Enigma Nazi. El Secreto Esotérico del III Reich.* Madrid: Editorial EDAF, 2003.

KARLSCH, Rainer. *Hitlers Bombe.* Stuttgart: Deutsche Verlag-Anstalt, 2005.

KLEE, Ernst & MERK, Otto. *Birth of the Missile.* New York: E. P. Dutton Publishers, 1965.

LOW, A. M. *Mine and Countermine.* London: Sheridan House, 1940.

LUSAR, Rudolph. *Die Deutschen Waffen und Geheimwaffen des 2. Weltkrieges und ihre Weiterentwicklung.* München: J.F. Lehmanns Verlag, 1959.

LLAUGÉ DAUSÁ, Félix. *Armas Secretas de la Segunda Guerra Mundial.* Barcelona: Ediciones Picazo, 1973.

MYHRA, David. *Monogram Close-Up 12 Horten 229.* Boylston: Monogram Aviation Publications, 1990.

____. *Secret Aircraft Designs of the Third Reich.* Atglen: Schiffer Publishing Ltd., 1998.

____. *The Horten Brothers and Their All-Wing Aircraft.* Atglen: Schiffer Publishing Ltd., 1998.

PIEKALKIEWICZ, Janusz. *Spione, Agenten, Soldaten. Geheime Kommandos im Zweiten Welkrieg.* München: Südwest Verlag GmbH & Ko. KG, 1969.

POREZAG, Karsten. *Geheime Kommandosache. Geschichte der V-Waffen.* Wetzlar: Wetzlardruck GmbH, 1996.

RAEDER, Erich. *Mein Leben.* Tübingen: Verlag Fritz Schlichtenmayer, 1957.

REITSCH, Hanna. *Flying Is My Life.* New York: G. P. Putnam's Sons, 1954.

ROMAÑA, José Miguel. *Hazañas y Secretos de la II Guerra Mundial.* Bilbao: Ediciones Mensajero, vol. II y III, 1989-1990.

\_\_\_\_. *Aviones a Reacción del Tercer Reich.* Arrigorriaga: Status Ediciones, 2001.

ROMERSA, Luigi. *Le Armi Segrete di Hitler.* Milano: Ugo Mursia Editore S.p.A., 2005.

SGARLATO, Nico. *Proyectos Secretos Alemanes. Cuadernos de Aviación. Dossier 2.* Valencia: Ediciones Campomas, 2003.

SCHICH, Walter & MEYER, Ingolf. *Luftwaffe Secret Projects. Fighters 1939-1945.* Hinckley: Midland Publishing Limited, 1997.

SKORZENY, Otto. *La Guerre Inconnue.* Paris: Albin Michel, 1975.

STEINHOFF, Johannes. *Die Strasse von Messina.* Dresden: Verlag Flechsiglen, 2005.

STEVENS, Henry. *Hitler's Suppressed and Still-Secret Weapons, Science and Technology.* Kempton: Adventures Unlimited Press, 2007.

VESCO, Renato. *Intercettateli senza Sparare.* Milano: Edizioni Mursia, 1968.

VESCO, R. & WATCHER, David. *Man-made UFOs, 1944-1994.* Cranbury: AUP Publishers, 1994.

VV.AA. *Kamikaze the Oka Suicide Flying Bomb, Bachem Ba 349A "Natter" and FZG-76 "Reichenberg".* Fallbrook: Aero Publishers, Inc., 1966.

\_\_\_\_. *Kriegsmarine U-Boats 1939-45,* vol. 2. London: Osprey Publishing, 2002.

\_\_\_\_. *Secret German Aircraft Projects of Paper Planes of the Third Reich.* London: Toros Publications, 1997.

WOOLDRIDGE, E. T. *Winged Wonders. The Story of the Flying Wings.* Washington, D.C.: Smithsonian Institution Press, 1983.

# Jornais e revistas

*Aerospace America*
*Air & Space*
*Air Classic*
*Air Enthusiast*
*Air International*
*Aircraft Illustrated*
*Air Power History*
*Airman*
*Atlantis Rising*
*Aviation*
*Aviation History*
*Avion revue international*
*Aviation Week & Space Technology*
*Brisant*
*Canadian Aeronautics and Space Journal*
*Defensa*
*Defense Science*
*Der Flieger*
*Flaps*
*Flight International*
*Flug Revue-Flugwelt*
*Flying*
*Interavia*
*Invention & Technology*
*Journal of Aeronautical Sciences*
*Los Angeles Times*
*Luftfahrt International*
*Military Review*

*Revista de Aeronáutica*
*Revista Española de Historia Militar*
*Revista Nacional de Aeronáutica*
*Serga*
*Signal*
*The Air Forces Times*
*Waffen-Revue*

# Bibliografia eletrônica

Cros, Victor. *Secret Weapons of the Luftwaffe.* Computer Software, manual LucasArts Entertainment Company, 1990.

The New Grolier. *Multimedia Encyclopaedia Release 6.* Grolier Electronic Publishing, Inc., 1993.

# Leitura Recomendada

## Enigmas e Mistérios da Segunda Guera Mundial
Aparições, mortes e acontecimentos ainda sem
*Jesus Hernàndez*

Por trás da história divulgada sobre a Segunda Guerra Mundial há muitos fatos intrigantes que ficaram sem resposta e chamam a atenção pela sua inverossimilhança. Durante os seis anos de colisão, foram produzidos inúmeros relatos aparentemente inexplicáveis, e criaram-se vários rumores e lendas que passaram a circular sem prévia confirmação se realmente ocorreram ou não.

## O Terceiro Reich
Carisma e Comunidade
*Martin Kitchen*

Os 12 anos de Terceiro Reich lançam uma sombra escura sobre a História, e debates intensos ainda discutem furiosamente a respeito das razões de por que o regime sobreviveu por tanto tempo. Qual era o segredo da popularidade extraordinária de Hitler? Qual era o apelo do Nacional-socialismo? Por que o povo alemão se manteve leal ao Reich, mesmo quando tudo parecia perdido?

## A Estratégia de Hitler
As Raízes Ocultas do Nacional-Socialismo
*Pablo Jimenez Cores*

A Segunda Guerra Mundial foi uma tormenta que assolou o mundo. O conflito, os milhões de mortos, o holocausto, tudo isso foi apenas a ponta do iceberg. A autêntica batalha, que esteve a ponto de virar a Europa de cabeça para baixo, foi a das idéias. O Nazismo foi — e continua sendo — um movimento que, além de político e militar, substituía os valores tradicionais por outros novos suficientemente atrativos para seduzir um país inteiro.

## Itália Fascista e Alemanha Nazista
O estilo "fascista" de governar
*Alexander J. de Grand*

*Itália Fascista e Alemanha Nazista* oferece aos leitores uma introdução sucinta e provocante ao Fascismo italiano e ao Nazismo alemão. Tanto o Fascismo quanto o Nazismo, que nasceram em 1919 e perduraram até o rompimento da Segunda Guerra Mundial, tinham como proposta mitos nacionais ou raciais poderosos, ambos com mensagens fortes, positivas e negativas. Na visão de mundo desses regimes, determinado povo ou raça estava ameaçado por inimigos.

www.madras.com.br

## Leitura Recomendada

### Niestche, o Profeta do Nazismo
O Culto do Super-Homem – Revelando a Doutrina Nazista Secreta
*Abir Taha*

Esse livro analisa profundamente a influência de Nietzsche sobre a ideologia nazista, concentrando-se em como os nazistas se apropriaram da maioria dos conceitos e ideais nietzschenianos para adequá-los à sua própria doutrina. A autora traça uma clara distinção entre a doutrina esotérica nazista – que é elitista, supranacional e espiritual – e a doutrina exotérica popular nacionalista.

### Objetivo: Caçar o Lobo
A História Real dos Complôs e Atentados para Matar Hitler
*Gabriel Glasman*

A Segunda Guerra Mundial não entrou para a História apenas como um dos eventos mais nefastos do século XX, mas também porque mostrou o quanto o carisma somado a um discurso eloqüente pode arrastar milhões de pessoas a uma ideologia utópica e preconceituosa.

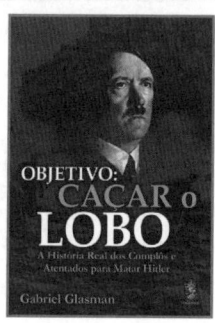

### Os Nazistas e o Ocultismo
As Forças Negras Desencadeadas pelo Terceiro Reich
*Paul Roland*

Apresentando várias fotografias raras de arquivo, *Os Nazistas e o Ocultismo* revela a verdadeira natureza da ligação do Terceiro Reich com as influências arianas e o mal em si, e mostra também como uma pessoa sem importância, de pouca educação e psicologicamente desequilibrada conseguiu encantar uma nação inteira.

### Reich Oculto
O Ocultismo na História de Hitler e do Terceiro Reich
*J.H. Brennan*

Nessa obra, o autor recria cuidadosamente o contexto obscuro da História Oculta do Terceiro Reich. Depois de estudar pistas oriundas de fontes autênticas, ele formula uma teoria de inclusões fantásticas.

www.madras.com.br

# MADRAS® Editora — CADASTRO/MALA DIRETA

*Envie este cadastro preenchido e passará a receber informações dos nossos lançamentos, nas áreas que determinar.*

Nome _____
RG _____ CPF _____
Endereço Residencial _____
Bairro _____ Cidade _____ Estado ____
CEP _____ Fone _____
E-mail _____
Sexo ❑ Fem. ❑ Masc.    Nascimento _____
Profissão _____ Escolaridade (Nível/Curso) ____

Você compra livros:
❑ livrarias   ❑ feiras   ❑ telefone   ❑ Sedex livro (reembolso postal mais rápido)
❑ outros: _____

Quais os tipos de literatura que você lê:
❑ Jurídicos   ❑ Pedagogia   ❑ Business   ❑ Romances/espíritas
❑ Esoterismo  ❑ Psicologia  ❑ Saúde      ❑ Espíritas/doutrinas
❑ Bruxaria    ❑ Autoajuda   ❑ Maçonaria  ❑ Outros:

Qual a sua opinião a respeito desta obra? _____
_____

Indique amigos que gostariam de receber MALA DIRETA:
Nome _____
Endereço Residencial _____
Bairro _____ Cidade _____ CEP _____

Nome do livro adquirido: ***Armas Secretas de Hitler***

Para receber catálogos, lista de preços e outras informações, escreva para:

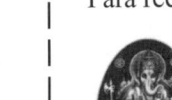

**MADRAS EDITORA LTDA.**
Rua Paulo Gonçalves, 88 – Santana – 02403-020 – São Paulo/SP
Caixa Postal 12183 – CEP 02013-970 – SP
Tel.: (11) 2281-5555 – Fax.:(11) 2959-3090
www.madras.com.br

Este livro foi composto em Times New Roman, corpo 11,5/13.
Papel Offset 75g
Impressão e Acabamento
Orgráfic Gráfica e Editora — Rua Freguesia de Poiares, 133
— Vila Carmozina — São Paulo/SP
CEP 08290-440 — Tel.: (011) 6522-6368 — comercial@terra.com.br